Libertad y convicciones

LIBERTAD
Y CONVICCIONES

Ensayos en honor
al Dr. Juan Carlos Cachanosky

Editores:
Wenceslao Giménez-Bonet
Antón A. Toursinov

Episteme
Editorial

Título: Libertad y convicciones
Subtítulo: Ensayos en honor al Dr. Juan Carlos Cachanosky
Editores: Wenceslao Giménez-Bonet; Antón A. Toursinov
Compilador: Antón A. Toursinov
Prólogo: Beatriz Loza de Cachanosky
14x22 cm., 422p.

Diagramación: Nicolás Amez
Diseño de la portada: Julián González Gómez

© 2017, Editorial Episteme, Guatemala, C.A./Miami, Fl.
1.ª edición

ISBN: 9789929677289 (tapa blanda)

ÍNDICE

PRÓLOGO

Permítanme agradecer a los colaboradores de esta obra por el cariño hacia Juan Carlos y también hacia mi persona por carácter transitivo. Juan Carlos Cachanosky tenía dos grandes pasiones: la economía y su familia. Yo tuve el privilegio de ser parte de la segunda de ellas y desde ese lugar verlo crecer y avanzar en el desarrollo de la primera. Estudió economía en la Universidad Católica de Buenos Aires y su espíritu inquieto lo llevó a contactarse con el Dr. Hans Sennholz (discípulo del profesor Ludwig von Mises) quien fue tutor de su tesis doctoral. Su prisma para ver y entender la realidad no era otro que la ciencia económica. Según él, esta explica el comportamiento humano al punto tal que de la correcta aplicación de sus leyes depende la calidad y la estructura de la sociedad.

Defensor incansable de la Escuela Austríaca de Economía, a la que consideraba fiel exponente del saber económico, dedicó su vida a desmitificar conceptos erróneos dentro de ese campo. Su principal preocupación, su obsesión podría decirse, era ajustarse al rigor científico de la ciencia y con ese objetivo es que leyó e investigó en profundidad temas como la teoría del valor y el aporte austríaco a la misma para lograr encauzar el rumbo del conocimiento científico.

Con igual entusiasmo analizó la crisis del 30 buscando sus causas más allá de la inmediatez temporal demostrando de esta manera que en economía la causa y el efecto pertenecen al largo plazo y por lo tanto un análisis que no tenga esto en cuenta está viciado desde su mismo inicio.

Estudioso incansable llevó la economía al mundo tecnológico del siglo XXI convirtiéndose en un verdadero pionero de la educación y capacitación a distancia, fue cofundador y presidente hasta su deceso de Corporate Training,

9

hoy conocida como CMT group desde donde logró concretar su sueño de una "universidad virtual".

Con ese don inconfundible con el que son dotadas las mentes brillantes descubrió en sus últimos años el concepto de EVA que analiza el verdadero valor de una empresa desde el punto de vista económico, o sea, con una visión de largo plazo donde la inversión es factor decisivo en dicho análisis. Su partida lo encontró cercano a concretar la reedición del journal *Libertas* de gran valor científico, que por suerte ha vuelto a estar vigente a partir del agosto del 2015.

Su vocación docente lo llevó a impartir sus pedagógicas clases por numerosos países, Brasil, Ecuador, Colombia, Escocia, España etc. Es destacable la larga década como profesor y luego decano de la Escuela de Negocios en la Universidad Francisco Marroquí de Guatemala.

Hoy lo recuerdo como el compañero ideal de mi vida y como el hombre que tuvo la fortuna de amar su trabajo y disfrutarlo intensamente. Nos dejó como legado su ejemplo de bonhomía y de sano e insaciable apetito intelectual con su constante esfuerzo por encauzar el rumbo de la ciencia económica hacia el conocimiento de la verdad. A su familia le dejó el mejor ejemplo que un padre puede dar: Su honradez y su perseverancia.

Beatriz Loza de Cachanosky
Buenos Aires, enero 2017

EL TRABAJO DE HORMIGA DE JUAN CARLOS CACHANOSKY (1953-2015)

Wenceslao Giménez-Bonet

No es lo mismo instruir que educar. Juan Carlos Cachanosky entendía la diferencia y la vivía. En él, el proceso de enseñanza era algo tan natural como comer o caminar. Cualquiera podría preguntarse si era por nacimiento o se fue haciendo. En él, ambos procesos confluyeron. En primer lugar, porque estaba en sus genes y esos mismos genes están presentes en su hermano e hijos, que también llevan adelante una importante labor educativa y de divulgación. En segundo lugar, porque siempre fue un permanente "educando", siempre fue "alumno", siempre estaba aprendiendo más. En tercer lugar, tengo la certeza que en algún momento de su vida se disparó la vocación de enseñar, bajo un proceso inconsciente; no es que él tomó la decisión, sino que fue un proceso que se fue fraguando, templando, madurando, cuando advirtió la importancia de hacer comprender que las ideas erróneas en los políticos, en los votantes, en los consumidores, en los gobernantes, tienen consecuencias nefastas para el país.

En este sentido, Juan Carlos Cachanosky describió muy bien la labor del economista como "el trabajo de la hormiga". Cuando lo técnicamente correcto en política económica era lo contrario a lo políticamente posible, él sostenía que "si estamos convencidos de que estas medidas son *técnicamente correctas* entonces a los economistas no nos queda más remedio que convertir estas medidas en *políticamente posibles* a través de un pequeño o lento trabajo de hormiga. Hacer medidas *políticamente posibles* no es más que convencer a los que detentan el poder de qué es lo *técnicamente* correcto y esta es la principal lucha en estos momentos". (Cachanosky, 1981)

Todos somos hijos de nuestro tiempo. Cacha, como muchos lo llamaban, vivió los años 70 y 80 haciendo sus estudios universitarios y sus primeros años de economista. En aquellos años el país estaba sumido en un grave desorden institucional, político y económico, en donde predominaban las ideas propias de un sistema planificado y, por tanto, en contra de una economía libre, de mercado. Este es el escenario natural del Cachanosky recién graduado, el que se iniciaba en su carrera de economista que fue delineando su perfil multifacético. Se encontró con la valla insuperable que las ideas que uno creía necesarias y correctas para salir de la crisis no eran entendidas y no querían ser entendidas. No era cuestión de saber de *marketing* para saber vender las ideas, lo cual hubiera sido una estrategia inteligente para saber explicarlas y comunicarlas mejor. No, el tema era y es, todavía, hacer entender que, se quiera o no, la aplicación de políticas erróneas tiene un costo importante para los individuos y un costo de oportunidad por los años que pasan persistiendo en la crisis. No es saber vender y comunicar las ideas únicamente, sino también explicar los beneficios y costos de las políticas técnicamente correctas versus los beneficios y costos de las políticas incorrectas. Esta labor, se entiende, no es resultado del trabajo de un día ni del desarrollo y análisis de un estratega, sino todo lo contrario. Era y es una labor de largo plazo, que va penetrando e irá permeando en los distintos actores de la sociedad, que en definitiva son los que votarán a unos u a otros. Hacer el *marketing* de las ideas puede ser una estrategia de éxito en el corto plazo, pero lo importante era y es generar una capital social que sustenten las ideas correctas para que sean políticamente posibles a lo largo del tiempo (no solamente para ganar una elección general), para un horizonte temporal lo suficientemente largo que permita iniciar un sendero de crecimiento sostenible y perdurable.

En esta labor diaria y de hormiga silenciosa, de largo plazo, es donde Juan Carlos sembraba. Lo hacía desde sus clases, de sus charlas con amigos y conocidos, desde un café, desde un debate, desde una provocación desafiante que ayudaba a pensar y repensar lo que ya uno podía tener como certeza absoluta. ¿Cómo hizo esta labor diaria? Lo hizo enseñando; y siempre estaba enseñando porque lo hacía en clase, en una conferencia, en una conversación informal, con un café de por medio, en una reunión social formal o informal o en una cena entre chiste y chiste, o entre algún gol de su equipo de fútbol preferido Boca Juniors. Cualquier ámbito, escenario o contexto era suficiente para estar presente enseñando de manera alegre, con humor y humildad, de manera directa o de soslayo, como si estuviera gambeteando en un partido de fútbol. Pareciera que "su" misión (consciente o inconsciente, nunca lo sabremos) fue "educar", y su visión fue "alcanzar la verdad" (que las políticas técnicamente correctas fueran políticamente posibles en el terreno de la política económica; aunque todos saben que su campo de juego fue mucho más amplio y que abarcaba temas que iban desde el pensamiento económico y político, hasta teología).

Juan Carlos tenía atributos como muchos otros profesionales, docentes y educadores. Sin embargo, en él se combinaban con atributos asociados a los diferentes tipos de economistas. En cuanto a su perfil "educador" podemos citar que dominaba los temas que manejaba y enseñaba (y siempre estaba actualizado y seguía investigando), era magistralmente claro en sus exposiciones, desplegaba un lógica cartesiana en sus argumentos, demostraba pasión en la impartición de sus clases, contagiaba su entusiasmo por aprender, alentaba el diálogo en el medio del debate, estimulaba la curiosidad intelectual, respetaba el disenso, vivía la honestidad intelectual tanto al reflejar sus pensamientos originales y diferenciarlos de los que tomaba de otros como porque aceptaba las consecuencias a que le llevaban sus propias premisas aunque no le gustara sus consecuencias, y porque pregonaba ideas y razonamientos pero nunca los imponía. En cuanto a sus otros atributos hacen de él un economista de varios roles: era un docente y educador, pero también un académico, un investigador, un armador de equipo y de claustro docente, un gestor de empresa, un divulgador, un emprendedor y un innovador.

Por todo esto, podemos decir que fue un hombre selecto (al decir de Ortega y Gasset), porque en el saber primero se exigía más a sí mismo de lo que exigía a los demás. Era un profesional "excelente" porque destacaba sobre los demás, porque estaba orientado hacia adentro para irradiar su energía hacia afuera, hacia lo demás. Fue selecto porque pocos pueden mostrar logros concretos, y mostró una diferencia en la historia tanto por sus aportes a la teoría económica como por ser pionero en la implementación del *elearning* al proceso educativo.

En cuanto a sus aportes para la "economía" podemos afirmar que corrió la frontera del conocimiento. En sentido, Juan Carlos nos iluminó en sus escritos sobre las crisis de los años 30 poniendo el foco en que su origen estuvo en la política monetaria de los años 20, que su solución no vino por el New

Deal ni por las políticas keynesianas y que resaltó el rol de las instituciones como límite al poder político (en este sentido el rol de la Corte Suprema frente al Gobierno norteamericano de aquella época). Por otro lado, su aporte en cuanto al uso y abuso de la matemática en la economía a través de su tesis doctoral fue y es una obra de revisión obligada para quien decide entender la exageración y miopía en la enseñanza de la economía en su versión más tradicional, ortodoxa, *mainstream*. Su visión sobre el *managment* y en concreto sobre la creación del valor para la empresa como fundamento o razón de ser una empresa le permitió conectar el mundo de la empresa con el entorno económico y establecer un puente entre la teoría del ciclo austríaca y la creación (o destrucción) de valor para la empresa (el manejo del gobierno de la política monetaria afecta la tasa de interés, reduciéndola, y hace que los empresarios tomen esta señal y asignen recursos de inversión para crear más valor, asignaciones de recursos a procesos de inversión de capital que luego se demuestran incorrectas a la luz del aumento de la tasa de interés). También destaca su investigación sobre la teoría del valor y del precio, poniendo el foco en la circularidad de los clásicos y de allí en la distinción entre valor y precio.

Respecto a su actividad innovadora, sus aportes fueron importantísimos al desarrollar sus empresas que incorporaron el internet en el proceso de enseñanza, lo que permitió que esa hormiga silenciosa llegara a auditorios más lejanos, y más variados.

Como sabemos, la educación es un proceso constante, vital e interminable. Es constante por lo permanente del proceso. Vital porque nos da sentido a la vida, lo necesitamos como el alimento. Interminable porque no tiene fin, porque el educador es un permanente educando, ya que tiene la disposición interior de seguir creciendo como profesional en ese afán de cumplir con su misión, vocación o llamado interior hacia los otros. En este sentido, el exigirse a sí mismo implicó no estancarse en el presente y mirar siempre el futuro, perspectiva que ha caracterizado a Juan Carlos. En definitiva, mirar al futuro implicó progresar en términos del conocimiento, implicó evolucionar. Él lo hizo y observamos su evolución a través de sus aportes académicos y su aporte involucrando la tecnología al proceso educativo. Hay una línea clara, quizás no trazada ex ante y que se observa ahora con el diario o periódico del lunes bajo el brazo, porque uno advierte su trayectoria y logros. Esta evolución muestra que veía un futuro en el cual difundir las ideas o principios de una sociedad libre era fundamental, aunque fuera un trabajo de hormiga, y un trabajo silencioso.

La hormiga silenciosa y tecnológica

En ese futuro que vislumbró (a pesar de su trabajo de hormiga, pero con su pasión por la educación) visualizó a finales del siglo XX que las nuevas tecnologías cambiarían el paradigma educativo. En 1999, fundó su empresa Corporate Training S.A., que fue pionera en la provisión de servicios educativos formales. Recordemos que en aquella época todavía la conexión internet se proveía principalmente por teléfono, lo cual pone una nota de color y entorno. Soñar, imaginar la evolución del proceso educativo en ese contexto requirió de un poco de creatividad y otro poco de especulación.

CT, como se conoció a la empresa con posterioridad, comenzó ofreciendo maestrías a distancia, como el viejo concepto de educación a distancia. Si antes era por correo normal, donde el curso o programa llegaba en paquete al domicilio del interesado ahora, por email, recibía el curso clase por clase, semana a semana. Luego apareció el campus virtual, es decir, la plataforma asincrónica que sustituyó al email. Cada clase se subía al campus para que quedara a disposición de los alumnos (recordemos que para ese entonces no había muchos recursos bibliográficos digitalizados). Con posterioridad irrumpió el aula virtual, una plataforma tecnológica que incorporaba la interacción en tiempo real, en vivo, sincrónicamente. Aprovechando esta nueva tecnología con audio y video, los programas de CT incorporaron el *office hour,* ese espacio de consulta que los profesores otorgan a sus alumnos fuera del horario de clase. Fue muy grande la sorpresa al advertir que las sesiones de consulta debidamente calendarizadas de manera semanal se fueron convirtiendo con el paso del tiempo en verdaderas clases magistrales, como en la vida real. Juan Carlos seguía con la idea que internet cambiaría radicalmente el paradigma educativo. Sin embargo, cuando advirtió que el aula virtual no se usaba para el *office hour* sino para impartir clases cayó en la cuenta que el paradigma educativo no cambiaría radicalmente. Así como cuando apareció el cine se creyó que el teatro moriría, y no sucedió. Así como cuando apareció el video se creyó que moriría el cine, y no sucedió. Así como con la aparición de Netflix algunos creen que la TV paga o abierta morirá, creemos que no sucederá porque el teatro, el cine, el video y Netflix se complementan e interactúan entre sí. Obviamente, todos se adaptan, se regeneran, pero no mueren sino conviven. Con el paradigma educativo pasará lo mismo: el *elearning*, las universidades virtuales, las plataformas de capacitación no desplazarán a las universidades con estructura, de ladrillo, sino que se complementarán, interactuarán y se adaptarán mutuamente. No se modifica el concepto de "universidad", sino su implementación y sus relaciones con la sociedad. La universidad se hace más "universal" y accesible. El claustro ya no es un concepto asociado a una estructura, sino una fuerza viva que está más cerca del estudiante, que llega al encuentro e interacción con pares y alumnos sin desplazarse de su ciudad, de su oficina, de sus aulas. El alumno, por su parte, admira sorprendido las oportunidades que se le abre para atender programas, cursos, módulos, interactuar con colegas y profesores no soñados, sin moverse de su casa, sin necesidad de renunciar a un trabajo, o de migrar con su familia para hacer un post-grado. Los programas académicos se redefinen para atender esta nueva demanda, esta nueva forma de encuentro.

Esta reflexión es el resultado de recorrer una curva de aprendizaje de 16 años. Hacer *elearning* y llevar el aula hasta el interesado es una credencial que pocos pueden mostrar. El *elearning* no modificó el paradigma educativo. Sí modificó el *delivery* del proceso educativo, es decir, cambió la forma y lugar de encuentro entre profesor y alumnos. El paradigma educativo evolucionó incorporando esta tecnología al proceso de enseñanza y sí cambiará la forma en cómo los educandos se incorporarán al proceso formal de educación. Los procesos educativos se acortarán todavía más, pero se incorporarán más etapas de enseñanza.

En los distintos emprendimientos de Juan Carlos se fue hablando de *elearning*, de educación a distancia, pero hace unos cuantos años tomamos conciencia que nuestra misión y su misión era "educar sin distancias", eliminando fronteras, cerrando la brecha geográfica y acercando profesores internacionales a alumnos distribuidos a lo largo del mundo. Ya en los primeros años del siglo XXI se consolidó CMT Group, en donde esta misión quedó impresa sobre piedra.

Los primeros programas que se impartieron desde CT, y luego desde CMT Group, fueron de doctorado y maestría en el área de economía y negocios. En concreto, y en alianza con ESEADE Argentina, UFM de Guatemala, Universidad Siglo 21 de Argentina, SMC University de Suiza, Herriot Watt de Escocia y Liechtenstein Academy de Liechtenstein, y con convenios con las Universidades Sergio Arboleda de Colombia, Florida International University de EEUU, Norwich University de EEUU, Colegio Universitario Cardenal Cisneros de España y Universidad Católica Argentina de Buenos Aires se fueron impartiendo programas académicos de postgrado y de capacitación para toda Latinoamérica.

Los programas bajo estos convenios reflejan la interacción entre economía y negocios. En este sentido, los programas que se impartieron, y aún hoy se imparten, son el *Doctorate of Business Administration*, el *Doctorate in Marketing*, el *Doctorate in Finance*, el *Ph.D. in Economics*, *Master in Political Economy* y *MBA in Entrepreneurship*. Aún no ofrecida al momento de su partida, también está una maestría en ciencias sociales para juristas, ideada para jueces y juristas. En todos estos programas está presente la impronta de Juan Carlos. En los programas en el área de economía su mano se vislumbra a través del eje y perspectiva de la tradición clásica y del pensamiento austríaco. En los programas en el área de los negocios, su huella se advierte en el eje y perspectiva desde el *Management for Value*. En cualquier área se percibe la interacción entre empresa y economía.

Para los que conocimos y trabajamos día a día con él, su misión educadora fue una pasión, su *leit motiv*, fue una necesidad que fue provechosa para que generaciones tras generaciones tengan la oportunidad de conocer la verdad y no quedarse en la ignorancia.

La tecnología, el internet y, en concreto, sus empresas fueron sus aliados, fueron sus piernas y brazos para que Juan Carlos realizara ese trabajo de hormiga, porque su frustración (como hijo de una época en la que advirtió la imposibilidad del sistema económico vigente) fue la alarma que despertó en Juan Carlos en esos años 70 y 80 su gran pasión educativa, una pasión que se convirtió en su apostolado.

Sus coordenadas intelectuales están allí, en la Argentina de esos años y en la Centroamérica de los 90, a donde viajó durante casi 25 años de manera ininterrumpida.

Sembró, difundió, educó y, gracias a la tecnología, educó sin distancias, porque para quien "la educación le parece cara tendría que pensar que la ignorancia es más cara aún"[1].

La huella que nos legó Juan Carlos para los que formamos la comunidad de CMT Group (como profesores, alumnos, empleados y directivos) es mantener viva su misión de educar sin distancias, tendiendo el puente entre el conocimiento y la verdad, por un lado, y entre el conocimiento y la ignorancia por el otro, sobre la base de difundir los principios de una sociedad libre y abierta.

En este contexto se puede afirmar que Juan Carlos Cachanosky con su obra y su legado ha sido un pionero, un emprendedor, un divulgador, un educador y un intelectual como nos decía Hayek cuando afirmaba:

Debemos hacer que la construcción de una sociedad libre, sea una vez más una aventura intelectual, un acto de coraje. Lo que nos falta es una utopía liberal, un programa

[1] Esta frase es atribuida a Derek Bok, quien fuera presidente de Harvard University entre 1971 y 1991, y entre 2006 y 2007; sin embargo, según el Yale Book of Quotations, esta frase pertenece a Eppie Ledered que, bajo el pseudónimo de Ann Landers, apareció publicado el 6 de octubre de 1975 en el Washington Post. (Pennington, 2014).

que no parezca ni una mera defensa de las cosas como son, ni una especie diluida de Socialismo, sino un verdadero radicalismo liberal que no perdone a las susceptibilidades de los poderosos (incluido los sindicatos), que no sea muy severamente práctica, y que no se limite a lo que aparece hoy en día como políticamente posible. Necesitamos líderes intelectuales que estén dispuestos a trabajar por un ideal, por pequeñas que puedan ser las perspectivas de su pronta realización. (Hayek, [1949] 1960, pág. 384)

Bibliografía

Cachanosky, J. C. (1981). El trabajo de la hormiga. *Esquiú.*
Hayek, F. A. ([1949] 1960). The Intellectuals and the Socialism. En G. B. Huszar, *The Intellectuals: A Controversial Portrait* (págs. 371-384). Glencoe, Illinois: Free Press.
Pitman, B. (Abril de 2003). Leading for value. *Harvard Business Review*, 1-8.
Rice, F., Sherman, S. P., O'Reilly, B., & Dumain, B. (29 de Enero de 1990). *Leaders of the most admired.* Recuperado el 1 de Noviembre de 2016, de Fortune.com: http://archive.fortune.com/magazines/fortune/fortune_archive/1990/01/29/73029/index.htm
Miller, M. H., & Modigliani, F. (1961). Dividend Policy, Growth, and the valuation of shares. *The Journal of Business*, 411-433.
Cachanosky, J. C. (Mayo de 1999). Value Based Management. *Libertas, 30.*
Marshall, A. (1890). *Principles of Economics.* New York: MacMillan & Co.
Grant, J. L. (1997). *Foundations of Economic Value Added.* New Jersey: John Wiley & Sons, Inc.
Modigliani, F., & Miller, M. H. (Junio de 1958). The Cost of Capital, Corporation Finance and the Theory of Investment. *American Economic Association*, 261-297.
Black, F., & Scholes, M. (Mayo-Junio de 1973). The Pricing of Options and Corporate Liabilities. *Journal of Political Economy, 81*, 637-54.

Ross, S. (1976). Return, Risk and Arbitrage. *Risk and Return in Finance, 1*, 189-219.

Miller, M. H. (1993, 2002). The Modigliani-Miller Propositions after thirty years. En D. H. Chew, *The New Corporate Finance: Where Theory Meets Practice* (págs. 184-196). Boston, MA.: The McGraw-Hill Companies.

Boettke, P. J., & Coyne, C. J. (2009). Context Matters: Institutions and Entrepreneurship. *Foundations and trends in entrepreneurship, 5*, 135-209.

Stern, J. M., & Kinnear, J. (s.f.). How to Fix Corporate Governance and Executive Compensation. *Stern Stewart & Co.*

Mises, L. v. (1949, 1963). *Human Action. A treatise on Economics (4th revised ed.).* San Francisco: Fox & Wilkes.

Fama, E. (1970). Efficient capital markets: a review of theory and empirical work. *Journal of Finance, 25*, 383–417.

Stern, J. M., & Shiely, J. S. (2001). *The EVA Challenge. Implementing value-added change in an organization.* New York: John Wiley & Sons, Inc.

Stewart, B. G. (1991). *The quest for value. A Guide for Senior Managers.* USA: Harper Collins Publishers, Inc.

Cachanosky, J. C. (1981). El trabajo de la hormiga. *Esquiú.*

ECONOMÍA Y FINANZAS: ENTREVISTA A JUAN CARLOS CACHANOSKY

Adrián Ravier

Juan Carlos Cachanosky obtuvo el título de Ph. D. en Economía del International College, en California, EE.UU. bajo la dirección de Hans Sennholz, y la Licenciatura en Economía en la Pontificia Universidad Católica Argentina (UCA). Es co-fundador de la Escuela Superior de Economía y Administración de Empresas (ESEADE) en Rosario, Argentina; y en coordinación con Carol Morgan, fundaron la Cía. Corporate Training, con el objetivo de organizar cursos de postgrado presenciales en la web en todo el mundo. Fue decano de la Escuela de Negocios de la Universidad Francisco Marroquín y, durante el período comprendido de 1999 a 2005, fue director del Centro Henry Hazlitt (CHH), que pertenece a la misma casa de estudios. También fue director del Departamento de Investigaciones de ESEADE y la UCA de Rosario, además de publicar decenas de artículos en revistas científicas especializadas. En 2011 Unión Editorial publicó su libro "Ensayos de Teoría Económica", en el que compila una selección de sus ensayos más importantes*.

RAVIER: ¿Cómo fue su primer contacto con las ideas de la Escuela Austríaca?
CACHANOSKY: El primer contacto con la Escuela Austríaca fue a los 17 años leyendo la revista Newsweek que publicaba una columna de Henry Hazlitt. En el colegio el profesor de contabilidad me había hecho keynesiano. Pero Hazlitt empezó a sacudir las estanterías. A través de Hazlitt conocí los nombres de Mises y Hayek y de la *Foundation for Economic Education*. Le escribí una carta (en esa época) a Leonard Read que me contestó muy amablemente invitándome a ir a FEE y me dió el teléfono de Alberto Benegas Lynch (padre). Benegas Lynch me prestó varios libros de los austríacos ya que a fines de los 70 no era tan fácil conseguirlos. A partir de allí fui leyendo más y más austríacos. En la UCA conocí a Alejandro Chafuen e hicimos equipo. El Contra

---

* Entrevista realizada por Adrián Ravier, en Buenos Aires, en septiembre de 2009. Publicada originalmente en *La Escuela Austriaca desde Adentro*, Volumen 1, Unión Editorial, Madrid, 2011.

Almirante Sanchez Sañudo abria en esa época la Escuela de Educación Económica a la cual me incorporé y asistía a todas las conferencias que organizaba.

AR: ¿Cómo era Alberto Benegas Lynch (padre)? Hoy sabemos que hizo mucho para instalar estas ideas en la Argentina.
JCC: Alberto Benegas Lynch (padre) fue el que trajo las ideas de la Escuela Austriaca a Argentina. Él estuvo como diplomático en la Embajada Argentina en USA y allí conoció a Henry Hazlitt, Mises y entró en contacto con FEE. Por sobre todas las cosas ABL era un hombre de principios incondicionales. Esto es alguien que puede cambiar de ideas, pero no por conveniencia política u oportunismos. Transmitía mucho entusiasmo y ayudaba mucho a la gente a través del Centro de Estudios sobre la Libertad. El Centro publicaba la revista Ideas Sobre la Libertad con artículos de autores con ideas liberarles. Gracias a ABL es que la Escuela Austríaca se difundieron en Argentina. También trajo a Ludwig von Mises a dar 6 conferencias en la UBA

AR: ¿Cómo llegó a ESEADE y cómo fueron aquellos primeros años en esa institución?
JCC: En mayo de 1978 Alberto Benegas Lynch (h) me invitó a incorporarme al Departamento de Investigaciones de la Sociedad Rural Argentina. Él ya estaba en proceso del lanzamiento de ESEADE que inició el primer master privado en Argentina en agosto de 1978. Alberto me invitó también a incorporarme *part-time* al Departamento de Investigaciones de ESEADE junto con Alejandro Chafuen. Luego se fueron incorporando otros investigadores, Gabriel Zanotti, Fredy Thomsen, Alfredo Irigoin, Eduardo Zimmermann, Ricardo Rojas, Enrique Aguilar. El objetivo era investigar con mucha libertad de acción los temas sobre que enseñábamos en las clases. La incorporación de Ezequiel Gallo dio al departamento un vuelco fundamental con una serie de seminarios internos y jornadas. La revista *Liberas* se convirtió en un símbolo de ESEADE y las investigaciones se publicaban allí. Libertas le dio mucha fama a ESEADE en toda Latinoamérica en los círculos liberales.

AR: ¿Y por aquellos años también desarrolló su doctorado junto a Hans Sennholz?

JCC: A mediados de 1980 lo fui a ver a Hans Sennholz en Grove City. Comencé con el doctorado a principios de 1981. A fines de abril hice la defensa y en octubre de 1983 me dieron el título. Al principio Sennholz estuvo muy duro para aceptarme pero cuando le propuse el tema del uso de las matemáticas en economía accedió inmediatamente. Cuando terminé la defensa me dijo que este era un tema sobre el que Mises le había pedido que escriba pero que como no había tenido tiempo se sentía en falta con su maestro. Cuando le propuse el tema entonces sintió que era una manera de cumplir con su promesa a Mises.

AR: ¿Podría sintetizar las ideas centrales de esta tesis doctoral?

JCC: La idea central de la tesis es mostrar que el uso de la matemática en economía nació con el objetivo de hacer a esta ciencia más rigurosa pero terminó siendo exactamente al revés. El uso de la matemática no sólo llevó a teorías que no logran explicar la realidad, sino que además son inconsistentes y contradictorias dentro del mismo modelo independientemente de que puedan o no explicar el mundo. El uso de la matemática en economía ha producido mala teoría.

AR: Hayek decía que este error nos dejó con generaciones perdidas de economistas. ¿Diría que no hay nada de valor en los economistas que han seguido una tradición diferente a la de la Escuela Austríaca?

JCC: Coincido con Hayek en lo de las generaciones perdidas. Creo que el siglo XX fue el "siglo negro" de la ciencia económica por el protagonismo que tomaron teorías alejadas de la realidad y por lo tanto sin poder explicativo del mundo. De todas maneras, creo que hay economistas que no se ajustan necesariamente el pensamiento de la Escuela Austríaca que han influido y contribuido mucho al avance de la teoría económica. Entre ellos Edwin Canan, Jacques Rueff, Frank Knight, Jacob Viner, Benjamin Anderdon, Joseph Schumpeter, Milton Friedman y James Buchanan.

AR: Friedman es uno de los autores más criticados por la Escuela Austríaca. ¿Qué aspectos positivos encuentra en este autor?

JCC: Friedman fue criticado por algunos economistas de la Escuela Austrica por su enfoque metodológico fundamentalmente y por su defensa de un sistema monetario centralizado. En cuanto a "política" económica no veo mayores diferencias entre austríacos y Milton Friedman. Me parece que Friedaman hizo excelentes aportes para mostrar que la inflación es un fenómeno solamente monetario, que no puede haber inflación sin expansión monetaria. También fue muy claro en cuanto a los efectos negativos de la intervención del estado en la economía. Inclusive en el terreno monetario hacia el final se volvió un poco más hacia el pensamiento hayekiano. En el fondo algunos austriacos que defienden el regreso al patrón oro también son intervencionistas. Es el mercado el qué finalmente debe decidir qué moneda quiere.

AR: Publicó varios ensayos académicos en Libertas. Uno de los más importantes, es aquel sobre la crisis del treinta. Allí se presenta crítico del trabajo de Friedman y Schwartz. ¿Podría resumir las ideas centrales de aquel trabajo?

JCC: La idea central del artículo sobre la Crisis del 30 es que las distintas políticas monetarias, cambiaras, de comercio internacional, etc. provocaron durante la década de 1920 una mala asignación de los recursos productivos. Una mala asignación de los recursos productivos implica que tarde o temprano una gran cantidad de inversiones van a enfrentar un problema de flujo de caja y, por lo tanto, entran en crisis. Los créditos otorgados por los bancos no se pueden recuperar en su totalidad, las acciones de las empresas que asignaron mal los recursos caen y se genera un problema de liquidez para las empresas y el sistema financiero. La "consecuencia" de todo esto es destrucción de capital que hace subir la tasa de interés y se contrae el crédito. El consumo y la inversión caen como "consecuencia" de las previas malas inversiones.

Por el contrario, Keynes y Friedman sostienen que la caída del consumo y de la oferta monetaria es la "causa" del problema.

Estos dos economistas ven como causa lo que los Mises y Hayek ven como consecuencia.

AR: ¿Y en qué se distingue aquella depresión de la actual crisis global?
JCC: Fuera de los datos de lugar y circunstancia es lo mismo. En la Gran Depresión la Fed había reducido la tasa de interés en el mercado con el objeto de impulsar las exportaciones de USA y ayudar a Inglaterra a recuperar la paridad de pre-guerra. En la actual crisis la Fed redujo las tasas para impulsar el mercado inmobiliario. Los bancos centrales y los economistas keynesianos no parecen comprender que la política monetaria no puede bajar la tasa de interés y mantenerla baja indefinidamente. Las tasas siempre "rebotan" para ajustarse a la tasa de interés natural, el mayor riesgo y las expectativas de devaluación.

Cuando las tasas suben entonces la crisis sale a la luz. El problema es cómo los gobiernos reaccionan frente a la crisis, dejan que el mercado se sanee o intervienen para sanearlo. En el segundo caso, que fue el de la *Gran Drepresion*, los problemas se multiplican, las crisis se profundizan y se alargan en el tiempo porque los gobiernos insisten en mantener vivas inversiones que destruyen capital mediante subsidios, créditos baratos, protecciones varias, etc. Las inversiones improductivas no las mantiene el gobierno en sí mismo sino la población. El gobierno sólo toma de un sector productivo para darle a sectores no productivos. Una diferencia importante entre esta crisis y la Gran Depresión es que en los 30 los países cerraron sus economías. El comercio internacional se derrumbó y esto fue fatal para el saneamiento de la economía. Por ahora esto no está ocurriendo con la actual crisis. Pero si se notan medidas que no ayudan a solucionar el problema.

AR: ¿Qué reflexión le merece que la Fed esté expandiendo la base monetaria para evitar un proceso de deflación?
JCC: La expansión de la base monetaria por parte de la Fed es lo que ayuda a generar peores expectativas acerca del futuro porque semejante expansión monetaria lleva a pensar que el pro-

blema es muy grave. Mantener empresas deficitarias estatizándolas o subsidiándolas posterga el problema y pasa la carga al resto de la población. Siempre alguien mantiene la existencia de empresas en déficit. La pregunta es van a ser los dueños o el resto de la población. Si la empresa es reconvertible entonces tiene que haber alguien dispuesto a invertir en el proyecto. De lo contrario es que el mercado no cree. Cuando el Estado sale a rescatar estas empresas está manteniendo en el tiempo la destrucción de capital.

Por el momento esta expansión monetaria está siendo atesorada por los bancos por la incertidumbre existente. La gran pregunta es qué va a ocurrir con esos fondos cuando las expectativas negativas se reviertan. ¿Va la Fed a reducir la base monetaria o ese dinero saldrá al mercado provocando una fuerte depreciación del dólar?

AR ¿Y qué propone entonces la Escuela Austríaca para paliar esta difícil situación?
JCC: La crisis se debe a un aumento importante de las inversiones erróneas debido a una disminución artificial de la tasa de interés por parte del banco central. Las malas inversiones destruyen capital, cualquier empresario que haya cometido un error sabe muy bien esto. La manera de solucionar el problema es liquidar las malas inversiones. Pretender mantener estas malas inversiones con expansión monetaria prolonga la destrucción de capital. Esta solución keynesiana, no soluciona el problema, sino que lo posterga y lo empeora. La mejor solución es que el mercado reasigne los recursos productivos. La recesión es, en realidad, el remedio al problema.

AR: Además de los errores de la Fed, ¿qué otros factores contribuyen a la decadencia de Estados Unidos?
JCC: Uno de los problemas más complicados en economía es el epistemológico por el cual se suele confundir las causas de los acontecimientos. Una vez desatada la Crisis del 30 por la mala inversión previa las erróneas interpretaciones de las causas llevaron a la adopción de políticas económicas que profundizaron la recesión. Entre las principales podemos citar: (a) el cierre de las

fronteras al comercio internacional, (b) aumento de los impuestos, (c) aumento del gasto público, (d) fuerte regulaciones de las empresas a través de la NIRA y la AAA y (e) abandono de patrón oro y devaluación del dólar. El creciente intervencionismo quitó a las empresas flexibilidad para adaptarse a las circunstancias profundizando de esta manera la crisis.

AR: A través de sus trabajos sobre crisis y ciclos económicos, el estudio sobre la crisis del treinta y sus consideraciones sobre la tasa de interés, uno podría afirmar que es un especialista en la macroeconomía austríaca. Sin embargo, hasta el momento no ha hecho referencias a la "macroeconomía austríaca del capital", en la que Roger W. Garrison ha intentado formalizar en un gráfico la teoría austríaca del capital y de los ciclos económicos. ¿Qué opinión le merece aquel aporte sintetizado en su libro "Tiempo y Dinero" (2001)?
JCC: La contribución de Roger Garrison me parece muy buena, pero no se si se puede decir que sea una formalización de la teoría austríaca. Yo diría más bien que es un resumen visual de una teoría mucho más rica. El libro *Tiempo y Dinero* no me gustó mucho, no me parece que vaya al corazón del problema, me gusta más el resumen del Power Point porque permite dar clases ampliando a los alumnos la riqueza de los puntos de Mises y Hayek.

AR: ¿Son iguales las teorías del ciclo económico de Mises y Hayek?
JCC: Me parece que Hayek puso más acento que Mises en los efectos de la distorsión de los precios relativos que produce la expansión monetaria. Mises enfatizó la reducción de la tasa de interés de mercado por debajo de la tasa de interés natural como causa de las crisis económicas. Hayek ha cambiado varias veces de su punto de vista al menos marginalmente, pero en su *Monetary Theory and the Trade Cycle* sostiene que son los bancos los que expanden y contraen el crédito provocando los ciclos económicos. Mises, por el contrario, sostiene que son los gobiernos los que generan este problema. Pero en los puntos esenciales ambos están de acuerdo sobre la teoría del ciclo económico.

AR: Friedman alguna vez dijo que la teoría austríaca del ciclo económico se contradice con la evidencia y que, a su juicio, es falsa.[1] ¿Por qué cree que esta teoría no es aceptada por el *mainstream*?

JCC: No se dónde Friedman dijo eso pero no me sorprende. Los austríacos son mirados con ciertas dudas sobre su solidez científica por no usar modelos matemáticos. Recuerdo en una cena de la Mont Pelirin Society en Berlín que Friedman preguntó a unos economistas de la Escuela Austríaca cuál era la diferencia con los economistas Monetaristas y, si mal no recuerdo, fue Alberto Benegas Lynch (h) quien respondió que la diferencia era epistemológica para gran sorpresa de Friedman.

Lo cierto es que los modelos matemáticos han llevado a mala teoría económica, y por mala quiero decir que no son fértiles para explicar el mundo y además que tiene contradicciones internas. El uso de modelos matemáticos no hace más rigurosa a la ciencia.

Lo que sí es cierto es que "algunos" economistas austríacos han hecho, especialmente de Mises, una especie de dios. Cometen la falacia lógica de "autoridad" citando a Mises como si fuese palabra sagrada. Otros han mezclado ciencia con religión. Estos economistas no le hacen bien al prestigio de la escuela.

AR: Además de sus trabajos sobre teoría monetaria, uno encuentra en *Libertas* ensayos del campo empresarial. ¿Qué es el *Value Based Management*?

JCC: El siglo XX fue una especie de época negra para la economía. La modelización matemática quitó a la economía el poder explicativo que tenían los clásicos. La microeconomía convencional es pura ciencia ficción en este sentido, Ni los consumidores ni las empresas toman decisiones como los textos de microeconomía enseñan. *Value Based Management* es un enfoque de administración muy alineado con el enfoque empresarial de la Escuela Austríaca. Para esta escuela el cálculo económico y la ganancia empresarial son esenciales para explicar el proceso del

---

[1] Milton Friedman – "The 'Plucking Model' of Business Fluctuations Revisited", *Economic Inquiry*, April, pp. 171-177 (1993, p. 171)

mercado. VBM da respuesta a la manera de realizar este cálculo económico y la manera de estimar la ganancia empresarial, incluyendo riesgo y e incertidumbre. La dispersión del conocimiento de Hayek ha sido mencionada por los autores de este enfoque empresarial. Como dijo Peter Drucker, con este enfoque la microeconomía volvió a tener sentido.

AR: ¿Y este enfoque es ampliamente aceptado por la Escuela Austríaca o todavía es algo novedoso?
JCC: VBM quiere decir tomar decisiones para incrementar el valor de la empresa, esto se conoce como Economic Value Added (EVA). En realidad, el concepto viene de los economistas. Adam Smith llamaba ganancia extraordinaria a la que está por encima del promedio del mercado, Alfred Marshall la llamó Ganancia Económica y Ludwig von Mises, ganancia empresarial. Si bien los economistas de la Escuela Austríaca, sin duda, aplican este concepto, VBM hace explícita la manera en que se debe calcular y generar incentivos dentro de la empresa. El cálculo del EVA es distinto del enfoque de los contadores. En este sentido Mises habla de los beneficios de la partida doble, pero parece no haber detectado los problemas que tiene para la toma de decisiones y el cálculo de la ganancia empresarial.

AR: Otro trabajo importante en este campo es el de "las decisiones empresariales y las predicciones en economía".
¿Es posible predecir en economía?
JCC: Las predicciones en economía son juicios de valor, en palabras de Mises "comprensión" o *Verstehen*. Si no se pudiese predecir nadie invertiría o no habría diferencia entre las inversiones y los juegos de azar. Las predicciones en economía requieren de supuestos acerca el futuro, estos supuestos son subjetivos, por ejemplo: si se "supone" que un banco central va a incrementar la oferta monetaria se puede predecir que va a haber inflación "si el supuesto se cumple". Otro aspecto es tratar de medir cuándo y cuánto va a ser la inflación. El conocimiento de lugar y circunstancia, la experiencia y el "olfato" son muy útiles para estas predicciones subjetivas. Las herramientas estadísticas también son útiles para realizar estas predicciones subjetivas.

AR: Los austríacos han desarrollado algunas críticas al PBI y al sistema tradicional de cuentas nacionales. Pero, ¿tiene sentido desarrollar un sistema de cuentas nacionales que sea más consistente con las teorías austríacas?

JCC: En realidad la crítica a la metodología del PBI es bastante generalizada inclusive entre los economistas convencionales. Las "medidas" en ciencias sociales están muy lejos de ser tan precisas como en el caso de las ciencias naturales, de todas maneras, es mejor tener una "idea" de cómo va la economía a no tener nada. Pero a mi gusto la mejor medida es un mercado de valores con una bolsa de comercio. Si el gobierno y el banco central no interfieren sobre la tasa de interés, el precio de las acciones es el mejor "termómetro" de las expectativas de los inversores. El precio de las acciones me parece mejor que el PBI.

AR: ¿Qué bibliografía recomendaría para profundizar un poco más esto?

JCC: No sé si hay una bibliografía, pero la lógica es que el precio de las acciones sube cuando el flujo de caja que generan, superan todos los costos de oportunidad (costos operativos + impuestos + costo del capital) esto es señal que los empresarios están asignando bien los recursos productivos. Si la mayor parte de las acciones suben entonces se puede concluir que la economía en general está asignando correctamente los recursos productivos.

Obviamente hay que ver que los bancos centrales no estén generando una burbuja con expansión de la oferta monetaria.

AR: ¿Está trabajando en algún artículo o libro?

JCC: Estoy trabajando con mucha lentitud un tratado de economía que integre que incorpore teoría de la empresa austriaca y finanzas con la macroeconomía.

Cuando los austriacos hablan del "cálculo" económico no profundizan y creo que las finanzas pueden integrarse bien. Otros aspectos que me parecen interesantes es el comportamiento del consumidor con la psicológica y la neurociencia con el "Verstehen" de Mises. Tengo la esperanza de lograr un buen tratado que aporte algo nuevo.

AR: Durante mucho tiempo fue profesor de economía en UCEMA. ¿Cómo eran recibidas estas ideas por economistas acostumbrados a la economía matemática?

JCC: Fui profesor de Dirección Estratégica en UCEMA. Dentro del curso veíamos algunos conceptos de economía como qué es un mercado de competencia perfecta y allí explicaba la contradicción matemática (aun aceptando los supuestos irreales del modelo), Realmente quedaban muy sorprendidos de que lo que habían aprendido en cursos anteriores estaba errado. Según me cuentan algunos amigos ahora los estudiantes de grado tienen que leer lo que parece que llaman "la tesis Cachanosky" sobre la inconsistencia del modelo de competencia perfecta.

Creo que el enfoque de la Escuela Austríaca es muy contundente cuando se tiene la mente abierta.

AR: ¿Qué es la UFM? ¿Es posible construir algo parecido en la Argentina?

JCC: La Universidad Francisco Marroquín fue fundada por un grupo de empresarios en Guatemala liderados por Manuel Ayau. El principio de la UFM es "la enseñanza y difusión de los principios éticos, jurídicos y económicos de una sociedad de personas libres y responsables". Nació en una simple casa con dos aulas en 1971. Todos los alumnos, cualquiera sea la carrera que siguen son introducidos a los principios del libre mercado y el marco jurídico de una sociedad libre.

En Argentina se fundó en 1978 la Escuela Superior de Economía y Administración de Empresas (ESEADE) con el mismo objetivo que UFM, pero lamentablemente fue perdiendo impulso con el tiempo. Se requiere de empresarios con mucha convicción en los principios de la libertad para mantener y sostener una universidad como la UFM. Le doy poca probabilidad a un proyecto de este tipo.

AR: ¿Cómo ve a la Escuela Austríaca hoy, en relación con lo que era hace 20 ó 30 años?

JCC: Me da la sensación que cada vez tiene más adherentes jóvenes. No se mucha más influencia, porque hace 20 o 30 años había algunos economistas con mucho peso como Mises, Hayek,

Rueff, Röpke. En especial Mises ha dejado muchos discípulos importantes en Estados Unidos que a su vez han generado sus propios discípulos en muchas partes del mundo. El efecto multiplicador de la teoría de la Escuela Austríaca es muy alto. Por el contrario, el enfoque keynesiano ha retrocedido mucho en especial hacia fines de la década de 1970 cuando las tasas de altas tasas de inflación dejaron al descubierto el problema esta escuela.

AR: ¿Qué expectativas tiene del futuro de la Escuela Austriaca?
JCC: Me da la sensación que el mundo académico va ir creciendo y fortaleciéndose mucho. Creo que va a terminar siendo la teoría predominante. A nivel político es otra cosa porque no creo que las políticas económicas dependan de ideas científicas, sino que dependen de intereses de grupos. Los políticos, empresarios y trabajadores se guían por intereses propios de corto plazo y estos son los que determinan las políticas vestidas de justificaciones teóricas.

AR: Muchas gracias por compartir estas reflexiones con nosotros.

ECONOMIC VALUE ADDED. UNA APLICACIÓN FINANCIERA AL ANÁLISIS ECONÓMICO

Nicolás Cachanosky

Introducción

El principio del *individualismo metodológico* sostiene que el análisis de los fenómenos económicos debe ser explicado en base en decisiones de los individuos o agentes económicos (Hayek, 1948, Chapter 1; Mises, 1949, Chapter II.4; Nozick, 1977). De lo contrario hay algún aspecto del fenómeno económico que no está siendo explicado, es decir, se está dando por supuesta parte de la explicación. Al retrotraer el análisis hasta llegar al individuo, la teoría económica divide a los agentes económicos en dos grandes grupos, consumidores por un lado y productores por el otro. Esta división es, por supuesto, analítica o conceptual. Todo consumidor es productor y todo productor es consumidor. También es cierto que un análisis más detallado del fenómeno económico requiere de otras categorías tales como el inversor o el empresario.

Cada uno de estos dos roles, consumidor y productor, responde a incentivos distintos. Mientras el consumidor busca maximizar la *utilidad*, el productor buscar maximizar el *valor de mercado* de su emprendimiento. El productor, sin embargo, maximiza su utilidad como consumidor en la medida que logre maximizar el valor de su emprendimiento. De allí que los empresarios más exitosos sean aquellos que son eficientes al momento de satisfacer las necesidades de los consumidores. La riqueza de un productor es un *proxy* del valor del servicio que presta a la sociedad, es decir, al resto de los individuos.

Este capítulo ofrece un análisis alternativo a la teoría neoclásica de la firma o del productor, principalmente tal cual se presenta en su versión de manual de texto. La motivación de esta línea de investigación es un desprendimiento de uno de los últimos artículos de J. C. Cachanosky (1999) y es a la vez un resumen de una serie de trabajos realizados principalmente junto a Peter Lewin (Braun, Lewin, & Cachanosky, 2016; N. Cachanosky, 2015; N. Cachanosky & Lewin, 2014, 2016a, 2016b, Lewin & Cachanosky, 2014, 2016). En particular, este artículo ofrece una aplicación del método de *Economic Value Added* (EVA®) al análisis económico. El método EVA® en sí es una transformación algebraica del conocido método del *free-cash-flow* (FCF) en finanzas (Ehrbar, 1998; Stern, Shiely, & Ross, 2003;

Stewart III, 2002; Young & O'Byrne, 2000). Esta transformación algebraica, como veremos en este capítulo, permite una mejor interpretación económica tanto en temas microeconómicos como macroeconómicos.

La primer mitad del capítulo es sobre temas microeconómicos, en particular se presenta un contraste con el problema neoclásico de optimización de la firma y una interpretación financiera del *alertness* empresarial de Kirzner (1973, 2000, Chapter 1). La segunda sección es sobre problemas de macroeconomía, con énfasis en el problema del período promedio de producción, los ciclos económicos, y el concepto de capital.

Microeconomía. El Problema de Optimización de la Firma

En los manuales de texto se suele presentar el problema de optimización de la firma en términos de maximizar la ganancia empresarial, donde a los ingresos se le sustraen los costos laborales y de capital:

$$(1) \qquad \pi = PQ - wL - rK$$

Donde π es la ganancia económica, P es el precio de venta al cual se vende la cantidad Q, w es el salario pagado al factor trabajo L, r es la tasa de interés que representa el costo de renta o alquiler del capital K.

El grado de simplificación de esta representación no es menor. Nótese que no figura la variable *tiempo*, por lo cual el problema de elegir el tiempo de producción es ajeno a este modelo. A su vez, al no figurar el tiempo tampoco hay lugar para la incertidumbre y riesgo sobre la situación futura del mercado en cuestión. Tampoco hay una distinción clara entre *insumos* y *bienes de capital*. Si el producto final es una pizza, entonces el queso, el pan, y el tomate son insumos dado que los mismos, a través de una función de producción, se transforman en la pizza. El horno, el cambio, es un bien de capital que si bien se deprecia el mismo no se transforma en parte de la pizza. Esta distinción se suele salvar al incorporar insumos (o bienes intermedios) junto a bienes de capital, donde la diferencia entre unos y otros es la tasa de depreciación (al cocinar una pizza, una parte muy pequeña del horno pasaría a ser pizza.)

Hay otras dos variables importantes que tampoco figuran en esta representación. En primer lugar, la tasa de rendimiento. La fórmula (1) muestra la ganancia económica en valores, no en tasas de rendimiento. Para ello sería necesario dividir la ganancia económica sobre el capital financiero invertido en la empresa. Siendo estrictos, las ganancias persiguen mayores tasas de rendimiento, no mayores ganancias económicas en valores absolutos. En segundo lugar, no figura (al menos en su totalidad), el costo de oportunidad. El término *"wL + rK"* representa el *costo de producción*, mientras que el costo de oportunidad es la ganancia económica recibida por la segunda mejor alternativa a este proyecto. Estos aspectos de la maximización de la empresa la podemos ver al transformar algebraicamente el *FCF* de un proyecto de inversión en su representación *EVA®*:

$$
\begin{aligned}
VP &= K_0 + \sum_{t=1}^{T} \frac{(ROIC_t - WACC)K_{t-1}}{(1 + WACC)^t} \\
&= K_0 \\
&\quad + \sum_{t=1}^{T} \frac{EVA_t}{(1 + WACC)^t}
\end{aligned}
$$

(2)

Donde *VP* es el valor presente del proyecto de inversión, y *t* representa los períodos de tiempo de 1 a *T*. En esta representación *K* no representa a los bienes de capital, sino que es el valor de mercado de los activos productivos de la empresa. *ROIC* representa la tasa de retorno sobre el capital invertido (*return over invested capital*), *WACC* es el costo promedio ponderado de oportunidad del capital invertido (*weighted average cost of capital*). El *ROIC* a su vez surge de la relación del NOPAT (*net operating profits after taxes*) sobre el capital invertido, $ROIC_t = NOPAT_t/K_{t-1}$. El *spread* entre el *ROIC* y el *WACC* es la tasa de generación de ganancia económica, la cual multiplicada por el capital invertido es igual al *EVA* o ganancia económica de cada período. El valor presente de la firma, por lo tanto, es el valor de mercado de sus activos más el valor presente de las ganancias económicas futuras que se espera recibir.

Nótese que respecto a la ecuación (1) la representación EVA incluye la variable tiempo y el costo de oportunidad del capital invertido. A su vez, la ganancia económica se obtiene no como la diferencia de ingresos menos costos de producción, sino como la diferencia entre los ingresos por sobre los costos con el costo de oportunidad del capital.

Si quisiésemos juntar las fórmulas (1) y (2) entonces vemos que la primera fórmula es el análogo al $NOPAT$ de la fórmula (2). Antes de mostrar las dos fórmulas juntas es importante recordar que en ambas representaciones la variable K posee significados distintos. En la primera representa los bienes de capital (e insumos) y en la segunda es el valor de mercado de los activos productivos. La ecuación (3) muestra la fórmula (1) como parte de la fórmula (2) donde en lugar de escribir "$wL + rK$" el término "$W_{1,t}F_{1,t} - \ldots - W_{N,t}F_{N,t}$" representa el precio W de los N factores de producción F.

$$
(3) \quad
\begin{aligned}
VP &= K_0 \\
&+ \sum_{t=1}^{T} \frac{\left(P_t Q_t - W_{1,t}F_{1,t} - \cdots - W_{N,t}F_{N,t}\right)K_{t-1}}{(1 + WACC)^t}
\end{aligned}
$$

La representación neoclásica en su versión de manual de texto, por lo tanto, muestra una parte del problema de optimización de la firma. En otras palabras, mientras la representación neoclásica de optimización se concentra en el $NOPAT$ de la empresa, la representación (2) que refleja el cálculo que efectivamente hacen los inversores se enfoca en el PV de la empresa, del cual el $NOPAT$ es una de las variables. Como veremos en las siguientes secciones, estas omisiones de la representación neoclásica tienen consecuencias teóricas significativas.

Alertness empresarial y MVA

El segundo punto microeconómico a resaltar es del el elusivo rol del empresario en economía y lo que Kirzner (1973) denomina el *alertness* empresarial. El *alertness* empresarial consiste en esa capacidad de ver o descubrir desequilibrios en el mercado que son invisibles a los ojos de otros empresarios. El rol empresarial en economía no consiste en llevar adelante un proyecto productivo, ni en ser el inversor que adelanta los fondos necesarios, sino que es el descubridor de desequilibrios y por lo tanto de oportunidades de ganancia económica. Este es un rol fundamental dado que las condiciones de equilibrio son desconocidas. Sin empresarios la economía no convergiría a su punto de equilibrio.[1]

Dado que el rol *empresarial* consiste en ver lo que el resto de los agentes económicos no observan, su incorporación en los modelos formales es elusiva. La definición del empresario implica ver aquello que el resto de los racionales agentes económicos no ven en el modelo económico formal, es decir, ver justamente lo que *no está incluido* en el modelo.

Una de las ventajas del método EVA® es que permite visualizar y ofrecer una métrica al aporte del rol empresarial. La ecuación (2) divide al valor de la firma en dos componentes, el valor actual de mercado del capital de la empresa y el valor presente de las ganancias económicas esperadas. La segunda parte representa el *MVA* (market value added) o valor de mercado agregado por sobre el valor actual de los activos de la empresa. La ecuación (2) es equivalente a las ecuaciones (4) y (4'):

$$(4) \qquad VP = K_0 + MVA$$

$$(4') \qquad MVA = VP - K_0$$

La pregunta que se puede desprender de la ecuación (4) es por qué con empresarios racionales y mercados relativamente eficientes el valor actual de la empresa (VP) ha de ser distinto al valor actual de mercado de sus activos (K_0). El motivo es que el

---

[1] Ver también la discusión en Hayek (1948, Chapter V).

valor actual de los activos es a la vez el valor presente del flujo de fondos que se espera van a generar. El MVA, por lo tanto, represente el valor de mercado que el empresario espera agregar debido a su propio *alertness* o componente empresarial puro, es decir, en base a lo que el resto del mercado no ve y por lo tanto no se encuentra en K_0.

El rol empresarial cumple un rol central en la teoría económica dado que es el motor que mueve la economía hacia su equilibrio. Sin *alertness* no habría cambios en los mercados. Lo abstracto y elusivo del concepto de *alertness* no disminuye su importancia. En este caso vemos que una representación financiera, en particular el EVA®, permite visualizar su efecto a través del MVA o de la diferencia entre lo que el empresario está dispuesto a pagar por una empresa y el valor de mercado de sus activos. Si bien el MVA es una métrica, la misma no es directamente observable y distintos empresarios pueden asignar un distinto MVA a un mismo proyecto de acuerdo a sus propios *alertness*.

Macroeconomía. Período promedio de producción y roundaboutness

Posiblemente una de las áreas más intrincadas de la teoría económica sea la teoría del capital. Una parte central de esta área de estudio consiste en analizar la valuación y utilización de bienes de capital heterogéneos que al no ser bienes de consumo no poseen una valuación directa por parte del consumidor. La teoría del capital, para ser de interés, debe por lo tanto prescindir de un "bien de capital representativo" o el agregado K y enfocarse en bienes de capital heterogéneos que sólo pueden combinarse de forma particular de modo similar a como las piezas de un rompe cabeza chino pueden formar diversas figuras. Esto hace que esta rama de la economía sea muy abstracta y difícil de modelar. El problema de medir e identificar el *período promedio de producción* (PPP) y el *roundaboutness* ha sido foco de especial interés por muchos años y ha estado en el centro de intensos debates desde fines del siglo XIX y a lo largo del siglo XX.

Hay dos motivos fundamentales por los cuales el *PPP* resulta tan elusivo y conflictivo en la teoría económica. Uno de ellos consiste en definir *cómo* medir el tiempo transcurrido. El otro es que este concepto también se encuentra asociado a la intensidad del capital del proyecto productivo. En lo que respecta al primer punto, parte del problema se origina al realizar un análisis *backward looking*, es decir, se mira hacia el pasado en lugar de mirar hacia el futuro al momento de computar el *PPP*. Esto implica definir un punto de inicio del proyecto productivo, pero dado que todo instrumento utilizado puede ser retrotraído a su propio proceso productivo se genera el dilema cuál es el punto de inicio del *PPP*, si el período cero (o inicio de la historia) o un período *arbitrariamente* elegido como el punto de inicio. A este dilema se agrega el problema de *cómo* medir el tiempo.

Al intentar ejemplificar su concepto de *roundaboutness*, Böhm-Bawerk ofrece una fórmula para pedir el *PPP* basada en horas de trabajo. Al hacer esto, sin embargo, Böhm-Bawerk se enreda en una métrica inconmensurable dados los desafíos de medir homogéneamente horas de trabajo. Los críticos de Böhm-Bawerk se enfocaron más en su fórmula que en el concepto o mensaje en el término *roundaboutness*.

Aparentemente sin haberlo notado, Hayek resuelve parcialmente este problema al tomar prestados unos triángulos utilizados por Jevons, hoy conocidos como triángulos Hayekianos (figura 1).[2] La diferencia fundamental entre Hayek y Böhm-Bawerk, es que Hayek utiliza valor de mercado, es decir, precios, en su triángulo.

En el caso de Hayek, dos dólares invertidos por tres períodos es igual a un dólar invertido por seis períodos. El eje que mide el tiempo en el triángulo de Hayek mide *valor-tiempo*, en lugar de tiempo físico o puro (minutos, horas, días, etc.)

---

[2] Los triángulos Hayekianos se encuentran en Hayek (1931) y en su versión contemporánea en Garrison (2001).

Figura 1. Triángulo de Hayek

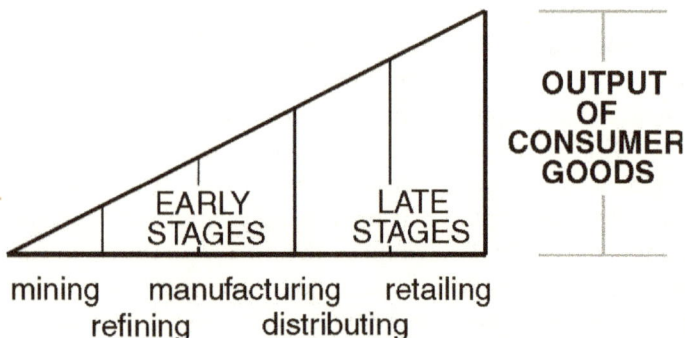

STAGES OF PRODUCTION

PRODUCTION TIME

Fuente: (Garrison, 2001, p. 47)

Quien sí resuelve el problema a conciencia es Hicks (1939, pp. 186, 218–222). El método de Hicks es hoy bien conocido en finanzas bajo como la *duration* de un flujo de fondos. Hay, a su vez, dos *duration*. La *Macaulay duration* (D) calcula la vida promedio del flujo de fondos ponderando el período por el monto en dólares del flujo de fondos (o ponderando los dólares del flujo de fondos por el período en que se reciben.) Por su parte, la *modified duration* es una medida de sensibilidad (semi-elasticidad) que estima el cambio porcentual en el valor presente del cash-flow cuando la tasa de descuento se mueve 100bp o 1% (cambio *porcentual* del precio sobre un cambio *absoluto* en la tasa de descuento.) La fórmula (5) es la *Macaulay duration* de la fórmula (2):

$$(5) \qquad D = \frac{\sum_{t=1}^{T}(EVA_t \cdot t)/(1 + WACC)^t}{MVA}$$

La expresión D posee las siguientes características. En primer lugar se un valor nominal, por lo que se evita el problema de comparar unidades heterogéneas de capital. En segundo lugar, es *forward looking* en lugar de *backward looking*. En tercer lugar, dado que $EVA = (ROIC - WACC)K$, esta representación separa analíticamente las variables *tiempo* y *capital* que se encuentran mezcladas en el concepto de *roundaboutness*. Se puede mostrar, por ejemplo, que dos proyectos con el mismo *T* pero distinto *K* poseen diferentes valores de *D*, donde el proyecto con un mayor valor de *K* posee una mayor *D* que el proyecto con un valor menor de *K*.[3] Esta "intuición" dentro del concepto de *roundaboutness* se puede mostrar con cálculo financiero. *D*, por lo tanto, no es otra cosa que el *PPP* (o *roundaboutness*) de la teoría del capital. El método que Hicks utilizar para llegar a lo que hoy es conocido como *duration* en finanzas es justamente aplicando el operador matemático de elasticidad. El concepto de *roundaboutness* es precisamente una noción de sensibilidad del precio del capital con respecto al precio del tiempo.

Se mencionaba anteriormente que en el caso de un análisis *backward looking* se cae en el dilema donde el *PPP* es infinito o un valor arbitrario. No obstante, en este caso *D* es *forward looking* y por lo tanto este dilema desaparece. En la fórmula (5) la vida del proyecto termina en el período *T*, por lo cual el *PPP* es finito. Sin embargo, en el caso donde la sumatoria es al infinito, el período promedio de producción sigue siendo finito. Esto se debe a que por el lado del numerador, el *EVA* eventualmente crece a un ritmo decreciente dada la productividad marginal decreciente de los facores de producción, mientras que por el lado del numerador el factor de descuento crece exponencialmente. En la medida que el numerador crezca más despacio que el denominador, entonces $D < \infty$ incluso cuando $T \to \infty$.

Una aplicación financiera a teoría del capital nos permite llegar a una medida precisa del *PPP*. A su vez, al realizar este análisis con metodología EVA® se pueden separar analíticamente las variables *tiempo* de *intensidad de capital*. Este segundo aspecto, sin embargo, requiere de una breve aclaración. Al hablar de intensidad del capital se suele entender el ratio entre bienes de capital y trabajo $\left(\frac{K}{L}\right)$. Dejando de lado el problema de cómo interpretar un ratio de bienes de capital sobre horas (o unidades) de trabajo, esta representación asume que el capital sólo puede tomar la forma de herramientas; el capital humano, por ejemplo, figura en el denominador en lugar de hacerlo en el numerador.

---

[3] N. Cachanosky & Lewin (2014, p. 659).

Las fórmulas (2) y (5), sin embargo, hacen uso de *K* como capital financiero por lo que se incluye a todos los factores de producción. Esta variable representa el valor del mercado del total de los activos productivos, sean estas herramientas, trabajo, etcétera. La "intuición" de Böhm-Bawerk sobre la intensidad del capital, por lo tanto, debe ser interpretada como tamaños relativos de capital donde por capital se entiende capital financiero tal cual enfatizase Mises (1949, Chapter XVIII.3). La sección 3.3 vuelve sobre este tema.

Ciclos económicos

La representación del *PPP* en su equivalente financiero *D* permite una aplicación directa a la teoría austriaca del ciclo económico. Según la ABCT, cuando un banco central reduce la tasa de interés por debajo de su valor de equilibrio se produce un desequilibrio en la asignación del *tiempo* en los procesos productivos. Esto se debe a que en la literatura austriaca la tasa de interés no es el precio del dinero, sino que es el precio del tiempo (crédito.) En términos financieros, las inversiones comienzan a ubicarse en flujos de fondos que son demasiado largos, poseen una *duration* mayor a la óptima.

Esto es fácil de ver al considerar que al *modified duration* es una medida de sensibilidad del valor presente de un flujo de fondos y que la *modified duration* y la *Macaulay duration* son equivalentes en el caso de cálculo continuo en lugar de discreto. Esto quiere decir que a mayor *D*, mayor sensibilidad en el valor presente del flujo de fondos. Por lo tanto, al disminuirse la tasa de interés que el mercado utilizar para descontar flujos de fondos el valor presente de proyectos con mayor *D* aumenta más que lo que aumenta el valor presente de proyectos con menor *D*. En primer lugar, esto produce un cambio en los valores presentes relativos y hasta puede alterar el ranking de los proyectos de inversión en la cartera de los fondos de inversión. A mayor tiempo que la tasa de interés se encuentra por debajo de equilibrio una mayor cantidad de inversiones marginales se acumulan en proyectos con una *D* mayor a la *duration* de equilibrio. En segundo lugar, es posible que proyectos que a una tasa de interés de equilibrio poseen un valor presente negativo muestren un valor presente positivo a una tasa de descuento menor a la de equilibrio. Proyectos que en equilibrio son inviables parecen ser rentables porque el banco central está reduciendo el costo de oportunidad al cual se valúan los proyectos. Este efecto sobre los valores presentes tiene un impacto mayor tanto en flujos de fondos más largos como en proyectos que requieren una mayor inversión en capital financiero. Justamente las dos "intuiciones" dentro del concepto de *roundaboutness* que se aplican de manera distintiva en el ABCT.

Cuando eventualmente el banco central incrementa la tasa de interés, ocurre el efecto opuesto. Ahora son los proyectos de mayor D (más PPP y mayor capital financiero) los que ven sus valores presentes caer más que los proyectos con menor D. El ranking de los proyectos de inversión se invierte y es necesario transferir recursos productivos, que son heterogéneos y que sólo se pueden combinar de maneras específicas a otras industrias o actividades económicas. La situación es aún peor en los casos donde el valor presente de un flujo de fondos no sólo cae y empeora su ranking, sino que el mismo se vuelve negativo indicando que dicho proyecto ni siquiera debería haberse realizado. Estos proyectos son los que más rápido se liquidan dado que no son sustentables. El tiempo y costo de volver a asignar recursos productivos es lo que se observa como una crisis económica en una serie de tiempo. El ABCT es una teoría de ciclo económico con un origen nominal y efectos reales. Es decir, el "shock" nominal produce efectos reales al alterar el ranking y valuación de proyectos de inversión con un sesgo hacia flujos de fondos con mayor D. Esta aplicación financiera a su vez permite hacer dos aclaraciones sobre aspectos del ABCT que a veces son mal interpretados. En primer lugar, el rol del Efecto Cantillon en el ABCT. En segundo lugar trazar un paralelismo con el popular modelo de Garrison (2001).

El Efecto Cantillon es el efecto en los precios relativos que tiene una expansión monetaria por parte del banco central. Implícitamente el Efecto Cantillon hace referencia a los precios relativos de los bienes de consumo. Dado que la expansión de dinero ingresa al mercado por lugares puntuales y luego sigue un determinado camino, en lugar de llegar a todo el mercado al mismo tiempo y en la misma proporción, distintos bienes ven sus precios afectados en distintos momentos. Si bien el nivel de precios sube, también se produce una distorsión en los precios relativos.

Sin embargo, el ABCT es una teoría sobre la distorsión del *precio del tiempo*, no es una teoría sobre la distorsión del *precio de los bienes de consumo*. Por ello, para que haya un ABCT la expansión monetaria debe ser canalizada a través del mercado financiero y no, por ejemplo, a través del gasto público. Al canalizar la expansión monetaria por el mercado financiero se afecta el precio del tiempo (la tasa de interés) *antes* que el precio de los bienes generando un cambio en el precio relativo del tiempo respecto a los bienes de consumo y producción. Que el ABCT no requiere del Efecto Cantillon se puede ver en las ecuaciones (2) y (4). Una reducción de la tasa de interés utilizada para valuar proyectos de inversión afecta de forma *no neutral* el valor presente de flujos de fondos *sin necesidad* de asumir Efectos Cantillon. Esta aclaración, por supuesto, no implica que los Efectos Cantillon no existan ni que no sean importantes, este comentario muestra que el ABCT no es en sí una teoría de Efectos Cantillon ni que necesite de los mismos. Sería problemático que así lo sea. Si el argumento del ABCT es que una manipulación del precio del tiempo produce ciclos económicos, entonces esta teoría no debería necesitar recurrir a *otros* desequilibrios para explicar ciclos económicos.

En lo que respecta a una comparación con el modelo de Garrison, el análisis financiero ubica el foco en un lugar distinto al de Garrison. En el modelo de Garrison una reducción de la tasa de interés produce un desequilibrio en el triángulo Hayekiano. La baja en la tasa de interés lleva a una expansión de la base del triángulo (un aumento en el *PPP*), mientras que el aumento en el consumo lleva a una expansión vertical del triángulo en el eje de consumo.

El triángulo, a su vez, se encuentra dividido en etapas productivas. Las etapas intermedias de producción sufren un cuello de botella, dado que sus recursos son demandados tanto por etapas previas en el proceso productivo (expansión horizontal) como por etapas posteriores (expansión vertical) más cercanas al consumo. El análisis financiero, sin embargo, no requiere hacer referencia a etapas productivas. Esto, de hecho, es una ventaja, dado que, si bien las etapas productivas utilizadas en el modelo de Garrison cumplen un claro rol pedagógico, las mismas no son observables en el mundo real tal cual se asumen en el modelo. Esto sucede por varios motivos. Uno de ellos es que una misma industria puede encontrarse a lo largo de todo el proceso productivo o en más de una etapa al mismo tiempo. También es posible que se dé el fenómeno de *looping*, donde dos etapas productivas se adquieren servicios mutuamente (por ejemplo, el sector energético y el sector financiero, ambos sectores demandas servicios del otro sector.) Estas limitaciones del modelo de Garrison pueden sesgar tanto el foco como los resultados en investigaciones empíricas.

El ABCT es una historia de una sobre expansión del eje vertical del triángulo de Hayek, no es en sí una historia sobre etapas de la producción. El valor de D de distintos flujos de fondo no ubica a los distintos proyectos de inversión en distintas etapas del triángulo de Hayek, sino que implican que distintos flujos de fondos poseen triángulos de distinto tamaño. Este paralelismo entre el tamaño del triángulo de Hayek y D tampoco es accidental. Dado que Hayek no asume capitalización de la tasa de interés (por ello la hipotenusa del triángulo es una línea recta), entonces la mitad del eje horizontal del triángulo, que representa el *PPP*, es un caso particular de D cuando el flujo de fondos asume un descuento simple sin capitalización. De manera implícita, el triángulo de Hayek incluye un caso particular y simple de D.

Por último, el aumento en consumo que empuja el triángulo hacia arriba en el eje vertical tiene un efecto contrario en el *PPP* al de la baja de la tasa de interés. Esto también se observa en la representación financiera del ABCT. El aumento en consumo eleva los precios de los bienes de consumo y esto tiene un impacto mayor en períodos cercanos que lejanos. Es decir, el aumento en consumo tiende a elevar el valor presente de flujos de fondo de menor D más que el valor presente de flujos de fondo de mayor D. La diferencia con el modelo de Garrison es que D no representa una ubicación dentro del triángulo de Hayek, D es una medida del tamaño del triángulo, tal cual lo es la mitad de la distancia horizontal del triángulo.

¿Qué es el capital?

En economía hay dos definiciones distintas del término "capital." Por un lado, se entiende por capital *bienes de capital*, como herramientas y maquinarias utilizadas en el proceso productivo. Por el otro lado, por capital se entiende el *valor de mercado de todos los activos productivos* de una empresa. A esta segunda interpretación a veces se la denomina *capital financiero*.

La diferencia entre estas dos definiciones no es una cuestión de grado o de cuántos factores de producción abarca cada una, sino que es una diferencia *conceptual*. La primera definición, que entiende capital como *bienes de capital* deja de lado otros factores de producción que pueden ser tan importantes como las herramientas en sí. Esto ha llevado a un crecimiento en el número de categorías entre las que se encuentran el capital humano, capital social, capital medioambiental, capital religioso, capital cultural, y capital organizacional por mencionar algunas de ellos. Esta superpoblación de capitales sugiere que la definición basada en capital como herramientas no es lo suficientemente abstracto o se encuentra mal enfocado.

Uno de los desafíos de definir capital como *bienes de capital* consiste en cómo homogeneizar en una variables K un complejo conjunto de bienes de capital heterogéneos. Si bien puede ser representable en términos físicos la función de producción de un bien particular con una tecnología particular, por ejemplo, con una función Cobb-Douglas, ello no implica que todas estas distintas mini-funciones de producción puedan agregarse a nivel macro. ¿Cómo pasar de $Q_i = A_i(K_i^\alpha L_i^\beta)$ a $Q = A(K^\alpha L^\beta) = \sum_{i=1}^{N} A_i(K_i^\alpha L_i^\beta)$ cuando A, K, y L son cantidades de bienes de consumo, de capital, y horas de trabajo respectivamente?

Esta situación ha llevado a desde cuestionar la interpretación de la ecuación neoclásica de producción a directamente rechazar su existencia. También he desencadenado intensos debates en torno al problema de *reswitching* en la controversia Cambridge-Cambridge.[4] El problema de *reswitching* consiste en la paradoja donde una baja (o suba) de la tasa de interés resulta en procesos productivos que pasan de ser capital intensivo a trabajo intensivo (*switching*) pero luego vuelven a ser capital intensivo en lugar de trabajo intensivo (*reswitching*.) Este comportamiento implica que, dado que el interés se define como el precio del capital, no existe una función de demanda con buen comportamiento para los bienes de capital. En otras palabras, no hay una relación monotónica entre el capital, y su precio (la tasa de interés.)

Sin entrar en una discusión muy detallada, la contrariedad del *reswitching* surge por dos problemas de definición. En primer lugar, por definir a la tasa de interés, que es el precio del tiempo, como el precio del capital. El comportamiento errático que se observa no es, entonces, el de una curva de demanda. Como cualquier otro bien, el precio del capital es su precio de mercado. En segundo lugar, al definir capital como *bienes de capital* se está dejando de lado otros factores de producción con efectos similares a los de los *bienes de capital*. Es como sostener que algunos bienes de capital son capital y otros no. Esta cobertura parcial puede generar comportamientos erráticos cuando se mueve la tasa de interés cuando el empresario elige bienes de capital que están o no incluidos en la variable K (más detalles en breve.)

El caso de *reswitching* se suele representar con dos flujos de fondos, cada uno representa una tecnología de producción distinta, donde uno de ellos es más capital intensivo. Dado que los flujos de fondos son irregulares, los mismos poseen más de una tasa interna de retorno (TIR) lo que implica que el valor presente de ambos flujos de fondos cambia de ranking en más de una ocasión (*reswitching*). Este análisis, sin embargo, asume que la *TIR* es única, sin embargo, un flujo de fondos de n períodos posee n *TIRs*. Osborne (2005, 2014) muestra que si bien se elige como resultado una de las n *TIRs*, las otras $n - 1$ tasas poseen información. Si en lugar de analizar el fenómeno de *reswitching*

---

[4] Para una discusión más detallada ver Cohen (2008, 2010), Cohen & Harcourt (2003), Dorfman (1959), Felipe & Fisher (2003), Felipe & McCombie (2014), Hayek (1935), Kirzner (2010), Knight (1935), Machlup (1935b, 1935a), y Yeager (1976).

con una sola tasa se lo hace con todas las tasas, entonces el problema de *reswitching* desaparece. Osborne también muestra que la información que las otras $n - 1$ tasas posee es justamente la *duration* del flujo de fondos.[5]

El otro problema de comparar flujos de fondos distintos que representan tecnologías distintas es que se están comparando bienes de capital (y trabajo) heterogéneos. Sin embargo, al agregar de ambos bienes de capital heterogéneos en una sola variable K se confunden *desplazamientos de* la curva de demanda de un bien de capital puntual con *movimientos a lo largo* de la curva de demanda. En otras palabras, lo que debería ser un desplazamiento horizontal de la curva de demanda figura como un comportamiento errático de una curva de demanda del agregado K. Si, en cambio, tomamos cada flujo de fondos por separado, entonces el valor presente de cada uno de ellos tiene un comportamiento monotónico respecto a la tasa de descuento. Si la tasa de descuento baja (sube), el valor presente sube (baja) de manera monotónica. Pero dado que la *duration* no es lineal y los flujos de fondos pueden ser irregulares, no hay motivos por los cuales esperar que los valores presentes de *distintos* flujos de fondos no muestren un *reswitching* en su ranking. Esto, sin embargo, es un problema distinto al de una curva de demanda no monotónica.

La definición de capital como valor de mercado de los activos productivos, quizás la más común en el uso diario más allá de la disciplina económica, es también la tradicional y antigua concepción que ya se encontraba en los economistas clásicos (Hodgson, 2014). Como surge de la discusión del problema de *reswitching*, una interpretación financiera del capital es ajena a estos problemas. Si bien en la literatura austriaca se ha enfatizado un análisis físico del capital, en el sentido de que al ser bienes heterogéneos parte del problema económico es cómo combinarlos y asignarlos a distintos proyecto, especialmente (Mises, 1949, Chapter XVIII.3) distingue entre *capital* (bienes productivos) y

---

[5] Uno de los argumentos por los cuales en el debate Cambridge-Cambridge se dejaron de lado la otras $n - 1$ tasas se debe que las mismas no poseerían un significado económico (por ejemplo, una *TIR* negativa.) Sin embargo, la *duration* sí posee un claro e importante significado económico.

capital financiero. La distinción que hace Mises no es accidental. Dada su participación e interés en el problema del cálculo económico en el socialismo, Mises está preocupado por el rol del capital como valor de mercado en el cálculo económico. Sin capital (financiero), sostiene Mises, el cálculo económico no es posible. El inversos debe destinar una suma de dinero a poner un proyecto en marcha, indistintamente de si ese dinero va a invertirse en maquinarias, trabajo, servicios, etc. Pero es necesario conocer el valor de mercado que se debe invertir en un proceso productivo para, al comparar rendimiento con costo de oportunidad, saber si están percibiendo ganancias económicas o si se están sufriendo perdidas económicas.

Esto también se puede observar en la formula (2), donde el cálculo del valor presente de un proyecto requiere de un valor financiero para la variable K. Incluso si en lugar de calcular el valor presente con la metodología EVA® se utiliza el FCF, este último posee implícito cambios en el valor de K través de la inversión neta, dado que $FCF = NOPAT - IN$, donde $IN = \Delta K$.

Conclusiones

Llevar el análisis económico a su punto de origen nos remite al *individualismo metodológico*. En el caso del productor, una aplicación financiera nos permite hacer un análisis basado en cómo de hecho se toman decisiones de inversión y producción en lugar de asumir un modelo con una cuestionable representación del problema económico tal cual se da en el mundo real. El tomar un macro financiero tiene implicancias tanto en la microeconomía como en la macroeconomía.

En la macroeconomía se percibe que el problema de maximización de la ganancia del productor tal cual se presenta en los manuales de texto está simplificada al punto tal de rozar ser una mal interpretación del problema a estudiar. El productor no busca maximizar su $NOPAT$, busca maximizar su VP. Si maximizar el $NOPAT$ implica una caída del $ROIC$ o un aumento significativo del $WACC$, entonces maximizar el $NOPAT$ no maximiza el VP de la empresa. El análisis financiero también permite aislar y capturar la contribución del *alertness* empresarial a pesar de lo elusivo y abstracto de este concepto.

En macroeconomía, el análisis financiero permite definir de manera precisa el *PPP* así como arrojar luz sobre intensos debates en torno a problemas como el del *reswitching*. La aplicación financiera al *PPP* tiene una extensión directa en el ABCT. Esta aplicación permite dar una justificación microeconómica al problema macroeconómico de ciclos económicos. Esta justificación microeconómica no tiene lugar en forma de agentes económicos representativos, sino que se da en la forma de cambios en los valores presentes relativos de distintos proyectos de inversión. Por último, el análisis financiero invita a volver considerar al capital no como un conjunto de herramientas, sino como el valor de mercado de *todos* los activos productivos.

Bibliografía

Braun, E., Lewin, P., & Cachanosky, N. (2016). Ludwig von Mises's approach to capital as a bridge between Austrian and institutional economics. *Journal of Institutional Economics*, 1–20.

Cachanosky, J. C. (1999). Value Based Management. *Libertas*, *30*(mayo), 179–211.

Cachanosky, N. (2015). Expectation in Austrian business cycle theory: Market share matters. *The Review of Austrian Economics*, *28*(2), 151–165.

Cachanosky, N., & Lewin, P. (2014). Roundaboutness is Not a Mysterious Concept: A Financial Application to Capital Theory. *Review of Political Economy*, *26*(4), 648–665.

Cachanosky, N., & Lewin, P. (2016a). An empirical application of the EVA® framework to business cycles. *Review of Financial Economics*, *30*, 60–67.

Cachanosky, N., & Lewin, P. (2016b). Financial Foundations of Austrian Business Cycle Theory. *Advances in Austrian Economics*, *20*, 15–44.

Cohen, A. J. (2008). The Mythology of Capital or of Static Equilibrium? the Böhm-Bawerk/Clark Controversy. *Journal of the History of Economic Thought*, *30*(2), 151–171.

Cohen, A. J. (2010). Capital Controversy From Böhm-Bawerk to Bliss: Badly Posed or Very Deep Questions? Or What "We"

Can Learn From Capital Controversy Even If You Don't Care Who Won. *Journal of the History of Economic Thought, 32*(1–21), 1

Cohen, A. J., & Harcourt, G. C. (2003). Whatever Happened to the Cambridge Capital Theory Controversies? Preliminaries : Joan Robinson's Complaints. *Journal of Economic Perspectives, 17*(1), 199–214.

Dorfman, R. (1959). Waiting and the Period of Production. *Quarterly Journal of Economics, 73*(3), 351–372.

Ehrbar, A. (1998). *EVA: The Real Key to Creating Wealth.* Hoboken: Wiley Publishers.

Felipe, J., & Fisher, F. M. (2003). Aggregation in Production Functions: What Applied Economists Should Know. *Metroeconomica, 54*(2), 208–262.

Felipe, J., & McCombie, J. S. L. (2014). The Aggregate Production Function: "Not Even Wrong." *Review of Political Economy, 26*(1), 60–84. http://doi.org/10.1080/09538259.2013.874192

Garrison, R. W. (2001). *Time and Money. The Macroeconomics of Capital Structure.* (M. J. Rizzo & L. H. White, Eds.) (2002 ed.) London and New York: Routledge.

Hayek, F. A. (1931). *Prices and Production.* (1967 ed.). New York: Augustus M. Kelley.

Hayek, F. A. (1935). The Maintenance of Capital. *Economica, 2*(7), 241–276.

Hayek, F. A. (1948). *Individualism and Economic Order.* (1958 ed.). Chicago: The University of Chicago Press.

Hicks, J. (1939). *Value and Capital.* (2001 ed.). Oxford: Oxford University Press.

Hodgson, G. M. (2014). What is capital? Economists and sociologists have changed its meaning: should it be changed back? *Cambridge Journal of Economics, 38*(5), 1063–1086.

Kirzner, I. M. (1973). *Competition and Entrepreneurship.* Chicago: The University of Chicago Press.

Kirzner, I. M. (2000). *The Driving Force of the Market.* (M. J. Rizzo & L. H. White, Eds.). London and New York: Routledge.

Kirzner, I. M. (2010). *Essays on Capital and Interest.* (P. J. Boettke & F. Sautet, Eds.). Indianapolis: Liberty Fund.

Knight, F. H. (1935). Professor Hayek and the Theory of Investment. *The Economic Journal, 45*(177), 77–94.

Lewin, P., & Cachanosky, N. (2014). The Average Period of Production: The History of an Idea. *SSRN Electronic Journal.*

Lewin, P., & Cachanosky, N. (2016). A financial framework for understanding macroeconomic cycles. *Journal of Financial Economic Policy, 8*(2), 268–280.

Machlup, F. (1935a). Professor Knight and the Period of Production. *The Journal of Political Economy, 43*(5), 577–624.

Machlup, F. (1935b). The "Period of Production": A Further Word. *The Journal of Political Economy,* 43(6), 808.

Mises, L. von. (1949). *Human Action.* (1996th ed.). Irvington-on-Hudson: The Foundation for Economic Education.

Nozick, R. (1977). On Austrian Methodology. *Synthese, 36*(3), 353–392.

Osborne, M. (2005). On The Computation of a Formula for the Duration of a Bond that Yields Precise Results. *Quarterly Review of Economics and Finance, 45*(1), 161–183.

Osborne, M. (2014). *Multiple Interest Rate Analysis.* Houndsmill,Basingstoke: Palgrave.

Stern, J. M., Shiely, J. S., & Ross, I. (2003). *The EVA Challenge.* New York: Wiley.

Stewart III, B. G. (2002). Accounting is Broken, Here's How to Fix It. A Radical Manifesto. *EVAluation, 5*(1), 1–31.

Yeager, L. B. (1976). Toward Understanding Some Paradoxes in Capital-theory. *Economic Inquiry, 14*(3), 313–346.

Young, D. S., & O'Byrne, S. E. (2000). *EVA and Value-Based Management.* New York: McGraw-Hill.

APUNTES SOBRE EL CONCEPTO DE COPYRIGHT

Alberto Benegas Lynch (h)

*The cry for copyright is the cry of men who
are not satisfied with being paid for their
work once, but insist upon being paid
twice, thrice, and a dozen times over.*
George Bernard Shaw

*Once published with his consent, an author's
work is destined irretrievably for the public domain.*
Arnold Plant

[1]Dado que nuestro conocimiento es sumamente restringido, todos los temas están abiertos a un proceso evolutivo en el que se teje una compleja trama de refutaciones y corroboraciones provisorias lo cual permite reducir en algo nuestra ignorancia. Los llamados "derechos intelectuales de propiedad" no están exentos de estas controversias. Muy por el contrario, se trata de un tema especialmente controversial: en este campo, aun dentro de una misma tradición de pensamiento, hay posturas diversas y hasta opuestas[2]. Por eso es que en el debate que aquí presentamos recurrimos a tres opiniones que consideramos entre las de mayor peso para contradecir la tesis que intentamos sostener en estas líneas. Este es el procedimiento más adecuado para sacar la mejor partida posible del asunto tratado en vistas a pasar de momento la prueba o quedar en el camino. En cualquier caso,

---

[1] Publicado originalmente en *Estudios Públicos*, Santiago de Chile, No. 75, 1999, invierno. En esta oportunidad se reproduce el ensayo como homenaje al excepcional economista Juan Carlos Cachanosky a quien el autor invitó a formar parte de ESEADE siendo Rector, como su profesor adjunto en la Universidad de Buenos Aires, como investigador senior en el Centro de Investigaciones Económicas de la Sociedad Rural Argentina cuando el autor era asesor económico y lo presentó en la Universidad Francisco Marroquín luego de que el autor fuera el primer profesor visitante de esa casa de estudios durante tres años.

[2] Véase, por ejemplo, Fritz Machlup y Edith T. Penrose "The Patent Controversy in the Nineteenth Century" *Journal of Economic History*, 10, 1950 y también Wendy McElroy "Intellectual Property: Nineteenth Century Libertarian Debate", *Caliber*, diciembre de 1981.

pensamos que se habrá puesto algo de luz en este tema que revela tantas facetas y resulta tan intrincado. Abrimos aquí un debate presentando las posturas en conflicto del modo más persuasivo posible para que el lector saque sus propias conclusiones, que, al igual que las nuestras, son provisorias y abiertas a otras posibles refutaciones o corroboraciones transitorias. Las verdades aparecen como provisorias en el contexto de un arduo peregrinaje a través de teorías rivales en la esperanza de aumentar nuestros conocimientos.

Dentro de los antedichos derechos se incluyen las patentes, las marcas (a veces aparece la subclasificación de diseño industrial) y los *copyrights*. En este breve ensayo circunscribiremos nuestra atención a este último concepto -el derecho de copia- que en algunas oportunidades se ha considerado conveniente diferenciarlo del *derecho de autor*, el cual, en este contexto, se limita a que lo escrito por éste le pertenece en el sentido de que si el texto apareciera sin su firma o con otra sin la expresa autorización del autor se estaría incurriendo en plagio, fraude, trampa o piratería[3].

Aunque en diversas ocasiones se ejercieron diversos tipos de controles sobre copistas de manuscritos, puede considerarse que un antecedente remoto del *copyright* surgió en Europa poco después del establecimiento de la imprenta. Se trataba de prebendas otorgadas por los monarcas, básicamente como un instrumento de censura. Pero nada era seguro bajo ese régimen, incluso muchas veces se otorgaba el permiso para publicar que luego era revocado, como es el caso célebre que relata John M. Bury sobre Galileo: "Escribió un tratado sobre los dos sistemas -el Ptoloméico y el Copernicano- en forma de *Diálogos*, en cuyo prefacio se declara que el propósito es explicar los pros y los contras de las dos opiniones. Recibió un permiso, definitivo, se figuraba él, para imprimirlo, del Padre Ricardi, director del Sacro Palacio [...] Desaprobado, no obstante, por el Papa, una

---

[3] Véase John Hospers *Libertarianism: A Political Philosophy for Tomorrow* (Los Angeles, CA: Nash Pub, 1971) p. 71.

comisión examinó el libro, citándose a Galileo ante la Inquisición."[4] En 1624 ese poder paso al Parlamento, primero en Inglaterra y luego en otros países, pero el *copyright* propiamente dicho recién hace su aparición en el siglo XVIII a través de la legislación que prohibía la reproducción y la venta de trabajos escritos y registrados a tal fin, aunque los primeros debates sobre la extensión de la propiedad a la creación intelectual como bien intangible, aparecen con la Revolución Francesa[5]. Boudewijin Bouckaert explica que

> Durante el *ancien régime* se desarrollaron algunas protecciones para artistas e inventores pero eran consideradas en general excepcionales. Cada protección era caratulada como un privilegio, lo cual quería decir literalmente una ley especial (*privata lex*), una medida concebida para una persona específica. Por ejemplo, la ciudad de Venecia le concedió a Aldo Manuce el privilegio de imprimir con letras itálicas y como una retribución por esa invención, el privilegio monopólico de imprimir las obras de Aristóteles. [...] La noción de la propiedad artística (*propriété littéraire*) apareció en Francia durante el siglo dieciocho en el contexto de la lucha entre autores contra los privilegios reales. Dichos privilegios eran otorgados por los reyes a las compañías editoras en París. Los autores reclamaban el derecho a vender sus manuscritos a los editores o, incluso, editar e imprimir los documentos directamente ellos. Invocaron el concepto de la propiedad de sus producciones artísticas - sus manuscritos. Este derecho de propiedad implicaba el derecho de vender sus productos a quienes quisieran. Estos reclamos reflejaban la aversión generalizada entre los intelectuales del siglo dieciocho hacia los controles reales sobre la producción intelectual.

---

[4] *La libertad de pensamiento* (México: Fondo de Cultura Económica, 1941) p. 62 [1913].
[5] Véase Ejan Mackaay "Economic Incentives in Markets for Information and Innovation" *Harvard Journal of Law & Public Policy*, vol. 13, 3, verano de 1990, p. 867.

De hecho, los autores demandaban nada más que la libertad individual de elegir los socios con quienes contratar respecto de la edición e impresión de sus manuscritos. *Sin embargo, las demandas de los autores se extendieron más allá de sus libertades individuales. Los autores también pidieron que la exclusividad para editar, imprimir y vender, que estaba implícita en los privilegios reales, debía generalizarse a todas las compañías con las que los autores hacían contratos. No consideraron esta exclusividad como inherentemente mala. Solamente rechazaron que la otorgara el rey a su arbitrio*[6].

La legislación de *copyrights* no se adoptó en todas partes al mismo tiempo, por ejemplo, como hace notar Arnold Plant, hasta mediados del siglo XIX, en los Estados Unidos, cualquiera podía reproducir las obras que quisiera[7]. Entre otros aspectos, el mismo autor alude a dos puntos de gran importancia en conexión con este tema[8]. En primer término, sostiene que la asignación de derechos de propiedad tiene sentido cuando existe escasez, a los efectos de establecer los destinos y las prioridades correspondientes según indique el mecanismo de precios. Pero en el caso que nos ocupa, Plant -igual que las opiniones anteriores de autores tales como Benjamin Tucker, William Hanson y James Walker[9] y, más recientemente, Friedrich A. Hayek[10] y

---

[6] "What is Property?", *Harvard Journal of Law & Public Policy*, vol. 13, No. 3, verano de 1990, p. 790-1; la cursiva es nuestra.

[7] "The Economic Aspects of Copyright in Books", *Selected Economic Essays and Addresses* (Londres: Routledge & Kegan Paul, 1974) p. 62 [1934].

[8] A. Plant "The Economic Theory Concerning Patents for Inventions", en *op. cit.* p. 36 y ss. [1934].

[9] *Vid.* W. McElroy, *op. cit.*

[10] *The Fatal Conceit: The Errors of Socialism* (The University of Chicago Press, 1988) donde Hayek dice que "La diferencia entre éstos [*copyrights* y patentes] y otros tipos de derechos de propiedad es esta: mientras la propiedad de los medios materiales de producción guían el uso de medios escasos hacia sus destinos más importantes, en el caso de los bienes inmateriales tales como las producciones literarias y los inventos tecnológicos la habilidad para producirlos es también limitada, pero una vez que existen pueden multiplicarse infinitamente y se convierten en escasos sólo a través de la ley con el propósito de inducir a que se

Tom G. Palmer[11]- subraya que la legislación crea artificialmente esa escasez. Lo que alguien escribe y publica (hace público) no se asimila a un juego de suma cero, sino que es de suma positiva: mucha gente puede estar en posesión de la construcción literaria simultáneamente, no es como una mesa específica que la tiene uno o la tiene otro. En el caso que nos ocupa, algo puede estar en la mente del creador y, al mismo tiempo, en la mente de muchos otros, no es un bien finito como el caso de la mesa, por ende, no hay necesidad de asignar recursos según sean las prioridades prevalentes.

Si prestamos debida atención a esta argumentación concluimos que en ausencia de la legislación que prohibe la reproducción, no resulta posible imponer la figura de un contrato implícito[12] referido a "derechos intelectuales". No tiene sentido asignar derechos de propiedad allí donde hay para todos, cuando se publica (se hace público), entra en el dominio público. Un contrato a título oneroso involucra transacciones de derechos de propiedad, si no hay propiedad no hay contrato que puede reco-

---

produzcan esas ideas. Sin embargo, no resulta obvio que dicha escasez forzada sea la forma más efectiva de estimular el proceso de la creatividad humana. Dudo que exista una sola gran obra de la literatura de la que nos veríamos privados si el autor no hubiera dispuesto de *copyright* [...]" p. 36. En otro orden de cosas, si conjeturamos lo que eventualmente podría constituir una etapa futura del proceso evolutivo, no parece prudente depositar confianza en el monopolio de la fuerza; en este sentido véase Anthony de Jasay *Against Politics* (Londres: Routledge, 1997), Sam Peltzman y Gianluca Fioretini (eds) *The Economics of Organized Crime*, especialmente Herschel Grossman "Rival Kleptocrats: The Mafia Versus The State" (Cambridge University Press, 1997), [1995] p. 143 y ss. y Alberto Benegas Lynch (h) "Toward a Theory of Autogovernment", *Values and the Social Order: Voluntary vs. Coercive Orders* (Aldershot, Inglaterra: Avebury Pub., Series in Economics & Philosophy, 1997), Gerard Radnitzky ed., p. 113 y ss.
11 "Are Patents and Copyrights Morally Justified?", *Harvard Journal of Law & Public Policy,* vol. 13, No. 3, verano de 1990, donde el autor afirma que: "La escasez resulta central para la legitimización de los derechos de propiedad, la propiedad intelectual no tiene base moral legítima". p. 861.
12 Más adelante nos referiremos a otros convenios en conexión con lo que se ha dado en llamar "contratos implícitos o de adhesión".

nocerse como implícito. Ahora bien, cuando una creación literaria está en la mente de su creador, éste desde luego tiene todo el derecho de retenerlo y no hacerlo público. También puede decidir vendérselo a un editor y si esta transacción se realiza por un precio es debido a que en ese momento -antes de hacerse público- se trata de un bien escaso (el editor no está comprando simplemente papel y tinta sino un contenido que valora y es escaso). La transacción se puede llevar a cabo de muy diversas maneras, una de ellas es, por ejemplo, a través de una suma al contado. En este caso el autor se deshace de su propiedad que ahora le pertenece al editor quien al momento es el único autorizado para hacerlo público. El editor puede decidir retenerlo y no publicarlo si es que esa posibilidad estuviera contemplada en el arreglo contractual. Si optara por esta variante seguiría siendo un bien escaso, pero, si decidiera publicar el libro, el bien dejaría de ser escaso, no porque el libro físico sea escaso sino porque el contenido puede estar simultáneamente en todas las mentes que tengan acceso a él, sin que las que lo conocían con anterioridad tengan que renunciar a ese contenido. Si el editor es hábil hará una distribución tal, propondrá un precio y cubrirá distintas calidades de edición para minimizar el riesgo de que otros lo reproduzcan y entren al mercado, pero, por las razones expuestas, no podría prohibir que lo hicieran.

Otra forma de operar podría ser que el autor conviniera con el editor el cobro de *royalties* por los ejemplares que venda o una combinación de este último procedimiento y el pago adelantado o cualquier otro procedimiento que surja en el mercado y que satisfaga a las partes en el contexto de un proceso evolutivo y abierto. Lo dicho hasta aquí no quiere decir que al autor eventualmente no le gustaría excluir a los que no le paguen directamente, lo cual puede resultar en definitiva posible en el futuro debido a cambios tecnológicos que permitan dicha exclusión, del mismo modo que pueden resolverse casos en los que actualmente aparecen *free-riders*[13] (Plant conjetura que, si se les diera el

---

[13]En este sentido véase Alberto Benegas Lynch (h) "Bienes públicos, externalidades y los *free-riders*: el argumento reconsiderado", Academia Nacional de Ciencias, Buenos Aires, noviembre de 1997. Al solo efecto del presente ensayo, conviene señalar que la internalización de

poder suficiente, también los editores estarían satisfechos si pudieran controlar la oferta de libros de la competencia[14]. En ausencia de *copyrights*, una vez que se pone un material abierto en internet no hay forma de alegar un contrato "implícito", el receptor tiene derecho a usarlo y reproducirlo, pero en este caso la tecnología revela que resulta posible excluir, esto es, obligar al usuario a pagar: aparece un *password* a través del cual se pueden acordar las condiciones del pago por el servicio recibido (o, en su caso, la obra vendida), lo cual no quiere decir que una vez que se hizo pública puedan reclamarse derechos de propiedad sobre el material ofrecido.

Debe distinguirse el derecho de propiedad del bien físico (*libro, software* o lo que fuere), por un lado, y el dinero entregado a cambio, por otro, de aquello que ha dado en llamarse "derechos de propiedad intelectual". Es esto último sobre lo que no cabe un arreglo contractual implícito. Por esto es que quienes fotocopian un libro o reproducen un cassette o un *soft* no son estafadores. En otro orden de cosas, el concepto de *marcas* resulta de una naturaleza distinta puesto que, al igual que los nombres propios, su utilización sin la debida autorización del titular significa un fraude puesto que se engaña aparentando algo que no es. De la misma manera, la violación de lo que comúnmente se denomina *información confidencial* tiene otro carácter ya que de

---

externalidades positivas se realizará en la medida en que se desee (por ejemplo, la mujer atractiva por lo general no lo desea) y en la medida que la tecnología lo permita. La internalización coactiva de externalidades positivas presenta una situación inferior en cuanto a eficiencia respecto de la no-internalización del mercado. Aquella variante se traduce en una producción sub-óptima (ya que se malasignan recursos) respecto de la optimización del mercado abierto. En este último sentido, James M. Buchanan explica que "Si no hay criterio objetivo para el uso de los recursos que puedan asignarse para la producción como un medio de verificar indirectamente la eficiencia del proceso, entonces, mientras el intercambio sea abierto y mientras se excluya la fuerza y el fraude, el acuerdo logrado, por definición, será calificado como eficiente", *Liberty, Markets and State*, "Rights, Efficiency and Exchange: The Irrelevance of Transaction Costs" (New York: New York University Press, 1985) p. 95 [1983].
[14] "The Economic Aspects of Copyrights in Books" *op. cit.* p. 60.

lo que aquí se trata es que, de común acuerdo, se convino mantener en reserva y no difundir algo que finalmente se filtró deliberadamente: se trata de un bien escaso que se intenta no hacerlo público. Es en este sentido posible convenir la entrega de determinado material con la condición de que no se reproduzca, lo que no tiene sentido es que, simultáneamente, se haga público (se publique) puesto que, como se ha dicho, así entra automáticamente en el dominio público.

Hay una interesante producción cinematográfica titulada *The Gods Must Be Crazy* que, en este contexto, comenta Ejan Mackaay[15]. Fue dirigida por Jamie Uys y estrenada a comienzos de 1981. La parte que nos interesa aquí es la referida a la historia de una tribu primitiva cuyos integrantes eran poco numerosos y, a pesar de ser contemporáneos a nosotros, se mantenían en una situación de atraso debido a su aislamiento. Como consecuencia de que el predio en que desarrollaban sus vidas era relativamente extenso podían conseguir de la naturaleza los bienes indispensables para subsistir en cantidades que excedían a sus demandas. Esta situación se la atribuían a la bondad de los dioses que, según ellos, todos los días reponían lo necesario. Un día sobrevoló la zona un piloto solitario quien, después de terminar una bebida, arrojó la lata por la ventana de su pequeño avión la cual fue a dar en las tierras que circunstancialmente ocupaba la reducida población a que nos referimos. Este peculiar instrumento, a los ojos de los pobladores, también les cayó del cielo. Era otro regalo de los dioses, aunque esta vez se lo disputaban todos: los chicos para jugar, las mujeres para cocinar alimentos, los hombres como arma de defensa, etc. Por primera vez tuvieron noción de la escasez y, por tanto, se vieron en la obligación de discutir normas para su asignación, dado que todos no podían utilizarlo al mismo tiempo y había que establecer prioridades en cuanto a los distintos usos posibles. Después de largos conciliábulos decidieron destruir lo que consideraban un artefacto misterioso y malévolo consecuencia de una rareza de los dioses por haberles proporcionado solamente una unidad. De este modo se

---

[15] "Economic..." *op. cit.* p. 873.

ilustra el problema de la escasez y el origen de la propiedad privada tal como también la explicó, entre otros, David Hume quien dice que "[...] cuando existe cualquier cosa en abundancia para satisfacer todas las necesidades de los hombres: en ese caso, la distinción de la propiedad se pierde totalmente y todo queda en común."[16]

Otro de los puntos que hace Plant y que juzgamos clave es el que se refiere a la eventual menor creatividad o producción de libros que existiría en ausencia de la legislación que otorga el monopolio artificial de marras, así como la consiguiente mayor renta que obtiene este tipo de monopolista: "Lo que generalmente no tienen en cuenta los partidarios entusiastas de este tipo de esquemas es la producción alternativa que tendrían los recursos disponibles en otras áreas."[17] En otras palabras, el monopolio artificial que critica Plant distorsiona los precios relativos y, por ende, hace que artificialmente se asignen mayores recursos a la producción de libros y menos, digamos, a leche y medicamentos, lo cual produce un fenómeno de consumo de capital con la consiguiente reducción en salarios e ingresos en términos reales que, a su vez, entre otras cosas, implica un privilegio para que puedan acceder los más ricos al propio mercado de libros en detrimento de los relativamente más pobres.

Por otra parte, como también señala Plant, durante siglos y siglos hubo extraordinarias obras artísticas sin que existiera tal cosa como una ley de *copyrights* (Shakespeare etc. etc.[18]). De cual-

---

[16] *A Treatise on Human Nature* (Londres: Longmans, Green and Co., 1898) vol. II, p. 267 [1740]; para una explicación más extensa véase Libro III, Parte II, Sección II. Israel M. Kirzner adhiere en lo que a la escasez se refiere, pero expone otra perspectiva para fundamentar la propiedad - también distinta de la versión puramente lockeana- en *Discovery, Capitalism, and Distributive Justice* (New York: Basil Blackwell, 1989) esp. caps. 5 y 6. Véase también la crítica de Robert Nozick al criterio propuesto por John Locke de "mezclar el trabajo" como fundamento de la propiedad y al *lockean proviso* en *Anarchy, State and Utopia* (New York: Basic Books, 1974) p. 174 y ss.

[17] "Economic..." *op. cit.* p. 72.

[18] Véase en este sentido, Robert M. Hurt "The Economic Rationale of Copyright" *American Economic Review*, 56, mayo de 1966, p. 425 y ss.

quier manera, eventualmente podrá resultar menor la producción total de libros y, como consecuencia, resultará necesario proceder a una mejor selección de aquellos que toman los editores ya que no contarán con aquel instrumento que les permitía calcular probabilidades de un modo diferente. De todos modos -como bien han explicado Robert Nozick[19] y, específicamente referido al tema de nuestro estudio, Tom G. Palmer[20]- el derecho no se sustenta en criterios para que unos puedan usar a otros como medios para servir sus propósitos personales al mejor estilo benthamita. Por tanto, en este contexto, resulta del todo irrelevante si, como consecuencia de abrogar una ley injusta, el resultado fuera una menor publicación de libros (aunque la competencia en otros rubros muestra que la producción aumenta y el precio se torna más accesible en la medida en que se abre el mercado).

Con la vigencia de la legislación a que nos venimos refiriendo, en buena medida se obstaculiza la posibilidad de otros arreglos, por esto es que, paradójicamente, los autores que se oponen a ese tipo de leyes en general se ven compelidos a acogerse a ellas puesto que resulta muy poco común encontrar editores que estén dispuestos a renunciar voluntariamente al privilegio que les reporta la prohibición para que otros reproduzcan los libros que publican.

---

[19] En la misma línea de la segunda fórmula del imperativo categórico de Kant, Nozick dice: "Sostengo que las restricciones morales de lo que podemos hacer evidencian nuestras existencias separadas. Reflejan el hecho de que ningún balance moral de un acto puede tener lugar entre nosotros; no hay posibilidad de sopesar moralmente una de nuestras vidas con otras, tendientes a lograr un mayor bien *social*. No hay justificativo para sacrificar a uno de nosotros por otros. Esta idea fundamental, esto es, que hay diferentes individuos con vidas separadas de modo que ninguna puede sacrificarse en aras de otras, pone de manifiesto restricciones morales pero también considero que conduce a restricciones libertarias que prohiben la agresión contra otro.", *Anarchy, State... op. cit.*, p. 33.

[20] "Intellectual Property: A Non-Posnerian Law and Economics Approach", *Hamline Law Review*, 12, 1989.

Pasemos ahora a considerar la opinión de tres destacados autores de la tradición liberal que no comparten los aspectos medulares de lo que hasta aquí queda dicho. Se trata de Herbert Spencer, Murray N. Rothbard y Ayn Rand. El primero de estos autores dice que

> Es extraño que haya hombres inteligentes que sostienen que cuando un libro se ha publicado se transforma en propiedad pública y que resulta un corolario de los principios de librecambio que cualquiera que lo desee puede republicar y vender copias para su propio provecho. [...] Pero si no sustrae la propiedad de nadie quien infringe la ley de *copyrights* ¿cómo puede ser que la cosa sustraída posea valor? Y si la cosa sustraída no posee valor, entonces la persona que se apodera de ella no se encontraría en una situación peor si se le prohíbe que la posea. Si resulta que se encuentra en una situación peor, entonces, claramente, es que se ha apoderado de algo de valor. Y desde que este algo de valor no es un producto natural, la obtención del mismo tiene que ser a expensas de alguien que artificialmente lo produjo.[21]

A continuación Spencer se refiere a un trabajo que publicó anteriormente[22] donde se detiene a explicar que el *copyright* a su juicio no constituye un monopolio puesto que cualquiera puede editar libros, de lo cual no se desprende que pueda copiar ciertas formas exclusivas que surgen de la creatividad del autor y por ello, incluso, considera que debe ser tratado más ajustadamente como *propiedad* que los propios bienes materiales. Explica el concepto del monopolio en estos términos:

> En el sentido político-económico un monopolio es un arreglo por el que una persona o conjunto de personas recibe por ley el uso exclusivo de ciertos productos naturales, agencias o facilidades, las cuales, en ausencia de esa

---

[21] *The Principles of Ethics* (Indianapolis: Liberty Classics, 1978), [1897], vol. II, p. 123-4.

[22] *Edinburgh Review*, octubre de 1878.

ley estaría abierto a todos. Y el opositor del monopolio
es alguien que no pide nada en cuanto a asistencia directa
o indirecta, sólo requiere que él también pueda usar los
mismos productos naturales, agencias o facilidades. Este
último desea concretar negocios que no lo hagan depen-
diente ni siquiera de modo remoto con el monopolista
sino que puede llevar a cabo sus negocios de modo igual
o mejor que el monopolista y en ausencia de todo lo que
éste realiza. Vayamos ahora al comercio de la literatura y
preguntemos cuál es la posición del así llamado librecambista y la posición del monopolista. ¿El así llamado monopolista (el autor) prohíbe acaso al así llamado librecambista (el que desea reimprimir) usar alguno de los ingre-
dientes o procesos, intelectuales o mecánicos para producir libros? No. Estos se mantienen abiertos a todos.
¿Acaso el así llamado librecambista desea simplemente
usar de modo independiente esas facilidades abiertas a todos del mismo modo que lo haría en ausencia del así llamado monopolista? No. Desea la dependencia y las ventajas las cuales no existirían si el así llamado monopolista
no hubiera aparecido. En lugar de quejarse como lo hace
el verdadero librecambista en el sentido de que el monopolista resulta un obstáculo en su camino este pseudo-
librecambista se queja porque no puede utilizar ciertas
ventajas que surgen del trabajo del hombre que el llama
monopolista[23].

Por último Spencer, aun admitiendo que resulta un tema espi-
noso, sugiere que no se debe establecer un período por el cual
tienen vigencia los *copyrights*[24] del mismo modo que no opera un
vencimiento para el resto de los derechos de propiedad.

Pensamos que el silogismo inicial de Spencer adolece de
una inconsistencia fundamental. Nadie sugiere que lo escrito por
un autor necesariamente carezca de valor, los buenos autores

---

[23] *The Ethics... op. cit.* p. 126.
[24] *Ibid.* p. 125-6.

producen obras de un valor extraordinario, muchas veces constituyen contribuciones insustituibles para la humanidad. Pero de allí no se desprende que ese valor se traduzca en precios expresados en términos monetarios. El aire es de un gran valor para el hombre, tal vez sea el de mayor valor para su supervivencia, sin embargo, por el momento, en este planeta, no se cotiza en el mercado, precisamente porque no resulta escaso en relación a las necesidades que hay de el (su utilidad marginal es nula). En el caso de los libros lo que resulta escaso es el bien material. Si éstos fueran abundantes tampoco se cotizarían, de lo cual no se desprendería que carecen de valor. Sin duda que no da lo mismo comprar papel y tinta con cualquier contenido, interesa lo que se lee en el texto. Supongamos por un instante que hubiera que envasar aire para poder respirar. En ese caso, *ceteris paribus,* lo que tendría valor monetario sería el envase y no el aire aunque este sea el objeto final de la referida adquisición.

No está entonces en cuestión el valor de la producción intelectual, ni el derecho del autor a que aparezca su nombre cada vez que se recurra a su texto, ni tampoco está en cuestión el provecho evidente que se saca al invertir en la reproducción y posterior venta de libros que contengan los aludidos escritos o la simple copia para uso personal (o, a los efectos, la reproducción de *cassettes, soft*[25], etc.). En resumen, cualquiera sea la posición que se adopte en este debate no está en juego lo que supone Spencer y tampoco se deriva de sus premisas la prohibición de reproducir. Respecto de sus comentarios sobre la idea de monopolio, coincidimos con sus afirmaciones y su esquema analítico,

---

[25] Es de interés destacar que en *The Economist* (marzo 28-abril 3 de 1998) se lee que: "Muchas compañías de *software* entregan sin cargo sus productos. Microsoft ha hecho esto con su *browser* y en febrero Netscape hará lo mismo. Pero lo que Netscape propone ahora es más radical aún. Las compañías rara vez publican sus propios códigos de la fuente -los procedimientos para programar el lenguaje que hace que funcione su programa [...] Esto es exactamente lo que Netscape quiere que hagan los programadores. [...] El objetivo de esta propuesta heterodoxa es convertir a todo el Internet en una enorme división para el *browser software* de Netscape [...Por su parte] Richard Stallman, quien dirige la Free Software Foundation, rechaza la noción de *copyright*", p. 60.

lo cual no se aplica al caso que nos ocupa puesto que está presente la pretensión de que algo que se hace público debe mantenerse fuera de los alcances del público y, por tanto, no se debe permitir su reproducción, cosa que, precisamente, constituye un monopolio. También coincidimos como Spencer en cuanto que no deben operar vencimientos en los derechos de propiedad.

Veamos el caso de Rothbard[26] quien, después de señalar una diferencia que a su juicio resulta esencial entre patentes y *copyrights*, concluye que la abrogación de la legislación especial en esta última materia no es óbice para que se respeten los contratos. Según este autor estos contratos tienen lugar desde el momento en que el lector adquiere un libro en el que aparece la inscripción con la prohibición de reproducirlo (serían de adhesión o implícitos si se siguen los procedimientos habituales del *copyright*).

Tratemos de explayarnos en base a esta idea. Según esta concepción, cuando alguien adquiere un libro realizaría un contrato de compra-venta, con lo que, *de facto*, se estaría comprometiendo a cumplir las condiciones del convenio que pactó libremente (al adquirir el bien en cuestión). Si las condiciones que claramente se leen en el libro son las de la no reproducción, el adquirente no lo podría reproducir sin infringir el contrato de referencia. Incluso si el comprador presta el libro (siempre y cuando el convenio en cuestión lo autorice) el receptor del préstamo estaría también sujeto a las mismas responsabilidades que el titular si es que así se estipuló en el préstamo.

Muchos arreglos contractuales pueden juzgarse absurdos por terceras personas, pero quien pacta algo se obliga moralmente a cumplirlo, a menos que el contrato resulte en lesiones al derecho de terceros o resulte en la contradicción que implica, por ejemplo, un acuerdo de esclavitud en el que por definición queda anulada la voluntad (es la voluntad de no ejercitar más la voluntad) y la voluntad de las partes es precisamente el ingrediente central del contrato. En base a este razonamiento, podría

---

[26] *Man, Economy and State: A Treatise on Economic Principles* (Los Angeles, CA: Nash Pub. 1962).

incluso concebirse un contrato por el que un vendedor de camisas estableciera que el comprador la podrá usar solamente los domingos. Se podrán efectuar múltiples conjeturas sobre un convenio de esa naturaleza, una de las cuales podría ser que la demanda de camisas sujetas a semejantes condiciones experimentará una abrupta contracción por parte de quienes tienen arraigados principios éticos o que, como es de muy difícil contralor, en la práctica, muchas personas no lo cumplirán etc., etc. De todos modos surgiría de este análisis la obligación moral de cumplir con este tipo de arreglos. En otros términos, una vez desaparecida la legislación que venimos comentando, el mercado, en un proceso evolutivo y abierto, y según sean los adelantos tecnológicos abriría una serie de avenidas y posibilidades contractuales que no pueden anticiparse. Algunos tipos contractuales se abandonarán por imprácticos y otros se adoptarán según sea la valorización de las partes intervinientes.

Como ya se dijo, es desde luego distinta la situación, por ejemplo, de quien recibe por internet un texto literario en el que se acompaña una leyenda sobre la prohibición de reproducir. En ese caso no hay "contrato implícito" ni contrato de ninguna especie, simplemente hay la voluntad unilateral de una de las partes lo cual no obliga a quien lee aquel texto en la pantalla de su computadora (por eso es que, en la práctica, como también hemos dicho, para acceder a la información que está en la red sujeta a ciertas condiciones se requiere que se recurra a un *password* que hace que aquellas sean aceptadas para poder operar).

En la obra citada, Rothbard sostiene:

Consideremos el caso del *copyright*. Un hombre escribe un libro o compone música. Cuando publica el libro o la hoja de música imprime en la primera hoja una palabra que dice 'copyright'. Esto indica que cualquier persona que accede a comprar esta producción que también concuerda como parte de la transacción a *no* copiar o reproducir esta obra para la venta. En otras palabras, el autor no vende su propiedad sin más al comprador; la vende *bajo la condición* de que el comprador no la reproducirá para la venta. Desde el momento que el comprador no adquiere la propiedad sin más, sino que lo hace bajo esta condición, cualquier incumplimiento de este contrato por parte de él o de quien lo haya recibido como reventa está incurso en *robo implícito* y será así tratado en el mercado libre. Consecuentemente, el *copyright* es un instrumento lógico de los derechos de propiedad en el mercado libre[27].

Por su lado, Nozick, quien deja en claro que este tema resulta muy controvertido incluso entre liberales, señala que los autores que sostienen que hay contrato de no copiar al realizarse la compra-venta "[...] aparentemente se olvidan que algunas personas algunas veces pierden libros y que otros los encuentran."[28] Sin embargo, pensamos que este hecho no debilita en nada el argumento rothbariano: por una parte, del hecho de que se pierda un anillo no se sigue que no debería existir registro de propiedad y, por otra, el que encuentra el anillo en cuestión está moralmente obligado a intentar por todos los medios su restitución, lo mismo ocurre con un libro *de lo cual no se desprende que quien haya encontrado el anillo no retenga el diseño y se lo encargue a su joyero. Idéntico razonamiento puede aplicarse al libro encontrado a los efectos de su copia, otorgándose, claro está, el correspondiente crédito.*

David Friedman observa que

> Para otro ejemplo del mundo real, deben considerarse los programas para computadoras. Hacer una copia de Word o de Excel para un amigo viola el *copyright* de Microsoft pero no hay mucho que Microsoft pueda hacer al respecto. [...] Para poder quedarse en el negocio, las compañías de software que apuntan principalmente a consumidores individuales deberán encontrar modos de cobrar por producir un bien público.[29]

---

[27] *Op. cit.* p. 654.
[28] *Op. cit.* p. 141.
[29] *Hidden Order: The Economics of Everyday Life* (New York: Harper Business,1996) p. 263.

Sin duda lo que dice Friedman es descriptivamente correcto, pero el análisis que pretendemos realizar en este breve ensayo apunta más bien a lo deontológico que a lo puramente utilitario. No respetar un derecho porque no se puede controlar al invasor no parece una argumentación sólida. No es aquí el caso de entrar en otro debate, cual es el del iusnaturalismo y el utilitarismo el que hemos abordado en otra ocasión[30]. Nos limitamos ahora a señalar que el derecho como parámetro extramuros de la ley positiva se basa en la naturaleza[31] de la acción humana en cuanto a que ésta pretende pasar de una situación menos satisfactoria a una que proporciona mayor satisfacción, para lo cual hay que permitirle al sujeto actuante que proceda en consecuencia siempre y cuando no impida igual comportamiento de terceros. Para permitir este paso se requiere el respeto a lo suyo comenzando por la propiedad del propio cuerpo, pero este reconocimiento no está sustentado en la utilidad (por otra parte imposible de medir) sino en órdenes preexistentes al agente que reconoce y descubre valores y nexos causales que subyacen a la realidad y que, por tanto, no son fruto del diseño o de la ingeniería social, lo cual, en este sentido, puede decirse que produce como consecuencia resultados convenientes (útiles) al sujeto del derecho sin la pretensión de evaluar tal cosa como "balances sociales" ni efectuar comparaciones de utilidad interindividuales.

Más adelante Rothbard alude a la duración del *copyright*:

> Obviamente, para que sea íntegramente la propiedad de un individuo, un bien debe ser la propiedad permanente y perpetua de esa persona y sus herederos. Si el Estado decreta que la propiedad de alguien cesa en fecha determi-

---

[30] Véase Alberto Benegas Lynch (h) "Nuevo examen sobre el iusnaturalismo", *Poder y razón razonable* (Buenos Aires: Ed. El Ateneo, 1992) cap. II [1987].

[31] La expresión "naturaleza" está usada en el sentido a que se refiere Hume: "Tampoco es impropia la expresión *leyes de la naturaleza*; si por natural entendemos lo que es común a una especie o incluso si lo circunscribimos a lo que es inseparable de las especies .", *A Treatise... op. cit.*, tomo II, p. 258.

nada, esto quiere decir que el *Estado* es el verdadero propietario y que simplemente otorga una concesión por el uso de la propiedad por un cierto período de tiempo.[32]

En la presentación rothbariana hay cuatro capítulos bien diferenciados. El primero se refiere al aspecto central de la discusión, cual es la posibilidad de la exclusión. Como dice Plant en el epígrafe con que hemos abierto estos apuntes y como han explicado otros autores en las citas que hasta aquí hemos recogido, cuando se hace pública una idea expresada de tal o cual manera, ésta entra en la esfera del dominio público y, por el principio de no contradicción, un texto no puede ser público y privado simultáneamente. No tiene sentido asignar propiedad a algo que no es escaso y no hay sustento para reconocer contratos implícitos allí donde no existen transferencias de derechos de propiedad. Esto no constituye una mera petición de principios ni un razonamiento circular: no es que no hay derecho simplemente porque previamente afirmamos que no hay derecho, no tiene lugar debido a que la infinitud no requiere el establecimiento de usos alternativos y las consecuentes prioridades. Siempre en este análisis crítico de lo que hemos llamado el primer capítulo del enfoque rothbariano, debemos señalar que existe gran controversia sobre los llamados contratos implícitos o de adhesión ya que se sostiene que para que exista contrato debe haber una manifestación específica y expresa de la voluntad. En cualquier caso -aun aceptando este tipo de contratos- se tornan del todo ambiguos y desdibujados cuando no están involucradas transacciones de derechos de propiedad. Las convenciones y arreglos que puedan hacerse sin que medien transacciones de derecho de propiedad por parte de todos los interesados deben, con mayor razón, contar con una voluntad puesta de manifiesto de modo expreso y no basarse meramente en una presunción[33].

---

[32] *Op. cit.* p. 656.

[33] Una convención en la que no medien derechos de propiedad de ambas partes podría ejemplificarse cuando una persona le vende a otra cierta cantidad de aire para que respire entre tales y cuales calles de una ciudad a cambio de una suma de dinero (aunque exista mayor cantidad de aire que el oxígeno requerido); en estos casos que pueden considerarse extraños

Marco Aurelio Risolía presenta la discusión que se suscita en torno a las "voluntades implícitas y presuntas"[34] la cual se pone de manifiesto en los contratos de adhesión[35]. Risolía recoge opiniones que sostienen que "contrato y adhesión son, pues, términos que no concilian. Trasmiten una antinomia incompatible con la institución involucrada [...y que se refiere al] predominio exclusivo de una voluntad que 'dicta su ley' a una colectividad indeterminada."[36]

Y más adelante dice que "en el fondo de todo esto no hay más que fenómenos económicos de difícil apreciación, acciones y reacciones confusas, desequilibrios de oscuro origen que afloran al campo del derecho y se afirman a favor de recursos técnicos más o menos eficaces"[37].

Este debate sobre el llamado contrato de adhesión -en el que esa figura es criticada por autores tales como Georges Ripert[38] y que Risolía admite que puede ser "una forma de expresar el consentimiento"[39]- se agudiza en nuestros días en el caso de la "propiedad intelectual" por las razones antes expuestas y donde cobra más relevancia la clasificación que esboza Marco

---

resulta indispensable una manifestación expresa del consentimiento. En este sentido, resulta útil transcribir dos artículos del Código Civil de la Argentina que aparecen bajo el título "Del consentimiento en los contratos": art. 1144 "El consentimiento debe manifestarse por oferta o propuestas de una de las partes y aceptarse por la otra". El art. 1145 reza así: "El consentimiento tácito resultará de hechos o de actos que lo presupongan o que autoricen a presumirlo, excepto en los casos en que la ley exige una manifestación expresa de la voluntad o que las partes hubiesen estipulado que sus convenciones no fuesen obligatorias sino después de llenarse algunas formalidades".

[34] *Soberanía y crisis del contrato* (Buenos Aires: Abeledo-Perrot, 1958) p. 81 [1945].

[35] Esta expresión fue acuñada por Raymond Saleilles en *De la personalité juridique* (París: Rousseau Ed., 1922) quien afirma que éstos "[...] no tienen de contrato más que el nombre", p. 6.

[36] *Op. cit.*, p. 145-6.

[37] *Ib.*, p. 147.

[38] *La régle morale dans les obligations civiles* (París: Lib. Gén. de Droit et de Jurisprudence, 1935) [1923].

[39] *Soberanía y...*, *op. cit.*, p. 150.

Aurelio Risolía entre contratos y convenciones[40] y, como queda dicho, donde la lógica indica que se requiere el consentimiento expreso para algunos arreglos entre partes[41].

Por otra parte, las formas de reproducción son muy variadas: no sólo las electrónicas[42], por ejemplo, cuando alguien hace público un poema y una persona lo recuerda y lo retransmite a un tercero durante un almuerzo a cambio de un vaso de vino. Se trata de una venta que no parece que pueda razonablemente ser bloqueada ni obligado el sujeto en cuestión a que no recuerde lo dicho o escrito por el poeta. Desde luego que lo que es susceptible de apropiación es el contenido material de una obra, todo lo cual, como hemos dicho más arriba, no significa que se pueda proceder sin otorgarle el crédito al autor correspondiente o la indudable facultad de que éste pueda decidir el retenerlo en su mente y no hacerlo público. Precisamente, nuestro ejemplo del poema trasmitido de viva voz se conecta a la electrónica de la información ya que ésta hace que se convierta en algo similar a la conversación donde nunca se aplicó el *copyright*. Así dice Ithiel de Sola Pool que en este contexto

> La proliferación de textos en múltiples formas no permite establecer una línea clara entre los primeros borradores y las versiones finales [...] Para los *copyrights* las implicaciones resultan fundamentales. Las nociones establecidas sobre *copyrights* se tornan obsoletas ya que están basadas en la tecnología de la imprenta. [...] Con el arribo de la reproducción electrónica estas prácticas se tornan imposibles. La publicación electrónica es análoga no a la imprenta del

---

[40] *Ib.* p. 99 y ss.

[41] *Vid.* nota N° 32 *ut supra*.

[42] En seguida nos referiremos específicamente a la trasmisión electrónica de información, ahora dejamos consignado un comentario de Nicholas Negroponte en el contexto de la emisión de *bits*, quien afirma que los *copyrights* carecen de sentido ya que "Es un producto de la era de Gutenberg. [..., el caso puede asimilarse a] un pintor que prácticamente se despide de su cuadro una vez que lo vendió. Sería impensable cobrar por cada vez que el mismo sea exhibido." *Ser Digital* (Buenos Aires: Atlántida, 1995) p. 66-7.

siglo dieciocho sino a la comunicación boca a boca a la que el *copyright* nunca se aplicó.[43]

El autor alude al mundo de los manuscritos antes de Gutenberg en donde había variaciones entre las copias debidas a la tarea de los copistas; en cierto sentido "Las publicaciones electrónicas vuelven a esas tradiciones [...] Una persona escribe sus comentarios en una terminal y le ofrece a sus colegas acceso para que incluyan sus comentarios. A medida que cada persona copia, modifica, edita y expande el texto cambia día a día. Con cada cambio el texto es archivado bajo una versión diferente. Libros de texto computarizados podrán existir en versiones distintas según cada profesor."[44] Por otro lado

> Considérese la distinción crucial en la ley de *copyright* entre la lectura y la escritura. Leer un texto que está bajo el *copyright* no es una violación, solamente copiarlo en la escritura. La base tecnológica de esta distinción se revierte en el texto computarizado. Para leer un texto archivado en la memoria electrónica uno lo pone en la pantalla: uno lo escribe para leerlo. Para trasmitirlo a otros, sin embargo, uno no lo escribe, sólo uno le da a otros un *password* a la memoria de la computadora[45].

Más aún, concluye el autor que hay muchos textos que no son escritos directamente por el ser humano, sino que la computadora realiza operaciones y produce su versión, en ese caso "¿Quién es el autor del informe que escribió la computadora o el resumen producido? ¿La computadora? La idea de que la máquina es capaz de labores [de este tipo] está más allá de las leyes de *copyrights* [...] La noción de *copyright* basada en la imprenta simplemente no es posible."[46]

---

[43] *Technologies of Freedom* (Harvard University Press, 1983) p. 214.

[44] *Op. cit.* p. 213.

[45] *Ib.* p. 214.

[46] *Op. cit.* p. 215. Dice el autor (p. 18) que en apariencia hay un contradicción entre la Pimera Enmienda de la Constitución estadounidense (libertad de expresión) y la sección 8 de su primer artículo

Un segundo capítulo lo centramos en las dos veces que Rothbard repite en el párrafo transcripto la expresión "para la venta". Aquí el autor parece admitir las copias cuando no se destinan al uso comercial. Esto, aun desde el punto de vista de su posición, nos parece una arbitrariedad. Si se aceptara que hay un contrato y éste establece la prohibición de copiarlo es para todos los efectos (a menos que se exprese lo contrario, lo cual no es el caso en los ejemplos corrientes). Un tercer punto se refiere a la expresión "robo implícito" con lo que parece suavizar o matizar lo que a su juicio constituye un delito. En rigor, no hay tal cosa como robo implícito, es robo o no lo es y si se trata de esto último es siempre explícito, adjetivo que convertiría la expresión en un pleonasmo.

Por último, concordamos plenamente con Rothbard (igual que con Spencer) en que un derecho de propiedad no debe tener vencimiento, de lo contrario se trataría de una concesión. Por esto es que siempre nos han parecido inconsistentes aquellos que pretenden la prohibición de reproducir aquello que se ha hecho público y que no es escaso y, simultáneamente, sugieren una fecha para que expire el así llamado derecho, ya sea la vida del autor más veinticinco, cincuenta o setenta años. De todos modos se nos ocurre que eventualmente se producirían algunas complicaciones si se siguiera la secuencia rothbariana, por ejemplo, casos como los pagos por *copyrights* que se les debería a los autores involucrados en la Biblia, léase los descendientes de personajes tales como Samuel, Mateo, etc., etc. (para no decir nada de los problemas operativos para transferir sumas a Dios) ya que, en última instancia, no resulta relevante si había o no legislación respecto de *copyrights* sino de los aspectos éticos que estarían presentes.

---

que, agregamos nosotros, pone de relieve una óptica que pretende ser utilitaria: "El Congreso tendrá el poder [...] de promover el progreso de las ciencias y las artes útiles asegurando por tiempo limitado a los autores e inventores el derecho exclusivo a sus respectivos escritos y descubrimientos". Para una discusión sobre la libertad de expresión véase Henry J. Abraham *Freedom and the Court* (Oxford University Press, 1982) cap. V.

Por su parte, Ayn Rand[47] estudia las patentes y los *copyrights* de forma conjunta y no hace la separación que efectúa Rothbard. Señala que todos los trabajos que se traducen en objetos materiales implican una dosis de tarea intelectual y que las obras escritas tienen ese ingrediente en grado superlativo. Explica que "Lo que [...] protege el *copyright* no es el objeto material como tal sino la *idea* que contiene. Al prohibir una reproducción no autorizada del objeto, la ley declara, en efecto, que el trabajo físico de la copia no constituye la fuente del valor del objeto, que el valor es creado por quien origina la idea y no puede ser utilizado sin su consentimiento; por tanto la ley establece el derecho de propiedad de la mente que le ha dado la existencia."[48] Después de distinguir la diferencia entre lo que es un descubrimiento y una invención, Rand dice que

> Un descubrimiento científico o filosófico que identifica una ley de la naturaleza, un principio o un hecho de la realidad desconocido hasta ese entonces no puede ser la exclusiva propiedad del descubridor porque: a) no lo *creó* y b) si desea hacer su descubrimiento público, alegando que es cierto, no puede demandar que los hombres continúen pensando o practicando falsedades, excepto con su permiso. *Puede* hacer que su libro esté sujeto a *copyright* en el que presenta su descubrimiento y *puede* demandar que se le dé crédito a su autoría por el descubrimiento y que ninguna otra persona pueda apropiarse o plagiarlo- pero no puede hacer un *copyright* por los conocimientos *teóricos*[49].

Pensamos que si se es consistente con el argumento arriba presentado por Rand, no vemos por qué deba ser excluido el conocimiento teórico-filosófico-científico. Desde luego que resultaría ridícula semejante pretensión, pero es que el resto de la argu-

---

[47] "Patents and Copyrights", *Capitalism: The Unknown Ideal* (New York: New American Library, 1946).
[48] *Op. cit.* p. 130.
[49] *Ib.* p. 130-1.

mentación conduce a esta conclusión. No vemos que una conclusión como la mencionada pueda sostenerse en base al esqueleto analítico presentado. En otros términos, si fuera correcto que lo que alguien escribe y hace público no puede ser copiado por nadie esto debería incluir *todas* las ideas que son escritas por primera vez por un autor. A estos efectos no nos parece que agregue nada la distinción entre invención y descubrimiento, lo cual quiere decir que -siempre en esta línea argumental- también, aunque parezca inverosímil, debería considerarse plagio (es decir, el crimen mayor que pueda concebirse en el campo intelectual) el que alguien reproduzca la idea de que dos más dos es igual a cuatro si es que se pudiera detectar quién lo dijo primero y suponiendo que las leyes de *copyrights* ya hubieran estado en vigencia y el descubridor decidiera acogerse a dicha ley. Es de interés anotar al margen que el "Happy Birthday" tiene *copyright* por Birchtree Ltd. a quien debe pagársele cada vez que se canta públicamente (vence en el 2010, año en el que pasará al dominio público). La canción fue escrita por dos hermanas en 1893 y actualmente reporta un millón de dólares anuales[50].

Hay todavía otro asunto en la propuesta que a este respecto hace Ayn Rand y que se refiere a la duración del derecho sobre el que venimos discutiendo. En este caso nos parece que la autora se interna en una especie de galimatías que no resulta posible eludir. Así afirma que

La propiedad material representa un monto estático de riqueza ya producida. Puede dejarse a herederos pero no puede quedar en la posesión perpetua de quienes no realizan esfuerzo alguno: los herederos pueden consumirla o deben *ganar* a través de su esfuerzo productivo para mantener la posesión. Cuanto mayor el valor de la propiedad, mayor será el esfuerzo que les demande a los herederos.[...] Pero la propiedad intelectual no puede ser consumida. Si fuera retenida a perpetuidad, conducirá a lo opuesto al mismo principio en el que se basa: conduciría,

---

[50] Roy J. Ruffin y Paul R. Gregory *Principles of Economics* (New York: Addison-Wesley, 1997) p. 313. Véase también "Yes, You Did Hear It Right: Happy Birthday Is For Sale", *New York Times*, octubre 20 de 1988.

no a la ganancia obtenida por los logros sino al apoyo de parásitos[51].

Por esto es que sostiene que la llamada propiedad intelectual no puede retenerse a perpetuidad, aunque para ello Rand deba apartarse de su filosofía anti-utilitaria, lo cual es reforzado más adelante cuando hace extensas disquisiciones sobre los negocios a largo plazo que se verían frustrados si el período de tiempo resulta demasiado corto, etc. (p.132). En verdad, lo que dice del carácter parasitario de los herederos puede, por una parte, aplicarse de igual modo para el autor mientras vive y, por otra, no se ve por qué dentro de cierto plazo los herederos no serían parásitos y se convertirían en eso sólo después de transcurrido cierto plazo arbitrariamente escogido.

Por último, Rand dice que cuando vence el *copyright* "[...] la propiedad intelectual involucrada no se transforma en 'propiedad pública' (aunque se la denomine 'del dominio público'); deja de existir *qua* propiedad. Y si la invención o el libro continúa produciéndose, el beneficio de esa ex propiedad no se destina al 'público', se destina a los verdaderos herederos: a los productores, a aquellos que realizan el esfuerzo de corporeizar la idea en nuevas formas materiales y, por tanto, manteniéndola viva."[52] Curiosamente, esto último es coincidente con lo que argumentamos quienes sostenemos que no hay tal cosa como propiedad intelectual, solamente que Ayn Rand *de facto* acepta esas argumentaciones después de transcurrido un lapso de tiempo arbitrariamente establecido por la legislación vigente según sea el país de que se trate.

Friedrich A. Hayek expresa sus dudas de que sea finalmente posible salir del círculo vicioso que presenta el *copyright* puesto que hay un interés creado en los propios escritores para que se les mantenga ese privilegio. Así dice que "Sería interesante descubrir hasta dónde puede existir una crítica seria de la ley de *copyright* [...] en una sociedad en la que los canales de expresión

---

[51] p. 131.
[52] p. 132.

están tan extensamente controlados por gente que tiene un interés creado en la situación prevalente."[53] Con anterioridad Hayek ya había señalado respecto de los *copyrights*: "Creo más allá de toda duda que en este campo se ha extendido el error de aplicar el concepto de propiedad del mismo modo como se lo aplica a los bienes materiales, lo cual ha hecho mucho para fortalecer el crecimiento del monopolio y, por tanto, se requerirían en esto reformas drásticas si la competencia ha de tener vigencia."[54] Ya hemos consignado que Arnold Plant comparte esta última idea y que también comparte la preocupación de Hayek que hemos consignado en primer término: "Hay desde luego una dificultad especial que se presenta en la discusión sobre el tema del *copyright* y es que el escritor no es imparcial. ¿Cuántos de nosotros encara el tema con un espíritu como el que evidencia H. C. Carey en sus *Cartas sobre el copyright internacional*?"[55] A continuación Plant cita del trabajo de Carey: "Quien escribió estas Cartas no tenía interés personal en el tema que allí se discutía. El mismo es un autor [...y] ahora escribe en la creencia que el *derecho* está del lado de los consumidores de libros y no de parte de quienes los producen sean estos autores o editores."[56]

Plant apunta que "Hay autores -académicos y también poetas- que están dispuestos a pagar cantidades importantes para que sus libros se publiquen"[57] y también alude a muchos oradores que están solamente interesados en que se difundan sus ideas[58]. El mismo autor lo cita a Frank H. Knight (de su libro *Riesgo, incertidumbre y beneficio*) quien se refiere a las razones por las cuales los economistas escriben ensayos y libros:

---

[53] "The Intellectuals and Socialism" *Studies in Philosophy, Politics and Economics* (The University of Chicago Press, 1967) p. 182 [1949].

[54] "Free Enterprise and Competitive Order", *Individualism and Economic Order* (The University of Chicago Press, 1948), [1947] p. 114.

[55] A. Plant, "The Economic Aspects of Copyrights in Books", *op. cit.* p. 57-8.

[56] *Loc. cit.*

[57] *Ib.* p. 58.

[58] *Ib.* p. 59.

El ingreso monetario directo por las ventas de lo que escriben no figura en la provechosa discusión que plantea el profesor Knight sobre las motivaciones de los economistas-autores, a pesar de que a través de tres sino cuatro siglos los partidarios de la propiedad por el derecho a copiar han estado argumentando como si la producción de libros fueran la respuesta de autores, editores e imprenteros debido a la existencia de la legislación sobre *copyright*.[59]

Esto no quiere decir que los autores no quieran recibir dinero a cambio de su trabajo, muy por el contrario, cuando resulta posible generalmente lo reciben con gusto, más aún, como ya hemos puesto de manifiesto, en ausencia de *copyright*, se pueden recibir sustanciosos pagos adelantados o jugosos *royalties* o una combinación de ambas cosas. Plant cuenta que, por ejemplo, muchos escritores ingleses, a pesar de que en su país había legislación sobre *copyright* preferían venderle sus obras a editoriales estadounidenses en la época en que allí no existía dicha legislación debido, precisamente, a los atractivos pagos que recibían por adelantado[60].

También Plant se refiere al libro de G. H. Thring -*The Marketing of Literary Property*- donde el autor explica extensamente las diversas estrategias editoriales para cubrir eficientemente el mercado a los efectos de minimizar las posibilidades de reproducciones por parte de otras editoras[61]. Este fenómeno también sucedía antiguamente con los manuscritos: "En los días de los manuscritos, hasta donde alcanzan nuestros elementos de juicio, nunca se pensó en *copyrights* de autor. Los manuscritos se vendían lisa y llanamente, el autor sabía que el comprador podía hacer copias para la venta y el primer comprador sabía que cada copia que vendiera constituía una fuente potencial para copias competitivas adicionales. Por tanto, al vender trataba de explotar con todas sus habilidades la ventaja que poseía en el tiempo inicial

---

[59] *Ib*. p. 57.
[60] *Ib*. p. 62.
[61] *Ib*. p. 63. No siempre resulta fácil competir con editoriales avezadas y muchas veces incluso la fotocopia del libro resulta ser mucho más cara que una edición de bolsillo.

hasta tanto apareciera la competencia de las copias", del mismo modo que hoy ocurre en el terreno de las modas[62].

Jacob Burkhardt se refiere a "[...] la sistemática creación de bibliotecas por medio de copias"[63] y a la colección de obras del florentino Niccoló Niccoli cuyo agente "[...] descubrió seis oraciones de Cicerón y el primer Quintiliano [...que] dijo que copió en treinta y dos días en una lindísima escritura."[64] Y sigue diciendo Burkhardt que "Entre los copistas profesionales, aquellos que entendían griego ocupaban el lugar más alto y para quienes se reservaba el nombre de *scrittori* [...] el resto se conocían simplemente como *copisti* [...] Cuando Cosimo de Medici estaba apremiado para formar la biblioteca destinada a su fundación predilecta, lo mandó llamar a Vespasiano quien le aconsejó que se olvidara de conseguir libros ya que los que valían la pena eran difíciles de adquirir y que, por tanto, hiciera uso de los copistas [...] Vespasiano junto con cuarenta y cinco escribas, bajo su dirección, reprodujeron 200 volúmenes en veintidós meses."[65] Concluye Burkhardt que "Cuando había tanto esmero en honrar el contenido de un libro a través de una forma tan bella [el trabajo de los copistas], es comprensible que la abrupta aparición de libros impresos fuera recibida al principio con cualquier cosa menos con entusiasmo. Federico de Urbino se hubiera avergonzado de tener un libro impreso. Claro que los fatigados copistas -no aquellos que vivían del comercio, sino los que estaban forzados a copiar un libro para tenerlo- celebraron la invención alemana [...] Después de un tiempo la relación moderna entre el autor y el editor comenzó a desarrollarse y, bajo Alejandro VI, [...] la prohibición de la censura hizo su aparición."[66]

Respecto de la legislación sobre *copyrights*, según Dale A. Nance "Decir que se puede mirar pero no copiar es reclamar las

---

[62] A. Plant, *ib.* p. 61.
[63] *The Civilization of Renaissance in Italy* (New York: Oxford University Press, 1944) p. 114.
[64] *Ib.* p. 115.
[65] *Ib.* p. 117.
[66] *Ib.* p. 117-18.

ventajas de la publicación sin aceptar las consecuencias."[67] y Arnold Plant subraya que dicha legislación produce sin duda ganancias superiores a las del mercado para los interesados pero "De más está decir que ese hecho indiscutible no es una razón adecuada para que el público en general deba otorgarles cualquier grado de poder monopólico."[68] Por su parte, al igual que otros autores, Tom G. Palmer asimila las patentes a los *copyrights,* por eso es que recurre al ejemplo del ábaco, y también por eso es que en su conclusión incluye todo lo que se ha dado en llamar derechos de propiedad intelectual. En este sentido, según su opinión,

Al ser yo dueño de mi computadora restrinjo su acceso a esa computadora, pero no constituye una restricción general a su libertad para que adquiera una computadora similar, o un ábaco, o para que cuente con sus dedos o para que use papel y lápiz. En contraste con esto, reclamar un derecho sobre un proceso es reclamar un derecho generalizado para controlar las acciones de otros. Por ejemplo, si el derecho a usar un ábaco se le otorgara a alguien, esto querría decir que otros no podrían hacer un ábaco a menos que tuvieran permiso de quien posee el derecho. Sería una restricción a la libertad de todos los que quisieran hacer un ábaco con su propio trabajo y de la madera que legítimamente poseen. Esto es una restricción sobre la acción que es cualitativamente diferente de la restricción que implica que yo sea dueño de un ábaco particular. Esto ilustra que los derechos de propiedad intelectual no son equivalentes a otros derechos de propiedad en cuanto a la restricción de la libertad. *Los derechos de propiedad para los bienes tangibles no restringen para nada la libertad - simplemente restringen la acción. Por otro lado, los derechos de propiedad intelectual restringen la libertad*[69].

---

[67] "Foreword: Owning Ideas" *Harvard Journal of Law & Public Policy*, vol. 13, No. 3 verano de 1990, p.772.
[68] "The Economic Aspects..." *op. cit.*, p. 60.
[69] "Are Patents and Copyrights..." *op. cit.* p. 831; las cursivas son nuestras.

Tal vez resulte de interés concluir estos breves comentarios con una cita de Thomas Jefferson que reitera uno de los aspectos medulares de nuestra discusión: "Si la naturaleza ha hecho una cosa menos susceptible de propiedad exclusiva, ésta es la acción del poder de pensar llamada idea, la cual un individuo la puede poseer en forma exclusiva siempre que se la guarde para sí; *pero en el momento en que se divulga fuerza su posesión a todos* y el receptor no puede ser desposeído de ella. Su característica peculiar es que nadie posee menos debido a que todos los demás poseen la totalidad. Aquel que recibe una idea de mí, recibe instrucción sin que disminuya la mía, como aquel que prende su vela con la mía recibe luz sin oscurecer la mía, [...en esta materia] no es posible el confinamiento o la apropiación exclusiva."[70]

Coda

Después del resumen expuesto sobre un tema tan controvertido, quisiera dejar consignado un brevísimo comentario personal. Por una cuestión de cortesía no copiaría un trabajo para fines comerciales sin contar con la anuencia de los respectivos autores o editores. Sin embargo, copio para uso personal. Pienso que se trata de una cuestión de grados, del mismo modo que si estoy informado de que una persona prefiere que no la miren trato de esquivarla, pero si prefiere que no estornude no me abstengo de proceder en consecuencia. Esta cuestión de cortesía no significa que alguien tenga *el derecho* a que otra persona actúe de acuerdo a las preferencias del primero.

---

[70] Carta a Isaac McPherson, *The Life and Selected Writings of Thomas Jefferson* (New York: The Modern Library, 1944) Adrienne Koch & William Peder ed. [1813], p. 630; las cursivas son nuestras.

PIKETTY MALINTERPRETA A AUSTEN E IGNORA A SMITH

Carlos Rodríguez Braun

[1]La inclusión en el gran éxito de ventas de Thomas Piketty, *El capital en el siglo XXI*, de referencias culturales, y en particular literarias, ha sido saludada como una forma original de abordar cuestiones sociales, cuando los pensadores de la Ilustración ya acostumbraban a recurrir a la literatura para ilustrar sus teorías sobre la conducta humana, como hizo Adam Smith con las obras de Voltaire y Racine. Ahora bien, el propósito de Piketty al bucear en la ficción literaria es apoyar su tema central, y desde el principio proclama que las novelas del siglo XIX son útiles para comprender la riqueza relativa en esos tiempos y también en los actuales. Añade que, junto con las de Balzac,

> las novelas de Jane Austen presentan retratos sorprendentes de la distribución de la riqueza en Gran Bretaña…entre 1790 y 1830…captan los perfiles ocultos de la riqueza y sus inevitables consecuencias para las vidas los hombres y las mujeres, incluyendo sus estrategias matrimoniales y sus esperanzas y frustraciones personales…describen los efectos de la desigualdad con una veracidad y un poder evocador que ningún análisis estadístico o teórico podría igualar. (Piketty 2014, 2)

Este uso de la literatura ha suscitado comentarios favorables y también desfavorables,[2] pero, sea como fuere, caben pocas dudas de que las novelas, aunque no constituyan datos económi-

---

1 Una versión más breve fue publicada en inglés en *The Independent Review*, Vol. 21, N° 3, invierno 2016. Versiones preliminares fueron presentadas en 2015 en Lima en la reunión de la Sociedad Mont Pelerin, en Madrid en la Facultad de Ciencias Económicas y Empresariales de la Universidad Complutense y el Centro Diego de Covarrubias, y en Valencia en el IX Encuentro de la Asociación Ibérica de Historia del Pensamiento Económico. Agradezco a los participantes en estas reuniones por sus comentarios, y en especial a Mar Delgado Téllez, que fue mi comentarista en la Complutense. También agradezco la ayuda y los comentarios de Eric C. Graf, Benito Arruñada, Leandro Prados de la Escosura, Pedro Fraile, Fernando Méndez Ibisate, Manuel Santos Redondo, y los dos evaluadores anónimos de *The Independent Review*.

2 Por ejemplo, respectivamente, Clune 2014 y McCloskey 2014.

cos, pueden ser un material fructífero para el razonamiento económico: "La literatura no es una evidencia sobre cómo sucedieron las cosas. Es una evidencia sobre cómo las personas han escrito acerca de cómo sucedieron las cosas". (Skwire y Horwitz, 2014)

El presente ensayo critica la visión de Thomas Piketty sobre su principal fuente literaria inglesa, Jane Austen, y sostiene que su presentación de "cómo sucedieron las cosas" es deficiente en dos aspectos fundamentales. Primero, presenta una imagen distorsionada de los escritos de Austen. En realidad, Austen reconoció que la sociedad de su tiempo era mucho más dinámica y móvil que lo que Piketty sugiere. Segundo, Piketty ignora a un pensador tan relevante como Adam Smith, que está presente en las obras de Jane Austen a través de un principio básico de su teoría de la conducta: los seres humanos no luchamos para ser iguales, sino para ser mejores.

La sociedad "patrimonial"

Aunque la novela *Persuasión*, publicada póstumamente (1818), es mencionada una vez a propósito de la herencia, y *Mansfield Park* (1814) en un par de ocasiones como ejemplo de la inversión en el exterior, el texto principal de las alusiones de Piketty a Jane Austen es la primera de sus novelas que vio la luz, *Sentido y Sensibilidad* (1811).

Para probar que el mundo de Austen es "la clásica sociedad patrimonial" Piketty recuerda varias veces el mismo episodio: "La inmensa finca que John Dashwood hereda en *Sentido y sensibilidad* es también una explotación agrícola, de la cual se apresura a expulsar a sus medias hermanas Elinor y Marianne". (Piketty 2014, 113)

Como en la vieja falacia de la suma cero, la riqueza aparentemente no es creada, sino solo heredada y disputada.[3] Por ello, la vinculación

---

[3] "La riqueza acumulada en el pasado...es completamente natural en Austen y Balzac, y resulta necesaria para que los personajes anuden sentimientos genuinos", Piketty 2014, 419.

fue la razón de la desgracia de Elinor y Marianne en *Sentido y sensibilidad*: la propiedad de Norland pasó directamente de su padre a su medio hermano, John Dashwood, que decidió, tras analizar el asunto con su mujer, Fanny, no dejarles nada. El destino de las dos hermanas es una consecuencia directa de esa siniestra conversación. En *Persuasión*, el patrimonio de Sir Walter pasa directamente a manos de su sobrino, pasando por encima de sus tres hijas. Jane Austen, ella misma desfavorecida por herencia y que se quedó soltera como su hermana, sabía de lo que estaba hablando. (Piketty 2014, 362)

Esta última observación pasa por alto el hecho bien conocido de que Jane Austen recibió una proposición matrimonial por parte de un rico heredero en 1802, y, aunque inicialmente la aceptó, a las veinticuatro horas la rechazó, aunque ella no era entonces una persona rica, ni mucho menos (MacDonagh 1991, 39-40). Más tarde cosecharía un gran éxito y habría podido ser financieramente independiente, pero no vivió mucho más: murió en 1817 a los 41 años. En todo caso no fue, y no quiso ser, una aficionada: "lo que consideraba más importante en su vida, aparte de su familia, era llegar a ser una escritora profesional" (Fergus 2011, 2). Igual que sus heroínas, fue una mujer que eligió la libertad, que conocía el valor del dinero, asunto que trata profusamente en sus novelas, y que rehusó casarse sin amor.[4] De todas maneras, el énfasis de Piketty no estriba en la vida de la novelista sino en la noción de que el mundo que pinta en sus escritos consiste en una gigantesca, petrificada e inevitable desigualdad.

---

[4] "¡Oh, Lizzy! Haz cualquier cosa antes de casarte sin amor", le dice Jane Bennet a su hermana Elizabeth en *Orgullo y prejuicio*, Austen 1982, de aquí en adelante AW, 369. Austen le escribió en el mismo sentido a una sobrina: "Cualquier cosa ha de ser preferida o soportada antes que un matrimonio sin afecto", Fergus 2005, 8. Catherine Morland dice en *La abadía de Northanger*: "pienso que casarse por dinero es lo más perverso que puede haber", AW, 911. Cf. también Austen 2003, 21. Concluyen Bohanon y Vachris (2015, 159): "la felicidad de *todas* las heroínas en los libros de Austen *no* depende en última instancia del dinero sino de las relaciones personales".

Como es obvio que siempre existe un grupo más opulento, la cuestión es: ¿cuántos son? Resulta que no son muy pocos:[5]

> Se trata de un grupo social bien definido y bastante numeroso –una minoría, sin duda, pero una minoría lo suficientemente grande como para definir la estructura de la sociedad y sostener un universo novelístico. Ahora bien, era algo totalmente inalcanzable para cualquiera que se limitara a ejercer una profesión, por bien que estuviera remunerada. (Piketty 2014, 411)

El propio Piketty matiza esta afirmación, aunque en una nota (ibíd. página 619, nota 37). Uno podía, después de todo, acumular una fortuna a través del trabajo; y no era verdad entonces, como es mucho menos verdad en nuestros días, que "estudiar no sirve para nada" (ibíd. página 412).

Es interesante que decida concentrarse en *Sentido y sensibilidad*, un relato en el cual, al revés que otros de Austen, "ni uno solo de los personajes importantes…trabaja a cambio de una retribución" (MacDonagh 1991, 43). Esto facilita la consigna de Piketty de que la riqueza es algo que uno tiene, pero que no gana, y que se trata de una situación que no cambia: "En *Sentido y sensibilidad* el meollo de la trama (tanto financiero como psicoló-

---

[5] Daniel Shuchman (2014) reprocha a Piketty por su "hostilidad casi medieval a la noción de que el capital financiero obtiene un rendimiento", y destaca esas supuestas minorías que paradójicamente resultan no ser numéricamente insignificantes: "Mientras que los ejecutivos estadounidenses son su particular *bête noire*, Piketty también está profundamente inquieto porque hay decenas de millones de trabajadores –un grupo que desdeñosamente llama 'pequeños rentistas'– cuyos ingresos no los sitúan en absoluto cerca del 'uno por ciento' pero que de todas formas tienen ahorros, fondos de pensiones y otros activos. El que este grupo demográficamente muy considerable pueda crecer, enriquecerse y legar sus patrimonios a sus descendientes es 'una forma de desigualdad bastante preocupante'. Lamenta que es algo difícil de 'corregir' porque comprende un amplio segmento de la población, y no una reducida élite fácilmente demonizable".

gico) queda establecido en las primeras diez páginas, en el diálogo atroz entre John Dashwood y su mujer, Fanny". (Piketty 2014, 413)

Es cierto que John y Fanny pasan a ser muy ricos al heredar Norland, que les brinda 4.000 libras por año. Otros personajes viven muy bien con la mitad de esa suma, como el coronel Brandon, y otros incluso con 1.000.[6] El límite parece estar en las 600 libras,[7] la anualidad que recibe John Willoughby: "indudablemente, esta es la razón por la cual pronto abandona a Marianne", como si el asunto se redujera a la riqueza y no a los rasgos personales. Hablando de personalidad, volvemos a leer sobre los acaudalados Dashwood: "Desde las primeras páginas la opulencia de John Dashwood contrasta con la pobreza relativa de sus medias hermanas" (ibíd.)

El contraste no es solo económico sino personal, porque lo que resulta de entrada sumamente claro es que Fanny y John Dashwood son un par de avariciosos y crueles tacaños:

> Al aceptar el consejo de la odiosa Fanny, y negarse a ayudar a sus medias hermanas o compartir ni una pizca de su inmensa fortuna, a pesar de lo que había prometido a su padre en su lecho de muerte, John Dashwood fuerza a Elinor y Marianne a vivir unas vidas mediocres y humillantes. Su suerte está enteramente sellada en la terrible conversación al comienzo del libro. (ibíd., 414)

La suerte de las hermanas no está sellada en absoluto, como sabe cualquiera que haya leído *Sentido y sensibilidad*, pero la conversación es sin duda brutal.

Uno de mis evaluadores en *The Independent Review* me apuntó que con 500 libras por año, la suma que finalmente John

---

[6] Copeland 2011, 130-2; Duckworth 1994, 86-7.
[7] Es la situación de Jane Fairfax en *Emma*: "Los pocos cientos de libras que habría heredado de su padre volvían a la independencia imposible". En consecuencia "aún tenía que ganarse el pan", AW, 691-2. Al enterarse de lo que James Morland podría recibir de su padre, la señora Thorpe comenta en *La abadía de Northanger*: "cuatrocientas es realmente un ingreso pequeño para empezar", AW, 915.

acepta darles, las jóvenes Dashwood y su madre vivían con doce veces la renta media de una familia de trabajadores en la época de Austen.[8] Y podían contratar a más de un sirviente. Por tanto, no es razonable argüir que las muchachas fueron relegadas a una vida humillante y mediocre. En realidad, en el mundo de Austen las privaciones de sus principales personajes son muy relativas.

Volveremos al tema del tipo de gente que Austen retrata, pero un punto importante en la tesis de Piketty es que la desigualdad no solamente es mala, y no puede resolverse espontáneamente, sino que además es necesaria: "Podemos leer entre líneas una argumentación conforme a la cual sin dicha desigualdad habría sido imposible para una reducida elite el preocuparse de otra cosa que no fuera la subsistencia: así, la desigualdad extrema es casi una condición de la civilización". (ibíd., 415)

Esto es extraño. Podría haber subrayado lo evidente, a saber: todas las comunidades humanas no primitivas tienen rangos y son más desiguales que las hordas de humanoides originarios, tal como pusieron de relieve las primeras reflexiones sobre la sociedad, y como hace Adam Smith cuando reconoce, y deplora, la disposición a admirar a los ricos y poderosos. En vez de ello, Piketty parece sugerir una suerte de conspiración: alguien desea engañarnos con la falsa idea de que, si anhelamos la civilización, debemos aceptar la desigualdad *extrema*, cuya dimensión se abandona a una conveniente imprecisión. Repite:

> Estos novelistas decimonónicos describen un mundo en el que la desigualdad era hasta cierto punto necesaria: si no hubiese habido una minoría lo suficientemente rica, nadie habría podido dedicarse a otra cosa que no fuera la

---

[8] Según las "tablas sociales" incluidas en el libro recientemente publicado, *British Economic Growth, 1270-1870*, la renta media anual de cada familia trabajadora en 1801-1803 era de 45 libras, suma que hay que multiplicar por 11,1 para llegar a las 500. Los salarios anuales de las diversas clases de trabajadores eran de 15,25 libras para un trabajador agrícola, 20 libras para uno en la construcción, y 31 libras para un artesano en la construcción, con respectivamente unas relaciones de 32,8, 25,0 y 16,1 con las 500 libras recibidas por las mujeres Dashwood (Broadberry et al. 2015, 327, 311). Agradezco al profesor Leandro Prado de la Escosura por esta referencia. Véase también Bohanon y Vachris 2015, cap. 10.

supervivencia. Esta visión de la desigualdad tiene al menos el mérito de no autodefinirse como meritocrática. En cierto sentido, una minoría era seleccionada para vivir a costa de los demás, pero nadie pretendía que esa minoría era más meritoria o virtuosa que el resto. En ese mundo, resultaba asimismo perfectamente evidente que sin una fortuna era imposible vivir dignamente… La moderna sociedad meritocrática, especialmente en Estados Unidos, es mucho más dura con los perdedores, porque busca justificar la dominación sobre la base de la justicia, la virtud y el mérito, por no hablar de la insuficiente productividad de los de abajo. (ibíd., 416)

Ahora la retórica es más diáfana, porque el "mérito" de la desigualdad reside en ser declarada abiertamente, en ser burdamente arbitraria, completamente injustificada y totalmente desvinculada de cualquier mérito. Aquí tenemos todos los fantasmas de Piketty, desde su aversion al capitalismo norteamericano (salvo el intervencionismo de F.D. Roosevelt, por supuesto) hasta la idea de que la desigualdad (solo de las fortunas privadas, por supuesto)[9] equivale a "perder", a la dominación y la injusticia, algo que él, como muchos otros, proclama pero no demuestra.

Cuando reconoce la labor de Sir Thomas Bertram, el propietario de Mansfield Park, en el cuidado de sus ingresos familiares, siendo un pionero que supervisa personalmente actividades económicas en el exterior, Piketty escribe:

En *Mansfield Park*, el tío de Fanny, Sir Thomas, debe desplazarse a las Indias Occidentales durante un año con su hijo mayor para ocuparse de sus negocios e inversiones. De vuelta a Mansfield, debe regresar a las islas una vez más, y permanecer allí varios meses. A comienzos de los

---

[9] El que un Estado cada vez más desigual con respecto a sus súbditos pueda representar algún tipo de problema es una noción llamativamente ausente de todos los discursos políticamente correctos sobre la desigualdad.

años 1800 no era en absoluto sencillo manejar plantaciones que estaban a una distancia de varios miles de millas. Vigilar el patrimonio no equivalía a recolectar apaciblemente una renta de la tierra o intereses de la deuda pública. (ibíd., 115; cf. también 120, 207)[10]

No dice aquí nada de la esclavitud, cuando es evidente que los viajes de Sir Thomas a Antigua para supervisar personalmente sus inversiones (que producían "escasos rendimientos", un problema que finalmente resuelve) tenían que ver con la trata de esclavos, a la que Austen se oponía y que es expresamente citada, siendo un tema que a Sir Thomas no le gusta tocar, y que aborda con un "silencio gélido" (Austen 1982, de aquí en adelante AW, 392, 465, 474).[11] Sin embargo, la única vez que Piketty menciona

---

[10] Si los propietarios debían vigilar sus tierras en el extranjero, no está claro por qué, en tanto que "capitalistas agrarios", quedaban exentos de dicha labor dentro del país: y algunos propietarios en los textos de Austen se ocupan activamente en la explotación de sus tierras; Michie 2000, 9.

[11] Las Indias Occidentales son mencionadas en otras novelas como una fuente de negocios e inversiones, como la propiedad del señor Smith que Wentworth ayuda a la señora Smith a recuperar en el último capítulo de *Persuasión*, AW, 1097. Cf. también Michie 2000, 16. En la novela inconclusa *Sanditon* los llamados "indo-occidentales", por referirse a los colonos, son identificados como grandes gastadores (Austen 2003, 176, 22), y Lady Denham y se queja porque ellos "nunca piensan en que pueden estar haciendo daño al elevar el precio de las cosas", a lo que el Parkers replica: "ellos solo pueden subir el precio de los bienes de consumo mediante una demanda tan extraordinaria que dé lugar a una tal difusión de dinero entre nosotros que nos cause más bien que mal. Nuestros carniceros, panaderos y comerciantes en general no pueden enriquecerse sin extender esa prosperidad hacia *nosotros*. Si *ellos* no ganan, nuestras rentas habrán de ser inseguras, y en proporción a sus beneficios también ganaremos nosotros por el mayor valor de nuestras propiedades", ibíd., 180. A propósito de *Mansfield Park*, Roger Sales (1994, 90) anota que el viaje de Sir Thomas "coincide con la perturbación económica provocada por el bloqueo continental...La razón por la cual permanece más tiempo de lo que inicialmente pretendía puede estar conectada con la abolición del tráfico de esclavos, que fue sancionada legalmente durante el curso de su visita". Fue abolido en 1807. A pesar de lo que podría parecer a primera vista, las obras de Austen no ignoran los episodios de mayor agitación de su tiempo: Butler, 1975, 294; Kirkham 1983, 116-9, 132; Roberts 2005, 334. Para una lectura

la esclavitud es para criticar a Estados Unidos y sostener su dudosa tesis de que el capital humano no es capital (Piketty 2014, 158-163).

El caso de Sir Thomas demuestra que las líneas siguientes son un mero estereotipo de la literatura de Austen: "Los héroes de Jane Austen nunca se plantean trabajar: lo único que cuenta para ellos es el tamaño de su propia fortuna, adquirida por herencia o por matrimonio". (Piketty 2014, 241)

Piketty malinterpreta a Austen, cuya visión es mucho más matizada. Por cierto, él está lejos de ser el primero que presenta a Jane Austen con tonos conflictivos o incluso socialistas. Hace casi setenta años David Daiches la denominó "marxista antes que Marx", y alabó su realismo y la "implacable claridad" con la que registró las "realidades económicas" de un mundo lúgubre supuestamente herido por desigualdades inalterables:

> En una sociedad donde la riqueza provenía esencialmente de la propiedad de la tierra…transmitida por herencia a los hijos varones mayores, el destino de una mujer educada era encontrar un marido adecuado o retirarse para siempre en las tinieblas exteriores. (Daiches 1948, 289; cf. también Duckworth 1994, 28-9)

Esta imagen de una sociedad paralizada tiene más que ver con la habitual propensión antiliberal a negar cualquier mejora asociada al capitalismo que con la evidencia empírica del siglo XIX. Es también una muestra de la llamada Ley de Spencer: "Cuanto más mejoran las cosas más arrecian las protestas sobre su empeoramiento" (Rodríguez Braun 2004). Debe añadirse que los economistas no están al margen de esto, y un ejemplo notable es precisamente la teoría del crecimiento económico. Los economistas clásicos, contemporáneos de Jane Austen, fueron testigos de un dinámico proceso de desarrollo, pero prácticamente todos ellos, empezado por Adam Smith, coincidieron en el error de creer

---

de *La abadía de Northanger* que subraya los ecos del impuesto sobre la renta de Pitt de 1799 y particularmente de la Restriction Act de 1797, que suspendió el patrón oro, véase Craig 2010.

que ese proceso iba a finalizar. La idea ha probado ser perdurable, y ha pasado por el "estancamiento secular" de los años 1930 y comienzos de los 1940, los "límites del crecimiento" de los 1950 y 1960 (de ambas nociones hemos visto versiones renovadas), y otras predicciones más o menos sombrías hasta llegar al propio Piketty, cuya teoría se apoya en el pronóstico de que el crecimiento económico será muy reducido en el futuro, es decir, justo lo que no ha sido en los últimos doscientos años.[12]

Jane Austen (acaso porque no era economista...) percibió que la economía no se estaba estancando. Lo destaca en *Mansfield Park* cuando Fanny Price vuelve a casa después de siete años de residencia con sus parientes ricos: "llegaron a las afueras de Portsmouth aún con la luz del día, y Fanny pudo contemplar los alrededores y maravillarse ante los nuevos edificios" (AW, 562). Análogamente, en *La abadía de Northanger* (1818), cuando Catherine Morland arriba a Bath con los Allen, "disfrutó muchísimo mirando aquí y allá, a todas partes, cuando se aproximaron a sus magníficos entornos" (AW 858; Austen había vivido allí entre 1801 y 1806, aunque no le había gustado demasiado; Kirkham 1983, 61-5; Austen 2003, 16; Bohanon y Vachris 2015, 149). El progreso económico es patente en su novela inacabada *Sanditon* en relación a un nuevo negocio que también revela un mayor bienestar social: el turismo (Austen 2003, 159-162).[13]

Un punto interesante sobre la distribución de la renta y la prosperidad es planteado en *Mansfield Park* cuando la madre de

---

[12] La historia económica muestra una mejoría clara en las condiciones de vida de los trabajadores en Europa Occidental a partir de 1820, y también una reducción de la desigualdad a largo plazo, desde el siglo XVI.

[13] Se sugiere una crítica al mercantilismo anticompetitivo, cuando el empresario Parker dice "nuestra costa está demasiado llena" y procura denigrar a Brinshore (Austen 2003, 159-60). Sanditon es "un pueblito tranquilo sin pretensiones" junto al mar, pero él y su socia, Lady Denham, propietaria de tierras, planean invertir en una "rentable especulación" (p. 162). Se menciona un juego de cartas, popular a finales del siglo XVIII: "Speculation" (pp. 144, 148, 217-8); también es mencionado, junto con el whist, en el capítulo 25 de *Mansfield Park*. Los historiadores económicos de la llamada "Industrious Revolution", es decir, el periodo previo a la Revolución Industrial decimonónica, como Jan de Vries y Gregory Clark, apuntan que los patrones de consumo habían cambiado antes de 1800.

Fanny refunfuña al subrayar la creciente dificultad de conseguir buenos sirvientes, y llega a ser "un milagro conservarlos durante más de seis meses" (AW, 567). Es un síntoma del progreso economómico y las mayores alternativas que se abren ante los trabajadores.[14] Estas páginas incorporan asimismo otra noción: tanto la economía como las personas pueden cambiar a major, porque no son entes fosilizados, como observa Fanny al contrastar a su madre con Lady Bertram, la hermana de su madre: "la naturaleza había marcado muy pocas diferencias, pero las circunstancias marcaron muchas" (AW, 578).[15]

Las novelas de Austen no exponen un mundo desprovisto de contratiempos económicos y psicológicos, pero Piketty y otros no han apreciado su sutileza a la hora de describir la sociedad y las labores y la moral de las mujeres y los hombres. Cometen así el mismo error de algunas feministas que condenan los finales de Austen, en los que los protagonistas se casan y son felices para siempre. Karen Newman aborda esta crítica, reconoce que los libros de Austen "reflejan las limitaciones sociales y legales de las mujeres de los siglos XVIII y XIX", pero aconseja cautela:

> Su uso sistemático del lenguaje económico para hablar de las relaciones humanas, y sus descripciones de matrimonios insatisfactorios nos impiden desestimar sus novelas

---

[14] "Lo que creció fueron los salarios de los trabajadores no especializados, y especialmente la gran acumulación de capital humano, pero un capital propiedad de los trabajadores, no de los ricos", McCloskey 2014, 85. En un tono que es típico de Austen, las ciudades progresan pero los héroes elogian la vida rural; Edmund Bertram: "No buscamos nuestra mayor moralidad en las grandes ciudades", AW, 423; Fanny: "Cuando contemplo una noche como esta, siento como si no pudiera haber en el mundo maldad ni dolor; y ciertamente habría menos de ambos si se prestara más atención a lo sublime de la naturaleza, y la gente se olvidara más de sus problemas admirando un panorama semejante", AW, 434. Edmund asiente: "hay que sentir pena por los que no han sido instruidos para abrigar en alguna medida tus sentimientos; los que no han aprendido a disfrutar de la naturaleza en los primeros años de su vida". También Henry Crawford habla de "el aire libre y la libertad del campo", AW, 579.
[15] Lo mismo le sucede a Kitty Bennet en *Orgullo y prejuicio*, AW, 375.

como románticas historias de amor… Si leemos una novela de Austen como una unidad, con la boda romántica
como desenlace, imponemos una resolución a su trabajo
que lo ajusta a las mismas expectativas de las mujeres y las
novelas que la ironía de Austen constantemente socava.
(Newman 1983, 694-5)[16]

Mujeres y hombres en el amor, el trabajo y la riqueza de-sigual

Además del clero y los militares, en los libros de Austen figuran
varias profesiones que ejemplifican el surgimiento de una clase
media, con la que Austen simpatiza, y se indica también la reacción a menudo amarga de la aristocracia y los terratenientes.
Desfilan abogados, médicos, y comerciantes diversos, algunos
de los cuales han acumulado una notable cantidad de dinero gracias a sus talentos y esfuerzos, como Weston en *Emma* (1815) –
donde también aparece una mujer de negocios, la señora
Goddard, que dirige un internado, los Cole "de origen modesto", el rico y nunca nombrado padre de Jane Fairfax, y otros,
en especial el maltratado granjero Martin (AW, 621, 713, 851).[17]
Es el caso también de Phillips y del respetado Edward Gardiner,
el hermano de la señora Bennet, en *Orgullo y prejuicio* (1813): su
personalidad y la de su mujer son muy elogiadas.[18] Y *Mansfield*

---

[16] "Austen no es una novelista romántica. Escribe novelas sobre enredos
románticos, pero no se inclina con frecuencia hacia el sentimentalismo en
un sentido peyorativo", Dadlez 2009, 14. Cf. también Kirkham 1938, 82,
160.
[17] La pretenciosa señora Elton desprecia a los advenedizos Tupman en
Emma aludiendo a una ciudad paradigmática de la Revolución Industrial:
"Vienen de Birmingham, un sitio no muy prometedor, sabrá usted, señor
Weston. No cabe abrigar grandes esperanzas en Birmingham. Siempre
digo que suena como algo ominoso", AW, 766.
[18] "El señor Gardiner era un señor sensato y caballeroso, muy superior a
su hermana tanto por naturaleza como por educación. Las damas de Net-
herfield habrían encontrado difícil de creer que un hombre que vivía de
su empresa, a poca distancia de sus almacenes, pudiese ser tan bien edu-
cado y agradable", AW, 255. Duckworth (1994, 151) lo compara con Robert Martin en *Emma*. Cf. también Mansell, 1973, 91-2. En *Orgullo y prejuicio*

Park confirma que Henry Crawford "en vez de ser lo que era, deseaba haber sido un William Price, haberse distinguido y logrado por sí mismo fortuna y relieve, con tanta dignidad y entusiasmo". (AW, 493)

El mundo de la mar es a menudo bien considerado por Austen –sus dos hermanos menores desarrollaron allí exitosas carreras y llegaron a ser contralmirantes (Roberts 2005, 332)–, y asociado asimismo a la obtención de rentas. Sin embargo, como en cualquier otra profesión, aunque en este caso vinculada con el Estado, la riqueza no llega gratis al hombre marino, que debe destacar y *lograr por sí mismo fortuna* (Southam 2005, 375-6). Lo mismo que sucede con el joven guardiamarina William Price, sucede en *Persuasión* con el almirante Croft y el capitán Frederick Wentworth, recientemente retirados (Auerbach 1972, 117, 120; Bohanon y Vachris 2015, 153).

La prudencia y la sobriedad son siempre ensalzadas en los libros de Austen, y el vivir por encima de nuestras posibilidades es siempre censurado, como en el caso de Willoughby en *Sentido y sensibilidad*, que mencionaremos en seguida, o de la señorita Churchill en *Emma* (AW, 618), o Sir Walter Elliot y el matrimonio Smith en *Persuasión*, estos últimos a través de la mala influencia de William Elliot,[19] o Lydia Bennet y Charles Wickham en *Orgullo y prejuicio*, o las hermanas de Charles Bingley en esta misma novela, que presenta otro ejemplo de riqueza creada por los negocios:

---

tenemos asimismo a Sir William Lucas, elevado a la nobleza, pero que antes "se había dedicado al comercio en [la ciudad ficticia de] Meryton", AW, 194.

[19] "El señor Elliot indujo a su amigo [Smith] a que gastara muy por encima de su fortuna. La señora Smith no quería culparse a sí misma, y tiernamente tampoco deseaba culpar a su marido; pero Anne conjeturó que sus ingresos nunca se correspondieron con su estilo de vida, y que desde el principio hubo un abundante derroche conjunto. Del relato de la esposa concluyó que el señor Smith debió haber sido un hombre de cálidos sentimientos, temperamento indulgente, hábitos negligentes y un entendimiento poco sólido…y que los Smith se habían arruinado en consecuencia", AW, 1076.

Ellas [Caroline y Louisa Bingley] eran unas señoras muy refinadas…pero orgullosas y arrogantes. Tenían un patrimonio de veinte mil libras, acostumbraban a gastar más de lo conveniente, y a asociarse con personas de alto rango. Por ello, estaban preparadas para pensar bien de ellas mismas, y mal de otras personas. Provenían de una familia respetable del norte de Inglaterra, circunstancia que quedó grabada en sus memorias de modo más indeleble que el hecho de que la fortuna de su hermano había sido acumulada gracias al comercio. (AW, 193)[20]

Las denuncias de Austen se dirigen particularmente hacia aristócratas vanidosos y esnobs como Sir Walter Elliot en *Persuasión*, que lee obsesivamente la entrada de su familia en el *Baronetage*, y que cuenta con demasiados espejos para admirar su propia imagen, pero es incapaz de incrementar o incluso de mantener su patrimonio, gastando más de lo que ingresa y "endeudándose tremendamente" (AW, 978): debe por fin recortar gastos y abandonar la finca familiar, Kellynch Hall, que alquila al almirante Croft.[21]

En lo relativo a las mujeres, Shannon Chamberlain simplifica a Austen reduciendo así el problema: "sus heroínas más

---

[20] También se ridiculiza a Sir William Lucas, otro enriquecido merced a los negocios ("antes había sido comerciante en Meryton, donde había amasado una aceptable fortuna") pero nada orgulloso de ellos, AW, 194.

[21] Hay que pagar las deudas, le advierte la severa Lady Russell a Elizabeth Elliot: "Debemos ser serias y decididas; después de todo, cualquiera que haya contraído deudas debe hacerles frente, y aunque siempre hay que considerar los sentimientos de un caballero, y dueño de una casa, como tu padre, es mucho más importante la personalidad de un hombre honrado", AW, 980. Benditt observa, empero: "no todos los personajes de Austen creen que las promesas son sagradas", Benditt 2003, 246. Vemos otro caso de deudas ligadas a una conducta irresponsable en *Mansfield Park*, cuando Sir Thomas Bertram reprocha a su hijo mayor por sus extravagancias: "Tom escuchó con algo de vergüenza y pena, pero escapó tan rápido como pudo, y pronto pudo reflexionar, con jovial egoísmo, que sus deudas no eran ni la mitad de las de algunos de sus amigos", AW, 389. En *Orgullo y prejuicio* nos enteramos de que el malhechor George Wickham "había dejado muchas deudas, que Darcy después pagó", AW, 314.

encantadoras son de hecho unas cazafortunas", y afirmando lo que supuestamente hemos de pensar sobre Elinor y Marianne Dashwood: "¿Por qué no buscan un empleo, en vez de perseguir hombres ricos?" (Chamberlain 2014).

No es verdad que todas fueran unas cazafortunas: las heroínas más atractivas anhelan casarse por amor, y de hecho lo logran, aunque aprueban la riqueza, como hasta cierto punto hace casi todo el mundo. Se trata de un sentimiento que puede envilecer, y que ha sido siempre objeto de mucho pesar de los moralistas, incluyendo a Adam Smith en *La teoría de los sentimientos morales*. Asegura Smith, como ya hemos apuntado, que no hay sociedad sin rangos ni orden (lo que no significa que los mismos individuos o grupos específicos deban ocuparlos siempre), y ello requiere que la riqueza sea admirable, lo que es natural y útil, pero "al mismo tiempo es la principal y más universal causa de corrupción de nuestros sentimientos morales" (Smith 1759, 61; véase la Introducción 17-18; cf. también Newman 1983, 697).[22]

---

[22] El deseo de rango y riqueza puede no ser tan intenso como para corromper totalmente, pero en tales casos Austen no deja de criticarlo recurriendo, por ejemplo, a la burla, como en *Orgullo y prejuicio* con las exclamaciones de la arribista señora Bennet ante Elizabeth, tras conocer su compromiso con Darcy: "¡Qué rica y grande vas a ser! ¡Cuánto dinero para tus gastos vas a tener, cuántas joyas y carruajes! ...Estoy tan contenta, tan feliz. ¡Qué hombre tan encantador! ¡Tan guapo! ¡Tan alto!", AW, 371. Fue la misma reacción cuando se enteró de que Jane se iba a casar con el acaudalado Bingley: "¡Soy tan feliz!", AW, 355. La mención a los carruajes no es casual, dice MacDonagh: "Quizá la principal línea divisoria entre las familias de clase media pasaba por tener o no un carruaje"; recuerda *Sentido y sensibilidad*: "La caída social de la señora Dashwood a la muerte de su marido vino marcada de inmediato por la venta de sus caballos, y después de su coche", MacDonagh 1991, 59; cf. AW, 14. La señal del "confort doméstico" de la señora Weston en *Emma* es "un coche propio", AW, 620. La hermana mayor de la señorita Hawkins "se había casado muy bien, con un caballero de posibles, de cerca de Brístol, que tenía dos carruajes", AW, 701. Del hermano rico de la señorita Hawkins leemos: "estaba orgulloso de sus coches", AW, 746. Y en *La abadía de Northanger* Isabella Thorpe prevé casarse y tener "un carruaje a su disposición", AW, 910. En *Los Watson* leemos: "Los Edward eran personas con dinero que vivían en la ciudad y tenían un carruaje; los Watson residían en un pueblo a unas tres millas, eran pobres y no tenían un coche con techo", Austen 2003,

Austen, como Smith, "teme que las consideraciones económicas puedan superar y someter a las consideraciones morales en el comportamiento humano" (Duckworth 1994, 88).[23]

Asimismo, el progreso hizo posible que un grupo creciente de mujeres pudiesen vivir sin trabajar. Esto no significaba que la oportunidad de no trabajar y de beneficiarse de los recursos de los maridos fuera coser y cantar, como la siempre realista Austen sentencia en la primera página de *Mansfield Park*: "Ciertamente no hay tantos hombres de gran fortuna como mujeres bonitas que los merezcan". (AW, 379)

Por tanto, las consideraciones monetarias han de ser incluidas en el derecho de las mujeres a escoger su propia vida, lo que hacen en las novelas de Austen, aunque no siempre con acierto.[24] La opción de trabajar siempre está abierta: y si no era entonces (como tampoco después) la opción predilecta de todas las damas, habría sido preferida por muchas si la alternativa era

---

107. Milanovic observa que la fortuna de Darcy lo situaba en el 10 % más rico del 1 % más rico: "el coste de rechazar al equivalente actual de Darcy sería significativo, aunque bastante menos abrumador" (Milanovic 2011, 35).

[23] Desde su tiempo hasta hoy, sin embargo, y para no remontarnos hasta el *auri sacra fames* de Virgilio, hemos comprobado las posibilidades de justificar los recortes de las libertades individuales bajo el romántico paraguas de las lamentaciones dramáticas que siguen a Wordsworh; "todo se vende en el mercado", Batho 1933, 175.

[24] Michael Chwe, que presenta a Austen como una diestra teórica de los juegos, dice lo siguiente: "El pensamiento estratégico no es igual que el egoísmo: Fanny Dashwood, por ejemplo, es egoísta y una metepatas estratégica. El pensamiento estratégico no es igual a moralizar sobre lo que uno 'debe hacer': Mary Bennet cita máximas sobre una conducta adecuada, pero resulta estratégicamente inútil. El pensamiento estratégico no equivale a tener valores económicos como el ahorro: la señora Norris ejemplifica al mismo tiempo la austeridad y la estupidez estratégica. El pensamiento estratégico tampoco es igual a ser hábil en juegos construidos artificialmente, como las cartas: a Henry Crawford le gusta ganar en los juegos de cartas, pero en la vida real no es capaz de elegir entre Fanny Price y María Rushworth, una mujer casada, y fracasa estrepitosamente", Chwe 2013, 6. Virginia Woolf pensaba que la mente de Austen, como la de Shakespeare's, "consumía todos los impedimentos....sin odio, sin amargura, sin miedo, sin protesta, sin predicar", Duckworth 1994, xxvi.

un matrimonio sin amor.[25] Es el caso de Frederica Vernon, la bondadosa y desgraciada hija de la villana protagonista de la novela epistolar de Austen *Lady Susan*, una obra temprana que no sería publicada hasta 1871. En la carta 21, la señorita Vernon le escribe a Reginald de Courcy quejándose del matrimonio forzado que su madre está planeando entre Frederica y Sir James Martin, y añade: "Trabajaría para ganarme el pan antes que casarme con él"; y Emma Watson, en la novela incompleta *Los Watson*, afirma: "Sería maestra en una escuela (no puedo pensar en ningún trabajo peor) antes que casarme con un hombre que no me gustara" (Austen 2003, 74, 110).

En *Sentido y sensibilidad*, cuando Edward Ferrars expone sus modestos objetivos vitales, Marianne pregunta:

"¿Qué tienen que ver la riqueza o la grandiosidad con la felicidad?"

"La grandiosidad poco", respondió Elinor, "pero la riqueza mucho."

---

[25] En *Sentido y sensibilidad*, cuando se menciona por primera vez la posibilidad de una relación entre Edward y Ellinor, se dice lo siguiente sobre la madre de ella, la señora Dashwood: "Algunas madres podrían en este caso haber fomentado el acercamiento entre ellos guiadas por el interés, puesto que Edward Ferrars era el primogénito de un hombre que había muerto muy rico; y algunas podrían haberla rechazado por motivos de prudencia, dado que, salvo una suma insignificante, toda su fortuna dependía de la voluntad de su madre. Pero a la señora Dashwood no le influía ninguna de estas consideraciones. Le bastaba que él pareciera ser afable, que amaba a su hija, y que Elinor le correspondía. El que una diferencia de riqueza pudiera separar a cualquier pareja que se sintiera atraída por semejanza o disposición era algo que contrariaba todos sus principios", AW, 9. Esta renuncia a ponderar dimensión material alguna, empero, no es una posición realista: como le sucede a Marianne, la señora Dashwood "aún tenía que aprender" a gobernar sus intensos sentimientos, AW, 5. Regresaremos a este punto cuando analicemos a Austen, Adam Smith y la importancia de la moderación. En cuanto a las oportunidades de trabajo, a una joven educada como Jane Fairfax en *Emma* le puede disgustar ser institutriz, pero de todas maneras es consciente de que "existen agencias de colocación, y si me apunto allí no tengo ninguna duda de que pronto me encontraré con algo aceptable", AW 761, cf. también Kirkham 1983, 132, 142-3.

"¡Elinor, qué vergüenza!", replicó Marianne, "el dinero solo puede dar la felicidad cuando no hay ninguna otra cosa que la brinde. Más allá de facilitar las cosas, no puede producir una satisfacción real en términos de personalidad." (AW, 46)

Pero la misma Marianne que así alecciona a la práctica Elinor desearia tener cazadores, y cuando Edward observa que no todo el mundo caza ella se ruboriza al contestar: "la mayoría de la gente lo hace". Por cierto, los aspectos prácticos son desdeñados por Piketty cuando alude a "la dificultad" que afrontan finalmente Edward y Elinor: "solo necesitaban vivir de algo" (AW, 179; Piketty 2014, 414). Todas las parejas abordan el asunto, y el amor es ponderado con estimaciones sobre "las comodidades de la vida". Cabe añadir que no es absurdo que una mujer admire la riqueza de un hombre, como puede admirar su poder, y tal sentimiento puede evolucionar hacia el amor; la dicotomía entre el amor y el dinero como si debieran siempre ser conjuntos disjuntos no es razonable.

Y cuando en *La abadía de Northanger* Isabella Thorpe proclama: "mis deseos son tan moderados que el más pequeño de los ingresos sería suficiente para mí. Cuando las personas están realmente cercanas, la pobreza misma es riqueza", y su hermano John añade: "Dejadme tener solo la muchacha que me gusta, con un hogar cómodo: ¿para qué quiero más? La fortuna no es nada" (AW, 909), sus personalidades maliciosas, manipuladoras y jactanciosas bastan para que el lector advierta su falta de sinceridad.

La ambivalencia con respecto al papel del dinero no impide reconocer el fallo moral de perder el amor en aras del dinero, como explica John Willoughby cuando abre su corazón a Elinor en *Sentido y sensibilidad*: él sí es un cazafortunas, que quiere vivir bien, gastar mucho, y no trabajar:

Mi fortuna nunca fue abultada, y siempre incurrí en bastantes gastos, porque siempre me asocié con gente más rica que yo. Desde que alcancé la mayoría de edad, o incluso antes, cada año estaba más endeudado que el anterior...desde hace tiempo mi intención ha sido arreglar mi situación casándome con una mujer rica. Casarme con tu hermana, por tanto, era algo impensable...Para evitar una pobreza relativa, que su cariño y su compañía habría desprovisto de toda faceta temible, he accedido a la opulencia, pero he perdido todo lo que podría haberla convertido en una bendición. (AW, 155)

Las heroínas de Austen no son unas arpías calculadoras, y cuando algunos de sus personajes femeninos lo son, como Fanny Dashwood en *Sentido y sensibilidad* o la señora Norris en *Mansfield Park*, el lector aprecia su maldad inequívocamente (Trepanier 2014, 63-4). Las mujeres son, y llegan a serlo de modo impecable, "criaturas racionales", como se reivindica Elizabeth Bennet en *Orgullo y prejuicio* (AW, 240). La señora Croft le dice a su marido en *Persuasión*: "Odio oírte hablar como un caballero refinado, como si las mujeres fuéramos todas damas delicadas, en vez de criaturas racionales. Ninguna de nosotras espera pasarse toda la vida entre algodones". (AW, 1008)

La palabra "racional" es utilizada a menudo en las obras de Austen para referirse a las mujeres, y apunta a un feminismo ilustrado, opuesto al comportamiento de las mujeres que carecen de independencia y están obsesivamente persiguiendo possible maridos, como en *Orgullo y prejuicio*, cuando el señor Bennet habla con sorna con Elizabeth sobre sus hijas más pequeñas: "tus muy tontas hermanas" (AW, 299; Kirkham 1983, 4-5).

Por otro lado, el trabajo es admirado, incluso líricamente, como en *Persuasión*: "los arados en plena labor, y las sendas nuevas retratan al granjero...y el anhelo de una nueva primavera" (AW, 1015). Los cambios sustanciales en una sociedad supuestamente inmóvil son celebrados: Anne Elliot reconoce que los sensatos y profesionales Croft merecen más que su propia familia de sangre azul: "En su fuero íntimo no podía dejar de pensar que se marchaban los que no merecían quedarse, y que Kellynch Hall pasaba a mejores manos que las de sus dueños". (AW, 1034)[26]

---

[26] "El mundo de la aristocracia rural es pintado como irrecuperable y decadente", Auerbach 1972, 122. "Los terratenientes no devoraron el pro-

A la vez que se nota el respeto al trabajo, cuando aparece el argumento contrario, como cuando, también en *Persuasión*, la señora Clay declara que solo las personas ociosas "gozan al máximo las bendiciones de la salud y un buen aspecto" (AW, 984), es evidente que Austen está desplegando su capacidad de ser irónica y graciosa.

El punto fundamental no es la desigualdad en la acumulación de dinero sino la forma en que uno lo consigue. Lo malo de William Elliot no es que le interesara el dinero —"¿No le interesa a usted? ¿A todos?", pregunta Mary Crawford en *Mansfield Park* (AW, 482). Lo malo, como le dice la señora Smith a Anne en *Persuasión* hablando de William, era que: "El dinero era todo lo que deseaba" (AW, 1072); era un hombre que no amaba a su primera mujer y era "muy cruel", con ella (AW, 1077): el dinero era realmente *todo* lo que deseaba.

En otros casos es posible armonizar la riqueza y la virtud. En los textos de Austen

> si en el ámbito comercial los individuos apuntan a la riqueza, en sus vidas personales pueden escoger la virtud...En el matrimonio de Edmund Bertram y Fanny Price en *Mansfield Park*, como en el matrimonio entre Fitzwilliam Darcy y Elizabeth Bennet en *Orgullo y prejuicio*, Austen une virtud y riqueza sin confundirlos entre sí. (Michie 2000, 11-12, 17-18)[27]

---

ducto nacional, en contra de lo que confiadamente había predicho Ricardo. De hecho, el peso de las rentas de la tierra en el ingreso nacional (y mundial) cayó marcadamente desde el momento en que Ricardo anunció que subiría sin cesar. El resultado se parece al de Malthus, cuyo pronóstico sobre una población que arrollaría la oferta de alimentos fue refutado casi justo cuando proclamó que iba a suceder", McCloskey 2014, 85.

[27] "Para demostrar cómo la buena conducta puede ser ejercitada por los que sienten los placeres del dinero, Austen no debe relatar la historia de un individuo pobre que se vuelve virtuoso, sino la de uno rico que lo hace. Es lo que sucede en *Emma*, en donde la mujer rica no es una figura marginal o negativa en contra de la cual se define la virtud, sino la heroína de la trama", Michie 2000, 19.

Existe por tanto una ambivalencia en torno a la desigualdad según Austen, pero esto no tiene nada que ver con ninguna enfermedad social: se refiere a personas concretas, porque la búsqueda de la riqueza puede ser beneficiosa o perjudicial para nuestro carácter. Una persona puede ser rica y deshonesta, como John y Fanny Dashwood, pero también rica y generosa, como el lector se entera (tarde) que es Darcy (AW, 314).[28]

Desanudar la ambivalencia no es un asunto sencillo, y esto es lo que la novelista destaca: "La preocupación moral de Austen no es realmente la instrucción en la rectitud... Su preocupación es la dificultad, en la vida real, de comprendernos a nosotros mismos y a los demás". (Benditt 2003, 246)[29]

Gilbert Ryle distingue entre dos campos de moralistas: los calvinistas bipolares y los aristotélicos, según los cuales la gente "difiere más en grado que en sustancia", y sitúa a Austen en el

---

[28] Asimismo, la gente puede tener prejuicios y ser bonachona, como Lady Russell en *Persuasión*: "Puede ser ciega ante los defectos de las personas de abolengo, pero no es insensible a las virtudes de las personas de bajo rango", Zietlow 1965, 183. Sobre la ayuda a los pobres, Emma Wodehouse, con la vista puesta en Elton y Harriet Smith, piensa en línea con la cuestión de la redistribución y los incentivos, como el "principio de la menor elegibilidad" que los economistas clásicos iban a ponderar algunos años más tarde en sus debates sobre la reforma de las Leyes de Pobres: "Hay personas que, cuanto más las ayudamos menos se ayudan ellas a sí mismas"AW, 657. Sin embargo, dadas sus permanentes y pretenciosas manipulaciones y su "arrogancia social...late la sospecha de que esta labor [ayudar a los pobres] es llevada a cabo sin un sentimiento sincero de obligación", Duckworth, 1994, 150. En *Sanditon* Lady Denham apunta: "Si hubiera un médico a mano, ello animaría a nuestros sirvientes y a los pobres a fantasear con que están enfermos", Austen, 2003, 181.

[29] "Los personajes de Austen no son muñecos ni caricaturas...si a veces son incoherentes, no es porque lo sea Austen, como algunos de sus críticos han señalado, sino porque la vida, tal como ella la representa, es demasiado compleja como para ser sencillamente subsumida dentro de un conjunto de criterios claros y tajantes...Defiende un enfoque ético que pone énfasis en el carácter y las virtudes, y subraya algunas facetas de la personalidad –en especial el conocimiento de uno mismo, la energía dentro de ciertos límites, el orgullo bien entendido, la simpatía, la inteligencia y la educación– que ella cree que son provechosos para nosotros y para los demás", Benditt, 2003, 247-8.

segundo campo. Este enfoque realista y moderado es típico de sus libros, donde podemos hallar un vicio que en cierta medida puede ser correcto, como el orgullo de Darcy, y una virtud que puede ser excesiva, como la firmeza de carácter. Anne reflexiona en *Persuasión* sobre que cualquier virtud, "igual que todas las otras cualidades de la mente, ha de poseer sus proporciones y sus límites" (Ryle 1968, 295-7, 289; AW, 1031).

Austen, Smith, la desigualdad, y vuelta a Piketty

De lo expuesto hasta aquí, del matizado tributo que la novelista rinde a la moderación y el realismo, el trabajo y la responsabilidad, y sus equilibradas visiones sobre la desigualdad a través del dinero y la riqueza, no sorprenderá al lector que Jane Austen haya sido asociada a moralistas como Shaftesbury, Hume, y en particular Adam Smith.[30] Así, cuando en *Mansfield Park* la señorita Crawford alude a "la genuina máxima londinense: todo se puede comprar con dinero" (AW, 407), Elsie Michie comenta: "se hace eco del argumento de Smith de que el propio interés es un impulso universal" (Michie 2000, 15).

Pero los matices y los grados están presentes tanto en la novelista como en el filósofo. El propio interés es sin duda una fuerza universal, pero puede ser excesivo. La manera en que Austen lo revela es, otra vez, mediante rasgos personales. Quien plantea retóricamente la pregunta, al parecer sensata, sobre si todos no estamos acaso interesados en el dinero es la señorita Crawford, que está lejos de ser éticamente impecable, y puede ser abiertamente cínica: "El egoísmo debe ser siempre perdonado, porque no hay esperanza de que sea curado" (AW, 411). Tampoco es moralmente recomendable su hermano Henry, que proclama que el asunto más interesante del mundo es "cómo hacer dinero, cómo transformar un buen ingreso en uno mejor" (AW, 488). Por otro lado, estamos tentados a pensar que el modo en el que la señorita Crawford es juzgada por la heroína

---

[30] Gallop 1999, 109; Ryle 1968, 298-301; Dadlez 2009; Knox-Shaw 2005, 348, 354. Un libro reciente que estudia sus "intersecciones" es Bohanon y Vachris 2015.

Fanny Price ("No pensaba en nada más relevante que el dinero", AW, 592) es quizá demasiado severo.[31]

Otro ejemplo de la ironía realista de Austen es la forma en que utiliza una retórica típicamente smithiana en *Sentido y sensibilidad* para resumir el modo en que un personaje tan vulgar y artero como Lucy Steele puede practicar la autoestima exclusivamente en su propio provecho:

> Todo el comportamiento de Lucy en este episodio, y el éxito con el que lo coronó, por tanto, pueden ser presentados como el ejemplo más alentador de cómo una sincera e incesante atención al propio interés, por más que su evolución sea obstruida, puede asegurar todas las ventajas de la fortuna, sin otro sacrificio más allá del tiempo y la conciencia. (AW, 182)[32]

Lo que es indisputable es que el autocontrol es fundamental para Austen. Emplea la palabra con aprobación en todas sus novelas, y también la palabra *propriety*, propiedad o corrección. En alguna ocasión incluye ambos términos en una misma frase, como en

---

[31] El dinero era todo lo que William Elliot *deseaba*, mientras que en el caso de Mary Crawford era lo más relevante en lo que *pensaba*. Una muestra de los matices de Austen en este sentido es el diálogo entre Edmund Bertram y la señorita Crawford en *Mansfield Park*, cuando ella dice: "Una renta abultada es la mejor receta para la felicidad que conozco". La discusión deja la impresión de que el punto crucial no es la riqueza *per se* sino su dimensión y medios para alcanzarla. Edmund pregunta: "¿Pretende usted ser *muy* rica?", y ahí es cuando ella da la respuesta que mencionamos antes: "Sin duda alguna. "¿No le interesa a usted? ¿A todos?". Edmund replica que sus intenciones son "no ser pobre…con moderación y economía, ajustar los deseos a los ingresos, *y todo eso*". La señorita Crawford concluye: "Sea usted honrado y pobre, por supuesto, pero no le envidiaré; incluso *pienso* que ni siquiera lo respetaré demasiado. Siento un respeto *mucho mayor* hacia quienes son *honrados* y ricos", AW, 482, cursivas añadidas.

[32] Observando la suerte de Lucy, y también que John Dashwood mantiene la propiedad familiar al final del libro y "la administra bien", Darrel Mansell concluye: "En las novelas de Jane Austen, los personajes calculadores y prudentes como ellos realmente heredan más de lo que merecen", Mansell 1973, 74-5.

Sentido y sensibilidad, cuando Elinor "se atrevió a sugerir a Marianne lo apropiado de un cierto autocontrol" (AW, 27), o en *Emma*: "un hábito de autocontrol, la consideración de lo que es su deber, una atención a la corrección" (AW, 744). El significado y las palabras son los que Smith utiliza repetidamente en *La teoría de los sentimientos morales*: autocontrol está en el título de la Sección III, Parte VI, y corrección en el título de la Parte I y sus tres secciones.

Así compara Austen a las hermanas Dashwood en *Sentido y sensibilidad*:

> Elinor, la hija mayor, tenía un gran corazón; su disposición era afectuosa y sus sentimientos intensos; pero *sabía cómo gobernarlos*: esto era algo que su madre aún tenía que aprender, y que una de sus hermanas había resuelto que nadie se lo enseñara nunca. Las capacidades de Marianne, en muchos aspectos, eran las mismas que las de Elinor. Era sensata e inteligente, pero ansiosa en todo: sus penas, sus alegrías, *carecían de toda moderación*. Era generosa, amable, interesante: *cualquier cosa menos prudente*. (AW, 5, cursivas añadidas)

Austen rechaza el carácter impetuoso incluso en sus héroes, como el capitán Wentworth (Zietlow 1965, 186). Todas las percepciones son relativas y están abiertas a la interrogación, como le responde Elizabeth a Darcy en *Orgullo y prejuicio*: "La lejanía y la cercanía deben ser relativas, y depender de muchas circunstancias variables" (AW, 274).

Esta visión smithiana, equilibrada y proporcional, ha sido relacionada con Aristóteles, que "también puntualizó que un grado moderado de bienestar material es necesario y suficiente para lograr la felicidad...la recomendación aristotélica del intelecto *práctico* es central en todas las novelas de Austen" (Gallop 1999, 97, 99). También lo es la noción socrática del propio conocimiento: "Para Jane Austen el conocimiento de uno mismo y el autocontrol son la cima de la jerarquía moral" (Weinsheimer

1972, 415),[33] pero siempre con moderación y atendiendo a la sociedad, lo que es característicamente smithiano:

> Volvemos a descubrir que para Jane Austen el deber moral de un individuo necesariamente es con la sociedad, bien entendida, y que todo retiro hacia una moralidad subjetiva es un error. (Duckworth 1994, 118)

> Desde sus primeras obras de juventud hasta su última novela inconclusa, Austen lidió con la cultura de la sensibilidad. Reconociendo sus peligros y su potencial hipocresía, procuró revisarla para armonizarla con un sentido de la responsabilidad individual, una admiración por la tranquilidad, y por la posibilidad de una comunidad…[Marianne Dashwood] mide la sensibilidad conforme a la falta de autocontrol, sin percibir que el sentimiento más profundo no sólo puede (y en el mundo de Austen *debe*) coexistir con la razón y la laboriosidad, sino que el autocontrol mismo puede ser una expresión de sentimiento. (Brodey 1999, 113, 117)

Otro aspecto del autocontrol que enlaza a Austen con Smith es la presencia contenida de la religión, aunque ella, hija de un clérigo y hermana de otros dos, y cuyas novelas contienen varios personajes que son miembros de las iglesias cristianas, era una mujer creyente, y él un deísta. La principal faceta moral de los instintos sociales que todos tenemos, según proclama desde el principio *La teoría de los sentimientos morales*, es que el óptimo estriba en los frenos interiores; por consiguiente, ambos comparten la "visión natural" del hombre y su vinculación con el liberalismo político.[34]

---

[33] "Nunca me conocí a mí misma", confiesa avergonzada Elizabeth Bennet en *Orgullo y prejuicio*, AW, 288. Y María y Julia Bertram "carecían completamente de las poco comunes cualidades del propio conocimiento, la generosidad y la humildad", en *Mansfield Park*, AW, 387.
[34] Austen era una "conservadora comprometida" o una "Tory radical", dice Butler, 1975, 165. Algunos socialistas intentaron utilizarla como

Su pensamiento apunta en una dirección smithiana, pero ¿leyó realmente Jane Austen a Adam Smith? Ella no lo cita, como tampoco cita a ningún otro moralista, pero Kenneth Moler sugirió in 1967 que probablemente lo conocía: la distinción que traza Mary Bennet entre orgullo y vanidad en *Orgullo y prejuicio* (AW, 195) es notablemente parecida a la que establece Smith en *La teoría de los sentimientos morales* (Smith 1759, 255-262). Christel Fricke va más allá:

> No solo presenta Jane Austen en *Orgullo y prejuicio* un ejemplo detallado de un proceso de simpatía smithiana en sus diversos mecanismos; además, utiliza los análisis de Smith de la prudencia, la excesiva autoestima, el orgullo y la vanidad en *TMS* VI. iii. como fuente de inspiración para crear la mayoría de los personajes de *Orgullo y prejuicio*. (Fricke, 2014, 344)[35]

Austen también es smithiana en un punto fundamental acerca de la desigualdad que Piketty ignora: los seres humanos no desean ser iguales, sino más bien al contrario. Por consiguiente, toda teoría que sitúe el "problema" de la desigualdad en la cima de las consideraciones sociales da la espalda a la naturaleza humana, y no hay ciencia social que pueda ser confiadamente edificada sobre unos fundamentos tan endebles.

Al comienzo del presente ensayo notamos que *Persuasión* es mencionada solo una vez en el libro de Piketty, a propósito de las leyes sucesorias que convertían al sobrino de Sir Walter Elliot en su único heredero, pasando por encima de sus hermanas. Ahora bien, tanto la primogenitura como la preferencia del hombre sobre la mujer fueron debatidas en tiempo de Austen. Smith analiza los pros y los contras de la primogenitura en *La*

---

modelo contra las políticas de Margaret Thatcher, pero éstas "se aproximaron más al *laissez-faire* del liberalismo clásico que al conservadurismo tal como era entendido y manifestado en tiempos de Austen por autores como Wordsworth, Southey, y Coleridge", Duckworth 1994, xii. Cf. también Kirkham 1983, 83.

[35] Duckworth (1994, 98-9) detecta la noción de Smith de la simpatía en *La abadía de Northanger*.

riqueza de las naciones, pero circunscribe los primeros solo al ámbito de la oportunidad en el pasado, sin ninguna justificación ya en el siglo XVIII. Su conclusión es clara: las vinculaciones eran "absurdas" y la primogenitura "contraria al interés genuino de una familia numerosa" (Smith 1776, 384; Bohanon y Vachris 2015, 134-6).[36]

¿Por qué Piketty seleccionó el caso de la herencia de Sir Walter? Vemos en *Persuasión*, como en otras novelas de Austen, un retrato variado de la sociedad y la economía de Inglaterra. ¿Por qué no mencionar otros aspectos? Quizá porque la herencia transmite los temas centrales de Piketty: la riqueza no se crea, la producción no crece, y lo que cuenta es la desigualdad en su distribución.[37]

La desigualdad es abordada en *Persuasión*. De entrada, en la decadencia de la aristocracia terrateniente, el paradigma de la sociedad desigual, descrita en tonos reprensibles como un hatajo de despilfarradores ostentosos y desconsiderados. Es verdad que no siempre son así, y Austen presenta a terratenientes prudentes y laboriosos, como George Knightley en *Emma*. Sin embargo, en *Persuasión* vemos cómo y por qué los aristócratas son desplazados por otra clase de personas, que no son ociosos barones sino profesionales de la marina, y por añadidura exitosos: el almirante Croft luchó en Trafalgar, y "acumuló una importante fortuna" tras su carrera en Europa y las Indias Orientales (AW, 984). El bobo de Sir Walter característicamente desprecia a quien le va a suceder en su casa de Kellynch Hall, aunque reconoce el papel de la marina en las interrelaciones sociales:[38] "el medio para impulsar a gente de oscuro linaje hasta un nivel de distinción que

---

[36] La misma idea aparece en *Lecciones sobre jurisprudencia*: "El derecho de primogenitura...método sucesorio tan contrario a la naturaleza, la razón y la justicia, deriva de las características del Estado feudal", Smith 1896, 49. Y las vinculaciones eran "absurdas", ibíd. 69, 468. El asunto, de todas maneras, es discutible, porque la primogenitura puede ser ponderada como una institución eficiente que obstaculizaba la fragmentación de las propiedades rurales.

[37] "Como Piketty está obsesionado con la herencia, quiere restar importancia al beneficio empresarial, el progreso probado que ha enriquecido a los pobres", McCloskey 2014, 87-88.

[38] Sales 1994, 172.

no merecen, y elevar a unos hombres a honores con los que sus padres y abuelos jamás soñaron...Doy por sentado que su rostro tendrá el color anaranjado de las capas y pliegues de mi hígado". Leemos que realmente Croft tiene un semblante "algo curtido", pero que es indudablemente un caballero en su estilo y modales. No realiza muchos cambios cuando empieza a vivir en la residencia, pero simbólicamente retira los espejos del cuarto de vestir de Sir Walter: "¡Dios mío, cuántos había! No había forma de escapar de uno mismo" (AW, 1035).[39]

Aparte de su imprudencia económica, los aristócratas que rechazan la movilidad social, en particular cuando se trata de una mujer que se casa por amor con un hombre rico, son mostrados con rasgos sumamente peyorativos en las novelas de Austen. Esto resulta nítido en el caso de los comentarios desagradables que formula Lady Catherine de Bourgh a Elizabeth Bennet, cuando intenta impedir el compromiso de ésta con su sobrino Darcy en el capítulo 56 de *Orgullo y prejuicio*.

Si estas pruebas del reconocimiento y celebración del cambio social no fueran suficientes, *Persuasión*, como ya hemos visto, condena el amor al dinero por sobre todas cosas, elogia el esfuerzo en todos los niveles, incluídas las labores agrícolas más modestas, y presenta de modo favorable a la mujer intelectualmente independiente que reclama para su sexo la categoría de "criatura racional" y no la de "dama delicada". Por añadidura, y hablando de mujeres y de igualdad, la heroína se casa por amor con un hombre hecho a sí mismo.[40] Por fin, todo sugiere que la

---

[39] En comparación con sus obras anteriores, *Persuasión* y *Mansfield Park* contienen "mucha más crítica social... la idea de que un caballero debe ser socialmente útil no aparece en *La abadía de Northanger* o *Sentido y Sensibilidad*, mientras que resulta crucial en sus tres últimas novelas". Esto pudo tener que ver con la religión: "en los años finales de su vida, bajo la influencia de los evangélicos, Jane Austen estaba muy dispuesta a señalar los defectos de la aristocracia. Los evangélicos eran críticos severos de los fallos morales de las clases dirigentes: las campañas contra la mundanería, la trivialidad y la irresponsabilidad en la buena vida eran centrales en sus actividades", Butler 1975, 163-4, 284. También apoyaban, como Austen, la abolición de la esclavitud; Ellis 2005, 422.

[40] El capitán Wentworth se enriquece con su éxito en las Guerras Napoleónicas, como el almirante Croft, AW, 1010. Véase también Selwyn 2011,

historia prefigura un mundo más igualitario: en el futuro probablemente habrá más Crofts y Wentworths que Sir Walters, y muchos más *nouveaux riches* si se incluye a los comerciantes, empresarios y profesionales diversos que aparecen en las otras novelas
de Austen.

Por tanto, si Thomas Piketty solo recurre al episodio de la
herencia no es porque la obra no mencione ninguna otra cosa
relevante a propósito de la desigualdad. La verdad parece ser más
bien la opuesta, aunque posiblemente no convenga al objetivo
de Piketty de pintar una comunidad lúgubre donde nada cambia
y los privilegios giran siempre en torno a la misma clase afortu-
nada y sin mérito.

Este retrato no se corresponde con los hechos históricos
y no es fiel a lo que escribió la propia Jane Austen. En cambio,
sus novelas se ajustan mucho mejor a una característica sobresa-
liente de la naturaleza humana, sobre la que insistió Adam Smith:
en su conducta normal, las mujeres y los hombres no luchan por
ser iguales sino por ser mejores.[41] Smith introduce la idea en *La
teoría de los sentimientos morales*: "Ese gran objetivo de la vida humana que denominamos el mejorar nuestra propia condición".
(Smith 1759, 50)

Y la desarrolla en *La riqueza de las naciones*, en un capítulo
cuyo título podría haber atraído la atención de Piketty: "De la
acumulación del capital": "Pero el principio que anima al ahorro
es el deseo de mejorar nuestra condición, un deseo generalmente
calmo y desapasionado que nos acompaña desde la cuna y no
nos abandona hasta la tumba". (Smith 1776, 341)

La repite en el mismo capítulo:

El esfuerzo uniforme, constante e ininterrumpido de cada
persona en mejorar su condición, el principio del que ori-

---

150. Sobre las dificultades de ser un hombre hecho a sí mismo en la marina
cf. McMaster 2011, 117-8.

[41] La noción de comportamiento *normal* ha de ser enfatizada para lidiar
con objeciones del estilo de que los seres humanos pueden empeñarse
exageradamente en mejorar, sacrificando demasiado para conseguir un
estatus diferente, etc.

ginalmente se derivan tanto la riqueza pública como la privada, es con frecuencia tan poderoso como para mantener el rumbo natural de las cosas hacia el progreso, a pesar tanto del despilfarro del gobierno como de los mayores errores de administración. Actúa igual que ese principio desconocido de la vida animal que frecuentemente restaura la salud y el vigor del organismo no solo a pesar de la enfermedad sino también de las absurdas recetas del médico. (Smith 1776, 343)

Frente a todas las exacciones del Estado, este capital ha sido silenciosa y paulatinamente acumulado por el ahorro privado y el buen comportamiento de los individuos, por su esfuerzo universal, continuo e ininterrumpido en mejorar su propia condición. Este esfuerzo, protegido por la ley y que gracias a la libertad se ha ejercitado de la manera más provechosa, es lo que ha sostenido el desarrollo de Inglaterra hacia la riqueza y el progreso en casi todos los tiempos pasados, y es de esperar que lo siga haciendo en el futuro. (Smith 1776, 345)[42]

Esto no resulta contradictorio con la apreciación de la igualdad, pero solo en el sentido liberal clásico de la igualdad compatible con la libertad personal, a saber, la libertad *ante* la ley, una igualdad que permite resultados que pueden concretarse en toda suerte de diferencias entre las personas, desigualdades que –en ausencia de violencia y fraude– son justas, precisamente porque nadie ha interferido en sus derechos y transacciones.

---

[42] Regresa a la misma idea más adelante: "El esfuerzo natural de todo individuo en mejorar su condición, cuando es capaz de ejercitarse con libertad y seguridad, es un principio tan poderoso que, por sí solo y sin asistencia alguna, no solamente puede llevar a la sociedad hacia la riqueza y la prosperidad, sino también superar los cientos de obstrucciones con las que las enloquecidas leyes humanas tan a menudo estorban su accionar; aunque el efecto de tales obstrucciones sea siempre, en mayor o menor medida, cercenar su libertad o menoscabar su seguridad", Smith 1776, 540; cf. también 674.

Un economista siempre podría objetar ante estas nociones y refugiarse en lo que cabría denomina el momento hobesiano de la teoría económica, y argüir que la economía convencional ha demostrado más allá de toda duda razonable que lo que la gente hace de modo general y voluntario puede tener efectos tan perniciosos que no deberían poder hacerlo; contamos, nos aseguran, con un benéfico instrumento para prevenir los fallos del mercado: el Estado. No obstante, y se piense lo que se piense sobre esta metáfora tan arraigada, que no es ahora mi cometido despejar, no tiene nada que ver con Adam Smith, que no tenía en mente nada parecido al modelo neoclásico, nunca pensó en el mercado como un puro mecanismo de asignación de recursos, no derivó conclusiones prácticas ni tajantes de la comparación entre el mundo real y un modelo ideal de perfección en cuestiones económicas, ni sobre ninguna otra materia relacionada con los seres humanos, y era plenamente consciente de los posibles desenlaces socialmente indeseables de los afanes individuales. Anotemos de paso que una de las pretensiones más ridículas de la economía moderna es que la necesidad de regulaciones monetarias a partir de las externalidades es un descubrimiento neoclásico, cuando las dos clases de externalidades asociadas con el dinero, las positivas y las negativas, fueron analizadas en *La riqueza de las naciones* (Smith 1776, 320-5), un libro que da pie a muchas justificaciones para la intervención en los mercados, como es bien sabido al menos desde que Jacob Viner lo señaló en una fecha tan temprana como 1927.

Adam Smith, por consiguiente, como Jane Austen después, no creía en un mundo perfecto, ni en seres humanos perfectos, y ambos asignaron suma importancia a las instituciones, y advirtieron sobre los riesgos de confiar demasiado en las capacidades y los conocimientos de los hombres a la hora de abordar problemas colectivos. Esta es la crítica fundamental de Smith contra diversas clases de interferencias en los mercados en su libro sobre economía, y contra el "hombre doctrinario" (*man of system*) en *La teoría de los sentimientos morales*: "Se imagina que puede organizar a los diferentes miembros de una gran sociedad con la misma desenvoltura con que dispone las piezas en un tablero de ajedrez" (Smith 1759, 234).

Esta perspectiva cuidadosa es ilustrada en sentido contrario por *Emma*, a cuya protagonista podríamos calificar como "mujer doctrinaria". Emma Wodehouse, siempre predispuesta "a pensar bien de sí misma" (AW, 613), refleja el riesgo de pretender reorganizar la vida de los demás según nuestro capricho y nuestra soberbia, olvidando las responsabilidades sociales. Igual que la "fatal arrogancia" de los intervencionistas en el ámbito político, las maniobras de Emma tienen consecuencias no deseadas ni deseables, muy alejadas de la promoción del bienestar y la paz. Duckworth (1994, 34-5) compara a Austen con Burke, cercano a Smith en su recomendación de reformar las instituciones, pero nunca utilizando la política o la legislación para cambiarlas completamente a la fuerza de arriba abajo.[43]

Lo que vemos en los textos de Jane Austen son razonamientos que aprecian las instituciones como salvaguardias para el desarrollo económico y personal. Lo mismo sucede con los sentimientos morales y los valores tradicionales, en línea con Adam Smith y en contraste con lo que vendría después, a partir del ensayo de Mill sobre Coleridge. Y lo que sugiere la novelista inglesa, y demuestra el economista escocés, es que la aspiración

---

[43] "En este asunto, como en la mayoría de las cuestiones de Estado, hay un punto medio. No todo se reduce a la mera alternativa entre la destrucción absoluta y mantener las cosas como están, sin reforma alguna... Una disposición a preservar, y una capacidad para mejorar, tomadas ambas en conjunto, constituirían mi modelo de estadista. Todo lo demás es vulgar en su concepción y peligroso en su ejecución", dice Burke (citado en Duckworth, 1994, 115). Hablando sobre el recelo ante los cambios abruptos, anota Lane: "La Francia revolucionaria no tuvo para Jane Austen ni siquiera el atractivo inicial que tuvo para su contemporáneo Wordsworth. La estabilidad de las instituciones políticas, sociales y religiosas de Inglaterra ofrecían al individuo, según Austen, el grado más seguro de libertad dentro de un marco ordenado en el que vivir una vida satisfactoria y valiosa, sin infringir los derechos de los demás", Lane 1995, 1. Hay pocas referencias explícitas a la política en las novelas de Austen, pero sabemos a través de ellas que los parlamentarios no vivían a costa del contribuyente, y que los ministros eran o debían ser "cautos". Austen parece haber seguido sus propias palabras: "A partir de la política, el silencio estaba apenas a un paso", AW, 482, 837, 905.

a la desigualdad es una fuerza motriz del bienestar individual y social.

Piketty marcha en la dirección opuesta porque, además de otras consideraciones económicas y políticas que no atañen al objetivo del presente ensayo, no comprende cómo la gente actúa de hecho, recordando las palabras de Alfred Marshall, en "la actividad normal de la vida". Por eso su análisis de los mercados es tan insatisfactorio, y por eso no explica cuáles son los peligros reales, no ficticios, de la desigualdad, y por qué han de ser contrarrestados y neutralizados. No solo ignora la vigorosa propensión a mejorar nuestra propia condición, sino que también, como tantos economistas y otros pensadores sobre temas sociales y politicos, de nuestro tiempo y de un pasado más o menos remoto, cree que este principio liberal general consecuencias dañinas que requieren una activa intervención política, en la forma de un nuevo impuesto sobre la riqueza que procure la igualdad *mediante* la ley, y que impida que la libertad indivual degenere en indescriptibles catástrofes: "Siempre habrá una dimensión subjetiva y psicológica fundamental de la desigualdad, que inevitablemente dará lugar al conflicto político". (Piketty 2014, 2)

Pero esto, por emplear una palabra favorita de Austen, es un prejuicio.

Conclusión

Mark Carney, el gobernador del Banco de Inglaterra, celebró una rueda de prensa el 24 de julio de 2013 en Chawton House, Hampshire, en la que fue la casa de Edward, hermano de Jane Austen, y es hoy un centro de estudios; en Chawton también está el Jane Austen's House Museum, en el lugar donde la célebre escritora pasó los últimos ocho años de su vida. Carney anunció entonces que Jane Austen aparecería en un próximo billete: sería la primera vez que lo haría un nuevo personaje, después de Winston Churchill.

Es de esperar que su perdurable popularidad aumente aún más cuando se vea su imagen en los billetes de diez libras. Concluyo este ensayo con el deseo de que los economistas, entre otros, lean a Jane Austen concienzudamente, y hagan lo propio con Adam Smith. El feliz resultado de estos esfuerzos, que por desgracia Thomas Piketty no ha acometido, será un conjunto de teoría más profundas y realistas sobre la conducta humana, que reconozca el dinamismo de las sociedades, animadas por el poderoso impulso de las mujeres y los hombres que no anhelan ser iguales sino desiguales, mejores y libres.

Bibliografía

Auerbach, Nina 1972. O Brave New World: Evolution and Revolution in *Persuasion, English Literary History*, Vol. 39, N° 1, marzo, 112-128.

Austen, Jane 1982 (AW). *The Works of Jane Austen*, introducción de John Gilbert, Londres: Spring Books.

Austen, Jane 2003. *Lady Susan, The Watsons, Sanditon*, M. Drabble ed., Londres: Penguin.

Batho, Edith C. 1933. *The Later Wordsworth*, Cambridge: Cambridge University Press.

Benditt, Theodore 2003. The Virtue of Pride: Jane Austen as Moralist, *The Journal of Value Inquiry*, Vol. 37, N° 2, 245-257.

Bohanon Cecil E. y Vachris, Michelle Albert 2015. *Pride and Profit. The Intersection of Jane Austen and Adam Smith*, Lanham MD: Rowman and Littlefield.

Broadberry, Stephen N., Bruce M.S. Campbell, Alexander Klein, Mark Overton, y Bas van Leeuwen 2015. *British Economic Growth, 1270-1870*, Cambridge: Cambridge University Press.

Brodey, Inger Sigrun 1999. Adventures of a Female Werther: Jane Austen's Revision of Sensibility, *Philosophy and Literature*, Vol. 23, N° 1, abril, 110-126.

Butler, Marilyn 1975. *Jane Austen and the War of Ideas*, Oxford: Clarendon Press.

Chamberlain, Shannon 2014. The economics of Jane Austen, *The Atlantic*, 3 agosto.
http://goo.gl/qMlTaJ Acceso 15 octubre 2014.

Chwe, Michael Suk-Young 2013. *Jane Austen, Game Theorist*, Princeton N.J.: Princeton University Press.

Clune, Michael W. 2014. Piketty Envy, *The Chronicle of Higher Education*, 18 agosto. http://goo.gl/HZs9Ug Acceso 5 noviembre 2014.

Copeland, Edward 2011. Money, in E. Copeland y J. McMaster eds., *The Cambridge Companion to Jane Austen*, 2ª ed., Cambridge: Cambridge University Press, 127-143.

Craig, Sheryl 2010. *Northanger Abbey*: Money in the Bank, *Persuasions: The Jane Austen Journal*, N° 32, junio, 144-153.

Dadlez, E.M. 2009. *Mirrors to one another. Emotion and Value in Jane Austen and David Hume*, Chichester, West Sussex: Wiley-Blackwell.

Daiches, David 1948. Jane Austen, Karl Marx and the Aristocratic Dance, *American Scholar*, Vol. 17, N° 3, verano, 289-98.

Duckworth, Alistair M. 1994. *The Improvement of the Estate. A Study of Jane Austen's Novels*, Baltimore & Londres: The Johns Hopkins University Press.

Ellis, Markman 2005. Trade, en J. Todd ed., *Jane Austen in Context*, Cambridge: Cambridge University Press, 415-424.

Fergus, Jan 2005. Biography, en J. Todd ed. *Jane Austen in Context*, Cambridge: Cambridge University Press, 3-11.

Fergus, Jan 2011. The professional woman writer, en E. Copeland y J. McMaster eds., *The Cambridge Companion to Jane Austen*, 2ª ed., Cambridge: Cambridge University Press, 1-20.

Fricke, Christel 2014. The Challenges of Pride and Prejudice: Adam Smith and Jane Austen on Moral Education, *Revue Internationale de Philosophie*, N° 269 (3), 343-372.

Gallop, David 1999. Jane Austen and the Aristotelian Ethic, *Philosophy and Literature*, Vol. 23, N° 1, abril, 96-109.

Kirkham, Margaret 1983. *Jane Austen, Feminism and Fiction*, Brighton, Sussex: The Harvester Press.

Lane, Maggie 1995. *Jane Austen's England*, Londres: Robert Hale.

Knox-Shaw, Peter 2005. Philosophy, en J. Todd ed., *Jane Austen in Context*, Cambridge: Cambridge University Press, 346-356.

MacDonagh, Oliver 1991. *Jane Austen. Real and Imagined Worlds*, New Haven & Londres: Yale University Press.

Mansell, Darrel 1973. *The Novels by Jane Austen. An Intetrpretation*, Londres: Macmillan.

McCloskey, Deirdre Nansen 2014. Measured, Unmeasured, Mismeasured, and Unjustified Pessimism: A Review Essay of Thomas Piketty's *Capital in the Twentieth Century, Erasmus Journal of Philosophy and Economics*, Vol. 7, N° 2, 73-115, otoño.

McMaster, Juliet 2011. Class, in E. Copeland and J. McMaster eds., *The Cambridge Companion to Jane Austen*, 2ª ed., Cambridge: Cambridge University Press, 111-126.

Michie, Elsie B. 2000. Austen's Powers: Engaging with Adam Smith in Debates about Wealth and Virtue, *Novel: A Forum on Fiction*, Vol. 34, N° 1, otoño, 5-27.

Milanovic, Branko 2011. *The haves and the have-nots: a brief and idiosyncratic history of global inequality*, Nueva York: Basic Books.

Moler, Kenneth L. 1967. The Bennet Girls and Adam Smith on Vanity and Pride. *Philological Quarterly*, Vol. 46, N° 4, October, 567-9.

Newman, Karen 1983. Can This Marriage Be Saved: Jane Austen Makes Sense of an Ending, *English Literary History*, Vol. 50, N° 4, invierno, 693-710

Piketty, Thomas 2014. *Capital in the Twenty-First Century*, Cambridge MA/Londres: The Belknap Press of Harvard University Press [trad. esp. Fondo de Cultura Económica].

Roberts, Warren 2005. Nationalism and empire, en J. Todd ed., *Jane Austen in Context*, Cambridge: Cambridge University Press, 327-345.

Rodríguez Braun, Carlos 2004. Spencer's Law, en *An Eponymous Dictionary of Economics: A Guide to Laws and Theorems Named After Economists*, Julio Segura y Carlos Rodríguez Braun eds., Cheltenham, UK; Northampton, MA: Edward Elgar.

Ryle, Gilbert 1968. Jane Austen and the Moralists, en B. C. Southam ed., *Critical Essays on Jane Austen,* Londres: Routledge, 286-301, publicado antes en *The Oxford Review*, N° 1, 1966.

Sales, Roger 1994. *Jane Austen and Representations of Regency England*, Londres y Nueva York: Routledge.

Shuchman, Daniel 2014. Thomas Piketty Revives Marx for the 21st Century, *Wall Street Journal*, 21 abril. http://goo.gl/hHxtYr Acceso 25 septiembre 2014.

Selwyn, David 2011. Making a living, en E. Copeland y J. McMaster eds., *The Cambridge Companion to Jane Austen*, 2ª ed., Cambridge: Cambridge University Press, 144-158.

Skwire, Sarah and Horwitz, Steven 2014. Thomas Piketty's Literary Offenses, *The Freeman*, septiembre 11. http://goo.gl/EEdjvA Acceso 20 noviembre 2014.

Smith, Adam 1759. *The Theory of Moral Sentiments*, reimpreso en D.D.Raphael y A.L.Macfie eds. 1982, *The Glasgow Edition of the Works and Correspondence of Adam Smith*, Indianápolis: Liberty Classics [trad. esp. *La teoría de los sentimientos morales*, traducción de Carlos Rodríguez Braun, Madrid, Alianza, 1997].

Smith, Adam 1776. *An Inquiry into the Nature and Causes of the Wealth of Nations*, reimpreso en R.H.Campbell, A.S.Skinner y W.B.Todd eds. 1981, *The Glasgow Edition of the Works and Correspondence of Adam Smith*, Indianápolis: Liberty Classics [trad. esp. *La riqueza de las naciones*, traducción de Carlos Rodríguez Braun, Madrid, Alianza, 1994; hay una traducción completa de la edición de Glasgow en Barcelona: Oikos-Tau].

Smith, Adam 1896. *Lectures on Jurisprudence*, reimpreso en R. L. Meek, D. D. Raphael y P. G. Stein eds. 1982, *The Glasgow Edition of the Works and Correspondence of Adam Smith*, Indianápolis: Liberty Fund [trad. esp. curso 1762-63: *Lecciones sobre jurisprudencia*, traducción de Manuel Escamilla Castillo, Granada, Editorial Comares, 1995].

Southam, Brian 2005. Professions, en J. Todd ed., *Jane Austen in Context*, Cambridge: Cambridge University Press, 366-376.

Trepanier, Lee 2014. Marriage and the Marketplace in Jane Austen's *Emma* and *Mansfield* Park, en L. Trepanier ed., *The Free Market and the Human Condition. Essays on Economics and Culture*, Lanham MD: Lexington Books.

Viner, Jacob 1927. Adam Smith and Laissez-Faire, *Journal of Political Economy*, Vol. 35, Nº 2, 198–232; traducción Española en Spengler, Joseph J. y Allen, William R. eds. 1971. *El pensamiento económico de Aristóteles a Marshall*, Madrid: Tecnos, 320-343.

Zietlow, Paul N. 1965. Luck and Fortuitous Circumstances in *Persuasion*: Two Interpretations, *English Literary History*, Vol. 32, Nº 2, junio, 179-195.

Weinsheimer, Joel 1972. Chance and the Hierarchy of Marriages in *Pride and Prejudice*, *English Literary History*, Vol. 39, N° 3, septiembre, 404-419.

SOBRE LA OFERTA Y LA DEMANDA DE DERECHO

Martín Krause

> *Where possession has no stability, there must
> be perpetual war. Where property is not trans-
> ferred by consent, there can be no commerce.
> Where promises are not observed, there can be
> no leagues nor alliances[1]*
> David Hume (1711-1776)

El presente trabajo tiene como objetivo consolidar y extender el análisis realizado por Olivera (1999) en un breve pero sustancioso artículo en el cual sostiene que el derecho es un bien sujeto al principio de utilidad marginal decreciente cuyo precio de mercado se mantiene en general por encima del equilibrio dando como resultado un defecto por exceso. En primer lugar se tratará de formalizar el concepto en términos de un modelo básico basado en dos grupos: una mayoría y una minoría, luego se buscará mostrar cómo el mercado puede llegar a ese punto de desequilibrio por exceso. Finalmente se tratará de desarrollar el argumento para considerar si existen fuerzas de mercado que pueden imponer algún límite a ese proceso que mantiene alejado o continúa alejando al mercado del equilibrio óptimo paretiano. Es decir, si existe un proceso que presiona al mercado a alejarse del equilibrio la pregunta a contestar será: ¿qué es lo que evita que este proceso continúe indefinidamente? ¿Existe algún límite al desequilibrio por exceso y en tal caso cuál? La respuesta a esta pregunta centrará su atención en el proceso de competencia inter-jurisdiccional como un mecanismo, aunque no el único, que genera el límite mencionado.

En la primera parte se introduce el tema, luego se desarrolla un modelo simple basado en ideas originales de Bastiat respecto a la expoliación adaptadas al concepto de externalidades negativas para luego considerar distintos mecanismos que imponen un límite y finalmente concluir.

---

[1] Hume, David (1739-40), A Treatise of Human Nature, Cap. 83, Sect. xi, Of the Laws of Nations, http://etext.library.adelaide.edu.au/h/hume/david/h92t/chapter83.htm l

¿Cantidad o calidad?

El concepto de "Seguridad jurídica" no es fácil de definir. En términos generales podríamos decir que es el resultado que obtiene un sistema legal generando un conjunto de normas formales que permite coordinar las acciones de los individuos en sociedad, dando previsibilidad a sus actos (North, 2001).

No es lo mismo que "estabilidad jurídica". Esta última es imposible ya que las normas legales cambian en forma constante. Hay un constante "flujo" de normas que reemplaza, modifica o se agrega al "stock" de normas necesariamente existente. Siendo que la complejidad de la sociedad crece en tanto se multiplican sus componentes y las posibilidades de interacción entre sí, podríamos suponer que existe una demanda de normas que lleva a un stock creciente. Tal vez podría argumentarse que la convivencia social no demanda mucho más que los 10 Mandamientos de la tabla que recibiera Moisés, pero es también cierto que la multiplicación de relaciones sociales aumentaría en ese caso la tarea de los jueces quienes deberían resolver cada caso por separado. La existencia de mayor número de normas formales reduciría esos costos de adjudicación (Fon & Parisi, 2007).

Siendo innegable la importancia de la calidad de las normas, la existencia de un "flujo" llama la atención acerca de la cantidad de normas que se agregan al stock existente. El presente trabajo tiene un objetivo limitado, no considerará cuestiones de "calidad" sobre las cuales se han manifestado destacados pensadores en el ámbito de la filosofía política o jurídica, y economistas como Bastiat (2004) o Hayek (2001), sino sobre la cantidad de normas.

En particular, se buscará completar el análisis en este campo planteado por autores como Olivera (1999) y Epstein (2005). Ellos, quienes por supuesto han también considerado la calidad de las normas, han asociado el número de normas legales con la seguridad jurídica, aseverando que un número de normas más allá de un determinado punto de equilibrio genera una sobre-provisión que resulta en inseguridad. "Como los demás bienes, el Derecho está subordinado al Principio de Utilidad margi-

nal Decreciente o Primera Ley de Gossen. Cuanto mayor el número de normas, tanto más difícil resulta su conocimiento y correcta interpretación. La incerteza sobre el Derecho limita la creación de certeza por medio del Derecho" (Olivera, 1999, p. 15).[2]
La utilidad marginal del derecho se contrapone con un costo marginal creciente en términos de libertad lo que resulta en un equilibrio del orden jurídico, en el cual utilidad marginal y costo marginal se igualan. Olivera, haciendo referencia a Adam Smith, sostiene que de la misma forma en que en general "el precio de mercado se mantiene por encima del equilibrio que debajo de él... Un fenómeno semejante se presenta al equilibrio jurídico" (p. 17).

Si el mercado se encontrase por debajo del precio de equilibrio el exceso de demanda se cubriría por normas contractuales, formales o informales, acordadas por las partes. Si se encontrase por encima, el exceso de normas se ajustaría "de facto" sin corregir las normas, simplemente inclumpiéndolas. Esta podría ser una proposición testable considerando los niveles de economía informal; el problema para su verificación, no obstante, adquiere un grado de complejidad mayor debido a que la informalidad es resultado tanto de la ausencia de normas formales (derechos de propiedad claramente definidos, por ejemplo), como de su exceso que lleva a muchos productores a esos mercados (De Soto, 2001).

Desequilibrio por defecto

En la descripción de Olivera del derecho como un bien se supone que se trata de un "bien privado" o al menos no hay ninguna referencia a sus características de "bien público". En el primero de los casos el desequilibrio por defecto desaparece por definición: derecho es toda norma formal que el mismo mercado provee, por lo que el defecto de normas emitidas por el Estado

---

[2] Sobre las características de "bien" del derecho, un tratamiento clásico es el Böhm-Bawerk, Eugen von. [1881] 1962, pero este tema no sera considerado en este trabajo.

es cubierto por normas contractuales privadas, alcanzando de todas formas el óptimo paretiano en el punto de equilibrio.

Muchos autores sostendrían, sin embargo, que el derecho tiene características de "bien público" y, por lo tanto, el mercado fracasaría en alcanzar su provisión óptima. La visión de Olivera es, sin embargo, la opuesta, la situación planteada es una en la que nos encontramos con un "fracaso del estado" en proveer el nivel óptimo de derecho, bache que es cubierto por el mercado.

Lo interesante del concepto es la consideración acerca de la posible provisión privada de derecho y normas, lo cual es particularmente verificable en el comercio internacional, normas de calidad (ISO, etc.), normas de gobierno corporativo (*best practices*), de producción (*peer production*) y estándares tecnológicos (*qwerty*). Si aceptamos que éstas pueden ser provistas en forma privada el mercado tendería a alcanzar el equilibrio, acercándose a él aunque nunca alcanzándolo.

El desequilibrio por defecto no sería un problema a menos que existiera algún tipo de falla de mercado, originada en características de "bien público" que el derecho pudiera tener. Pero aun así, incluso aceptando que ciertos aspectos del derecho presentaran los requeridos aspectos de "no exclusión" y "no rivalidad en el consumo", no se desprende de ello que su única forma de producción fuera por medio del monopolio de la fuerza, como mostrara Coase respecto a los faros (Coase, 1974).

En definitiva, el argumento normativo contra una extensión de la producción legislativa del Estado más allá de las clásicas funciones de gendarme encontraría una justificación adicional en el mecanismo de mercado complementando la oferta de lo que sea definido como bien público.

Desequilibrio por exceso

Esta sería entonces la circunstancia más común. ¿Cuáles son las fuerzas que impulsan al mercado a este desequilibrio? Olivera menciona algunas. "Si es por exceso el desequilibrio, el Derecho será desvirtuado por factores reales de poder. La influencia política, la fuerza, la corrupción, crearán una disparidad entre el ámbito de vigencia formal del Derecho y su acatamiento efectivo" (p. 16).

Esta es la descripción característica de la literatura del "rent seeking", la presión de grupos de interés por obtener legislación que los favorece. En situaciones de "dilema del prisionero", cada grupo "compra" normas que lo favorecen sin tener en cuenta el costo que imponen al conjunto, terminando todos en una situación peor en tanto los costos originados por los privilegios del resto son superiores a los beneficios obtenidos por el propio.

La "búsqueda de rentas" describe una situación en la cual una minoría obtiene privilegios (palabra que proviene de "privi leges", ley privada) a costas de la mayoría. Pero no es ésa la única demanda de normas existentes. La escuela de la elección pública (Public Choice) también ha señalado la otra fuente, cuando los políticos aseguran su reelección proveyendo legislación que beneficia a la mayoría en perjuicio de la minoría.

Bastiat (2004, p. 195) señalaba ya estas dos posibilidades, a las que daba el nombre de "expoliación parcial" (de la minoría a la mayoría) y "expoliación universal" (de la mayoría a la minoría) y agregaba una tercera, la única que sería un control para el desequilibrio por exceso, la llamaba "ausencia de expoliación". No hay una demanda de menos normas, sino una competencia de minorías y mayorías para obtener sus propias "expoliaciones".

El éxito de la "expoliación universal" es simple: la democracia es el gobierno de la mayoría. El de la "expoliación parcial" ha sido explicado como un problema de acción colectiva: los beneficios se encuentran concentrados en unos pocos, los costos se reparten entre muchos ninguno de los cuales tiene un incentivo suficientemente fuerte para oponerse al privilegio (Olson, 1992).

El Modelo

El modelo asume la existencia de dos grupos de votantes: una mayoría Ma, y una minoría Mi. Ambos grupos consumen legislación, L, por medio de la cual buscan imponer la expoliación hacia el otro grupo. Al hacerlo, ambos grupos también consumen E, una externalidad negativa impuesta sobre el otro grupo.

Tomemos el caso de Ma. Maximiza su utilidad sujeto a su restricción presupuestaria,

$$Y_{ma} = L_{ma} \cdot P_L + E_{ma} \cdot P_e$$

Esto es, maximiza

$$M = U_{ma}(L_{ma}, E_{ma}) + \lambda(Y_{ma} - L_{ma} \cdot P_L - E_{ma} \cdot P_e)$$
(1)

La maximización de (1) respecto de L y E nos da la condición de primer orden para la maximización de utilidad

$$\frac{\partial \frac{U_{ma}}{\partial E_{ma}}}{\frac{\partial U_{ma}}{\partial L_{ma}}} = P_{L/}\, P_e$$
(2)

La externalidad entra en la función de utilidad de Mi, es una expoliación de la mayoría. Podemos resolver la asignación óptima paretiana de L y E maximizando la utilidad de un grupo sujeto a la restricción de mantener la utilidad de Mi constante y no se excede el presupuesto combinado de los dos grupos

$$M_{op} = U_{ma}(L_{ma}, E_{ma}) + \lambda(\bar{U}_{mi} - U_{mi}(L_{mi}, E_{ma})) + \gamma(Y_{ma} + Y_{mi} - P_L L_{ma} - P_L L_{mi} - P_e E_A)$$
(3)

La presencia de E_{ma} en la función de utilidad de Mi representa la expoliación de la mayoría como una externalidad hacia la minoría. Maximizando (3) con respecto a L_{ma}, L_{mi}, y E_{ma}, nos da:

$$\partial M_{op} / \partial L_{ma} = \partial U_{ma} / \partial L - \gamma P_L = 0$$
(4)

$$\partial M_{op} / \partial L_{mi} = \lambda(-\partial U_{mi} / \partial L)\, \gamma P_L = 0$$
(5)

$$\partial M_{op} / \partial E_{ma} = \partial U_{ma} - \lambda\, \partial U_{mi} / \partial E - \gamma P_e = 0$$
(6)

Reemplazando (4) y (5) para despejar λ e γ de (6) tenemos la condición de óptimo paretiano:

$$\frac{\partial \frac{U_{ma}}{\partial E_{ma}}}{\frac{\partial U_{ma}}{\partial L_{ma}}} + \frac{\partial \frac{U_{mi}}{\partial E_{ma}}}{\frac{\partial U_{mi}}{\partial L_{ma}}} = P_{e/}\, P_L$$
(7)

O bien

$$\frac{\partial \frac{U_{ma}}{\partial E_{ma}}}{\frac{\partial U_{ma}}{\partial L_{ma}}} = P_{e/}\, P_L - \frac{\partial \frac{U_{mi}}{\partial E_{ma}}}{\frac{\partial U_{mi}}{\partial L_{ma}}}$$
(8)

La ecuación (8) nos da la condición de óptimo paretiano, la ecuación (2) determina el nivel de E, ya que sólo Ma decide el monto que comprará de E. Si E es una expoliación, o una externalidad negativa

$$\frac{\partial \frac{Umi}{\partial Ema}}{\frac{\partial Umi}{\partial Lma}} < 0$$

Por lo que la mayoría "compra" más L que el óptimo. El mismo análisis puede realizarse respecto de Mi y su consumo de L_{mi}.

Externalidades mutuas

Para la mayoría, Ma, la tasa marginal de substitución TMS de L_{ma} por E cae a medida que se incrementan los efectos externos por lo que $TMS^{Lma}_E - P_e/P_{Lma}$ tiene pendiente negativa. Por el contrario, esto es una externalidad negativa para la minoría Mi, para quienes la tasa de substitución tiene una pendiente positiva - TMS^{Lma}_E .

El punto E_1 es al que llegaría Ma sin tomar en cuenta los efectos negativos que ocasiona en Mi. El punto C determina la cantidad óptima de externalidad, E_{op}, al que se llegaría en ausencia de costos de transacción (teorema de Coase). El área $E_{op}CD$ es la utilidad que pierde la minoría debido a que Ma lleva su consumo de L hasta el punto E_1 en lugar de restringirse a E_{op}.

Según el teorema de Coase (1960), ambos podrían alcanzar una situación favorable si Mi ofreciera compensar a Ma por un monto de $E_{op}C$ por cada unidad de E que dejara de consumir, lo que llevaría a Ma al punto óptimo E_{op}, recibiendo como compensación el área $E_{op}CF E_1$. Mi se beneficiaría con el área CDF. Si M_i tuviera poder de veto sobre la legislación que impulse Ma, podría vetar toda propuesta, efectivamente llevando la situación al punto 0. En tal caso, los beneficios para Ma serían tan grandes que estaría dispuesta a ofrecer una compensación a Mi por cada unidad de legislación que ésta aceptara hasta llegar al punto C.

GRÁFICO 1

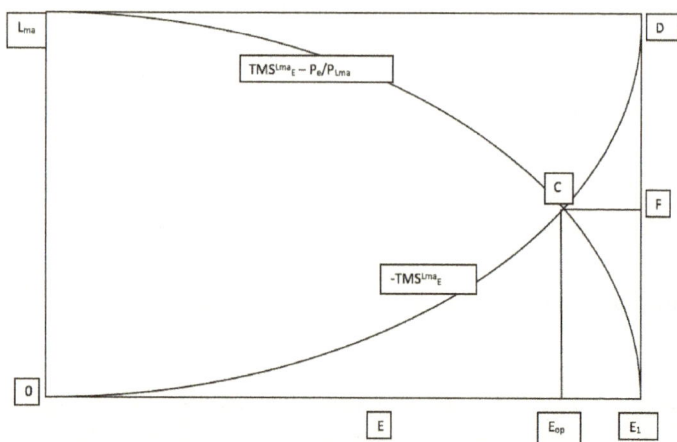

Pero el poder de veto, es uno tal por el que Mi puede impedir la expoliación de la mayoría pero eso no le permite imponer la propia. Como vimos antes, la minoría sí puede hacerlo a través de sus actividades de lobby, en cuyo caso obtiene un privilegio que es una externalidad negativa para Ma. Lo que Bastiat denominara "expoliación parcial".

GRÁFICO 2

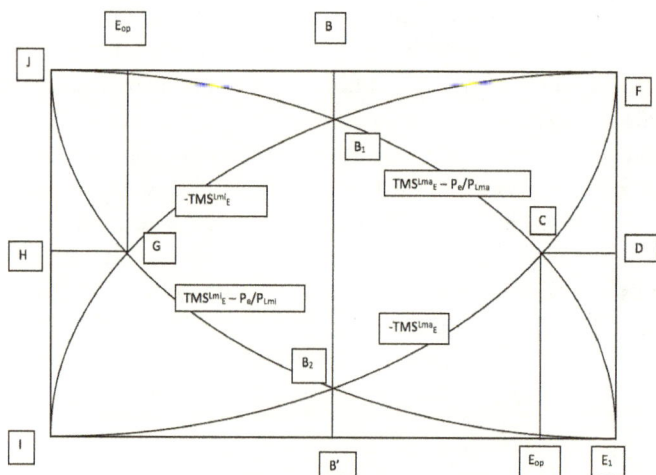

El en Gráfico 2 podemos ver ambos tipos de expoliaciones superpuestas à la Edgeworth. Ahora existen dos puntos óptimos para dos tipos de legislación, los que a su vez significan un beneficio para un grupo y una externalidad negativa para el otro. Algún arreglo institucional que limitara las posibilidades de expoliación y, por lo tanto, de imponer y a la vez sufrir externalidades negativas tendería a concentrarse en algún punto del area GB_2CB_1. Para el caso de Ma, algún punto en esa superficie determinaría un sacrificio de utilidad proveniente de L_{ma}, ya que se encontraría a la izquierda del punto C, pero con el beneficio de eliminar los costos externos que le impone Mi, el área $E_{op}JI$; para Mi, de la misma forma, un punto dicha superficie implicaría un sacrificio de utilidad proveniente de L_{mi} pero al mismo tiempo eliminaría los costos externos que le impone Ma, el área $E_{op}E_1F$.

Pueden imaginarse todo tipo de restricciones institucionales para reducir la posibilidad de imponer este tipo de externalidades negativas (bills of rights, determinadas mayorías, división de poder, renovación de mandatos), pero lo cierto es que los estados democráticos modernos han visto crecer en forma continua el tamaño y las funciones del Estado llevando los niveles promedio de gasto público/PBI desde menos de un 10% a comienzos del siglo XIX hasta más del 35% a fines del siglo XX (Tullock, 1997).

Esto daría a entender que la contención ha sido al menos relativa, y se ha producido un proceso de sucesivos ciclos donde mayorías y minorías han logrado imponer sus "privi leges" por sobre las que obtuviera el otro grupo. Este fenómeno es una de las preocupaciones fundamentales del "Public Choice", que lo denominara "ciclying", cuando en lugar de preferencias "single-peaked" que determinan los resultados del votante promedio nos encontramos con preferencias multidimensionales, como sería inevitablemente el caso en presencia de mayorías y minorías con distintas preferencias. Buchanan & Yoon (2001) utilizaron primero modelos de duopolio-oligopolio Cournot-Nash para considerar los efectos que distintas mayorías alternándose en el poder podrían tener sobre el "recurso común" de la base impositiva.

Estaríamos en presencia de un fenómeno tipo "dilema del prisionero" donde los dos participantes del juego terminan generando el peor resultado conjunto posible. En términos gráficos, si unificamos los efectos externos de ambos en E, podríamos describir la situación de la siguiente forma:

GRÁFICO 3

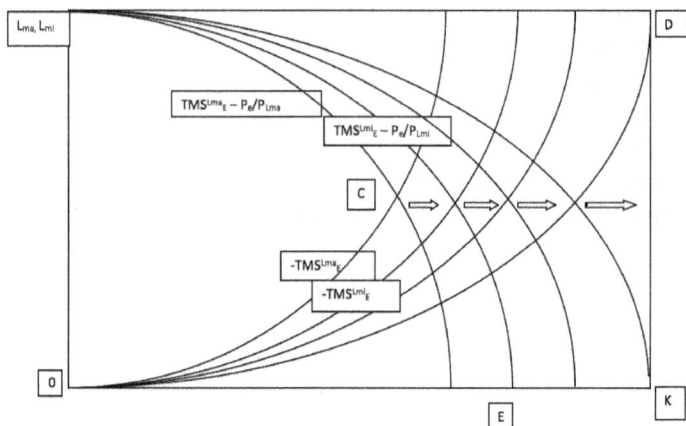

Presiones competitivas

Ahora bien, como se mencionara, ciertos marcos institucionales han logrado imponer algún tipo, si bien imperfecto, de restricción para el avance desde el punto C hacia la derecha. En nuestro caso, el presente trabajo quiere plantearse la cuestión: ¿existe un límite como el que el gráfico presenta con la línea D-K? Y en tal caso, ¿en qué consiste?

La primera respuesta es positiva, por la sencilla razón de que el fondo común sobre el que se extraen externalidades negativas tiene un límite, en términos de Bastiat, no se puede expoliar más del stock de riqueza existente.

En tal sentido, D-K representa un punto en el cual la sociedad colapsa, el exceso de derecho es máximo, la economía formal se detiene en tanto y se maximiza el porcentaje de economía informal. Una situación que podría aproximarse a lo antes descripto podría ser la que presenta actualmente Zimbabwe: el PBI ha caído un 4,8% en 2006 y lo haría en 6,2% en 2007 en el marco de un claro proceso hiperinflacionario donde la tasa anual de crecimiento de precios era 1638,40% en enero del 2007 y 17.806,8% en Agosto del mismo año con una expectativa de 150.000% para el año 2008.[3] Nadie en caída libre desde el alto de un edificio va a llegar más lejos que al suelo.

¿Existen también fuerzas que restringen la capacidad de avance desde C hacia la línea D-K?

El proceso competitivo genera eficiencia porque fuerza a los proveedores a prestar atención a los consumidores y sus necesidades. Esto sucede así porque aquellos necesitan la aprobación voluntaria de éstos últimos para poder realizar un intercambio que ha de resultar mutuamente beneficioso para que llegue a realizarse. En el ámbito de las acciones del estado eso no sucede porque quien ofrece los servicios no requiere de esa aprobación, al menos en forma directa. Esta desvinculación entre prestación y pago está en la raíz del problema y en tanto y en cuanto esa desvinculación exista el problema del "desequilibrio por exceso" estará presente.

En tal sentido, el proceso de competencia intra-, inter- y extra-jurisdiccional actúa como un mecanismo adicional para el control de relativo de ese proceso ya que establece límites. En la medida que la movilidad de los factores ejerce presiones positivas y negativas, introduce un mecanismo de premios y castigos que fuerzan al gobernante a prestar atención a esos movimientos.

Pero estamos hablando de monopolios territoriales, con una imperfecta (aunque creciente) movilidad por parte de los ciudadanos y con imperfecta información respecto a los costos y beneficios provenientes de las distintas jurisdicciones debido a la ausencia de precios en estos servicios. Por eso es que la competencia genera condiciones limitantes en tanto y en cuanto el individuo puede trasladarse pero, al mismo tiempo, estamos lejos del grado de competencia que existe cuando sin necesidad de

---

[3] Economic Research, MCBA Bank Limited, Harare, Zimbabwe, Diciembre 2007.

hacerlo el individuo puede optar entre un producto o servicio y otro. No obstante, ese traslado existe y se hace más intenso a medida que se reduce el tamaño de la jurisdicción a cargo de la provisión del servicio como también se reducen sus costos a medida que la situación se acerca a la línea D-K. De allí que las bondades normativas de la descentralización vayan más allá que el conocimiento de las condiciones específicas de tiempo y lugar al permitir un incremento proporcional de la movilidad y, por ende, de la competencia.

Los estados, no obstante, son monopólicos por definición. Así los describe Max Weber: "...debemos decir, sin embargo, que un estado es una comunidad humana que (exitosamente) reclama el monopolio del uso legítimo de la fuerza física en un cierto territorio".[4]

Sin embargo, aun cuando los gobiernos son organizaciones monopólicas y no están expuestas a la competencia, se encuentran compitiendo con otros estados en el ámbito internacional, ya que los recursos productivos tienen movilidad y cierta capacidad de decidir dónde instalarse.

La "salida" y la "voz"

La economía de mercado es altamente eficiente cuando sus participantes pueden iniciar o terminar relaciones de producción e intercambio entre sí. En otros términos, pueden "entrar" o "salir" de esas relaciones. Si un determinado bien o servicio ofrecido por un productor es considerado "peor" en comparación con otros producidos por otros productores, el consumidor simplemente ejerce su opción de "salida" y elige alguno de los otros proveedores. Este mecanismo de competencia, que traslada ganancias a aquellos que mejor satisfacen las necesidades de los consumidores garantiza la existencia de los bienes y servicios

---

[4] Weber, Max, (1919), "Politics as a Vocation", en Gerth, H.H. and Mills, C.W 1948 (Editors) *From Max Weber: Essays in sociology* Translated, edited and with an introduction by Hans Heinrich Gerth and Charles Wright Mills. New York: Oxford University Press, 1946. London : Kegan Paul, Trench, Trubner & Co. Ltd, 1947/1948 http://www.mdx.ac.uk/www/study/xweb.htm

deseados y la asignación de recursos hacia su producción es guiada por los mayores niveles de ganancias. Los productores se encuentran presionados a lograr la eficiencia por la competencia existente.

Esta es básicamente la lógica del mercado como la desarrollara Adam Smith. Este enfoque fue por primera vez extendido hacia el análisis de la eficiencia de los gobiernos locales por Tiebout (1956) asimilando el consumidor al votante quien, de la misma forma en que elige en el mercado el que considera mejor bien o servicio según sus necesidades, elige la comunidad "que mejor satisface sus preferencias por bienes públicos" (p. 183). Según Tiebout, a nivel del gobierno central las preferencias del consumidor-votante están dadas y el gobierno trata de ajustarse a las mismas [que el gobierno tenga ese único objetivo, si es que lo tiene, sería seguramente objetado por los autores del "*public choice*". Tiebout, adopta del paradigma neoclásico el concepto del "dictador benevolente" que sólo persigue el "bien común". Por otro lado, su mismo argumento podría extenderse hacia la competencia entre distintos estados "nacionales" en la medida que la migración sea posible y los gobiernos centrales estarían también sujetos a la competencia de otros gobiernos nacionales en la provisión de servicios, algo que las corrientes migratorias parecen confirmar], mientras que en el ámbito de los gobiernos locales estos tienen sus ingresos y gastos más o menos fijados y el consumidor-votante se traslada al gobierno local que mejor satisfaga su juego de preferencias. Cuanto mayor sea el número de comunidades y mayor la diferencia entre ellas, más se acercará el consumidor a alcanzar su posición preferencial, como en el mercado.

Así, la opción de "salida" reemplaza a la prueba del mercado de la preferencia para comprar un determinado bien o servicio lo que garantiza, entonces, que cada localidad tendría el sistema de ingresos y gastos (y en nuestro caso, el conjunto de normas jurídicas) que refleja los deseos de sus residentes (p. 185). Es decir, como el mercado alcanza la "eficiencia", la competencia entre gobiernos locales también la alcanza a ese nivel de gobierno. Tiebout parafrasea a Samuelson diciendo que "cada individuo, buscando como comprador competitivo alcanzar los mayores niveles de indiferencia dados precios e impuestos, será guiado como por una Mano Invisible a la gran solución del óptimo social".

Los autores de la escuela del "*public choice*" o la "economía política constitucional" no asumen el carácter benevolente del gobierno y presentan el mismo argumento de Tiebout pero con un enfoque diferente. Según ellos, la lógica del análisis de Adam Smith es la misma que la de los Papeles Federalistas. Ambos contienen el supuesto que los individuos, incluyendo a los funcionarios de gobierno, actúan en pos de su propio interés y que tratarán de utilizar al poder gubernamental en ese sentido a menos que estén restringidos por la posibilidad de que la gente pueda buscar protección o preferir a otros funcionarios de otros niveles o regiones.

Así Brennan & Buchanan ([1987] 1997), Bish (1987), Buchanan (1995/96) y Vaubel (1999) destacan que el proceso de competencia entre los gobiernos locales, la posibilidad que presenta la opción de "salida", limitaría las posibilidades de los gobiernos locales de explotar a sus ciudadanos y empresas. Y destaca Buchanan que no resultaría necesario que esa opción sea ejercida por una gran parte de la población, sino que los efectos se sentirían igual con una proporción relativamente pequeña de los mismos. Aún los ciudadanos y empresas que nunca considerarían trasladarse serían protegidos por la reconocida existencia de aquellos que marginalmente están dispuestos a hacerlo. En este sentido, el federalismo y la descentralización servirían para limitar las posibilidades de abuso tanto del gobierno federal como de los gobiernos locales, del primero porque los recursos se encuentran repartidos entre distintos niveles de gobierno, de los segundos porque existe la posibilidad de movilizarse.

El análisis en el marco de los conceptos de "salida" y "voz" fue desarrollado en el trabajo seminal de Hirschman (1970). Este autor señala que hasta ese momento la ciencia económica había concentrado su análisis en el mecanismo de "salida", el cual promueve la eficiencia en el mercado, interpretando tal salida como la decisión del consumidor de dejar de lado un determinado producto o servicio cuando su calidad no le satisface o también cuando ciertas personas abandonan una firma.

Como resultado de esto los ingresos de la firma caen, se reducen sus clientes o miembros y los administradores son forzados a buscar formas de corregir las fallas que ocasionaran esta deserción.

Por otro lado, la ciencia política se ha concentrado en el mecanismo de "voz", es decir, de la forma en que los individuos, como ciudadanos, expresan su aprobación o descontento con determinadas políticas y proceden a la elección de sus representantes.

No obstante, señala Hirschman, ambos mecanismos están vigentes tanto en uno como en otro campo: la "voz" está presente en el mercado cuando los clientes o miembros manifiestan directamente su insatisfacción por la calidad de los productos y servicios a los administradores y la "salida" está presente en el ámbito de las decisiones políticas cuando los ciudadanos, mediante su movilidad, se desplazan desde aquellas jurisdicciones que ofrecen servicios de baja calidad o costos hacia aquellas con mejor oferta.

Buchanan señala, además, que aún si los ciudadanos y las empresas no están dispuestos a ejercer la opción de "salida", la existencia de pequeñas unidades de jurisdicción gubernamental mejora la otra opción, la de "voz", es decir expresar su opinión vía los mecanismos democráticos de gobierno ya que un voto resulta más decisivo en un electorado de cien que en uno de mil o de un millón. Además, es más fácil organizar un pequeño grupo que puede resultar en una coalición ganadora en una jurisdicción pequeña. Aún si no se utilizara la opción de "salida", existiría la de "salida virtual" que es la observación de cómo se manejan las cosas en otras jurisdicciones y los efectos que esto pueda tener en el proceso político interno.

Por otro lado, la "salida" no tendría que ser necesariamente física, o sea requerir el traslado físico del individuo o la empresa para garantizar la competencia. Kobayashi & Ribstein (1997) afirman que la existencia de distintos sistemas legales en un estado federal origina una competencia potencial entre los mismos, en tanto y en cuanto las personas y empresas puedan elegir la jurisdicción legal de su relación contractual. Esto es evidente en el ámbito del comercio y las finanzas internacionales donde las partes eligen en muchos casos la autoridad judicial a la que se someterán en caso de disidencias con respecto al cumplimiento del contrato; pero también sucede entre estados siendo un ejemplo de esto el establecimiento legal de las empresas en los Estados Unidos, las que eligen los estados que les otorgan mejores sistemas legales, no siendo los mismos en los que la empresa tiene su sede central y sin ni siquiera tener que contar con operaciones en ese estado.

Desde el ámbito de la filosofía política, Nozick (1988) considera el modelo Samuelson/Tiebout en el marco de su análisis de las utopías y se pregunta si el proceso competitivo proseguiría indefinidamente. De no ser así, el alcanzar el óptimo de la competencia significaría la existencia de lo que denomina "mundos estables" y se pregunta cuáles serían sus características. En principio, ninguno de los habitantes del mundo puede imaginar otro mundo en el cual desearían vivir. En tal mundo "estable" uno no podría establecerse como monarca absoluto explotando a los demás porque ellos estarían en una posición mejor formando una nueva asociación sin uno. En otras palabras, sería un mundo del cual nadie querría "salir" y en el que nadie aceptaría mi ingreso si es que voy con intenciones de obtener de mi asociación más de lo que estoy dispuesto a poner en ella. Asimismo, siendo que "las personas divergen con relación a los valores que tienen y atribuyen diferentes pesos a los valores que comparten" (p. 298)

No hay ninguna razón para pensar que *hay* una sola comunidad que sirva como ideal para todas las personas, y muchas razones para pensar que no la hay". Los utopistas siempre trataron de desarrollar sociedades sencillas, pero homogéneas. Si tenemos en cuenta las diferencias entre las personas, en cambio, la verdadera utopía son "muchas utopías" diferentes, o en nuestros términos, descentralizadas.

En términos de lo analizado hasta el momento, no habría un "equilibrio" que alcanzaría la condición de óptimo paretiano, sino múltiples equilibrios dadas las preferencias de los individuos respecto al derecho.

¿Por qué no habría tantas sociedades como personas? Nozick parece seguir, aunque sin mencionarlo, a Coase

([1937]1996) ya que señala que "en el mundo real hay costos de información para descubrir qué otras comunidades hay, y cómo son, así como costos de traslado y de viaje para ir de una comunidad a otra". Ya hemos mencionado por qué no habría una sola y Nozick termina afirmando que habría muchas, con gran diversidad, y que utopía es meta utopía, el medio en el cual los experimentos utópicos pueden ser ensayados.

Conclusión

El presente trabajo tuvo como objetivo desarrollar el concepto planteado por Olivera (1999) de que en el "mercado del derecho" existe una tendencia a un excedente por exceso. La misma fue asociada a la explicación en términos clásicos de Bastiat como "expoliación parcial" o "expoliación universal", ya sean impuestos por la minoría (Mi) a través de las actividades de lobby, o por la mayoría (Ma). El grado de exceso y la facilidad para su avance tiene que ver con el marco institucional vigente el cual, si bien no impida, al menos dificulte su desplazamiento.

Asimismo, se planteó si ese crecimiento del excedente tiene algún límite el cual fue descripto como el colapso completo de la actividad económica formal. Y también si existe algún mecanismo que genere incentivos para frenar o reducir el crecimiento de ese proceso antes de que se llegue a la situación extrema. Uno, seguramente no el único, puede ser el proceso de competencia interjurisdiccional, motorizado por la creciente movilidad de los factores, cuyos titulares expresan sus preferencias por los conocidos mecanismos de salida y voz.

Este proceso impone crecientes costos al avance de la expoliación parcial o universal, por lo que las jurisdicciones que más se alejen del óptimo paretiano (teniendo en cuenta que habrá distintas "utopías" óptimas), más recursos perderán mientras que aquellos que más se acerquen los atraerán.

Bastiat (2004) planteaba que a los individuos se les presentan tres opciones: las dos primeras son participar de la expoliación parcial o la expoliación universal, la tercera era la ausencia de expoliación. Esta sería la "meta-utopía" que Nozick plantea. En ausencia de valores que guíen las acciones de los individuos en este sentido (y éste no es un tema menor, ya planteado por autores como Hayek [1988] y North [2005], quienes señalan la importancia de las "ideas" en la evolución de las sociedades, tema no considerado aquí), la competencia interjurisdiccional genera incentivos para que las sociedades no se desbarranquen hacia el extremo desequilibrio por exceso de derecho.

El llamado proceso de "globalización", que describe un mayor grado de movilidad de los factores, puede mejorar esos incentivos. Aún está por verse si lo hará en grado suficiente, no ya para frenar el camino del exceso sino para impulsarlo en la dirección opuesta.

Bibliografía

Bastiat, Frédéric (2004), "La Ley", en *Obras Escogidas*, (Madrid: Unión Editorial).

Bish, Robert L., (1987) "Federalism: A Market Economics Perspective", *Cato Journal*, Vol 7, N° 2 (Fall 1987).

Böhm-Bawerk, Eugen von. [1881] 1962. "Whether Legal Rights and Relationships are Economic Goods." en *Shorter Classics of Eugen von Böhm-Bawerk*. South Holland, Ill.: Libertarian Press; título original, "Rechte und Verhältnisse vom Standpunkte der volkwirtschaftlichen Güterlehre." Innsbruck, Austria: Verlag der Wagner'schen Universitäts-Buchhandlung.

Brennan Geoffrey y James M. Buchanan, ([1987]1997) *El Poder Fiscal*, (Barcelona: Ediciones Folio S.A., 2/5/97).

Buchanan, James M, (1995/96) "Federalism and Individual Sovereignty", *Cato Journal*, Vol. 15 N° 2-3 (Fall/Winter 1995/96).

Buchanan, James A. & Yong J. Yoon (2001), "Majoritarian Management of the Commons", *Economic Inquiry*, Vol. 39, Nr. 3, July 2001, 396-405.

Coase, Ronald H., ([1937] 1996) "La Naturaleza de la Firma", originalmente en *Economica* 4, p. 386., traducción en Oliver E. Williamson y Sydney G. Winter (compiladores) *La Naturaleza de la Firma: Orígenes, Evolución y Desarrollo* (México D.F.: Fondo de Cultura Económica, 1996).

Coase, Ronald (1960), "The problema of Social Cost", *Journal of Law & Economics* , Vol. 3, October 1960.

Coase, Ronald (1974), "The lighthouse in Economics", *Journal of Law & Economics*, Vol. 17 № 2, October 1974.

De Soto, Hernando (2001), *El misterio del capital*, (México: Editorial Diana).

Epstein, Richard A (2005), *Reglas simples para un mundo complejo*, (Lima: Fondo Editorial de la Pontificia Universidad Católica de Perú).

Fon Vincy & Francesco Parisi (2007), "On the Optimal Specificity of Legal Rules", *Law and Economics Research Paper* № 04-32, George Mason University School of Law.

Hayek, Friedrich A von (1988), *The fatal Conceit: The Errors of Socialism*, (Chicago: The University of Chicago Press).

Hayek, Friedrich A von (2001), *Camino de Servidumbre* (Madrid: Unión Editorial).

Hirschman, Albert O., (1970) *Exit, Voice and Loyalty: Responses to Decline in Firms, Organizations and States* (Cambridge, Mass.: Harvard University Press).

Kobayashi, Bruce H & Larry E. Ribstein (1997), "Federalism, Efficiency and Competition" (draft), http://papers.ssrn.com

North, Douglass (2001), *Instituciones, Cambios Institucional y Desempeño Económico* (México: Fondo de Cultura Económica).

North, Douglass (2005), *Understanding the Process of Economic Change*, (Princeton: Princeton University Press.

Nozick, Robert, (1988) *Anarquía, Estado y Utopía*, (México: Fondo de Cultura Económica).

Olivera, Julio (1999), "El principio de Gossen y la estabilidad jurídica", en Alberto Benegas Lynch (nieto), compilador, *Alberto Benegas Lynch: In Memorian*, (Buenos Aires: Centro de Estudios sobre la Libertad).

Olson, Mancur (1992*)*, *La Lógica de la Acción Colectiva*, (México: Limusa).

Tiebout, Charles M., (1956) "A Pure Theory of Local Expenditures", *Journal of Political Economy* 64 (October, 1956): 416-24, reproducido en Cowen, Tyler (editor) *The Theory of Market Failure*, (Fairfax, Virginia: George Mason University Press, 1988).

Tullock, Gordon (1997), "El desarrollo del gobierno", *Libertas* № 27, Buenos Aires, Octubre 1997.

Vaubel, Roland, (1999) "Enforcing Competition Among Governments: Theory and Application to the European Union", *Constitutional Political Economy*, 10.

CONTRA EL NUEVO LUDISMO

Iván Carrino

Hace alrededor de 15 años, yo estaba del otro lado del escenario, sentado al lado de mi papá, y presenciando charlas de grandes referentes y pensadores de nuestro tiempo, como Juan Carlos de Pablo, Roberto Cachanosky, y también Ricardo López Murphy. Son esos eventos que uno no se olvida, y espero que el de hoy tenga el mismo efecto en muchos de los jóvenes que veo aquí presentes (tanto en edad, como en espíritu).

Déjenme comenzar contándoles la profunda frustración que traigo a cuestas. Uno se frustra cuando no puede conseguir un objetivo deseado, y el objetivo que yo estoy persiguiendo es dejar a toda la gente sin trabajo.

Sí, así como escucharon. Al fin un liberal lo dice claro, ¿no? Quiero que todos perdamos nuestro empleo y quedemos en la calle. Y es por eso que favorezco el uso de todas las nuevas tecnologías habidas y por haber. ¡Que vengan ya! ¡Más tecnología, más desempleo!

Uber, Facebook, el email, los autos que se conducen solos, Netflix... ¡Por favor! ¡Vengan ya! Cuando antes, mejor.

Pero, como les decía, estoy frustrado. A pesar de mis esfuerzos y mi defensa constante del empleo de la tecnología en nuestra vida diaria, no logré generar desempleo.

Cada vez somos más personas en el mundo, cada vez somos más ricos... ¡Y cada vez hay más gente con trabajo!

Finalmente, decidí reflexionar y ver qué estaba pasando.

Después de mucho indagar, llegué a la siguiente conclusión: el método que estoy utilizando es verdaderamente malo.

La paranoia anti-tecnología

La paranoia anti-tecnología se remonta a fines del Siglo XVIII y principios del siglo XIX. En pleno proceso de la Revolución Industrial, Ned Ludd, un mitológico líder sindical británico se hizo famoso por incendiar y destruir las nuevas máquinas que los industriales de la época estaban comenzando a emplear en la producción de tejidos y telares. Del apellido se derivó el adjetivo "ludista", que engloba a todo el movimiento que rechaza a la tecnología por los efectos que ésta supuestamente tiene en la destrucción de las fuentes de trabajo.

Tiempo después, quien le dio forma y categoría teórica al movimiento fue nada menos que Karl Marx. En su texto de 1840, "Trabajo Asalariado y Capital", el economista alemán afirmó:

> La maquinaria (...) dondequiera que se implante por primera vez, lanza al arroyo a masas enteras de obreros manuales, y, donde se la perfecciona, se la mejora o se la sustituye por máquinas más productivas, va desalojando a los obreros en pequeños pelotones. Más arriba, hemos descrito a grandes rasgos la guerra industrial de unos capitalistas con otros. Esta guerra presenta la particularidad de que en ella las batallas no se ganan tanto enrolando a ejércitos obreros, como licenciándolos. Los generales, los capitalistas rivalizan a ver quién licencia más soldados industriales

El problema de Marx y del ludismo es que se chocan con los datos.

Las personas con trabajo en los Estados Unidos pasaron de ser 31,5 millones en 1939 a 144,6 millones de acuerdo al último dato de 2016.

Ahora este dato solo puede que no nos ofrezca mucho, por lo que mejor miramos la tasa de empleo. Es decir, el total de personas empleadas como porcentaje de la población total.

Es decir, la población crece, pero la cantidad de puestos de trabajo ha mantenido el ritmo de crecimiento e incluso superado a la tasa de crecimiento poblacional. Así, hoy hay más gente empleada, tanto en términos absolutos, como en términos relativos, de la que había 60 años atrás.

Sin embargo, pasan los años, pasan los datos, y muchos siguen considerando que la innovación tecnológica es un problema.

En un reciente libro de 2014, titulado "La segunda era de la maquinaria", Erik Brynjolfsson y Andrew McAfee sostienen que[1]:

---

[1] McAfee y Bryonjolfsson (2014), citados en Autor (2015).

El progreso tecnológico va a dejar en el camino a algunas personas, y tal vez a muchas personas, a medida que avance (...) Nunca ha habido un peor momento para ser un trabajador que posea solo habilidades 'ordinarias' para ofrecer, puesto que las computadoras, los robots y otras tecnologías digitales están adquiriendo estas habilidades a una velocidad extraordinariamente elevada.

Gráfico 1. Empleo total en EE.UU (en miles de personas; 1939-2016)

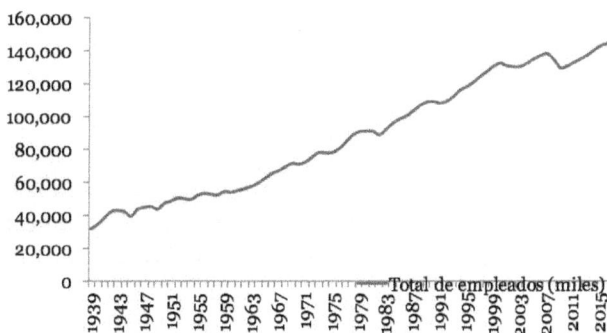

Fuente: Elaboración propia en base a BLS

En nuestras latitudes el economista Eduardo Levy Yeyati, afirma:

Por un lado, como la tecnología reduce empleo pero no eleva el salario por hora, el trabajador se lleva una fracción menor del producto. Por otro lado, beneficia a los puestos calificados, y mejor remunerados, a expensas del resto[2]. De este modo, la tecnología sería "pro capitalista" en sentido amplio: favorecería a los dueños del capital físico (máquinas y procesos) y a los dueños del capital intelectual necesario para beneficiarse de ellos.

---

[2] Eduardo Levy Yeyati: "Cómo evitar la desigualdad tecnológica". Diario La Nación, 29 de julio de 2015. Disponible en: http://www.lanacion.com.ar/1814308-como-evitar-la-desigualdad-tecnologica

Gráfico 2. Personas con empleo como porcentaje de la población total (1948-2016)

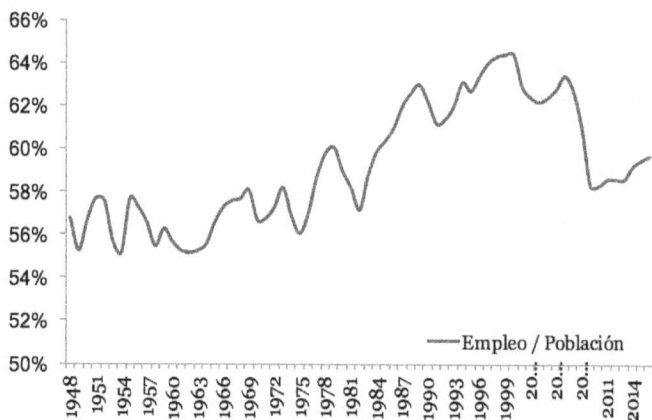

Fuente: Elaboración propia en base a BLS

Desde perspectivas moderadas, el foco está puesto en la educación, de manera que las personas puedan **aprovecharse de las nuevas tecnologías en lugar de ser desplazadas por ellas.**

Como un producto importado que amenaza al productor local menos eficiente, una innovación tecnológica, en la medida que sea más eficiente que el trabajo "manual" del momento, puede ser un problema. De ahí la sugerencia de adaptar los sistemas educativos a la nueva situación.

Desde perspectivas menos moderadas, **la reacción es la violencia y el prohibicionismo.** El caso más reciente es el de Uber o Easy Taxi. Dos empresas que buscan facilitar la comunicación y el contacto entre choferes y pasajeros, están directamente prohibidas por el Gobierno de la Ciudad de Buenos Aires. Esto, sin embargo, no parece suficiente para algunos taxistas con comportamientos mafiosos, quienes han decidido emboscar a los choferes de Uber, romperles los autos e incluso incendiárselos[3].

---

[3] Emboscadas, agresiones y hasta autos quemados: taxistas iniciaron una "cacería" de choferes de Uber. Diario Infobae, 23 de septiembre de 2016. Disponible en: http://www.infobae.com/sociedad/2016/09/23/emboscadas-agresiones-y-hasta-autos-quemados-taxistas-iniciaron-una-caceria-de-choferes-de-uber/

Otro caso es el que vimos más temprano este año, cuando el Banco Central tuvo que dar marcha atrás con una disposición para que los bancos comerciales pudieran enviar los resúmenes de cuenta digitalmente, frente a la amenaza de un paro del sindicato de camioneros[4].

Persistir en el error

El problema con **el nuevo ludismo** es que está tan equivocado como el viejo.

En su trabajo *"Why Are There Still So Many Jobs?"* David Autor se pregunta cómo es posible que, en un mundo en el que la tecnología avanza a pasos acelerados, y donde cuya función principal es la de "ahorrar trabajo", no se haya eliminado la mayoría del empleo del mundo.

La respuesta es que **si bien la tecnología puede reemplazar al trabajo, muy a menudo puede complementarlo**. Además, suele incrementar, en lugar de reducir la demanda de trabajadores.

Tomemos el ejemplo del avance de los cajeros automáticos en los Estados Unidos. Cuando se lanzaron en la década del 70, se temía que el trabajo de los "cajeros humanos" se viera amenazado. Efectivamente, algo de eso sucedió. El número de cajeros automáticos se cuadriplicó, pasando de 100.000 a 400.000 solo entre 1996 y el año 2010. Esto, obviamente, redujo el número de cajeros humanos por sucursal bancaria. Sin embargo, el número total de cajeros humanos creció de 500.000 a 550.000 entre 1980 y 2010.

Es que, al reducir los costos de operar una sucursal bancaria, la cantidad de sucursales se multiplicó, lo que incrementó la demanda de personal. Así, la instalación de cajeros automáticos terminó por incrementar la demanda de cajeros humanos, quienes ahora no sólo entregan billetes al cliente, sino que le brindan un servicio más general de relación y contención.

---

[4] Tras la presión de Camioneros, el Banco Central flexibiliza la norma de resúmenes online. Diario Clarín, 10 de febrero de 2016. Disponible en: http://www.ieco.clarin.com/economia/Camioneros-Banco-Central-flexibiliza-resumenes_0_1519648290.html

Otro aporte de Autor es reconocer que, incluso cuando la tecnología sí termine por reemplazar y reducir la demanda de determinados empleos específicos (como el del cajero humano del banco), esto no es equivalente a reducir la demanda agregada de trabajadores[5]:

> A medida que los autos de pasajeros reemplazaron el transporte a sangre y la infinidad de profesiones que sostenían este mercado en la década de 1920, explotaron la industria de los moteles y de la comida al paso para servir al público motorizado (Jackson 1993).
>
> El mayor ingreso también puede incrementar la demanda de actividades que nada tengan que ver con la innovación en particular.

A esta altura, uno podría preocuparse al infinito por la tecnología y el desempleo. En definitiva, Marx se equivocó en 1840, pero nada indica que 170 años después no pueda estar en lo cierto. Los datos sobre el pasado no dicen nada acerca de los datos del futuro, y no hay garantías de que lo que no haya sucedido en el pasado (el masivo desempleo) no vaya a suceder de aquí en adelante.

Al menos, no analizando solamente los datos. Sin embargo, cuando interpretamos los datos con la teoría, sí podemos garantizarlo.

Más tecnología, más bienestar

La tecnología no es una tormenta eléctrica o una invasión extraterrestre, sino la acción humana en acción, pidiendo mejores formas de producir, y más económicas. El beneficio que la gente obtiene de esta innovación se ve reflejado en una caída en los gastos de los bienes que la tecnología abarata. Y es esto lo que les permite **mejorar su ingreso real y consumir nuevos bienes y servicios.** Esa nueva demanda se satisface con

---

[5] David Autor: "Why are there still so many Jobs? The History and Future of Workplace Automation". The Journal of Economic Perspectives. Vol. 29, No. 3 (Summer 2015), pp. 3-30

nueva producción, por lo que no hay una caída del nivel de empleo, pero sí un notable incremento del nivel de vida.

Hasta hace 10 años nadie habría pensado en el boom que tendría la industria de aplicaciones de celular. Sin embargo, acabamos de ver el impresionante impacto que tuvo el lanzamiento de la aplicación "Pokemon Go", que generó a Nintendo USD 15.000 millones.

La lección es clara, la tecnología, al tiempo que reemplaza y abarata los bienes y servicios, también crea constantemente nuevos bienes y servicios. No es ni más ni menos que el mercado en acción, satisfaciendo las cambiantes necesidades de sus usuarios. Ahora es obvio que la tecnología eliminará algunos trabajos. Pero no puede eliminar el empleo en términos agregados. (Incluso, si lo hiciese, querría decir que llegamos al jardín del edén, donde todos superabundante y los seres humanos no padecemos ninguna carencia).

Ahora frente a la pregunta de cómo lidiar con esos empleos eliminados, la historia y la teoría también nos enseñan. Fue Hayek el que nos explicó que los precios guían la producción, y también son los salarios (los precios de los servicios laborales) los que guían a los trabajadores, presentes y futuros, a buscar las capacidades y habilidades que mejor les permitan sobrevivir en el futuro. La gente, en libertad y gracias a los precios de mercado, va a saber qué estudiar, en qué especializarse, y cómo triunfar. No debería el gobierno preocuparse por estas cuestiones.

La tecnología refleja el deseo del hombre de hacer la vida más fácil. Con su avance, se mejora el nivel de vida de la gente, se curan las enfermedades y se supera la pobreza. Quienes intentan detener el avance tecnológico en nombre de la protección del trabajador, en el mejor de los casos, sólo postergarán el cambio necesario que algunos trabajadores tendrán que hacer tarde o temprano.

Pero esto no será gratis, sino que terminará haciéndose al prohibitivo costo de frenar, nada más y nada menos, que el progreso de la humanidad[*].

---

[*] Trabajo presentado el 27 de septiembre de 2016 en el Foro de la Libertad 2016, organizado por la Fundación Atlas, de Buenos Aires, en el Hotel Sheraton Libertador.

LA IMPORTANCIA DE LA EMPRESA: UNA APROXIMACIÓN DESDE LA TEORÍA DE SISTEMAS

María Blanco

Introducción[1]

Una ojeada a la evolución de la empresa y el empresario, nos muestra que, a lo largo de la historia, la función que conocemos con el nombre de *empresario* ha sido definida de diferente manera, según la propia evolución de la institución que conocemos como empresa, y que aparece en su forma más primitiva en la Edad Media. Uno de los logros más notables de la Escuela Austriaca de Economía es, precisamente, su teoría del empresario. En ella se coloca a este agente económico como uno de los pilares del proceso de mercado.

A diferencia de la economía neoclásica tradicional en la que, al menos en su origen, las decisiones humanas se sustituyeron por aquellos supuestos necesarios para aplicar el método matemático, de manera que el consumidor y el productor simplemente maximizan su satisfacción o su beneficio sujetos a un presupuesto, la Escuela Austriaca nos presenta, por un lado, una teoría institucional de corte evolucionista, que nos permite entender fenómenos como el dinero o la empresa, y de otro lado, nos muestra a un empresario con visión, con capacidad de elegir, de equivocarse y rectificar y que, como en una entrevista reciente aclaraba el mismo Kirzner, no es el elemento disruptivo sino el que restablece el orden ante situaciones desequilibrantes.[2]

Las características que Israel Kirzner asocia al empresario, particularmente la idea de "estado de alerta" o *alertness*, encierra un contenido mayor del que a priori puede sugerir. La razón más obvia es que se trata de un estado mental permanente a lo largo del tiempo, lo que confiere una connotación dinámica, flexible y

---

[1] Este artículo es fruto del trabajo presentado en el Congreso de la Escuela Austriaca de Economía de Rosario (Argentina) de agosto del año 2016. Es un humilde homenaje al profesor y amigo Juan Carlos Cachanosky porque, entre otras muchas cosas que le debo, fue él quien me dio la oportunidad de impartir la asignatura de Pensamiento Sistémico del Empresario, lo que me permitió profundizar en de mi investigación sobre sistemas relacionándola con la empresa.
[2] "El *entrepreneur* genera una tendencia de restituir el sistema rotativo hacia cierto nivel o hacia un nuevo modelo. Pero es la restitución, no la irrupción, lo que lleva a cabo el *entrepreneur*." (en Ravier, 2011).

adaptativa al comportamiento del empresario y, de su mano, a las empresas por él dirigidas.

Desde sus orígenes, cuando la empresa apenas consistía en un acuerdo contractual muy primitivo entre dos partes, hasta nuestros días, la estructura de esta institución ha cambiado considerablemente. La gestión, la financiación, la variedad de bienes y servicios ofrecidos se ha sofisticado mucho y adaptado a los nuevos tiempos. Sin embargo, y esa es la grandeza de la idea, la empresarialidad "a la Kirzner" ha sido una marca permanente que ha guiado las decisiones del buen empresario.

Sin embargo, los autores que exploraron la función empresarial con anterioridad no ofrecieron una visión acertada, si acaso, aproximaciones parciales, pero no rozaron la esencia de la empresa ni de la función empresarial. Se diría que las ideas van a la caza de los hechos.

Llegados al siglo XX, una vez evolucionada la empresa industrial convertida en gran multinacional, otros autores han tratado de enfocar los estudios acerca de la empresa, fuera del ámbito de la teoría económica, con una perspectiva muy interesante. Entre ellos destacan Ronald Coase y Oliver Williamson, quien contempla la empresa como un "nexo de contratos", y así contrasta la opción del mercado frente a la opción de la empresa como formas alternativas de establecer acuerdos. Esta perspectiva, que le valió un Nobel[3], presenta la empresa como un sistema en donde conectan diferentes aspectos de la vida económica pero también jurídica, y hasta social, del propio empresario.

Para darse cuenta de ello no hay más que mirar con las lentes de Williamson compañías de diferentes países, donde el sistema jurídico es diferente (anglosajón o romano), la costumbre mercantil es distinta (individualista como en Inglaterra, o al amparo del estado como en España), y donde incluso la religión tiene algo que aportar (como la condena al préstamo con interés, o al cambio de divisas, etc., en la España de la Escuela de Salamanca). Estas diferencias, a día de hoy, se han multiplicado si tenemos en cuenta el tipo de actividad, la zona de comercio, la

---

[3] En realidad, no existe el Nobel de Economía sino el Premio en honor a Alfred Nobel que otorga el Banco de Suecia.

moneda empleada, la tecnología, la información a disposición del público, etc. Y son precisamente estas diferencias las que explican que en algunos casos sea más eficiente integrar dentro de la empresa determinadas fases del proceso de producción o contratarlas en el mercado. Sin embargo, una vez analizados los rudimentos de la teoría de los sistemas complejos, y comparada la teoría institucionalista de Williamson con la austriaca de Kirzner desde este particular prisma, aparece como algo muy evidente la superioridad de la visión kirzneriana.

La notable complejidad de la empresa actual es evidente, pero no es la única institución que ha evolucionado hacia una complejidad creciente. Esto es lo que me llevó a plantearme si la teoría de sistemas y la teoría de la complejidad tendrían algo que aportar a nuestra visión de estas instituciones. Este trabajo es una aproximación a una visión de la empresa como sistema y las consecuencias que esa nueva perspectiva tiene para la comprensión de la función del empresario y la evolución de la empresa.

En primer lugar, en el epígrafe 2, se hará un recorrido por las principales teorías de la empresa y el empresario a lo largo de la historia. En el tercer epígrafe, expondré de manera accesible los rudimentos de la teoría de sistemas y, más concretamente, de los sistemas complejos.

A continuación, en el cuarto epígrafe, me centraré en algunos aspectos de los sistemas complejos que pueden relacionarse con la teoría del empresario austriaco o con otras ideas de diferentes economistas. Acabaré con algunas conclusiones preliminares y algunas ideas para completar el trabajo y las referencias bibliográficas.

La empresa como institución[4]

La primera "revolución" empresarial, si se puede llamar así, fue la aparición de la sociedad anónima, las famosas *compañías de comercio* de la era mercantil. Hasta entonces la navegación había

---

[4] Este epígrafe es un extracto del capítulo que escribí para el libro de Fernando Nogales, *La educación de las empresas familiares*, Unión editorial, 2013. En él se puede revisar la bibliografía correspondiente.

empleado a fondo la tecnología naval existente, apta para navegar recalando de puerto en puerto cada poco tiempo. Así recorrieron los fenicios y griegos el Mediterráneo hasta llegar a España, y así hicieron los portugueses para bordear las costas africanas. Pero, a partir de 1492, atravesar el Atlántico para llegar al Nuevo Mundo, que representaba un nuevo mercado y la expectativa de enormes beneficios, suponía un cambio drástico en el "modelo de negocio". Era necesaria una flota de barcos de alta tecnología, lo que significaba una inversión inicial muy fuerte. Es cierto que los beneficios esperados eran muy grandes por partida doble: los productos europeos que se llevaran se venderían seguro porque era un mercado cautivo, y los productos exóticos de aquellas lejanas tierras también se venderían seguro porque no existían en Europa.

Sin embargo, los riesgos también eran muy graves en el viaje de ida y a la vuelta. Tal y como se constituían las empresas entonces, es decir, sin separación entre propiedad y gestión, sin división de la propiedad en acciones y asumiendo la responsabilidad de las pérdidas con todo el patrimonio, el negocio era imposible, nadie quería arriesgar. Así es como, por necesidad y gracias al ingenio humano, apareció un nuevo modelo jurídico de sociedad en el que la propiedad y la gestión estaban separadas, el capital estaba dividido en partes alícuotas y la responsabilidad era limitada.

Esta solución empresarial que hoy conocemos como **sociedad anónima** permitió que se drenaran grandes sumas de dinero provenientes de pequeños ahorradores, grandes banqueros y, a veces, de los presupuestos ministeriales. Los socios de estas compañías de comercio se hicieron de oro. Uno de ellos, Richard Cantillon, quien escribió el primer tratado de economía completo y sistemático, fue uno de los primeros analistas en plantearse qué hacía que el empresario fuera empresario y qué justificaba la existencia de beneficio.

La característica principal de los estudios de esta época es que los analistas se centran en la función que hace del empresario lo que es, es decir, se centran en la función esencial del empresario. Sus ideas tratan de justificar que el empresario obtenga una remuneración llamada beneficio, y a partir de ahí unos creen que se debe a la exposición al riesgo y la vigilancia del lugar de trabajo, y otros que el empresario debe tener un cierto talento específico. Dentro de estos autores podemos distinguir entre dos corrientes de pensamiento: la francesa, encabezada por Richard Cantillon y la británica con Adam Smith de líder indiscutible.

Richard Cantillon distinguió entre empresario y capitalista. Esa distinción es importante porque distingue una función "extra" al riesgo de pérdida tradicional: la organización y gestión de los recursos. El análisis de los clásicos incluye las instituciones en las que se desenvuelve la actividad económica y consideran que la función de toma de decisiones en la economía capitalista corresponde a los propietarios del capital. No resaltan la organización de la actividad productiva, ni la innovación, ni simplemente la elección de la tecnología, sino meramente supervisión.

La función del empresario es, principalmente, acumular y reinvertir sus beneficios. Este es el modelo de Smith, Ricardo y John Stuart Mill.

La función específica del empresario para Cantillon es asumir la incertidumbre. Se trata de una función que la mayoría de los ciudadanos ni conocen ni están interesados en asumir. De forma que divide la sociedad en "empresarios" que viven de ingresos inciertos (los mendigos mismos y los ladrones son empresarios de esta naturaleza) y "no empresarios" que viven de ingresos ciertos[5].

Cantillon se centra en la clasificación económica de las actividades, no en la moralidad o inmoralidad del comportamiento empresarial, aspecto que, sin embargo, será tratado por Smith si bien de manera colateral. El empresario, en suma, no es un individuo excepcional sino una persona sagaz, con genio adecuado para la empresa y constancia para manejarla.

---

[5] "The entrepreneurs are on unfixed wages while the others are on fixed wages as long as there is work, although their functions and ranks may be very unequal. The general who has his pay, the courtier his pension and the domestic servant who has wages, all fall into this last class. All the others are entrepreneurs, whether they are set up with capital to conduct their enterprise, or are entrepreneurs of their own labor without capital, and they may be regarded as living under uncertainty; even the beggars and the robbers are entrepreneurs of this class", Cantillon (1755), p.76.

Algunos autores franceses de finales del XVIII como François Quesnay y sus seguidores, los fisiócratas, estudian la empresa agrícola y al empresario. Esta es una visión muy moderna de la agricultura dado el absentismo generalizado en el sector en aquella época. El beneficio empresarial tiene su origen en tres pilares: a) el salario del empresario debe ser mayor debido a sus preocupaciones, trabajo y el riesgo que asume en su empresa; b) hay que contar también con un beneficio temporal fruto de las economías de escala, cuando aún no está implantado en todos sitios el cultivo a gran escala, que desaparece cuando se generaliza y c) si el sector industrial no es capitalista, existe una renta de monopolio para los empresarios agrícolas. Para entender este último punto, no hay que olvidar que la Escuela Fisiócrata se desarrolla en la segunda mitad del siglo XVIII en Francia, cuando aún no había tenido lugar la industrialización en Europa. Es decir, el éxito de la empresa agrícola de Quesnay no depende de las habilidades organizativas sino de la posibilidad de invertir el capital acumulado: es el modelo clásico que además tomará Marx también.

Ya entrado el siglo XIX apareció en escena Jean Baptiste Say, primer profesor de Economía de Francia, en la Escuela de Artes y Oficios, e inspirador de un grupo de economistas liberales franceses, entre los que destaca Frédéric Bastiat. Say, en primer lugar, explicaba el proceso de producción como un fenómeno mucho más complejo que la simple combinación de tierra, trabajo y capital. Para él, el responsable debía estar al tanto de los avances de los científicos, de las novedades de los inventores que pudieran mejorar el rendimiento de los factores de producción y aplicarse a la producción. Se trata de la primera vez que se introduce lo que, a mitad del siglo XX, Schumpeter llamaría innovación. Ese responsable, que además alquila los factores al mejor precio y a un precio determinado, cuando aún no sabe ni el precio al que va a vender el producto y la acogida que va a tener, es el empresario, punto clave del proceso económico. Say es el primero en atribuir al empresario, distinto del capitalista, una posición determinada en el proceso económico. Aunque puede darse el caso de que el empresario, además sea el propietario del capital, y por tanto, el capitalista, no siempre es así. En la retribución del empresario habrá tres partes: una será el pago de los intereses del capital que aporte al negocio; otra se corresponderá a su salario; y la tercera será un extra por asumir riesgos.

En Gran Bretaña, nos encontramos, en primer lugar, a Adam Smith, como no podía ser menos. Para él, el empresario tiene una importante misión en la teoría económica, pero su función se limita a ahorrar y a vigilar el lugar de trabajo. De esta forma, organiza la producción y la división del trabajo dentro de la empresa, pero eso no es lo destacable para Smith, sino la acumulación de capital. Como lo fundamental es el suministro suficiente de capital, para Smith el empresario pródigo es un enemigo de la sociedad y el sobrio y austero es socialmente más beneficioso. Detrás de esta idea está lo que Say enunciaría en la conocida ley que lleva su nombre: el ahorro es igual a la inversión. El empresario smithiano es un hombre corriente que se esfuerza por mejorar su condición, y eso es lo que mueve la economía; el motor económico es la búsqueda del propio interés. Otra característica de Adam Smith que muestra, por otro lado, la superioridad del pensamiento francés en este terreno, es su desconfianza en las sociedades anónimas porque desconfía de la gente que maneja el dinero de otros. La vigilancia del negocio, ligada a la propiedad, explica esa desconfianza en los administradores no propietarios[6].

Hay que recordar que a finales del siglo XVII se produjo la llamada "Burbuja del Mississippi", en la que, debido a una mala actuación del gestor, una importante compañía de comercio inglesa, la Compañía Inglesa de los Mares del Sur, tuvo unas pérdidas antológicas y, por ende, sus socios accionistas, entre los que había bancos y presupuestos públicos involucrados. Ello llevó a la promulgación en 1720 de la Bubble Act que prohibía la creación de Sociedades Anónimas en Gran Bretaña excepto con una patente real (pago a la corona) muy elevada. Este hecho marcó un antes y un después en la innovación empresarial inglesa y dio ventaja a aquellos países, como Francia, más liberales.

---

[6] "Al ser los directores de tales compañías más administradores de caudales ajenos que de los suyos propios, no se puede esperar que pongan tanto empeño en su manejo como los miembros de una sociedad colectiva ponen en el manejo de los suyos". Smith (1776), Libro V, Cap. 1, p.773.

Uno de los autores que se dio cuenta de la importancia de la libertad de asociación empresarial y la defendió denodadamente en sus *Principios de Economía* (1848) fue John Stuart Mill. Aunque veía con mejores ojos que Smith las sociedades anónimas, creía y deseaba que el progreso económico conducía a la extensión de la empresa cooperativa como forma de eliminar el antagonismo entre patronos y asalariados. Para Mill, la propiedad era buena por sus efectos: incentivar la creación de riqueza y despertar el sentido de responsabilidad. De esta forma, la cooperativa se erigía en la forma de organización capaz de responsabilizar a los obreros, que serían socios y gestores, y la competencia con las sociedades más tradicionales en un mercado libre, les haría respetables cuando tuvieran éxito frente a las empresas de toda la vida.

Esto espolearía las ganas de mejorar y de superarse a unos y a otros.

Pero a la hora de señalar la esencia del empresario, Mill no difiere mucho de la tradición clásica de Smith. Considera que el proceso productivo está organizado por un capitalista activo y polifacético que obtiene remuneraciones diferentes por sus distintas tareas: el interés del capital aportado, una prima por riesgo asumido, un salario de dirección y también una retribución por la diferencia entre el coste de oportunidad de los factores y el rendimiento que hubiera obtenido el propietario si hubiera explotado directamente; además, en el beneficio hay una parte de la remuneración que depende de la suerte.

A partir de 1870 tiene lugar una doble revolución: una en el desarrollo de la empresa en Occidente y otra en la teoría económica.

Por un lado, es en este fin de siglo cuando tiene lugar un importante desarrollo de avances en los transportes y la comunicación: se implanta el ferrocarril en Europa, pero también en Estados Unidos, donde se construyen líneas de costa a costa; y aparece el telégrafo, que supone una revolución en la reducción de costes de información comercial y bursátil.

Las empresas más grandes, que son las que pueden acceder más rápidamente a estas innovaciones se benefician de ellas y crecen en dos sentidos. Por un lado, incorporan a su actividad la producción de materias primas y la distribución y, por otro lado, amplían el ámbito de su producción, diversifican. Estas empresas, además, consiguen expandirse internacionalmente, multiplicando los beneficios.

Con el cambio de siglo, la diferencia entre las empresas de las que hablaba John Stuart Mill y las que proliferaban en Estados Unidos y Europa era como la de la noche al día. La gran distribución, la aparición de bolsas de mercancías y mercados a futuros, las empresas de comunicación especializadas en información financiera y comercial, perfilaron un consumidor exigente, que disfrutaba de la diversidad de la producción internacional y que tenía renta disponible para gastar, entre otras cosas por la eclosión de los mercados financieros internacionales. La aparición de los grandes almacenes, la venta por correo y las cadenas de tienda son de esta época. También lo son, curiosamente, las escuelas de negocios que, sin contar la creada por Say en 1820 (*L'École Supérieur de Commerce de Paris*), se desarrollaron en Estados Unidos y Alemania principalmente.

En medio de esta vorágine, el Reino Unido se vio desbancado por Estados Unidos y Alemania, país tardío en su industrialización pero que, tras unificar sus aduanas en las décadas de 1860 y 70, subió como la espuma.

El estallido de la Primera Guerra Mundial, los devastadores efectos de la posguerra, la crisis del 29 y el advenimiento de la Segunda Guerra Mundial dieron al traste con esta trayectoria de la empresa mundial, que cambió necesariamente para amoldarse a los acontecimientos mundiales.

La otra "revolución" del final de siglo, la de la teoría económica, es de una índole muy diferente. El cambio fue casi una mutación: se adoptó un enfoque estático, se centró el objetivo en el análisis del equilibrio, se adoptó la perspectiva de la demanda (la utilidad del consumidor) en lugar de la de la oferta (el punto de vista del productor) como hacían los clásicos ingleses, y se introdujeron las matemáticas como herramienta analítica.

De los tres economistas que abanderaron este profundo cambio entre 1870 y 1880: Léon Walras en Francia, William Stanley Jevons en Inglaterra y Carl Menger en Austria, hay que excluir a éste último, que rechazó la economía matemática, el enfoque estático en el equilibrio y se dedicó a estudiar el proceso que tenía lugar en el mercado más que el equilibrio y la acción humana como base de la economía. A partir de sus enseñanzas nació la Escuela Austriaca de Economía.

Walras y Jevons establecieron las bases de la economía matemática que hoy se enseña en todas las universidades. Pero su enfoque, tan restrictivo, excluía cualquier cosa que sucediera en la empresa y que no fuera matematizable. El empresario desapareció oculto tras la fórmula de la función de producción. El extremo lo hallamos en la formulación del equilibrio general de Walras, quien mediante un sistema de ecuaciones demostró matemáticamente que hay un momento de equilibrio simultáneo en todos los mercados, es decir, que existe un conjunto de precios de equilibrio (de los bienes, del trabajo, de la tierra, de los bienes de capital y del dinero) que vacían todos los mercados a la vez porque la oferta se iguala a la demanda simultáneamente. En esa situación de equilibrio simultáneo de todos los mercados el empresario walrasiano no obtenía, por definición, ni beneficio ni pérdida. Independientemente de la utilidad de la modelización matemática de la teoría económica es importante para el propósito que nos ocupa poner de manifiesto que no existe ni intuición, ni talento, ni siquiera diligencia en el empresario que dirige esa empresa. De hecho, los estudiosos de la teoría del empresario hablan de la empresa neoclásica como "la caja negra" ya que se sabe qué se introduce (los factores de producción) y que sale (el producto) pero no se sabe nada de lo que pasa dentro. Otro problema de la empresa neoclásica derivada de las teorías de Jevons y Walras es su carácter estático. Se estudian los cambios en las variables económicas y qué generan esos cambios, pero siempre considerando un nivel de tecnología e información dada.

Al filo del cambio de siglo, Alfred Marshall, renombrado economista de Cambridge, continuador de la tarea de Jevons y padre de la economía neoclásica se dio cuenta de estos problemas. Y aunque trató de paliarlos su esfuerzo no pasó de ser un endeble intento. En su obra magna Principios de Economía (1891), consideró la hipótesis *caeteris paribus* (que supone constantes todas las variables menos las que se estudian) e introdujo los plazos operativos (no cronológicos), el corto, largo y medio plazo, para paliar de alguna manera el enfoque estático de su análisis. También habló de "empresa representativa" sin llegar a definir exactamente de qué se trataba, y de "cuasirentas" como los beneficios extraordinarios obtenidos debido al superior valor de algunos activos respecto al valor de mercado.

Hubo que esperar a autores como Frank Knight y Joseph A. Schumpeter, tras la Primera Guerra Mundial, para que el empresario reapareciera en el panorama de la teoría económica. Mientras se forjaba la gran empresa y se perfilaban los grandes empresarios, la teoría económica dejaba de lado el análisis de ese fenómeno. De hecho, tanto Knight como Schumpeter escribieron acerca del empresario en libros que no trataban de macroeconomía o microeconomía, sino obras aparte del modelo neoclásico.

Frank Knight[7], en su libro *Riesgo, Incertidumbre y Beneficio* (1921) comienza por explicar el modelo neoclásico tradicional para, a continuación, rechazar como el supuesto más inadmisible de todos, la ausencia de incertidumbre. "*Vivimos conociendo únicamente "algo" que se refiere al futuro*", según sus propias palabras. Así que vivimos haciendo previsiones, agarrándonos a opiniones que transitan entre la completa ignorancia y la información perfecta. Es la incertidumbre, entendida como ese riesgo que no se puede asegurar, lo que determina que unos empresarios tengan beneficios extraordinarios, por encima de los demás. Para solucionar el problema que plantea la incertidumbre se pueden hacer dos cosas: agruparse (ya que en los casos aislados es mayor) y encomendarle su gestión a individuos especialmente dotados para ellos.

El resultado es la institución empresarial. La empresa, liderada por alguien especialmente hábil y especializado en asumir la incertidumbre, es la organización perfecta para reducir los niveles de incertidumbre en el mercado, para consolidar los riesgos.

Pero para Knight, no es que el empresario recibe un beneficio como retribución por asumir la incertidumbre. Para él, en

---

[7] Las aportaciones de Knight como inspirador de autores como Ronald Coase o Williamson serán mencionadas más adelante.

ese caso, se estaría compensando esa capacidad de asumir la incertidumbre, de actuar en situaciones en las que no sabemos qué va a pasar, y se trataría de un salario. Para Knight el beneficio puro no puede ser determinado de antemano, depende de las circunstancias impredecibles que cristalizan en unos resultados favorables para quien haya previsto mejor.

    ¿Qué sucede cuando la empresa crece y se expande y aparecen las compañías internacionales? Cuando las tareas del empresario y del capitalista se diversifican ¿sigue siendo el que pone el dinero el que arriesga o esa tarea la asume el empresario contratado por los accionistas? Al fin y al cabo, es este segundo el que decide sin conocer lo que va a pasar. En ese caso, según afirma Frank Knight, el capitalista asume el riesgo porque de la elección del gerente dependerá el resultado de la empresa. Es decir, el propietario es quién asume la incertidumbre, pero ha cambiado el foco del riesgo no asegurable: ya no es la gestión de la empresa sino la elección de quien va a regentarla.

    Joseph Alois Schumpeter es, probablemente, el autor que desarrolló la teoría del empresario más popular de la historia del pensamiento económico. Desarrolló sus ideas acerca del empresario, principalmente en dos obras: *Teoría del desarrollo económico* (1911) y *Capitalismo, socialismo y democracia*, escrita mucho después, en 1942. Cualquier estudiante de Ciencias Económicas o de Administración de empresas ha oído hablar alguna vez del "empresario schumpeteriano". Este arquetipo de empresario se basa en el concepto de innovación que ya nombramos al hablar de Jean Baptiste Say y la corriente de pensamiento empresarial en Francia. Para Schumpeter, un gerente de empresa es el que organiza el lugar de trabajo, asume un riesgo y obtiene unos beneficios de manera pautada y rutinaria. Para ser un verdadero empresario hay que hacer algo más: innovar. Pero para él, esa palabra significa muchas cosas, no solamente aplicar novedades tecnológicas. La innovación consiste en cualquier mejora en la búsqueda de mercados tanto de materias primas como de distribución de los productos; también incluye mejoras en los métodos de contabilidad, en la organización interna del trabajo, y todo aquello que suponga una ventaja en la eficiencia de la producción respecto al resto de las empresas.

Además, Schumpeter considera que el verdadero empresario innovador, al que compara con los legendarios héroes clásicos, no espera a que surjan esas necesidades espontáneamente, sino que ellos son capaces de "crearlas" en el consumidor, son capaces de anticiparse y ofrecer algo que el demandante "no sabía que necesitaba". Este empresario rompe el equilibrio económico que los gestores normales y tradicionales mantienen. Revolucionan el panorama hasta que los demás, atraídos por los beneficios monopolísticos del innovador le imitan e introducen esa mejora que se difunde en la industria. De esta forma se recupera el equilibrio, hasta que otro empresario innovador repite la hazaña. Y así, el innovador es quien hace progresar el mundo, destruyendo el equilibrio para crear, es lo que él mismo llama "destrucción creadora"[8].

El problema aparecerá cuando, gracias al creciente avance de la ciencia y la tecnología, seamos capaces de prever y calcular los hechos, las necesidades. La función empresarial cada vez será menos necesaria. Todos mostraremos cada vez menos resistencia al cambio de forma que no será necesaria la gesta empresarial del innovador, y acabaremos en un mundo automatizado en el que el empresario heroico quedará obsoleto.

Las aportaciones de la Escuela Austriaca de Economía respecto a la teoría del empresario van más allá. Pero para estudiarlas hay que retroceder al triunfo de la economía marginalista.

En 1871 se publicaba en Viena la obra más conocida de Carl Menger, los *Principios de Economía Política*. En ella, en la línea de los marginalistas de finales del XIX, Jevons y Walras, pero también con grandes diferencias respecto a ellos, Menger abre la puerta a un análisis del proceso del mercado partiendo del estudio de la demanda basado en la utilidad marginal. Lo relevante para el tema que nos ocupa es que Menger no concibe un modelo matemático estático que explique la economía, sino que se centra en la acción humana tal cual es, y a partir de ahí se centra en el análisis del proceso económico. De ahí que considere la

[8]"Este género de actividades es el que da lugar a las "prosperidades" recurrentes que revolucionan el organismo económico, así como a los "retrocesos" recurrentes que se deben a la influencia desequilibradora de los productos o métodos nuevos". Schumpeter (1947), p. 181.

posibilidad de cometer errores y los efectos de la ignorancia en la economía, temas nada estudiados hasta el momento y que hasta bien entrado el siglo XX no serán acometidos por la corriente principal de la economía, lo que se llama el *mainstream*. Para Menger, la aparición del empresario es parte del proceso de especialización de la actividad humana. Adoptando un enfoque evolucionista, Menger considera que a medida que el hombre se desarrolla y la sociedad humana se hace más compleja, van surgiendo espontáneamente instituciones que suplen deficiencias y necesidades. El austriaco especifica claramente cuáles son las funciones que definen al empresario: obtener la información sobre la situación económica, realizar los cálculos necesarios como base de partida, combinar los bienes para la obtención de bienes listos para ser vendidos (a los consumidores o a otras empresas) y encargarse de la vigilancia para que la ejecución de los planes de producción sea la más eficiente posible. Estas tareas son una actividad laboral normal, no una tarea de superhéroe como pensaría más tarde Schumpeter.

Si bien las ideas de Menger respecto al empresario son bastante simples, comparadas con las de Walras, Jevons y Marshall que desterraron al empresario de la teoría económica, las teorías de la primera Escuela Austriaca tienen mucho valor. Pero, por si quedara alguna duda, no hay más que comparar los desarrollos posteriores de los seguidores del modelo neoclásico y la teoría empresarial de la segunda escuela austriaca, liderada por Ludwig von Mises.

Mises, en su obra *La Acción Humana* sitúa al empresario como agente central de la economía capitalista. Es el que toma decisiones basándose en un juicio intuitivo. Ciertamente, el empresario de Mises adquiere tintes míticos, ya que es un creador.

Mises considera que la economía es un proceso de selección continua. La acción combinada de los agentes económicos que actúan en el mercado pone en marcha el proceso selectivo que, por otra parte, no tiene fin. La situación de los agentes del mercado no está en absoluto asegurada por la acción de la ley del mercado y la soberanía del consumidor. Sus ideas se centran en dos aspectos cruciales, por un lado, la acción del hombre es una acción empresarial, y por otro lado, el empresario es la fuerza básica del mercado, cuyo estudio incluye variables como el tiempo y la incertidumbre.

El líder de la Escuela Austriaca del siglo XX, diferencia entre la economía estacionaria, teórica, irreal, en la que el empresario no obtiene ni beneficio ni pérdida (la que describe el modelo neoclásico) y la economía real, poblada por hombres con capacidad de actuar, dinámica e imprevisible. El empresario, en esas circunstancias acomoda los factores existentes, de la mejor manera posible, a las circunstancias económicas en permanente cambio.

Dentro del sistema de libre empresa, el empresario es la base del mecanismo del mercado. Es decir, el mercado no funciona sin personas que lleven a cabo movimientos igualatorios o equilibradores, y esas personas son los empresarios. Al especular, siempre se está buscando un lucro, y dicha fuerza, precisamente, es la que mueve al mercado y la que impulsa la producción. De ahí que para Mises y el resto de la Escuela Austriaca el socialismo que condena el lucro sea un error de base contrario a la esencia humana y a la lógica del proceso de mercado.

Este empresario no necesariamente dispone del capital necesario para sacar adelante su empresa: pide préstamos. Pero el prestamista, por definición de la actividad que realiza, también es un empresario. No produce bienes, pero ofrece un servicio financiero. Todos aquellos agentes económicos que acomodan los medios a los fines en circunstancias cambiantes son en realidad "empresarios" de alguna manera.

En este sentido, Mises considera empresario tanto a los consumidores, como a los capitalistas, a los trabajadores y a los propietarios de otros factores de producción. Todo aquel que gestione medios escasos para lograr unos fines es empresario de alguna manera. Ahora bien, para Mises hay que diferenciar entre este empresario y el promotor, que es el empresario schumpeteriano, el que va abriendo el camino. El promotor es el que tiene más capacidad mental, más energía que los demás; en sus propias palabras: *el que advierte antes que nadie la discrepancia entre lo que se hace y lo que se podría hacer.*

Esta idea de mercado alentado e impulsado por la acción humana y la del protagonismo del empresario en sentido amplio es compartida por la mayoría de los miembros de la Escuela Austriaca, aunque si hay un autor que ha desarrollado especialmente este aspecto de la teoría económica ese es Israel Kirzner.

Según Kirzner las personas eligen lo óptimo o lo mejor que pueden; las personas participantes en la economía deben basarse en unos fines y medios dados, unos recursos y unas prioridades para tomar las decisiones y obtener los objetivos eficazmente. Combina la teoría de Mises con la importancia que Hayek le da a la transmisión de la información y el conocimiento. La esencia, no del empresario, sino de la acción emprendedora de la acción humana, es la capacidad para percibir potenciales oportunidades de ganancia. A esa característica le llama empresarialidad. A partir de esta idea, para Kirzner, la función empresarial es una función esencialmente creadora, el individuo percibe que hay una nueva posibilidad

de obtener ganancias gracias a la información que el mercado transmite eficazmente a través de los precios, de esta forma, los agentes económicos aprenden a actuar y a coordinar sus actividades sin necesidad de que alguien las haga por ellos o que les dirijan. Más adelante, en el cuarto epígrafe insistiré en la teoría del empresario kirzneriana. En esta introducción, la intención consistía simplemente en comparar sus aportaciones en el contexto de la historia del pensamiento económico.

La teoría de sistemas, en su versión más básica

Los sistemas son una realidad que está a nuestro alrededor. Quienes tienen una formación estrictamente económica, el propio concepto de sistema es un poco escurridizo. La definición más simple de sistema es la siguiente: un sistema consiste en un conjunto de elementos que se relacionan entre sí mediante leyes que pueden ser conocidas.

No es nuevo en economía. Cantillon, primero, y Adam Smith después, ambos influidos por Newton, contemplaron la economía como algo distinto a una rama del derecho o como problemas parciales que habían de ser resueltos, como los temas monetarios, o los aranceles. Ellos se dieron cuenta de que era más complicado, que todo estaba relacionado con todo. Pero la comprensión de nuestros antecesores se ceñía necesariamente al mundo que vivían y la visión del universo que los científicos de su época les ofrecían. Por eso es interesante comenzar por ese entorno, por el paradigma en el que los economistas hemos crecido y nos hemos desarrollado hasta hace pocos años. Se trata del paradigma mecanicista que surge en el Renacimiento.

De acuerdo con la visión mecanicista de Newton y Descartes, todo lo que ocurre tiene una causa, está determinado por leyes que se pueden conocer. Todo se puede estudiar mediante el análisis de sus partes, diseccionando el todo en sus componentes, estudiando la jerarquía de los mismos, las relaciones que los vinculan, y tratando de entender el sentido del todo a partir del estudio de las partes. Además del método científico, Descartes aportaba su eje de coordenadas donde se podía representar exactamente la posición de un punto mediante un par de coordenadas. Esa ha sido la manera en la que el ser humano ha enfrentado los grandes dilemas del universo durante siglos. La misma mentalidad con la que Cantillon primero y Adam Smith después trataron de explicar las leyes de la economía, analizando las partes, entendiendo sus interrelaciones, con la misma mirada que Newton escudriñaba los cielos o entendía el mundo.

No todos los economistas han interpretado los sistemas de la misma forma. Por ejemplo, frente a la idea benéfica de sistema, en el sentido de Newton, Jean-Baptiste Say, señala en su *Cours* el peligro de hablar de sistemas sin aportar datos suficientes, sin esclarecer la verdadera naturaleza de los hechos y sin probar las hipótesis adecuadamente[9].

En cualquier caso, los avances tecnológicos que acompañaron esta visión del mundo, trajeron consigo la construcción de máquinas que facilitaron el rendimiento del hombre en la guerra y después en la producción.

La mecanización de la producción fue posible por la reducción del trabajo humano a las tareas más simples, que no pueden ser efectuadas por dos personas, como clavar un clavo. Las tareas, cuyo coste de mecanización era menor que el coste del salario, se integraban en el proceso productivo. El universo

---

[9] Say (1966), pp. 14-16.

mecanicista permitió grandes avances de la humanidad, pero también presentaba dilemas muy importantes. ¿Qué sucede con la libre elección si todo lo que ocurre tiene una causa previa determinada?

A finales del siglo XIX, Arthur Singer enunció el principio de causalidad desde un punto de vista probabilístico, la causalidad no determinista. Dados dos sucesos uno de los cuales es la causa del otro, cuando se da el suceso causante ¿cuál es la probabilidad de que se dé el suceso efecto? Singer también planteaba la visión múltiple de la realidad con el ejemplo de una naranja. Si intentamos explicar qué es una naranja a un extraterrestre y decidimos cortarla para mostrar el interior, la realidad de la naranja será diferente si la cortamos transversalmente que si la cortamos longitudinalmente.

Fue más adelante, en 1927, cuando Werner Karl Heisenberg planteó su principio de indeterminación. El científico alemán establecía que era imposible conocer la posición y la velocidad de una partícula al mismo tiempo y por tanto era imposible conocer su trayectoria; cuanta mayor certeza se buscara en determinar la posición de una partícula, menos probable sería conocer su cantidad de movimientos lineales y, por tanto, su masa y velocidad. El universo ya no era perfectamente cognoscible ni estaba determinado por leyes arbitrarias. A lo largo del siglo XX, gracias a las aportaciones de físicos y matemáticos, un nuevo paradigma no mecanicista se abre paso y cambia la manera de mirar el mundo del hombre. La causa y el efecto no son más que una aproximación a la realidad, que ya no es bidimensional sino multidimensional. El universo no es lineal y el análisis ya no es suficiente.

La necesidad de entender la naturaleza de las cosas lleva al desarrollo de la síntesis, modo de análisis complementario del análisis y que consiste en contemplar el todo como una pieza más de un todo mayor, entendiendo sus relaciones e intercambios con su entorno, en lugar de desmontarlo en piezas y hallar las leyes que las determinan. Ahora se trata de comprender la naturaleza de las cosas, no solamente su funcionamiento. Y es entonces cuando surge la teoría de sistemas de la mano de autores como Ludwig von Bertalanffy quien afirmaba:

We are seeking another basic outlook: the world as an organization. This would profoundly change categories of our thinking and influence our practical attitudes. We must envision the biosphere as a whole with mutually reinforcing or mutually destructive interdependencies[10].

Las contribuciones de este biólogo y filósofo austríaco fueron más allá de la biología, se extendieron a la psicología, la psiquiatría, la sociología, la cibernética, la historia y la filosofía. Su Teoría General de Sistemas provee de un marco conceptual a todas esas disciplinas. A partir de su obra, los científicos sociales empiezan a contemplar la sociedad como un sistema híper complejo y por tanto se plantea la conveniencia de aplicar el estudio sintético a la misma y surge un enorme interés en las aportaciones que este nuevo enfoque ofrece a disciplinas como la psicología, la sociología o la economía.

La aproximación a la economía y a las instituciones que lo componen desde esta perspectiva es el objeto de este trabajo. Unas ideas básicas que centren las principales características de los sistemas y, más concretamente, de los sistemas complejos, son imprescindibles.

A día de hoy, los sistemas se dividen en función de diferentes criterios: abiertos o cerrados, naturales o artificiales, biológicos, físicos o sociales. La característica más notable es que la suma de las partes no lleva al conocimiento y comprensión del todo, y al mismo tiempo, no se entiende el todo sin la comprensión de sus partes. La clave de los sistemas no son los elementos que los componen sino las relaciones entre los mismos.

La manera de relacionarse estos elementos depende de sus atributos y tiene determinadas características: cada relación se desarrolla siguiendo un proceso, se dan a menudo relaciones circulares, en bucle, se generan redes de relaciones dentro de otras redes. Estas características apuntan a un aspecto que marca la evolución de los sistemas: la complejidad. A medida que el número de relaciones entre los componentes es más intenso, numeroso y sofisticado aumenta la complejidad del sistema. Los

---

[10] Bertalanffy, *Robots, Men and Minds*, 1967

sistemas complejos son sistemas abiertos y evolutivos y son los que nos interesa estudiar desde la economía y la empresa.

El estudio de los sistemas complejos pretende analizar cómo las relaciones entre las partes dan lugar a comportamientos colectivos de un sistema y cómo el sistema interactúa y establece relaciones con su entorno. Para ello, la Teoría de Sistemas ha tratado de crear modelos que permitan entender (ya que no son predecibles) los comportamientos de estos sistemas complejos e híper complejos. Se trata de deducir la organización funcional a partir de las relaciones entre los componentes. Cuando se contempla el mundo desde la perspectiva de la teoría de los sistemas complejos, nos damos cuenta de que hay muchos campos de investigación que tienen puntos en común: la biología, la sociología, la química-física, a la optimización, etc., que se relacionan de manera que, siendo disciplinas completamente inconexas, pueden proyectarse en el plano de la teoría de sistemas como diferentes objetos se proyectan geométricamente de igual forma sobre un plano.

Todos los sistemas complejos tienen determinadas características comunes. Tanto si se trata de sistemas sociales, políticos, ecológicos o económicos implican interacciones mutuamente adaptativas y producen patrones característicos.

Todos se organizan en jerarquías funcionales y estructurales, pueden ser representados como redes abstractas de relaciones entre sus componentes, y todos ellos son subsistemas de un sistema mayor y, a su vez, están compuestos por subsistemas.

El interés en disciplinas como la ciencia política en esta perspectiva es fruto de la promesa que aparece ante los ojos de los estudiosos respecto a que la posibilidad de prever y comprender los patrones claves en sistemas políticos complejos permitiendo así decisiones más acertadas acerca de las intervenciones de políticas públicas. Esta esperanza se debe a la sostenibilidad de los sistemas en el tiempo. Dado que los sistemas complejos se comportan no linealmente y pueden cambiar, evolucionar y adaptarse en el tiempo, muchos estudiosos tratan de buscar las pautas en común respecto a funcionamiento y evolución, desarrollar lenguajes que puedan describir los sistemas independientemente del dominio específico en el que se den, desarrollar los principios que aporten explicaciones causales, y entonces, diseñar sistemas artificiales sostenibles, como la producción de alimentos orgánicos, la gestión del agua o la construcción de edificios "verdes". Si bien la idea es correcta, la pregunta que surge inmediatamente es si para lograr la sostenibilidad que existe, de hecho, en la naturaleza, no sería mejor permitir que se den las condiciones para que el sistema se adapte en el tiempo espontáneamente.

Algunos de los patrones de comportamiento se dan de manera más o menos intensa dependiendo del grado de complejidad del sistema. Recordemos que lo que confiere más o menos complejidad son las interacciones no lineales entre los componentes, por lo tanto, dependerá del número de componentes, del número de "personalidades" o tipos de componentes (que presentan diferentes atributos que les otorgan una funcionalidad particular), el número de interacciones y la fuerza o intensidad de las mismas.

Por ejemplo, y como vamos a ver más adelante, uno de los patrones comunes de los sistemas complejos es que codifican conocimiento e intercambian información entre sus componentes y con el entorno. Las entradas de energía o materia traen consigo mensajes respecto al entorno y también respecto al funcionamiento del propio sistema. La interpretación de esos mensajes y la codificación de mensajes que las salidas de energía y materia conllevan, explican el desarrollo de subsistemas dedicados a la comunicación dentro de los sistemas, aumentando la complejidad de los mismos.

Sin pretender ser exhaustiva citaré algunos de los patrones comunes a los sistemas complejos:

a. La adaptabilidad al entorno cambiante
b. La emergencia de funciones, propiedades y estructuras
c. La auto-organización y la criticalidad auto organizativa
d. La existencia de atractores internos que estabilizan los shocks
e. La dinámica caótica
f. Las fases de transición
g. La vulnerabilidad y la resiliencia

En realidad, no son patrones inconexos, sino que unos llevan a otros que, si se dan en un entorno determinado resultan en un tercero, y así en adelante. La culminación es el desarrollo de sistemas autosostenidos, capaces de resentirse ante cambios inesperados y dramáticos, de sobreponerse a los mismos y de aprender de las situaciones.

Cuando se habla de la evolución de los sistemas, de su adaptabilidad, es básico entender que no se trata de cambios consecutivos y aislados dentro del sistema, sino que la llegada iterativa (es decir en un número suficientemente grande y de manera regular) de mensajes con información, y su almacenaje en forma de conocimiento, permite: 1) que ese conocimiento se enriquezca y cambie permanentemente, 2) que los componentes, subsistemas, atributos y funciones de ambos, las relaciones dentro del sistema y con el exterior, varíen y se acomoden permanentemente, tan lentamente o bruscamente como cambie el entorno, sea éste más ordenado o más caótico. De forma que aquellos sistemas más plásticos sobrevivirán más tiempo y en mejores circunstancias. Y 3) cuando se habla de sistemas auto-organizados no hay que entender que una vez que se auto organizan ya está todo hecho porque el entorno sigue cambiando, sigue llegando información, y el sistema está vivo, pero es capaz de obtener recursos de dentro del sistema.

En el siguiente epígrafe analizaré algunos de los aspectos de la teoría de los sistemas complejos que encajan con la teoría de la empresa especialmente con la visión austriaca. Si bien es cierto que algunas características llevan a otras, por ejemplo, la emergencia y la auto organización. En el futuro se tratará de contemplar la teoría de la empresa incorporando todos ellos.

La empresa como sistema

De la lista anterior, me interesa considerar detenidamente alguno de ellos, como, por ejemplo, el comportamiento del sistema en el entorno estable y en el caótico. Lo que define los sistemas abiertos es su relación con el entorno. Esta interacción se refiere a intercambios de energía, materia e información. En este sentido, se considera información a la medida de cómo un mensaje afecta a las configuraciones estructurales de la materia. La materia está estructurada de manera que anticipe los flujos de energía y a esa capacidad le llamamos conocimiento.

De la misma forma que materia y energía interactúan y se influyen mutuamente, así también lo hacen la información y el conocimiento. La energía procedente del entorno transporta mensajes que en la medida que afecte o no a los componentes del sistema, aporta información. Esta información modifica el comportamiento de los componentes y sus relaciones con otros componentes, generando cambios internos que, a menudo, son inapreciables. Los mensajes que no conlleven un cambio en el comportamiento del receptor no aportan información. Es como imaginar la lectura de un diario que nos informa cuando el contenido era desconocido y provoca sorpresa en nosotros, la medida de esa sorpresa es lo que se conoce como información. Siguiendo con la analogía, la historia de nuestras sorpresas constituye el conocimiento, almacenamos la información y eso nos permite tener una configuración de nuestro entorno, de manera que la misma noticia no nos sorprende dos veces, e incluso podemos anticipar otras novedades. Los sistemas complejos aprenden.

A medida que esta entrada de energía continúa, las interacciones de hacen más intensas, aumenta la complejidad del sistema y cambia la estructura material del mismo. Esto implica que, por un lado, aumenta el conocimiento interno al sistema, y por otro lado, que los flujos de materia y energía que salen del sistema hacia el entorno también. Es, por tanto, la interacción con el entorno cambiante lo que permite que el sistema sea más complejo y lo fuerzan a evolucionar. Un entorno predecible explica que, a lo largo del tiempo, el sistema almacena todo el conocimiento necesario y la información del exterior es cada vez menor. De esta manera, la actividad del sistema es estable, no hay crecimiento ni evolución. Solamente los cambios en el entorno llevan a sistemas más y más sofisticados. Un entorno caótico en el que las condiciones iniciales son determinantes, lleva a que la evolución de un sistema sea absolutamente única y no haya dos sistemas que reaccionen igual. Los sistemas desarrollarán diferentes mecanismos para asegurar la estabilidad dinámica.

Por supuesto el entorno caótico es el que implica una mayor sofisticación y genera la emergencia espontánea de subsistemas de control interno, estabilizadores, etc.

La traslación a la actividad de la empresa que produce bienes y servicios empleando materia y energía en un entorno abierto con el que interactúa es inmediata. Es una estampa bastante aproximada a la historia y evolución en el tiempo de las empresas. De hecho, fue Adam Smith quien lo plasmó con más elegancia en su famosa máxima "La división del trabajo está limitada por la extensión del mercado"[11]. Smith explicaba el proceso por el cual la división del trabajo aumenta la productividad del factor y, por tanto, aumenta mucho la producción. Esa producción se llevará al mercado para ser intercambiada y generará un aumento de beneficios para el empresario, que acumulará más capital inicial para el siguiente ejercicio. Eso le permitirá aumentar el fondo de salarios. Pero junto a ese efecto positivo a nivel individual, según Smith, hay que considerar que, si todos los empresarios se comportan de manera similar buscando su propio interés, entonces aumentará el flujo de bienes que se llevan al mercado para ser intercambiados, lo que para él es sinónimo de aumentar la riqueza de la nación. Todo ese ciclo de crecimiento económico no tendrá lugar si se ponen trabas al mercado. Si el empresario no tiene la expectativa de poder colocar la mercancía, no le merecerá la pena especializarse. La empresa amolda su grado de sofisticación al entorno. Y una mayor libertad de mercado, un entorno más variado, permite una mayor complejidad del sistema que conocemos como empresa.

Sin embargo, esta aproximación a la teoría de la empresa, no tiene ningún sentido excepto si consideramos el proceso de mercado y el rol del empresario desde un punto de vista próximo al de la escuela austriaca. En concreto, la visión empresarial de Israel Kirzner es la que más se acerca. Como hemos visto, a partir de la eclosión marginalista y durante el siglo XX, las diferentes corrientes y escuelas económicas han dejado de lado el rol de la empresa y el empresario en el crecimiento económico. La importancia concedida a la incorporación de las matemáticas al

---

[11] Es el título del capítulo 3 del Libro I de La Riqueza de las Naciones.

análisis económico explica que se haya dejado de lado el análisis de la evolución de la empresa como poco más que un mero mecanismo en el que el empresario apenas tiene cabida. La teoría de la gestión empresarial hubo de aparecer en las escuelas de negocios de manera completamente independiente a la marcha de la teoría económica. Solamente la escuela austriaca, y su idea del sistema económico como proceso de mercado dinámico, otorgaba al empresario un papel protagonista.

En concreto, Kirzner destacaba la predisposición a estar alerta como el factor destacado de la empresarialidad "real", que diferenciaba al verdadero empresario del empresario normal, al uso, que simplemente reproduce los beneficios sin más. En palabras de Kirzner:

> Es este elemento empresarial el que hace que la acción humana sea algo activo, creador y humano, en vez de algo pasivo, automático y mecánico. Una vez que se percibe el elemento empresarial en la acción humana ya no se puede interpretar la decisión como un mero cálculo, algo capaz, en principio, de obtenerse por la simple manipulación mecánica de los "datos" o ya totalmente contenido en estos datos. Nos vemos obligados a reconocer que la decisión humana no se puede explicar puramente en términos de maximización, de una reacción "pasiva" que toma la forma de adoptar el "mejor" curso de acción, según lo marcan las circunstancias. (.../...) En otras palabras, una vez que percibimos la atención que el que ha de tomar decisiones presta a todo nuevo fin posible que merezca la pena y a todo medio nuevo disponible, se hace posible explicar la pauta de cambio de las decisiones individuales como resultado de un proceso de aprendizaje generado por su propia estructura de fines y medios.

Esa visión mecanicista del empresario sería posible para Kirzner en un entorno de información perfecta, que en el lenguaje de la teoría de sistemas, es el que se daría en un entorno estable sin cambios. Y lo que lleva a rechazar este punto de vista es que el entorno en el que nos movemos, es decir, el mercado, no es estable, sino que es un mundo en desequilibrio donde siempre hay nuevas informaciones, que son percibidas y adecuadamente interpretadas por los empresarios atentos.

> Pero cuando trasladamos nuestra atención de un mundo en completo equilibrio hacia el mundo en desequilibrio, entonces se nos plantea la explicación de cómo el proceso del mercado provee de nueva información a los participantes: cómo los autores de decisiones revisan sus puntos de vista sobre la pauta de fines y medios en cada situación. Y aquí es donde, en diversas formas, entra la noción de empresarialidad. El análisis de los procesos del mercado puede utilizar la idea de que los participantes no se limitan a reaccionar a los datos del mercado dados, sino que además exhiben una vigilancia de tipo empresarial frente a los posibles cambios de estos datos, vigilancia que explica el que dichos cambios puedan ocurrir en general.
> (.../...) Los errores en la información que estos participantes robbinsianos en el mercado creen ser pertinentes proporcionarán oportunidades de actividad lucrativa a los empresarios puros.

No se trata de que la empresarialidad sea la panacea de las empresas, sino que el hecho de que se contemple el mercado como un proceso en permanente cambio, en el que las empresas que mejor se amolden sobrevivan, en el que el entorno cerrado mata la creatividad empresarial, hace que ese elemento diferenciador de la teoría de Kirzner, el estado de alerta o alertness, se convierta en la la guía que va a determinar que la elección del mensaje, la selección de la información, la creación de conocimiento y la toma de decisiones sean evolutivas o no.

Otro aspecto muy interesante relacionado con lo anteriores el de emergencia. Como se ha explicado en el caso de la codificación y descodificación de mensajes, cuando el sistema alcanza un grado crítico de complejidad se produce el fenómeno de la emergencia, que consiste en la aparición de cambios en los componentes del sistema. Estos cambios se pueden referir a las funciones que desempeñan esos elementos, en el tipo de relaciones que tienen con los demás elementos. De esta manera aparecen subsistemas que, a su vez, ante un grado crítico de emergencia cambian su estructura, sus características se asocian con otros subsistemas, etc. La emergencia es un fenómeno regido por el orden espontáneo, no hay diseño previo ni planificación. Y esta característica es muy relevante. Tanto más cuando una de las consecuencias de la emergencia es la aparición de sistemas de control interno a los sistemas y subsistemas. Y, en niveles muy sofisticados, el autocontrol o auto regulación lleva a la aparición de sistemas auto-organizados, que viven en medios no estables, pero que son sostenibles en el tiempo.

La mala fama que el orden espontáneo tiene cuando se habla de ello en economía, refiriéndonos al mercado especialmente, se desvanece cuando nos damos cuenta de que el complicado funcionamiento del cerebro humano, por poner un ejemplo, capaz de idear un sistema de auto representación, de lograr avances científicos, sociales, de mejorar la calidad de vida de los humanos, y de hacer del hombre alguien capaz de lo mejor y de lo peor, es el fruto de la evolución de un sistema desde lo más simple hasta lo más complejo, que tiene diferentes circuitos de auto regulación, y cuyo funcionamiento modular aún encierra grandes misterios, gracias a la emergencia y el orden espontáneo.

A pesar de que muchos economistas emplean la teoría de sistemas para el diseño de estructuras dinámicas sostenibles, y lo hacen posiblemente con la mejor de las intenciones, la importancia del orden espontáneo como factor que determina el éxito o el fracaso de la evolución del sistema. La teoría de sistemas nos dice que cuando una relación entre dos componentes no funciona, no es lo suficientemente estable, o intensa, desaparece. Lo mismo sucede cuando la combinación de elementos no funciona, o cuando el subsistema que se genera no es eficiente, no en sentido de beneficios y costes sino desde el punto de vista evolucionista, es decir, si no es "adaptativo". La auto regulación emerge, precisamente para corregir los resultados inadecuados respecto al de referencia.

Pero ese referente no sigue mandatos de lobbies, o necesidades electorales, sino que el nivel adecuado es el que asegura la supervivencia del sistema y evoluciona gracias a la información que llega, y al conocimiento almacenado, ambos fruto de un proceso espontáneo, no sujetos a manipulación.

La interferencia en las señales del mercado, los mensajeros de la economía, que son los precios, es por tanto, uno de los peligros a los que se enfrentan las economías y las empresas en tanto que sistemas híper complejos. Y hay un doble problema, no solamente se trata de que intervenir la información sea un error.

Además, es difícil determinar a priori las consecuencias de dicha intervención, ya que al ser sistemas híper complejos (como la misma sociedad), la ley de las consecuencias no queridas impera y explica que, si bien a corto plazo pueden no percibirse bien, a medio y largo plazo, las distorsiones del burdo diseño humano, en el sofisticado entramado del sistema afecte a los resultados intensamente y para mal. La teoría del *Public Choice* nos ayuda a entender el sistema político, también complejo, la lógica de las decisiones políticas y las interferencias entre el sistema político y el económico.

Uno de los fenómenos emergentes que permite la sostenibilidad de los sistemas es la elección estratégica entre la cooperación y la competencia de los subsistemas. Para dar una idea de este punto, volveré al ejemplo de la célula. En los años 1980 la científica Lynn Margulis y otros expusieron la hipótesis de que la célula tal y como la conocemos procede de la fagocitosis de una célula procariota (o eucariota primitiva) a otra célula procariota capaz de crear energía. Esta segunda célula es lo que conocemos como mitocondria, y la simbiosis era evidente: una aportaba un entorno estable y la otra genera energía.

La imposibilidad de explicar que las mitocondrias tengan ADN y membrana propia llevó a los científicos a esta hipótesis que tiene visos de ser muy real. Este ejemplo, que en términos empresariales podría equipararse a una fusión empresarial perfecta, tuvo lugar, entre otras cosas porque no había un gobierno dictando leyes que regularan o prohibieran las fusiones celulares. Pero más allá de las leyes, la estrategia de competir o cooperar dentro de la empresa le valió el reconocimiento a Ronald Coase y su discípulo Oliver Williamson.

Ya Frank Knight había plantado la semilla cuando explicaba que la acción humana no es la acción instrumental de elección para satisfacer necesidades, sino que contesta a "¿qué deseo o necesito realmente?". La acción humana, por tanto, consiste en evaluación y está sujeta a error, porque incluso si yo soy capaz de contestar a esa pregunta, tal vez los demás no. De ahí que para Knight, la complejidad no aparece por falta de conocimiento sino por incertidumbre. Las relaciones entre los agentes, en realidad una combinación de decepción y conciliación, repetidas en el tiempo iterativamente, dan lugar a reglas y convenciones, como, por ejemplo, los contratos. Estas convenciones cristalizan en instituciones que permiten la organización, el refuerzo y la vigilancia de reglas y convenciones aportan estabilidad al sistema económico.

A partir de esta idea, primero Coase y luego Williamson, presentaron su visión de la empresa como nexo de contratos en donde, básicamente, se tomaba la decisión de si realizar un proceso determinado dentro o fuera de la empresa. La clave de esa elección residía para estos autores en los costes de transacción. Dependiendo de la mayor o menor especificidad de activos, la incertidumbre y la frecuencia de las relaciones, y siempre en un entorno de racionalidad limitada de los agentes económicos involucrados, los procesos serían externalizados (competencia) si los recursos están mal asignados, hay altos costes burocráticos y desmotivación. Mientras que, por otro lado, esos procesos sería preferible realizarlos dentro de la empresa (cooperación) si fuera muy complicada la determinación de los precios en el mercado, la asimetría de la información fuera muy elevada o el establecimiento de contratos resultara complejo. Para estos autores la noción de transacción permite afrontar tres aspectos fundamentales de las relaciones entre los agentes, o de los elementos del sistema si miramos por nuestro prisma particular: el orden, conflicto y la mutualidad. Es decir, las transacciones dentro o fuera de la empresa aportan el orden necesario para que los conflictos se resuelvan espontáneamente y se pone de manifiesto la base de la economía, la ganancia mutua del intercambio voluntario.

Esta es la palabra clave: voluntario. No decidido por una comisión, no manipulado a través de precios y tipos de interés por los gobiernos, no tamizado por la moral, sino simple y llanamente, intercambio voluntario por los motivos que sean.

Con todo lo atractivo que resulta, sin duda alguna, el enfoque institucionalista de Knight, Coase y Williamson, y a pesar de que tiene un correlato muy interesante con la teoría de sistemas y la estrategia evolutiva de los subsistemas, no se puede comparar con la aportación de la visión empresarial de Kirzner. La razón es que la perspectiva de la teoría de la capacidad empresarial de Kirzner no depende de ningún tipo de ineficiencia del mercado, no es en absoluto mecanicista, como sí es el enfoque contractualista, sino que se debe, por el contrario, al principio que mantiene este sistema en constante movimiento: el comportamiento empresarial, es decir, a ese estado de alerta permanente, sostenido y dinámico.

Conclusiones

Llegados a este punto, la pregunta lógica que aparece en el horizonte es cómo puede el hombre mejorar un sistema como una empresa, o como la propia economía.

Podría pensarse que la solución consiste en no hacer nada en absoluto, pero no tiene que ser así necesariamente. Se trata de entender qué permite que las relaciones entre los elementos del sistema sean más sólidas, qué hace que las combinaciones sean más exitosas, por qué unos subsistemas sobreviven y otros no, ante el mismo shock, etc. En principio, si en el campo económico y si nos fijamos como objetivo la existencia de una economía sostenible hay que tener muy claro que habrá subsistemas que desaparecerán, procesos auto-reguladores que quedarán obsoletos y que, igual que en la naturaleza no hay un meta-sistema que rescata subsistemas, tampoco debería existir en economía. Solamente la información que aporta el proceso de quiebra a las demás empresas, o bancos, respecto a las causas, malas prácticas, errores en las previsiones, o en las estrategias, etc. es un tesoro del que se verá privado el propio sistema y los decisores, los actores. En ese sentido, las ideas de Knight y Kirzner resultan de lo más actuales y, desafortunadamente, se diría que están completamente olvidadas en las facultades de economía.

Un aspecto a estudiar de cara a futuras investigaciones es la aportación de Hayek respecto a la teoría del conocimiento en el sistema y el orden espontáneo. Otro es el análisis de cómo se dan dos estrategias entre los subsistemas emergentes en los sistemas, la cooperación y la competencia, en la naturaleza, si los factores que llevan a una u otra elección son similares a los destacados por Williamson y si tenemos algo que aprender.

A esos aspectos teóricos sería interesante añadir dos ejercicios.

El primero, utilizando lo que la Escuela de Public Choice nos enseña, sería plantear la política como un sistema similar al empresarial y al económico y analizar cómo interfieren. Cabe plantearse si hay cooperación o competencia entre ambos sistemas, que son, a fin de cuentas, subsistemas de uno mayor: la sociedad. De manera que el intercambio de privilegios entre empresas y gobiernos no sea más que otra manera de sobrevivir. En ese sentido, es conveniente plantearse la sostenibilidad de las economías en las que ese tipo de relaciones entre subsistemas, si se trata de un problema de información o si, tal vez, es solamente una fase de transición a otra etapa de mayor complejidad.

Este análisis podría ampliarse a otros susbistemas sociales: sistema educativo, jurídico, etc., y nos muestra una de las aportaciones más importantes de la teoría de sistemas, que es el estudio del papel que desempeña el estudio sintético (combinado con el analítico), en el que contemplamos nuestro sistema objeto de estudio como parte de algo más grande, para comprender mejor su naturaleza.

El segundo ejercicio consiste en identificar el rol del empresario dentro del sistema que conocemos como empresa. Hay mucha literatura acerca de los flujos de inputs y outputs de la empresa, la logística, la información, los sistemas de control, pero lo que tanto han estudiado algunos economistas, la esencia de la función empresarial, la gestión del riesgo, la toma de decisiones, el estado de atención o alertness, parece inaprehensible. Los estudios de Axtell y muchos otros aproximando la cibernética al estudio del mercado mediante el análisis multi-agente, al igual que los ingenieros que diseñan sistemas de provisión de agua sostenibles, analizan los mercados como un sistema, con subsistemas, atributos, complejidad y emergencia, pero dejan de lado el orden espontaneo y piensan más bien en optimizar la intervención. La importancia tanto de la voluntariedad de los intercambios como requisito para el enfoque contractualista como el orden espontaneo para el austriaco no se pueden dejar de lado. Curiosamente, se trata de una lección que nuestros gloriosos economistas liberales que nos precedieron ya nos regalaron.

De la misma forma que quienes se dedican a la histología celular estudian los componentes y funciones de la célula y la dinámica o evolución de la misma, tal vez no estaría de más hacer lo mismo con la empresa, en lugar de centrarnos en el relato de la historia empresarial simplemente. La aproximación desde la Historia del Pensamiento Económico, como hemos visto, es una ayuda en este sentido.

La utilidad de esta aproximación estriba en la comprensión de la evolución en el tiempo de una de las instituciones más importantes de nuestra sociedad. Si nos esforzamos en estudiar la evolución de la empresa, de sus componentes, de las relaciones entre unos y otros, teniendo presente las dos estrategias naturales: cooperación y competencia, tal vez entendamos dónde hay que colocar los incentivos para que espontáneamente emerjan estructuras y comportamientos que logren empresas sostenibles al servicio del hombre.

Bibliografía

Ackoff, Russell (1993), "From Mechanistic to Social Systemic Thought", *System Thinking in Action Conference*. Pegasus Publishing.

Axtell, Robert L. (2007), "What economic agents do: How cognition and interaction lead to emergence and complexity?", *Review of Austrian Economics*, No. 20.

Bertalanffy, Ludwig von [1968] (1989), *Teoría General de los Sistemas*, Mexico: FCE.

Blanco, María (2013), "El empresario en la historia del pensamiento económico", en Nogales Lozano, Fernando (2013), *La educación de las empresas familiares*, Madrid: Unión Editorial.

Blanco, María (2015), "Aspectos psicológicos del empresario

desde una perspectiva austriaca" en Nogales Lozano, Fernando, *La importancia del empresario en la riqueza de las naciones*, Madrid: Unión Editorial.

Cantillon, Richard [1755] (2010), *Essay on Economic Theory*, (Ed. Mark Thornton), LvMI.

Charlton, Bruce G. y Andras, Peter (2003), "What is management and what do managers do? A systems theory account". *Philosophy of Management*, No.3.

Johanessen, Jon-Arid; Olaisen, Johan; y Olsen Bjorn (1999), "Systemic thinking as the philosophical foundation for knowledge management and organizational learning", *Kybernetes*, 28, 1.

Kirzner, Israel (1986), "El empresario", en Huerta de Soto, Jesús: *Lecturas de Economía Política*, vol. I, Madrid, Unión Editorial.

Mobus, George E (2012) *Thinking Systemically. Achieving Sustainable Systems, I y II*. University of Washington, Tacoma.

Ravier, Adrián (2011), "Entrevista a Israel Kirzner", en *La Escuela Austriaca desde dentro,* vol. I, Madrid, Unión Editorial.

Santos Redondo, Manuel (1997), *Los economistas y la empresa: empresa y empresario en la historia del pensamiento económico*, Madrid, Unión Editorial.

Smith, Adam (1776), *An Inquiry of the Nature and Causes of the Wealth of Nations*, Cannan edition, Library of Liberty.

Weiler, R. (2013), *Science of Complexity*, presentation in the World Academy of Arts and Science Meeting: A Transdiciplinary Exploration of Theory and Applications.

SOBRE UTOPÍAS Y DISTOPÍAS (CON COMENTARIOS SOBRE UNA NOVELA DISTÓPICA MODERNA)

Julio H. Cole

VERSHININ: "Soñemos un poco... Por ejemplo, sobre la vida que habrá después de nosotros, dentro de doscientos años o trescientos..."

TUZENBACH: "¿Por qué no?... Talvez volaremos en globos. Cambiarán los estilos de los chalecos, se descubrirá un sexto sentido, quizá... Pero la vida seguirá siendo igual — feliz, llena de misterios, y difícil... Dentro de mil años los hombres seguirán quejándose: '¡Ah, que dura es la vida!' Pero seguirán temiendo a la muerte, y no querrán morir".

— ANTÓN CHÉJOV, *Las tres hermanas* (1901), Acto II

"Utopía" es una palabra inventada hace 500 años por Tomás Moro, quien acopló las palabras en griego para "no" y "lugar" para denotar la idea de un lugar imaginario o inexistente, y también aprovechó la homofonía con "eu-topía" (buen lugar) para sugerir este doble aspecto del concepto: en toda la literatura subsiguiente la idea de utopía se asocia con el empleo de lo imaginario o ficticio para proyectar un ideal.

En el lenguaje coloquial el término tiende a tener connotaciones peyorativas, cuando se rechaza una idea o propuesta como "utópica", al considerarse imposible o poco práctica. Muchas veces se usa en este sentido incluso cuando la propuesta carece de connotaciones idealistas. En estas situaciones el uso del término equivale a una simple expresión de pesimismo o escepticismo (pesimismo que muchas veces es refutado por el paso del tiempo y la evolución histórica).

A veces este escepticismo es expresado por los propios proponentes de la idea que se describe como utópica. Adam Smith, por ejemplo, en 1776 propuso el libre comercio como la base para una política económica óptima, aunque no era optimista en cuanto a la factibilidad política de sus propuestas:

Esperar que en la Gran Bretaña se establezca enseguida la libertad de comercio es tanto como prometerse una Oceana *o una Utopía*. Se oponen a ello, de una manera irresistible, no sólo los prejuicios del público, sino los intereses privados de muchos individuos (*La riqueza de las naciones*, Libro IV, Cap. II; las itálicas son nuestras).

El tiempo, sin embargo, desmintió esta predicción, ya que en el siglo XIX, sólo pocas décadas después de la muerte de Smith, Gran Bretaña adoptó con éxito el modelo smithiano, lo que la llevó al liderazgo económico mundial.

* * *

Algunos estudiosos del tema piensan que los antecedentes de la tradición utópica son las fábulas y leyendas de una Edad de Oro o de un Paraíso Perdido. En estas historias, el ideal de un estado de armonía se proyecta a un pasado mítico (a diferencia de las utopías modernas, que tienden a proyectarse a un futuro muy distante) y se concibe un estado de felicidad rústica en la que los hombres llevaban vidas simples, sin las artificialidades de la civilización y las corrupciones que ésta conlleva.

Por otro lado, un elemento común a estas fábulas y mitos (que resurgen cada vez que el desencanto con la civilización llega a un grado crítico) es que este estado de armonía original es algo que ya no se puede recuperar. Expresan un anhelo de paz universal, pero también un sentido de inocencia perdida, de nostalgia y añoranza por algo precioso que se perdió para siempre.

A veces este sentido de nostalgia, con ciertos elementos de proyección utópica, se percibe incluso en descripciones de épocas que corresponden a un pasado no-mítico. Cuando esto sucede, las descripciones casi siempre dicen más sobre los sesgos del historiador que de las realidades históricas retratadas. Edward Gibbon, por ejemplo, describió la época de los emperadores Antoninos como la de una felicidad y prosperidad inigualadas en toda la historia humana:

> Si a un hombre le preguntaran cuál fue el período de la historia del mundo durante el cual la condición de la raza humana fue más feliz y próspera, nombraría, sin duda alguna, el que inicia con la muerte de Domiciano y concluye con la accesión de Cómodo (*History of the Decline and Fall of the Roman Empire*, 1776, vol. 1, Cap. III, parte 2).

Gibbon seguramente se refería a la clase privilegiada en la Roma antigua, y es muy dudoso que la condición de la gran mayoría de la población — los campesinos, los proletarios y los esclavos — haya sido realmente muy próspera y feliz, o de que hayan disfrutado mucho de la vida en esa supuesta época dorada. A lo largo de la mayor parte de la historia humana, las masas anónimas sólo figuran como víctimas de guerras y hambrunas, y como sumisos peones de la clase dominante. Lo que ha quedado son los monumentos — las pirámides y los grandes templos — erigidos para honrar a los mandamases de turno, pero en realidad sabemos muy poco (casi nada) sobre cómo vivían, y mucho menos cómo se sentían, los infortunados esclavos que los construyeron.

En la actualidad, ciertos movimientos político-sociales de carácter utópico no tienen realmente una orientación futurista, sino que más bien pretenden recuperar de alguna forma los valores asociados a una época del pasado remoto, esperando de este modo recuperar también los aspectos positivos que se asocian en el imaginario con esos valores y con ese tiempo pasado. El yihadismo islámico que busca establecer un califato universal basado en la ley *sharia* es un utopismo de este tipo.

* * *

Otra corriente de literatura utópica se origina en teorías de la historia que prevén progreso incesante y un futuro perfecto como resultado de innovaciones tecnológicas o de fuerzas históricas irresistibles. En esta tradición concurren autores muy diversos, como Condorcet, Hegel, Spencer y Marx (aunque Karl Marx protestaría su inclusión en esta categoría, ya que él mismo caracterizaba como "utópicos", en sentido despectivo, a todos los socialistas que le precedieron, reservando el apelativo de "científico" para su propia versión de socialismo). La famosa tesis de Francis Fukuyama sobre "el fin de la historia" es una versión moderna de este tipo de proyección: su visión de la democracia liberal como etapa final del desarrollo histórico de la humanidad refleja una ideología muy diferente a la de Marx, pero ambos autores comparten una fuerte influencia hegeliana.

Entre los utopistas tecnológicos, el marqués de Condorcet sin duda merece un lugar de honor. Al parecer, era un optimista incurable: compuso su *Esquisse d'un tableau historique des progrès de l'esprit humain* ("Esbozo para un cuadro histórico de los progresos del espíritu humano", 1794) durante los seis meses que estuvo escondido, luego de haber sido condenado, *in absentia*, a morir en la guillotina acusado de traición a la Revolución Francesa. (Murió en prisión, poco después de su captura y arresto.) Aun estando en esta situación desesperada, su optimismo respecto del futuro humano era indestructible: como resultado del progreso científico y el desarrollo moral de la humanidad, en el futuro desaparecerían los conflictos y las desigualdades de raza y género, asimismo las diferencias entre intereses públicos y privados, y se establecería una lengua universal, los frutos de la tierra se multiplicarían inmensamente y se lograría la conquista de todas las enfermedades. Similares visiones de un futuro utópico fueron publicadas en Inglaterra por un contemporáneo del marqués, William Godwin, quien también proclamó la certeza del progreso y la perfectibilidad ilimitada de la condición humana.

En la historia intelectual un fenómeno recurrente es que el planteo de nuevas ideas (o el redescubrimiento o replanteo de ideas o visiones antiguas) casi invariablemente genera, como reacción, un rechazo de las mismas y el desarrollo de tesis contrarias. En el caso de las optimistas visiones de Godwin y Condorcet esta reacción dialéctica provino de la pluma del economista inglés Thomas Malthus, quien desarrolló sus teorías acerca de las consecuencias nefastas de la sobrepoblación precisamente como una crítica de estas ideas que tanto habían fascinado a su padre, Daniel Matlhus.

Malthus criticó con particular intensidad la noción, planteada tanto por Godwin como por Condorcet, de que en el futuro la duración de la vida humana se prolongaría indefinidamente. A este respecto, Malthus, devoto cristiano, observó con mucha perspicacia que la inmortalidad es el anhelo de personas que quieren rechazar a Dios, pero sin renunciar a la vida eterna:

No puedo abandonar este tema sin hacer notar que estas conjeturas de los señores Godwin y Condorcet respecto a la prolongación indefinida de la vida humana, son, en realidad, un curioso ejemplo del vehemente deseo de inmortalidad que siente el alma. Ambos señores han rechazado la luz de la revelación, que promete, de manera absoluta, la vida eterna en otro estado. Han rechazado también la luz de la religión natural, que ha descubierto la futura existencia del alma a las inteligencias más preclaras de todos los tiempos. Sin embargo, la idea de la inmortalidad es tan atractiva para la mente humana que no pueden avenirse a arrojarla de sus sistemas (*Ensayo sobre el principio de la población*, 1798, Cap. 12).

A 200 años de estas polémicas, podríamos decir que la evidencia favorece a Malthus, en el sentido de que aún no sabemos cómo postergar la muerte indefinidamente, aunque también hay que admitir que Malthus subestimó las posibilidades prácticas de prolongar la longevidad humana: la enorme extensión en la esperanza de vida promedio que se ha dado en los últimos dos siglos (incluso en los países más pobres del mundo) hubiera sido considerada como una genuina utopía por Malthus y sus contemporáneos.

En el caso de Godwin, otra vertiente de crítica al utopismo tecnológico proviene del aporte de su hija, Mary, casada con el famoso poeta Shelley. Mary Shelley fue la autora de *Frankenstein* (1818), la novela que simboliza la idea de que el progreso tecnológico es en realidad un arma de doble filo que acarrea beneficios pero también consecuencias imprevisibles, y que el hombre, al rebelarse contra las restricciones impuestas por la naturaleza, bien podría perder el control de su propia creación y ser castigado por ella.

El utopismo tecnológico contemporáneo cifra sus esperanzas mayormente en la tecnología informática, y concretamente en las posibilidades de la llamada "inteligencia artificial". Su profeta más destacado es Ray Kurzweil, el conocido futurista y gurú tecnológico, quien pronostica una fecha específica (el año 2045) para el inicio de una nueva era en la historia humana. Para este moderno Condorcet, ese sería el momento en que ocurrirá lo que él y sus seguidores denominan "la Singularidad": la invención de una máquina super-inteligente, capaz de reproducirse y de *mejorarse*, generando una incontrolable reacción en cadena de ciclos de mejoramiento exponencial y causando de este modo una explosión de inteligencia que dejará muy atrás a los seres humanos.

Kurzweil y sus seguidores contemplan esta posibilidad como algo muy positivo, aunque para muchos comentaristas no ha pasado desapercibido que la famosa "singularidad" — con máquinas capaces de rediseñarse y auto-mejorarse recursivamente, escapando así al control humano — bien podría convertirse en un momento Frankenstein. (El propio Kurzweil reconoce que es imposible predecir cómo será la vida humana después de la singularidad.)

No es una inquietud nueva. El término "singularidad", al parecer, ya había sido empleado a mediados del siglo pasado, y en este mismo contexto, por el gran matemático John von Neumann.[1] Poco después, otro matemático, el británico I. J. Good, especuló sobre la posibilidad de una "explosión de inteligencia":

> Definamos una máquina ultra-inteligente como una máquina que sobrepasa todas las actividades intelectuales de cualquier hombre, por más inteligente que éste sea. Puesto que el diseño de máquinas es una de estas actividades intelectuales, una máquina ultra-inteligente podría diseñar máquinas aún mejores; habría incuestionablemente una 'explosión de inteligencia', y la inteligencia humana se quedaría muy atrás. Por tanto, la primera máquina ultra-inteligente es la última invención que tendría que hacer el ser

---

[1]"Una [de nuestras] conversaciones se centró en el cada vez más rápido progreso tecnológico y los cambios en el modo de la vida humana, lo que da lugar a pensar que se acerca alguna singularidad esencial en la historia de la raza [humana], más allá del cual los asuntos humanos, tal como los conocemos, no podrían continuar" (Stanislaw Ulam, "John von Neumann, 1903-1957", *Bulletin of the American Mathematical Society*, vol. 64, 1958).

humano, siempre y cuando la máquina sea lo suficientemente dócil como para decirnos cómo mantenerla bajo
control.[2]

Dado que la "docilidad" de estas máquinas no es algo que pueda
garantizarse *ex ante*, no hace falta ser un "luddita" anti-técnico
para sentir por lo menos cierto grado de recelo ante la posibilidad de un mundo "post-humano" en un futuro no tan lejano.

Ya hay personas muy prominentes en el ámbito científico y tecnológico que han expresado preocupación ante la incertidumbre
y los posibles peligros que se avecinan (entre ellos se destacan
Elon Musk, Stephen Hawking y Bill Gates, para citar sólo a tres
individuos muy conocidos).

A este respecto (pero en otro contexto), Friedrich Engels
una vez comentó lo siguiente: "La gente que alardeaba de haber
hecho una revolución se veía siempre, al día siguiente, que no
tenían idea de lo que estaban haciendo, que la revolución hecha
no se parecía en lo más mínimo a la que les hubiera gustado hacer" (carta a Vera Zasulich, 23 de abril, 1885). Esta observación
no sólo es válida para el caso de las revoluciones políticas —
también se aplica a las revoluciones tecnológicas. Que "las ideas
tienen consecuencias" es una frase que no se cansan de repetir
los ideólogos de toda estirpe, y sin duda es cierto, pero no siempre son las consecuencias que deseamos o anticipamos. La utopía se puede convertir en distopía.

* * *

En el siglo XX se acuñó el término "distopía" para describir, por
oposición a las utopías, sociedades igualmente ficticias o imagi-
narias pero con características negativas o indeseables. Si la utopía es el sueño de un mundo mejor, la distopía es una visión del

---

[2]"Speculations Concerning the First Ultra-intelligent Machine", *Advances
in Computers*, vol. 6, 1965. Quizá no sea irrelevante mencionar que Good
fue contratado como consultor por el director de cine Stanley Kubrick
durante la filmación de su famosa película *2001: Odisea del espacio*. Sabemos
cómo termina *esa* historia de interacción entre humanos y máquinas
inteligentes.

futuro como pesadilla: lo que los autores de estas ficciones proyectan son situaciones horribles y repelentes pero que podrían concebiblemente materializarse como resultado de alguna catástrofe cósmica, o como efecto acumulado de tendencias que ya se observan en el mundo actual.

En el primer caso, se plantean escenarios "post-apocalípticos" que comienzan con el colapso de la civilización. El agente destructivo podría ser un holocausto nuclear o alguna gran catástrofe natural, como ser el cambio climático o la propagación de una epidemia incontrolable. Los detalles del cataclismo son sólo incidentales y el tema central es la desintegración de las instituciones sociales y de los mecanismos de control social, y el surgimiento de nuevos liderazgos, una nueva cultura y un nuevo sistema social. Un clásico ejemplo de este género es la novela *A Canticle for Leibowitz* (1959), por Walter M. Miller.

(Un mundo post-apocalíptico es también una premisa favorita en muchas películas de Hollywood, aunque en este caso el escenario y las condiciones que lo originan usualmente sólo son un pretexto para realizar un gran despliegue de efectos especiales, con muchas secuencias de explosiones y fantásticas persecuciones. Ejemplos notables de este género son la serie de películas de "Mad Max" y sus numerosos imitadores.)

El segundo tipo de ficción distópica consiste de extrapolaciones de tendencias que ya se observan en el mundo contemporáneo, y el objeto es de servir como advertencia sobre las posibles consecuencias si estas tendencias no se llegan a controlar. El crecimiento acelerado de la población es un tema recurrente en la literatura distópica del siglo XX. El agotamiento de ciertos recursos naturales es otro temor que también se expresa de este modo. En *Le camp des saints* ("El campamento de los santos", 1973) de Jean Raspail, la preocupación por el tema demográfico se plantea en términos de masivas migraciones del Tercer Mundo hacia Europa, lo que conlleva el inevitable choque de culturas y la destrucción de la cultura occidental. (El título de la novela es una referencia al "campamento de los santos" que se menciona en Apocalipsis 20:9.) Aunque expresa sentimientos racistas y contiene muchos elementos que ahora se consideran "políticamente incorrectos", esta novela no deja de ser una notable anticipación de un fenómeno que hoy en día, cuatro décadas después (y con perdón del *cliché*), constituye una crisis social de "palpitante actualidad".

* * *

Dos novelas distópicas ocupan un lugar destacado en la literatura del siglo XX, tanto por su valor literario como por la repercusión social que tuvieron. *Brave New World* ("Un mundo feliz"), por Aldous Huxley, y *1984*, por George Orwell, describen sociedades donde el Estado controla férreamente todos los aspectos de la vida cotidiana y donde la tecnología se usa, no para bien del ciudadano, sino como instrumento de control. En la novela de Huxley, el Estado controla a los ciudadanos a través del suministro de una droga (*soma*) que los vuelve sumisos y dependientes. (La traducción al español del título, si bien no es literal, es no obstante muy correcta y apropiada: los habitantes de este mundo son felices, pero es una felicidad artificial, deshumanizada y carente de amor o de aprecio por los demás). En *1984* el mundo es dominado por el Gran Hermano, un líder todopoderoso que dirige un gobierno mucho más despótico y maligno. Aquí también el Estado controla a sus ciudadanos por medio de la tecnología (en este caso, unas omnipresentes televisiones que trasmiten en ambas direcciones).

Huxley comentó una vez sobre las diferencias entre *Brave New World* y *1984* en una carta personal:

> La filosofía de la minoría gobernante en *1984* es un sadismo que ha sido llevado a su lógica conclusión ... Pero [me] parece dudoso que la política de la bota-en-la-cara pueda continuar indefinidamente. Mi propia convicción es que la oligarquía gobernante encontrará formas menos arduas y más eficientes de gobernar y satisfacer su ansia de poder, y estas formas se parecerán a las que yo describí en *Brave New World* ... En el curso de una generación creo que los gobernantes del mundo descubrirán que el condi-

cionamiento infantil y la narco-hipnosis son más eficientes, como instrumentos de gobierno, que los garrotes y las prisiones, y que el deseo de poder puede ser completamente satisfecho por medio de la sugestión, logrando que la gente ame su servidumbre y obedezca sin necesidad de azotes y puntapiés. En otras palabras, pienso que la pesadilla de *1984* está destinada a convertirse en la pesadilla de un mundo que se parece más al que yo imaginé en *Brave New World*" (carta a George Orwell, 21 de octubre, 1949).[3]

No sabemos cómo hubiera respondido Orwell a este comentario, porque murió tres meses después de la fecha de esta carta, pero sí sabemos que algunos años antes había expresado sus propias reservas sobre la novela de Huxley, en una reseña publicada en 1940:

> En la novela *Brave New World*, de Aldous Huxley, … el principio hedonista es llevado a su extremo, todo el mundo se ha convertido en un hotel de la Riviera. Pero aunque *Brave New World* fue una brillante caricatura del presente (el presente de 1930), probablemente no arroja luz sobre el futuro. Ninguna sociedad de ese tipo duraría más de un par de generaciones, porque una clase gobernante que pensara principalmente en términos de 'pasar un buen rato' pronto perdería su vitalidad. Una clase gobernante debe tener una moralidad estricta, una cuasi-religiosa creencia en sí misma, una mística ("Prophecies of Fascism", en *The Collected Essays, Journalism and Letters of George Orwell*, vol. 2).

Ambos autores pensaban que sus predicciones distópicas eran inminentes, y en este sentido ambos se equivocaron, aunque posiblemente Huxley haya errado más que Orwell. A más de seis décadas de su comentario epistolar, no hay ninguna señal de que nos estemos acercando siquiera a un despotismo benevolente

---

[3]A los aficionados a las anécdotas literarias sin duda les interesará saber que Aldous Huxley fue maestro de francés de Orwell, cuando éste fue alumno del colegio Eton (y aún se llamaba Eric Blair).

como el *Brave New World*. Por otro lado, aunque hoy en día tampoco hay tiranías tan absolutas como la del Gran Hermano, en el siglo XX sí hubo muchos casos de regímenes totalitarios sumamente crueles, y siguen habiendo muchos regímenes que exhiben algunas de las características descritas en *1984*. Es más, aunque el mundo no parece estarse moviendo en la dirección prevista por Huxley, sí hay señas preocupantes de que los gobiernos contemporáneos se están volviendo cada vez más "orwellianos".

* * *

Ningún escritor narrativo del siglo XX contribuyó tanto como George Orwell al lenguaje político, empezando por el uso de su propio nombre: "orwelliano" es ahora un término usado (y comprendido) incluso por personas que nunca han leído a Orwell. En el lenguaje moderno es un adjetivo que denota una política de control draconiano por parte de gobiernos represivos, mediante el uso de vigilancia, propaganda, manipulación del pasado, negación de la verdad y desinformación.

El personaje central de *1984* es un funcionario de baja jerarquía en el Ministerio de la Verdad. Su trabajo consiste en alterar los documentos históricos a fin de que estos coincidan en todo momento con la versión más reciente de la "verdad" oficial, la cual se define siempre en función de las necesidades del Estado y de acuerdo a los dictados infalibles del Partido. En el Ministerio de la Verdad también se alteran fotografías y los archivos públicos se reescriben para borrar referencias a personas que el Partido ha decidido eliminar de la historia.

La "verdad" en este mundo es un concepto maleable, y cuando cambia la verdad oficial — lo que sucede con mucha frecuencia — los ciudadanos están mentalmente entrenados para cambiar de inmediato sus convicciones y creencias, sin cuestionar nunca los pronunciamientos oficiales, ya que en este mundo la noción de una verdad objetiva es un concepto incomprensible. La permanente transformación del pasado hace que la mentira se vuelva absolutamente necesaria, y la "realidad" no es lo que *realmente* sucede, sino lo que el Partido *dice* que sucede.

Aunque el mundo de *1984* es ficticio, esta descripción de un gobierno basado en la mentira institucionalizada es simplemente una versión, muy exagerada, de tendencias reales que Orwell había observado y explicado por escrito desde mucho antes. En su novela Orwell extrapoló estas tendencias hasta llegar a sus lógicas consecuencias, y el resultado es el mundo descrito en *1984*, un mundo en el que la clase gobernante controla no solo el presente, sino también *el pasado*.

Hacia el final de su vida, la relación entre lenguaje y política llegó a ser una preocupación central para Orwell. Según él las tendencias políticas de su tiempo estaban teniendo una influencia negativa sobre el lenguaje, especialmente sobre el lenguaje escrito, lo cual a su vez empobrecía la calidad de la discusión pública, reforzando la tendencia hacia el totalitarismo político.

Estas ideas las articuló en un ensayo titulado "Politics and the English Language" (1946), donde argumentó que el lenguaje político tiene un efecto corruptor sobre el lenguaje cotidiano, ya que el discurso político incorpora la hipocresía y el cinismo casi por definición: el lenguaje político tiene como propósito "hacer que las mentiras parezcan verdades y el asesinato respetable, y darle aspecto de solidez a lo que solo es viento". Puesto que la intención no es expresar la verdad sino ocultarla, el lenguaje utilizado es necesariamente vago y carente de contenido específico. La falta de sinceridad se auto-perpetúa y la claridad del lenguaje va declinando a medida que quienes escriben políticamente se acostumbran a ocultar sus intenciones detrás de eufemismos y frases rebuscadas.

Esta verborrea, con abundancia de neologismos, abreviaciones y acrónimos, es una característica del lenguaje burocrático, pero también del lenguaje político partidario, ya que la política partidaria requiere el apego a ciertas ortodoxias y "la ortodoxia, sea del color que sea, parece exigir un estilo inerte, puramente imitativo". El problema es que este lenguaje es contagioso, y según Orwell ya había "infectado" incluso a quienes no tienen intenciones de mentir o de ocultar la verdad. La decadencia del lenguaje político ya había afectado el lenguaje cotidiano, y ahora es más fácil, argumentaba Orwell, pensar en mal inglés (y en mal castellano también, podemos agregar) porque el lenguaje ha decaído, y la decadencia del lenguaje hace que sea más fácil tener pensamientos "tontos", lo que retro-alimenta el proceso: "Un hombre puede darse a la bebida porque se considera un fracasado, y entonces fracasar aún más porque se dio a la bebida. Algo semejante ocurre con la lengua inglesa. Se vuelve fea e inexacta porque nuestros pensamientos rayan en la estupidez, pero el desaliño de nuestro lenguaje nos facilita tener pensamientos estúpidos". Para Orwell, la manipulación lingüística causa confusión mental y empobrece el debate político.

En *1984* estas preocupaciones toman un giro de pesadilla. A fin de afianzar su control sobre la población, los dirigentes del Partido deciden crear la "neolengua" (*Newspeak*), un idioma deliberadamente diseñado para impedir cualquier forma de pensamiento independiente. El apéndice sobre "Los principios de neolengua" explica la teoría que fundamenta las prácticas descritas por Orwell en la parte narrativa de la novela. La intención de los diseñadores de la nueva lengua no solo es proporcionar un medio para expresar la correcta forma de pensar sino también (y más que todo) "imposibilitar otras formas de pensamiento". Para lograr esto, había que introducir nuevas palabras, y desligar de las palabras viejas cualquier significado que no fuera el deseado por el Partido.[4]

La *eliminación* de palabras era también parte importante de este proyecto: "Aparte de la supresión de palabras definitivamente heréticas, la reducción del vocabulario se consideraba como un objetivo deseable por sí mismo, y no sobrevivía ninguna palabra de la que se pudiera prescindir. La finalidad de la neolengua no era aumentar sino disminuir el ámbito del pensamiento, objetivo que podía conseguirse reduciendo el número

---

[4]La idea de que el desorden lingüístico conduce al desorden social es una noción muy antigua que se remonta por lo menos hasta la época de Confucio. Este pensador chino y sus discípulos insistían en que el remedio para los desórdenes de su tiempo debía encontrarse en la "rectificación de las palabras", y para garantizar el buen gobierno, cada cosa debía identificarse por su verdadero nombre. El uso incorrecto de las palabras, en cambio, era un pecado semántico con graves consecuencias sociales.

de palabras al mínimo indispensable". Con el tiempo la expresión de opiniones heterodoxas sería imposible. Tales expresiones serían gramaticalmente correctas, pero carecerían de sentido, y no podrían ser explicadas por medio de un argumento racional, ya que los promotores de tales opiniones no dispondrían de las palabras necesarias. Una vez desaparecida la vieja lengua, quedaría disuelto el último tenue vínculo con el pasado.

* * *

La pesadilla orwelliana de un mundo entero sometido al totalitarismo nunca se llegó a materializar, aunque la paranoia antitotalitaria que exhibe Orwell en su novela no era nada irrazonable en la época que le tocó vivir. En ese tiempo la amenaza totalitaria era algo muy real, y se proponía seriamente el totalitarismo como una "solución" para los males que aquejaban a las democracias liberales. Solo hay que recordar la famosa frase de Benito Mussolini: "Todo dentro del Estado, nada fuera del Estado, nada contra el Estado".

Nosotros sabemos que estos regímenes no perduraron, pero Orwell solo conoció la primera mitad del siglo XX. O sea, lo que conoció en su corta vida (murió a los 46 años de edad) fueron dos guerras mundiales con una gran depresión mundial intercalada. Nada extraño entonces que su cosmovisión haya sido de un pesimismo extremo.

Aunque los totalitarismos reales del siglo XX nunca llegaron a ser tan "totales" como el de *1984*, sí fueron muy crueles mientras duraron, y exhibieron muchas de las características que Orwell pintó en su novela. (De hecho, en los países comunistas era muy común que los súbditos de esas tiranías expresaran asombro ante la notable intuición psicológica de Orwell sobre la vida cotidiana en esos países.) El Gran Hermano también tuvo muchos "hermanos menores", y aún persisten gobiernos totalitarios con características orwellianas.[5] La gran mayoría de los gobiernos totalitarios son o han sido tiranías de izquierda, y los

---

[5]El caso más notorio es el de Corea del Norte, donde la dinastía Kim ha establecido una monarquía hereditaria parapetada con la fachada de una ideología marxista muy ortodoxa, con un omnipresente culto a la

ideólogos de derecha tienden a suponer que solo los izquierdistas son culpables de este tipo de fechorías. Pero la verdad es que el mensaje de Orwell es meta-ideológico, y sus percepciones sobre la naturaleza del poder político se aplican a cualquier tipo de gobierno, independientemente de su orientación política. Durante la Guerra Fría, por ejemplo, Estados Unidos se oponía a los totalitarismos de izquierda, proyectándose como la potencia líder del llamado "mundo libre", el cual presumiblemente incluía a países sometidos a gobiernos tiránicos como el de Nicaragua bajo los Somoza (padre e hijo) y la República Dominicana bajo Rafael Trujillo. Solo una aplicación del "doblepensar" orwelliano permitía calificar a estos infortunados pueblos como "países libres", pero sus gobernantes eran firmes aliados de Estados Unidos, y por esto mismo recibían el apoyo del gobierno estadounidense. En el caso de Anastasio Somoza (padre), el doble-discurso de la política estadounidense se reflejaba en una famosa expresión atribuida a un presidente de Estados Unidos: "Sabemos que es un hijo de perra, pero es *nuestro* hijo de perra".[6]

---

personalidad del líder y un férreo y absoluto control de la información y los medios de comunicación. Los tiranos tradicionales (i.e., no-totalitarios) muchas veces tratan de pasar el poder de padres a hijos, pero estos intentos por lo general no son muy exitosos y rara vez duran más de dos generaciones. La dinastía Kim ya va por su tercera generación. Por otro lado, aunque el régimen norcoreano es un fastidio permanente para sus vecinos, su sistema político definitivamente no es exportable, y es poco probable que presenciemos una expansión del mismo más allá de sus fronteras.

[6]El caso de Trujillo es interesante porque es uno de los pocos casos históricos de un gobierno no-izquierdista con características totalitarias. Las típicas dictaduras latinoamericanas restringieron las libertades políticas, y en muchos casos cometieron atrocidades, pero generalmente los alcances de sus intromisiones en la vida societaria no sobrepasaban el ámbito de lo estrictamente político, y tampoco existía en estos regímenes un generalizado culto a la personalidad del jefe de Estado. En el caso de Trujillo, en cambio, el culto a la personalidad del "Benefactor de la Patria" rayaba en lo absurdo, llegando al extremo de rebautizar la capital, Santo Domingo, con el nombre de "Ciudad Trujillo". La megalomanía del Gran Líder alcanzaba grados patológicos, al igual que el servilismo de la élite que lo rodeaba, y el partido trujillista tenía influencia sobre todo aspecto de la

Todos los gobiernos practican la *realpolitik*, y al hacer estas comparaciones no estamos insinuando que en la Guerra Fría los gobiernos de la Unión Soviética y de Estados Unidos eran de alguna manera moralmente equivalentes. Pero tampoco hay que suponer que las tácticas orwellianas dejan de ser criticables solo porque las emplea un gobierno con la ideología "correcta".

Aunque nadie podría afirmar seriamente que Estados Unidos tiene actualmente un gobierno totalitario — o incluso que podría llegar a tenerlo en un futuro cercano — existen señales muy claras de que el gobierno estadounidense se ha estado volviendo más y más "orwelliano" en años recientes. Esto se notó especialmente durante el gobierno de George W. Bush y en la serie de medidas adoptadas como respuesta a los ataques terroristas del 9/11. La manera como se usó la desinformación para justificar la invasión de Iraq parece salido del Ministerio de la Verdad, y el lenguaje oficial utilizado durante el manejo de la ocupación militar de ese país tenía muchas de las características de la "neolengua" orwelliana ("OCUPACIÓN = LIBERACIÓN"). El gobierno estadounidense llegó a legalizar la tortura como política oficial bajo el eufemismo cuasi-orwelliano de "técnicas de interrogación robustas" (*enhanced interrogation techniques*). Estas acciones se justificaron apelando a consideraciones de seguridad nacional, pero muchos analistas y observadores piensan que todo esto tuvo un efecto muy negativo sobre el sistema político estadounidense. El carácter orwelliano de la administración Bush se revela de cuerpo entero en el siguiente comentario del periodista Ron Suskind, quien relató una entrevista que sostuvo con un importante asesor de Bush:

> El asesor me dijo que las gentes como yo 'viven en lo que nosotros llamamos el mundo de la realidad', que somos personas que 'todavía creen que las soluciones emergen del estudio cuidadoso de la realidad discernible' ... 'El mundo ya no funciona así', continuó diciendo. 'Ahora so-

---

vida cotidiana. Trujillo era un Gran Hermano "tropicalizado", y el grado de control que tenía en su país era en todo sentido comparable al de Fidel Castro en Cuba.

mos un imperio, y cuando actuamos, creamos nuestra propia realidad. Y mientras ustedes estudian esa realidad … nosotros actuaremos de nuevo, creando otras, nuevas realidades, que ustedes podrán estudiar también, y así es como serán las cosas. Nosotros somos los actores de la historia … y ustedes, todos ustedes, se quedarán estudiando lo que nosotros hacemos' … " ("Without a Doubt: Faith, Certainty and the Presidency of George W. Bush", *The New York Times Magazine*, 17 de octubre, 2004).

(Después se reveló que el asesor aludido era nada menos que Karl Rove, el gran artífice de las victorias electorales de George Bush, y maestro de la técnica de relaciones públicas conocida como *spin control.*)

Por último, y por si todo esto no fuera suficientemente preocupante, Edward Snowden, ex-contratista de los servicios de inteligencia estadounidenses (y ahora prófugo internacional), recientemente reveló al mundo la existencia de un inmenso programa de espionaje y vigilancia electrónica de proporciones tan vastas que supera cualquier cosa que Orwell hubiera podido imaginar.

* * *

La distopía maligna que pintó Orwell en su novela es una ficción, pero muchas de las tendencias que le preocupaban son no obstante muy reales. El mundo se está volviendo cada vez más "orwelliano" y los mecanismos de control y vigilancia que describió en *1984* ahora forman parte de nuestro diario acontecer.

Hoy en día la expresión "el Gran Hermano te vigila" ya no es una mera metáfora literaria sino una realidad palpable. La verdadera sorpresa es que el Gran Hermano resultó ser el Tío Sam.

¿QUÉ AGREGAN LA FENOMENOLOGÍA Y LA HERMENÉUTICA AL DEBATE SOBRE LAS MATEMÁTICAS EN ECONOMÍA?

Gabriel J. Zanotti

Introducción

En su libro y tesis doctoral sobre las matemáticas y la economía[1], Juan Carlos Cachanosky sostiene razones matemáticas para una crítica del uso y abuso extendido de las matemáticas en la ciencia económica. En resumen, demuestra que no necesariamente el lenguaje matemático es más claro que el lenguaje semántico en prosa[2], que no necesariamente es más riguroso[3], que no necesariamente es más consistente[4]. Es más, él me diría que lo estoy expresando mal. Que dado que *el objeto de estudio* de la ciencia económica, a saber, *la acción humana intencional en el mercado como proceso*, no puede ser expresado por la matemática, entonces todo intento al respecto es *menos* preciso, menos riguroso y menos consistente que lo contrario.

Hay que destacar que hemos dicho "en el mercado como proceso", porque Cachanosky también demuestra que la economía matemática sí es el lenguaje ideal para los modelos de competencia perfecta y sus hipótesis ad hoc[5], pero no precisamente para el mercado como proceso. En eso viene bien recordar a Israel Kirzner: el conocimiento disperso en el proceso de mercado *no* es un costo cuyas pérdidas se puedan *calcular*[6]. Es una ignorancia *ignorada* que precisamente por ignorada no se puede introducir como variable en un modelo matemático[7].

Ahora bien, esto en cuanto al debate intra-matemático.

---

[1] Cachanosky, J.C.: "La ciencia económica vs. la economía matemática" (1) y "La ciencia económica vs. la economía matemática (II)", en *Libertas* 3 y 4, 1885 y 1986 respectivamente.

[2] Op. Cit, Libertas (4), punto 4.

[3] Op.cit., punto 5.

[4] Op.cit., punto 6.

[5] Nos referimos a los modelos de competencia monopolística y a la economía de la información.

[6] Kirzner, I.: *The Meaning of Market Process*, Routledge, 1992, part. 1.

[7] Hubo un intento de hacerlo en Littlechild, S. C., "Equilibrium and the Market Process", en *Method, Process, and Austrian Economics. Essays in Honor of Ludwig von Mises,* Israel M. Kirzner (comp.), Lexington Books, 1982, y, del mismo autor, "An Austrian Model of the Entrepreneurial Market Process", en *Journal of Eco- nomic Theory* 23 (19801: 361-379.

Pero otra cuestión, creemos que decisiva, es qué tienen que aportar la fenomenología de Husserl y la hermenéutica de Gadamer a esta cuestión.

Fenomenología y hermenéutica

Ante todo, permítaseme recordar cómo las interpretamos y por qué las consideramos importantes.

Lo que tomamos de la fenomenología de Husserl es su noción de intersubjetividad asociada a la noción de mundo de la vida.

Una interpretación habitual de la intersubjetividad –sostenida por autores de la talla de un Ricoeur[8] - la coloca como el puente entre el sujeto y el mundo real externo, como Descartes había utilizado a Dios en su sistema. Y, a la luz de la gran obra de Husserl de 1927[9], esta interpretación es válida. Husserl habría quedado encerrado en su noción de idealismo trascendental, donde la objetividad del conocimiento depende de "lo que algo es en sí mismo" captado en la conciencia. Con lo cual no saldríamos del sujeto y el mundo real externo queda en un paréntesis existencial. Pero ese mismo sujeto, al captar al otro *en tanto otro*, sale de sí y capta como objetivo al otro ante mí, con lo cual queda superado el solipsismo y se accede a una nueva noción de mundo: mundo como relación entre sujetos *en* la cual y desde la cual se da su "mundo de la vida", espontáneo, a partir del cual A. Schutz –discípulo de Mises y Husserl elabora su fenomenología del mundo de la vida[10].

Pero mi interpretación es otra. Mi interpretación es que Husserl había distinguido claramente entre idealismo trascendental e idealismo psicológico[11]: este último sería la mera negación de la realidad de un mundo extra-mental, tesis que Husserl

---

[8] Ricoeur, P.: *Del texto a la acción*, FCE, 2010.

[9] Husserl, E.: *Meditaciones cartesianas*, Tecnos, Madrid, 1986 [1931]

[10] Schutz, A.: *Las estructuras del mundo de la vida* (junto con Luckmann), Amorrortu, Buenos Aires, 2003; *Estudios sobre Teoría Social II*, Amorrortu, Buenos Aires, 2003.

[11] Husserl, E.: *Ideas relativas a una fenomenología pura y una filosofía fenomenológica* [1913]; Fondo de Cultura, México, 1986. Epílogo.

no sólo niega, sino que incluso lamenta con cierto dolor que semejante cosa se le haya atribuido.

Al contrario, la afirmación de la realidad externa de otros sujetos es obvia, sólo que el yo trascendental es lo que garantiza que los conceptos en sí mismos (*noema*) capten la esencia objetiva en sí misma, precisamente para lo cual hay que poner entre paréntesis *metódico* al mundo externo, cuya "realidad" NO es el acto de ser de Sto. Tomás, al cual, por ende, Husserl no estaba negando en absoluto. No es extraño que luego Edith Stein vea cierta similitud[12] entre la reducción eidética (el poner entre paréntesis lo que está fuera del yo trascendental) y la distinción entre esencia y accidentes que Sto. Tomás pone no sólo en lo real sino en el intelecto agente, aunque luego ella misma se desprendió muy fuertemente de Husserl en este tema[13].

Por lo demás, la noción de mundo e intersubjetividad no es un invento repentino de Husserl en 1927. Su noción de mundo como mundo circundante e intersubjetividad la venía trabajando desde sus lecciones de 1910 en adelante[14], y su propio acceso al realismo como la realidad del mundo de la vida era algo que ya tenía in mente desde entonces. En ese sentido se puede considerar su noción de mundo de la vida como un eje central clave de su sistema, porque no habría "captación del sentido" sino en el mundo de la vida[15].

En ese sentido es que Gadamer cita a Husserl[16]. Más allá de las interpretaciones de Ricoeur sobre la relación de Husserl con la hermenéutica[17], la relación más directa es que el horizonte gadameriano no es sino el mismo mundo de la vida pero enfatizando su historicidad. Por supuesto que no es esta una interpretación de la *intento auctoris* de Gadamer, para la cual habría que

[12] Stein, E. *La pasión por la verdad*, Bonum, Buenos Aires, 1994; Introducción, traducción y notas del Dr. Andrés Bejas.
[13] Stein, E.: *Excurso sobre el idealismo trascendental*, Ediciones Encuentro, Madrid, 2005.
[14] Husserl, E.: *Problemas fundamentales de la fenomenología*, Alianza, Madrid, 1994.
[15] Hemos desarrollado este tema en Zanotti, G.: *Hacia una hermenéutica realista*, Austral, Buenos Aires, 2005, cap. II, punto 6.
[16] Gadamer, H.G.: *Verdad y método*, I, Sígueme, Salamanca, 1991. P. 309.
[17] Ricoeur, op.cit., I, II.

reseñar su paso por Heidegger, pero sí puede ser una *intento lec-toris* legítima, porque horizonte sin mundo no se entiende, y horizonte sin historicidad es inconcebible. La historicidad es precisamente ese conjunto de tradiciones de intersubjetividad que están presentes y vivas en un determinado mundo de la vida, son el pasado humano como vivo en el presente, conciencia histórica que no termina en un relativismo histórico en Gadamer porque este último destaca siempre "lo humano" en todo horizonte histórico[18].

Fenomenología, hermenéutica y Escuela Austríaca

Ahora, ¿qué tiene que ver todo esto con la Escuela Austríaca (EA)? Por tres motivos.

Uno, tengamos en cuenta que históricamente la tradición de la "comprensión" que viene de Dilthey y Weber está presente en Mises y eso es lo que siempre han destacado Lachmann[19], Machlup[20] y Lavoie[21]. Los más aristotélicos –rothbardianos y randianos- rechazan todo esto pero no se puede negar que esa línea está allí históricamente y que por ende no se puede hablar de "una" EA aristotélica como si la otra línea no existiera. Por lo demás, tampoco se puede negar que esta línea, a través de Lachmann, tuvo una importancia clave en el revival de la EA[22] desde los 70 y los 80, siendo Lachmann junto con Kirzner los que hicieron posible ese revival generando sucesivamente a Lavoic y a Boettke. Por supuesto que Rothbard también colaboró, pero rechazando tan violentamente lo anterior[23] que generó una

---

[18] Gadamer, H.G.: *Arte y verdad de la palabra*, Paidós, Barcelona, 1998.

[19] Lachmann, L.: *Capital, Expectations, and The Market Process* (Sheed Andrews and McMeel, Inc., 1977).

[20] Machlup, F.: "The Problem of Verification in Economics", *SEJ* (1955), vol. 22, 1.

[21] Lavoie, D.: *Economics and Hermenutics*, Routledge, 1991: Introduction.

[22] Véanse los ensayos de Lachmann en *The Foundations of Modern Austrian Economics*, Edited with an Introduction by Edwin G. Dolan, Institute for Humane Studies, 1976.

[23] Rothbard, M.: "The Hermeneutical Invasion of Philosophy and Economics", *en The Review of Austrian Economics, Vo.l. 1-10, 1987,97, https://mises.org/library/hermeneutical-invasion-philosophy-and-economics-0*

división en el programa de investigación de la EA que nosotros siempre hemos negado, precisamente porque puede haber varias escuelas de pensamiento en UN programa de investigación. Ello desde un punto de vista histórico.

Dos, gnoseológicamente, o epistemológicamente, como dirían los anglosajones, Mises y Hayek siempre han procedido hermenéuticamente, aunque sin citar a la hermenéutica continental a su favor (Husserl, Heidegger, Gadamer, Ricoeur). Mises considera claramente que la praxeología es el elemento de entendimiento de un mundo social, sin la cual la historia sería un caos tal cual las intuiciones sensibles en Kant sin las categorías a priori[24]. Hayek, a su vez, considera lo mismo respecto a la noción de orden espontáneo, noción sin la cual no habría ciencia social posible[25]. Por lo tanto, ambos autores tienen clara conciencia de una inter-fase de interpretación para el conocimiento científico del mundo social. Ello, claro, no termina de ser hermenéutica gadameriana, por varios motivos: a), Mises se refiere a Weber[26] y Hayek a la psicología evolucionista y a las neurociencias[27]. b), Su herencia neokantiana no les permite ver el giro ontológico de la hermenéutica, sólo la consideran –y sin ese nombre- como un método para las ciencias sociales y no como una concepción del mundo. c), Su fuerte adhesión de un individualismo ontológico con resabios de Hume les hace imposible dialogar con Husserl y con todo autor que nombrara la palabra "esencia" (por eso el esfuerzo de Schutz es tan importante).

Tres, la clave de la cuestión. Tanto Mises como Hayek captan la intersubjetividad *como clave ontológica del mundo social, aunque no se den cuenta*. Por ende, esta es una *intentio auctoris*, pero legítima. Para Mises, la inter-acción humana intencional da origen a la praxeología, a la economía como ciencia y a la interpretación de la historia[28]. La separación de la praxeología del mundo social es metódica, no real: la intencionalidad de la acción racional no

---

[24] Mises, L. von: *Human Action*, (Henry Regnery Company, 1966), cap. II.
[25] Hayek, F. A. von: "The Theory of Complex Phenomena", *Studies in Philosophy, Politics, and Economics*, University of Chicago Press, 1967.
[26] Op.cit.
[27] Hayek, F. A. von: *The Sensory Order*, University of Chicado Press, 1976.
[28] Op.cit., cap. I.

es aislada, sino con otros[29]. En Hayek, son precisamente las "ideas, intenciones" las que dan origen al mundo social[30]. La moneda –su famoso ejemplo[31]- como tema social emerge de los atributos que las ideas de los individuos le dan a un elemento material; ese mismo elemento material como objeto de la física o química no tendría nada que ver con las ideas e intenciones de las gentes. Por ello la teoría subjetiva del valor y todas sus implicaciones que tanto cuestan entender a quienes vienen de las ciencias naturales o del positivismo que haya afectado a las ciencias sociales. *Son las valoraciones inter-subjetivas* las que dan valor a las cosas físicas, *son las intenciones inter-subjetivas* las que originan las expectativas y las diferencias entre valor presente y futuro; *son las valoraciones inter-subjetivas* las que establecen la imputación de los bienes de consumo a los de producción, son esas mismas valoraciones lo que hacen distinguir entre bienes de consumo, de producción y entre trabajo, capital y naturaleza. *En última instancia, todos los elementos de la ciencia económica tan caros a la EA –precio, oferta, demanda, valor, bien presente, bien futuro, moneda, etc-* **son relaciones intersubjetivas** *que, como todas, se definen por la finalidad mutua de los agentes, y se encuentran* **históricamente situadas** *(horizontes) aunque sin reducirse a tal o cual situación histórica en particular.*

El resultado de lo anterior para la matemática en economía

-Las definiciones fenomenológicas de la EA

Mises tiene un párrafo clave, justamente cuando está analizando la cataláctica lógica frente a la cataléctica matemática:

> ...In praxeology the first fact we know is that men are purposively intent upon bringing about some changes. It is this knowledge that integrates the subject matter of praxeology and differentiates it from the subject matter of

---

[29] Op.cit., cap. XIV, punto 4.
[30] Hayek, F. A. von: "Scientism and the Study of Society", en *The Counter-Revolution of Science*, Liberty Press, 1979.
[31] Op.cit., p. p. 53.

the natural sciences. We know the forces behind the changes, and this aprioristic knowledge leads us to a cognition of the praxeological processes. The physicist does not know what electricity "is." He knows only phenomena attributed to something called electricity. But the economist knows what actuates the market process. It is only thanks to this knowledge that he is in a position to distinguish market phenomena from other phenomena and to describe the market process[32].

Observemos que Mises dice "el físico desconoce qué "es" la electricidad". En términos popperianos, podemos acercarnos a cierta conjetura, pero no a una "reducción eidética de la esencia", esto es, no a una descripción fenomenológica. Esto sí se logra en ciencias sociales, donde logramos captar la "esencia" de lo que es un precio, precisamente *porque sabemos –dado que somos humanos- cuáles son las interacciones intencionales que entran en juego*. El precio "es", precisamente, el encuentro, a efectos de intercambio, de una oferta y una demanda, esto es, de dos valoraciones subjetivas. Nunca podríamos lograr algo similar en ciencias naturales porque en ellas sus agentes no actúan, no hay finalidades libres, sino que hay reacciones, *y si hay finalidad en el universo físico, ello corresponde a una filosofía de la Física pero no a las conjeturas de la Física.*

Pero entonces –y esto es clave- no podemos ni debemos intentar una definición matemática de esa relación intersubjetiva –el precio o lo que fuere- porque es imposible. Las fórmulas de la Física-matemática actual responden a una Física-matemática neopitagorista que considera que la matemática es la esencia de un mundo físico cuya intención última está en Dios y no en él mismo[33]. Por eso los físicos cuando "definen" dan la fórmula, porque la fórmula "es" la naturaleza misma de lo que están buscando. Cuando los físicos debaten sobre la Física Cuántica, no debaten sobre *la mecánica* cuántica, sino sobre las interpretaciones

---

[32] Mises, L. von: *Human Action*, cap. XVI, punto 3.
[33] Ver al respecto Koyré, A.: *Del universo cerrado al universo infinito*, S. XXI, 1979, *Estudios de historia del pensamiento científico*, S. XXI, 1977, *Estudios Galileanos*, S. XXI, 1966, *Pensar la ciencia,* Paidós, 1994.

filosóficas de la misma, y *esos debates no se pueden resolver con la sola matemática*, sino con filosofías de la física elaboradas en términos semánticos-conceptuales. *Allí se cumple precisamente todo lo que Juan Carlos Cachanosky establecía: si esos debates intentaran ser llevados a cabo con matemática, serían nada claros, nada precisos, nada suficientes, para lo que se intenta.*

-El juego de lenguaje de las definiciones fenomenológicas de la EA.

La hermenéutica de Gadamer[34], así también como la fenomenología de Francisco Leocata[35], han incorporado sin problema la noción de juego de lenguaje de Wittgenstein[36] a las nociones de mundo de la vida y horizonte. Si el horizonte es el mundo de la vida en tanto destacada su historicidad, el juego de lenguaje no es más que el mismo horizonte en tanto a sus implicaciones lingüísticas.

El lenguaje no puede ser comprendido sino en el contexto de un horizonte, que se alimentan recíprocamente: un horizonte produce su propio lenguaje y el lenguaje re-constituye al horizonte. Esto lo vio también el propio Mises, tema que habitualmente no se ha destacado:

...A language is not simply a collection of phonetic signs. It is an instrument of thinking and acting. Its vocabulary and grammar are adjusted to the mentality of the individuals whom it serves. A living language—spoken, written, and read by living men—changes continually in conformity with changes occurring in the minds of those who use it. A language fallen into desuetude is dead because it no longer changes. It mirrors the mentality of people long since passed away. It is useless to the people of another age no matter whether these people are biologically the scions of those who once used it or merely believe themselves to be their descendants. The trouble is not with the terms signifying tangible things. Such terms

---

[34] Gadamer, H.G.: *Verdad y Método*, op.cit, parte III.
[35] Leocata, F.; *Persona, Lenguaje, Realidad*, Educa, Buenos Aires, 2003.
[36] Wittgenstein, L.: *Investigaciones filosóficas*, Crítica, Barcelona, 1988.

could be supplemented by neologisms. It is the abstract
terms that provide insoluble problems. The precipitate of
a people's ideological controversies, of their ideas concerning issues of pure knowledge and religion, legal institutions, political organization, and economic activities, these
terms reflect all the vicissitudes of their history. In learning thenmeaning the rising generation are initiated into
the mental environment in which they have to live and to
work. This meaning of the various words is in continual
flux in response to changes in ideas and conditions[37].

Por lo tanto, cuando la EA da una descripción fenomenológica
de una relación intersubjetiva, como, por ejemplo, cambio indirecto ("...*A medium of exchange is a good which people acquire neither
for their own consumption nor for employment in their own production activities, but with the intention of exchanging it at a later date against those
goods which they want to use either for consumption or for production[38]*")
no podemos esperar que, a) la definición sea cerrada, completa,
agotando la esencia de la relación intersubjetiva que se quiere
describir; b) que NO sea históricamente situada "de algún
modo". Ambas cosas se relacionan íntimamente.

La definiciones de las relaciones intersubjetivas son siempre abiertas porque el intelecto humano va siempre rodeando,
despejando aspectos, de una realidad humana rica en matices on-
tológicas[39]. Una definición no puede ser cerrada porque si así
fuera nuestro intelecto habría conocido totalmente la esencia de
lo intersubjetivo, cosa que es imposible. Y es imposible no sólo
porque tanto el sujeto actuante como el economista tienen conocimiento disperso, sino porque los horizontes históricos sin
potencialmente infinitos.

La definición tiene un grado de abstracción que intenta
ser *la analogía principal que conecta situaciones históricas diversas[40]*, con
lo cual se rompe la dialéctica entre relativismo histórico y racio-

---

[37] Mises, L. von: *Theory and History*, Mises Insitute, 2007. Cap. X, punto 6.
[38] Mises, L. von: *Human Action*, op.cit., cap. XVII punto 3.
[39] Zanotti, G.: *Hacia una hemenéutica realista*, op.cit., cap. II.
[40] Op.cit., caps. II y IV.

nalismo abstracto. La definición de moneda que vimos la da Mises. Abarca la moneda romana como la norteamericana, pero es abierta porque puede aplicarse con mejores matices y aclaraciones a otras situaciones históricas. Para comprender la definición, por lo demás, es indispensable conocer el contexto del autor: los problemas monetarios de la Europa de principios. del s. XX, que fue escrita en 1949, treinta y siete años más tarde que su obra de 1912, etc. Por ende, dicha definición es "algo de la esencia de la moneda", pero no lo es todo, y *por eso es habitual que los economistas de la EA tengan muchos debates de términos*. Porque *su ventaja* –trabajar sobre la intersubjetividad- les acarrea *su desventaja* –olvidar los marices históricos de la intersubjetividad. Por eso insistíamos en nuestro trabajo *La economía de la acción humana*:

> ...Pero este juego de lenguaje se corresponde con una cuestión muy importante de la fenomenología de las ciencias sociales que estamos teniendo en cuenta: la realidad social, intersubjetiva, tiene una complejidad tal que escapa a las "definiciones unívocas" que pretendan definir con una claridad y distinción tal que parecen establecer un círculo cruzado el cual claramente se distinga entre un fenómeno y otro. Creemos que muchos de los debates en ciencias sociales *y en Escuela Austríaca* tienen que ver con esta pretensión de definición precisa, y en varias notas a pie de página y en el texto el lector podrá ver que nos manejamos con descripciones fenomenológicas "abiertas" a que la multiplicidad de "capas" ontológicas de los fenómenos sociales puedan ser evolutivamente (para nuestro conocimiento) integrados a esa descripción. Esto no tiene que ver con ningún tipo de nominalismo, sino que, al contrario, se ajusta a lo que nosotros consideramos una interpretación plausible de lo que Husserl establece sobre el mundo de la vida en *Ideas II* y en *La Crisis de las Ciencias Europeas* (ver nota 13). La relación de este tema con los aludidos juegos del lenguaje de Wittgenstein ya ha sido justificada en nuestro libro *Hacia una hermenéutica realista*

(op.cit)[41].

Pero esto, ¿qué tiene que ver con el uso de las matemáticas en economía? *Tiene todo que ver. Porque estas definiciones, estas descripciones fenomenológicas abiertas, históricamente situadas, no pueden expresarse en fórmulas matemáticas por definición imposibles (como lenguaje) para ese tipo de descripciones.* O sea, *el juego de lenguaje matemático no corresponde al juego de lenguaje de la intersubjetividad* de los fenómenos sociales. Los matices semánticos de las definiciones de las relaciones intersubjetivas, comprensibles, corregibles y abiertas a progreso sólo en el contexto de la sucesión de horizontes, sólo pueden expresarse en lenguaje NO matemático. Por supuesto, al ignorar esto es que los economistas de la EA se fanatizan por cada definición y arman tormentas en vasos de agua. Pero la solución NO es adoptar un lenguaje matemático de por sí imposible de trasladar a la fenomenología. La solución consiste en una mejor formación epistemológica, filosófica e histórica de los economistas de la EA.

Los tomistas tuvieron este mismo problema. Hubo toda una línea de tomismo analítico que intentó trasladar el juego de lenguaje de la lógica matemática a la metafísica de Santo Tomás[42].

El programa de investigación tuvo logros importantes porque, por supuesto, se mejoraron lo más posible los matices del lenguaje de Santo Tomás y se inició un fructífero diálogo con la filosofía analítica. Pero finalmente *los límites* del juego de lenguaje de una lógica matemática clásica *para el juego de lenguaje de la metafísica* de Santo Tomás, se hace evidente. Llano, por ejemplo, dijo en su momento[43] que el final de las vías de la "existencia" de Dios de Santo Tomás se podían expresar en lógica de funciones, "(Ex) Fx" (existe el menos un x tal que x es primer motor, es causa eficiente, etc.). Ello es en principio muy fiel al espíritu de las vías, en las cuales Santo Tomás no parte de la esencia de

---

[41] Zanotti, G. J.: *La economía de la acción humana*, Unión Editorial, Madrid, 2009, cap. 1.
[42] En español, este línea fue tratada especialmente por Llano, A.: *Metafísica y lenguaje*, Eunsa, Pamplona, 1984.
[43] Op.cit., p. 206

Dios, sino de una característica de *sus efectos* (moverse, por ejemplo) para luego remitirse a Dios como causa, sin que ello signifique conocer la esencia de Dios, cuestión importantísima, porque Santo Tomás estaba debatiendo con San Anselmo, que en ppio. sí partía de la "esencia". Por eso Santo Tomás concluye "...*y a esto llamamos Dios*", o sea, esa "x", quedando el "esto" desconocido. Hasta ahí, muy bien. Pero, oh problema, la noción de "ser" que utiliza Santo Tomás en las vías no es la misma que la de la lógica matemática de funciones. Santo Tomás sí concluye que "a esto" llamamos Dios, pero no, en realidad, que "existe al menos un x" tal que x es Dios, porque "existe al menos uno" implica que puede haber más de uno, lo cual no es precisamente coherente con el monoteísmo. La noción de "existencia" que usa Santo Tomás no es la existencia cuantitativa, que se da en la lógica de funciones cuando se la traslada a la lógica de clases. *No se refiere Santo Tomás a que exista el menos un x como negación de una clase vacía. De refiere al acto de ser dado por Dios. Qué sea eso es el debate de todos los tomistas, pero lo que es claro es que la lógica matemática es insuficiente para resolverlo.* La metafísica de Santo Tomás es sencillamente *otro juego de lenguaje.* Se puede precisar lo más que se pueda a efectos de la deducción, pero siempre dentro de los límites de su contexto. *Que, por lo demás, no es algo ajeno a la matemática que se utiliza en la Física*: es una matemática pasada ya por el teorema de Godel, esto es, limitada, para la expresión de lo que no pasan de ser conjeturas (Popper).

-Conocimiento versus información

Finalmente, como afirmé en otra oportunidad[44], la distinción entre conocimiento e información es clave para toda la EA y en este tema tiene consecuencias fundamentales.

No es raro que el tema sea confuso en la misma EA, no sólo porque Hayek usaba los términos *knowledge* e *information* indistintamente[45], sino porque sus adherentes y economistas no pueden siempre desprenderse del juego de lenguaje positivista

---

[44] Zanotti, G.J.: *Conocimiento versus información*, Unión Editorial, Madrid, 2011.

[45] Hayek, F. A. von: *Economics and Knowledge*, en *Individualism and Economic Order*, University of Chicaco Press, 1948

que se usa cotidianamente. Para distinguirlos volvamos a la hermenéutica. La información es mundo 1 (Popper)[46]. Es el canal físico donde un mensaje se graba. Roca, papiro, papel, silicio, el ADN de las células: son cosas físicas concretas donde un determinado ordenamiento, ordenable en algo físico, espera a ser decodificado.

La decodificación (interpretación) del mensaje (o sea el lenguaje *en el contexto de un horizonte*) es mundo 3: es "lo que" el mensaje significa una vez que un ser humano es capaz de comprender su contenido. *Ese contenido "en sí mismo" no corresponde al mundo 1*: como dice Popper, "la" teoría de la relatividad no es algo físico, sino un significado que sólo existe en el mundo de los seres humanos que la comprenden.

Por ende, todo el conocimiento humano es, en ese sentido, interpretación. Los "datos" son mundo 1, "encerrados", grabados, guardados, en un canal físico, y en ese sentido son cuantificables.

La comprensión humana que los decodifica, en cambio, es una acción humana que comprende que *"alguien dice algo para algo y para alguien"*.

En economía, esto es fundamental, porque el "algo" es una valoración subjetiva, expresada en un mercado, con una expectativa ("para algo") y para alguien (una demanda).

En ese sentido los mensajes de los mercados (los precios) son síntesis de *conocimiento*, que, al *no* ser información, implican conocimiento que siempre es *disperso*, dado con conlleva la ignorancia *ignorada* (Israel Kirzner[47]) de oportunidades y las expectativas falibles de los que actúan en el mercado.

Y eso es lo que lleva a que el modelo del proceso de mercado, expresado en lenguaje no matemático, sea más acorde con la intersubjetividad que describe que los modelos matemáticos. Aunque ambos son aproximaciones, desde luego, porque ningún modelo agota la realidad.

---

[46] Popper, K.: *Sobre la teoría de la mente objetiva*, en *Conocimiento objetivo*, Tecnos, Madrid, 1988.
[47] Kirzner, I.: op.cit.

Conclusión

Si no se agregan estos elementos a la epistemología de la EA, el debate sobre la matemática quedará siempre flotando en este malentendido: que en el futuro habrá herramientas matemáticas que la EA pueda usar. Vamos a arriesgarnos entonces a quedar muy mal en el futuro: creemos que no. Es una cuestión cualitativa, hermenéutica. Es un juego de lenguaje versus otro, para dos áreas diferentes: la física-matemática, por un lado, y la intersubjetividad, el mundo de la vida, por el otro. Fue esa la visión de Mises, Lachmann, Lavoie y sus discípulos. Y fue también la visión de Juan Carlos Cachanosky:

> …Al analizar el proceso de mercado estamos analizando la acción humana y sus implicancias lógicas y esto no es traducible a ecuaciones matemáticas, sino que debe necesariamente ser explicados en palabras, o sea en símbolos con significado. Como vimos en la primera parte la conducta humana no está determinada por ningún factor externo. Obviamente los factores externos influyen en la conducta de los hombres, pero no en forma mecánica o determinista. Por lo tanto, la acción humana no está en función matemática de nada, como tampoco lo están las consecuencias lógicas de dichas acciones[48].

---

[48] Cachanosky, J.C. op.cit., (II), p. 100.

LA CRÍTICA A LA TEORÍA DEL VALOR DE MARX Y A SU INTERPRETACIÓN DE LA DISTRIBUCIÓN COMO DEPENDIENTE DE LOS FACTORES DE PODER EN EUGEN VON BÖHM BAWERK

Guillermo Luis Covernton

> *En economía política, la libre investigación cien-*
> *tífica tiene que luchar con enemigos que otras cien-*
> *cias no conocen. El carácter especial de la materia*
> *investigada levanta contra ella las pasiones más*
> *violentas, más mezquinas y más repugnantes que*
> *anidan en el pecho humano: las furias del interés*
> *privado.*
>
> Karl Marx[1]

Introducción

Eugen von Böhm Bawerk, (1851 – 1914), es considerado uno de los dos integrantes de la segunda generación de cultores del pensamiento austriaco. La primera generación, representada solitariamente por Carl Menger deja la tradición en manos de dos académicos que se conocían perfectamente bien y hasta estaban emparentados. Me refiero al autor que estudiamos y a su cuñado, Friedrich von Wieser. Varios autores consideran a Böhm como el gran teórico del capital. Y una gran influencia sobre dos pilares de nuestra tradición de pensamiento. Ellos serían Knut Wicksell y Friedrich A. von Hayek.[2] De hecho, hay autores que consideran que el principal tema de discusión e intercambio de ideas entre Böhm Bawerk y Wicksell ronda alrededor de la teoría del capital. Aunque, como se sabe, una parte de ese intercambio epistolar se considera desaparecido, por el fuego de la guerra, en Viena, durante la segunda confrontación mundial.[3]

El principal aporte de Böhm Bawerk, sobre estos temas, se encuentra en su célebre trilogía: *"Kapital und Kapitalzins", (Capital e interés)* cuyo primer volumen, *"Geschichte und Kritik der Kapitalzinstheorien", (1884). (Historia y crítica de las teorías sobre el interés)* es seguido por el más reconocido *"Positive Theorie des Kapitales" (1889) (Teoría positiva del capital),* traducidos al inglés por George

---

[1] Ver Marx, K. (1867) Prólogo de Marx a la primera edición.
[2] Ver Ekelund et.al (1990) Cap. 13.
[3] Ver Hennings, K. H. (1997), Apéndice

D. Huncke y Hans Senholz, (1959), y por una colección de apéndices a este último, de edición póstuma titulada *"Further Essays on Capital and Interest"(1921), (Ensayos sobre capital e interés).*[4] Obras consideradas como de difícil lectura y gran profundidad analítica, estos trabajos han llegado a ser considerados comparables a los trabajos de Ricardo, e incluso superiores a los aportes de Menger y Wieser en la materia. Hay autores que afirman que su influencia sigue siendo enorme, incluso en teóricos tan recientes y controversiales como George Stigler.[5]

Algunos autores como Manuel J. Gonzalez consideran que Böhm Bawerk, junto con Schäffle intentan interpretar y abrir un camino alternativo a los planteos marxistas de lucha de clase entre el movimiento obrero y las diferentes clases delineadas por el marxismo. Tanto Böhm Bawerk como Schäffle apoyaron al movimiento de trabajadores, que contaba con su simpatía, pero asimismo reivindicaron a los empresarios, ya que consideraban que estos tenían un rol esencial a cumplir.[6]

Böhm Bawerk hace un aporte de gran riqueza al estudio de este problema, cuando aborda la discusión de la "teoría de la distribución" a través de la que hoy conocemos como "Teoría de la Imputación". En vez de analizar ambos problemas como totalmente separados, los vincula lógicamente. Hasta ese momento era muy común analizar estas cuestiones como si la producción ocurriera primero, sin consideración ninguna a la ulterior distribución. Es decir, como si las decisiones de los agentes económicos no consideraran los efectos de la asignación de los resultados que sobrevendrían.

En lugar de eso, nuestro autor prefirió tomar en cuenta una herramienta esencial para la correcta teoría del valor y para la comprensión de los determinantes del valor de los bienes. Esta es, como dijimos, la "Teoría de la Imputación". Que es asimismo una explicación acertadísima del papel del empresario, de su aporte al interés de la sociedad y de la justificación de su ganancia

---

[4] Ver Böhm Bawerk, (1884, 1889, 1921).
[5] Ver Ekelund et.al (1990) Cap. 13.
[6] Ver Hennings, K. H. (1997), Introducción a la edición española.

empresarial. Schumpeter interpretó que la teoría de la imputación era "como un caso especial de la teoría de la utilidad marginal". [7] La crítica de Böhm a Marx no parece centrarse en el marco de una discusión política o social que tuviera que ver con políticas concretas o planes de acción. No hay evidencia que permita pensar que pretendía descalificar sus propuestas políticas. Böhm ataca la lógica de su aparato teórico, porque lo consideraba ineficiente. Lo hace, sencillamente, porque no lo ve como una herramienta idónea. Afirmó que la teoría marxista no tenía posibilidades de llegar al logro de sus resultados declamados. Un autor que lo ha estudiado en profundidad, como Hennings afirma que:

> El que Böhm mantuviese que el socialismo era una doctrina peligrosamente equivocada es una cuestión distinta, porque lo que Böhm tenía que decir acerca de Marx y las teorías socialistas en general lo era a un nivel puramente teórico y no tenía nada que ver con su actitud hacia las aspiraciones políticas de las clases trabajadoras. El parece haber pensado que el análisis económico que hacía Marx no era un instrumento idóneo para explicar la realidad y por consiguiente no era buena base para trabajar a favor de los económicamente débiles. ... Después de todo Böhm se encontraba entre los primeros economistas académicos de habla alemana que se tomó en serio a Marx como economista y que consideró sus teorías al nivel que merecen ser discutidas. En el ambiente de Austria, en la década de 1880, hay que tener mucho valor para encontrar tantas palabras laudatorias como las que Böhm dedicó a Marx. [8]

De hecho, se puede ver en los trabajos de Böhm una búsqueda de tratar de solucionar los problemas económicos, que por la

---

[7] Ver Hennings, K. H. (1997), Introducción a la edición española.

[8] Ver Hennings, K. H. (1997) pag. 108 - 109

propia estructura del imperio, estaban afectando a los sectores de menos recursos y más vulnerables.

No debe perderse de vista que le cupo a Böhm hacerse cargo de importantes responsabilidades de gobierno. A diferencia de Marx, cuya característica fue siempre la de ser un economista fuera de la corriente principal, y sin ninguna influencia en los gobiernos legítimos de su época. Todos los planteos de Böhm parecen orientados, partiendo de una base teórica rigurosa y sin preconceptos, a diseñar soluciones o propuestas de aplicación práctica.

El eje central de la crítica de Böhm Bawerk a la teoría del valor trabajo de Marx

Böhm considera que los fundamentos de la teoría de la explotación de Marx descansan en su primer volumen, de 1867. El único que fue publicado a lo largo de su vida, ya que, según se destaca, los demás fueron póstumos. Pero hace un fuerte cuestionamiento ya que considera que el tercer volumen, publicado recién en 1894, tras la muerte de Marx, es incompatible con el primero. Hay que recordar que, frente a las críticas recibidas, el mismo Marx planteaba una unicidad conceptual y lógica en todos sus trabajos. Alegaba que las graves contradicciones lógicas y objetivas que tanto Böhm como el ya mencionado Karl Knies le habían puntualizado en el pasado eran solo lo que denominó *"Contradicciones aparentes"*. Böhm afirma que su crítica a la teoría de la explotación es una opinión compartida por otros varios autores, contemporáneos a la mencionada publicación.[9]

Böhm pretende establecer un juicio definitivo sobre el pensamiento marxista. En un trabajo muy difundido, plantea la paradoja de la enorme difusión de las ideas de Marx, pese a la forma complicada de su planteo y a lo poco accesible de su presentación.[10]

Afirmaba que sus seguidores le habían entregado una confianza *"ciega e incondicional"*[11].

---

[9] Ver Böhm Bawerk, (1884) Pag. 281
[10] Ver Böhm Bawerk, (1896) Pag.29 y sigs.
[11] Ver Böhm Bawerk, (1896) Pag. 30

Pero, pese a sostener que Marx ha incurrido en contradicciones flagrantes, Böhm hace un profundo análisis. Y afirma que, incluso frente a contradicciones y pese a discrepar en el fondo de la cuestión, el estudioso debe situarse en la posición de su contradictor, asumiendo como válidos todos sus argumentos, para luego intentar rebatirlos:

> La demostración de que un escritor se contradice puede ser una etapa necesaria, pero no el fin último de una crítica objetiva y fecunda. Saber que en un sistema hay un error, que posiblemente podría ser tan solo un error casual y personal del autor, representaría sin duda alguna un grado de conocimiento crítico bastante mezquino. No se puede realmente refutar un sistema bien estructurado si no se consigue descubrir con toda precisión el punto en que este error ha penetrado en el sistema y las vías por las que luego se ha difundido y ramificado. También como adversario, es preciso comprender el punto de partida, el desarrollo y el final desenlace del error, que culmina en la contradicción, tan bien y, añadiría, con la misma participación con que, por el contrario, tratamos de comprender los nexos de un sistema con el que estamos de acuerdo[12].

Marx afirmó que la plusvalía, es decir la parte que los capitalistas tomaban de los salarios, por un mecanismo de explotación del asalariado, no estaba en relación a la totalidad del capital, sino solo de la fracción variable, es decir, que era función del capital de trabajo destinado al pago de salarios. Afirmaba que el capital fijo, invertido en los demás medios de producción, no generaba plusvalía. Böhm, en cambio, afirma que el beneficio del capital, como hoy sabemos, es función del capital total invertido. Y que las mercaderías, de hecho, tampoco se intercambian en proporción a la cantidad de trabajo invertida en la producción.

El valor que los consumidores le asignan a un bien no aumenta o disminuye en función a la mayor o menor cantidad de

---

[12] Ver Böhm Bawerk, (1896) Pag. 73

trabajo invertidos en ellos, sino, concretamente a la utilidad que los consumidores derivan de estos bienes.

La contradicción flagrante radica en que la hipótesis que pretendía demostrar Marx, se basaba en que, los bienes se intercambiaban a precios que derivaban del trabajo acumulado. Y hasta el mismo Marx había reconocido esta contradicción con lo que se observaba a diario en los precios del mercado. Aunque tildó a esta contradicción de *"aparente"*, como ha enfatizado Böhm en su refutación, jamás pudo salvarla ni explicarla. Esta es la cuestión que remarca Böhm Bawerk. Marx, en oposición a Böhm, era un empirista, es decir un economista que afirmaba que las leyes económicas pueden descubrirse y enunciarse a partir de la observación de hechos que ocurren en la realidad y que pueden ser detectados, clasificados, ordenados y analizados. De esta tarea surgirán regularidades que nos permitirán establecer principios o enunciados que se verificarán como leyes económicas. Nuestro autor, en cambio, basaba sus afirmaciones en un aparato analítico lógico, que se deducía de postulados no falsables. Y de la propia naturaleza humana. El problema aquí es que el sistema de Marx pretende respaldarse en lo que se observa en realidad en los intercambios cotidianos. Pero la realidad observable nos muestra algo diametralmente opuesto. Los intercambios cotidianos demuestran flagrantemente que, por ejemplo, dos lotes de trigo, provenientes de dos explotaciones diferentes, valen exactamente igual, si son de similar calidad, es decir si pueden producir cantidades equivalentes de harinas de similar desempeño industrial. Aunque el rendimiento en una de las parcelas haya sido el doble que en la otra, lo que haría que el trabajo acumulado en cada tonelada del lote que más ha rendido sea en la misma inversa relación, mucho menor que el necesario para producir el lote de menor rendimiento. Iguales cantidades de trabajo por parcela, de diferentes rendimientos, arrojan lotes de trigo con distintas cantidades de trabajo acumulado por tonelada. Y sin embargo, en el mercado valdrán exactamente igual si su calidad panadera es similar.

Es la calidad del trigo, es decir su aptitud para satisfacer de mejor manera nuestras necesidades, lo que determina su valor y no la proporción de trabajo acumulado en cada lote. Vamos a explicarnos más claramente: Debe reconocerse que en aquella parcela que rindió el doble, el trabajo acumulado por kilogramo de trigo obtenido es la mitad del trabajo necesario para producir el trigo cosechado en la otra parcela que ha rendido un 50 % menos. Ya que, si dividimos la misma cantidad de trabajo invertido en cada parcela, por la mitad del fruto obtenido, el resultado es claramente mayor, es decir, que en la parcela que rindió menos, se ha necesitado el doble de trabajo. Pero insistimos en que, en la realidad, a la que Marx apelaba, pero que, sin embargo, lo contradice, la valoración de cada kilogramo de trigo es idéntica, si la calidad es la misma, no importando de qué parcela proviene ni cuanto trabajo se requirió para producir cada kilogramo.

Para poner este asunto en un contexto actual, podríamos correlacionarlo con alguna industria moderna. Como, por ejemplo, la industria automotriz: la afirmación de Marx implicaría que, si para producir un modelo de automóvil se requiere del doble de horas hombre que, para producir otro modelo similar, que fuera montado en una terminal mucho más moderna, por ejemplo, equipada con máquinas a control numérico o robots, el primer automóvil debería valer claramente el doble que el segundo. Pero no necesito ni siquiera aclarar que, aunque las terminales incorporen tecnologías que les permiten montar muchas más unidades por día, con cada vez menos horas de trabajo humano, el precio de estos vehículos es una función directa de sus prestaciones, es decir de lo que Böhm Bawerk definiría como de su capacidad para satisfacer de mejor manera la necesidad de los potenciales compradores, de transportarse con seguridad y eficiencia. Terminales que fabrican modelos idénticos, con procesos menos intensivos, en países donde la tasa de interés es más alta porque el stock de capital, es más escaso, colocan ambos productos al mismo precio en el mercado mundial. No podrían hacerlo de otro modo, a riesgo de no tener compradores para aquellos por los que pretendan precios más altos. Y la diferencia se establece en que, por ende, imputan menos valor a la hora hombre invertida en el proceso menos productivo, devengando tasas salariales inferiores. Porque es el valor del bien final, es decir del automóvil, el que, imputado por los consumidores de acuerdo a la utilidad que estos vehículos le prestan para satisfacer su necesidad de transportarse con economía y seguridad, lo que determina su precio de mercado. Y es este precio de mercado lo que determinará cuanto pueden pagar las empresas por los factores de producción necesarios. A precios que les permitan retribuir un interés al capital y una ganancia empresarial para quienes asuman los riesgos.

Y en tanto y en cuanto las empresas desarrollen tecnologías que les permitan utilizar cada vez menos trabajo humano, podrán producir muchísimos más automóviles, que seguirán siendo valorados de la misma manera por los consumidores: Es decir por su productividad, seguridad y economía. Es cierto también que tal incremento de productividad y de producción al generar una caída de los costos unitarios, le permitirá a las empresas impulsar la demanda, por la vía de bajar los precios, para captar más clientes potenciales. En la actualidad es absolutamente claro y no aparecen ningún tipo de controversias a este respecto.

La clara diferenciación entre costos fijos y variables condiciona el costo unitario total en función de las cantidades producidas. No hay prácticamente ninguna posibilidad de discutir sobre las economías de escala que se derivan de las funciones de producción sujetas a rendimientos decrecientes a volúmenes variables. De aquí surgen las decisiones empresariales que condicionan qué volúmenes producir, para lograr licuar los costos fijos suficientemente, y cuáles serán entonces los niveles de tecnología necesarios. Para esta decisión será menester considerar, también, la tasa de interés imperante. Y el costo de oportunidad del capital invertido. También es cierto que, de generalizarse la tecnología mencionada, la presión de sus competidores, reales o potenciales, también los llevará a tener que bajar los precios. Pero claramente, la posible disminución del precio ni debe ocurrir necesariamente, ya que depende de los niveles de competencia, ni es función de la cantidad de trabajo implícito en cada unidad del producto.

Como queda claramente descripto, las rentabilidades de uno u otro sistema de producción van a ser claramente diferentes. Y esta diferencia de rentabilidad se debe esencialmente a dos cuestiones: Por un lado, a la mayor disponibilidad de capital, que permite implementar sistemas de producción más avanzados. Por otra parte, a la mayor productividad, es decir a la mayor cantidad de producto por hora de trabajo, que podrán generar los trabajadores. La distribución de cada una de estas corrientes de ingresos tendrá un destino diferente. La caída de la incidencia de los costos fijos, ocasionada por una mayor inversión de capital deberá, necesariamente ir a remunerar a ese capital adicional, si bien, a las tasas que regían anteriormente en el mercado. Siendo la diferencia, en caso de existir, una ganancia empresarial pura. Y la mayor productividad, derivada de la mayor disponibilidad de herramientas o modernas maquinarias, con la que ahora contarán los operarios, deberá ir a remunerar mejor el precio de la hora de trabajo, a riesgo de que, en una economía abierta, los empleados migren hacia otras empresas que les ofrezcan sueldos más altos, para captarlos, una vez que repliquen nuestro sistema de producción. Es decir que la competencia en el mercado de la mano de obra calificada es lo que obliga al empresario a ceder al trabajador su excedente de productividad que, si bien se ha originado en una mayor inversión de capital, no puede ser retenido por el empresario sujeto a la competencia.

Como queda demostrado, los precios son el reflejo de las valoraciones que los consumidores hacen de sus necesidades. Estas necesidades le imputan valor a los bienes potencialmente aptos para satisfacerlas. Y estos bienes son los que le imputan valor a los factores de producción. Entre los cuales se encuentran los salarios de los operarios que montan lo vehículos, las maquinarias y tecnologías, la investigación y desarrollo y los bienes de capital.

Y si por arte de la tecnología, se hacen necesarias cada vez menos horas de trabajo, la consecuencia forzosa será que los precios obtenidos por la venta de cada unidad de producto producido, al tener que dividirse entre menos horas de trabajo, traerán como consecuencia que cada hora de trabajo pasará a ser remunerada por una fracción mayor del precio de venta del bien final. Y por ende, los salarios de la industria crecerán. A la par que crecerá el nivel de calificación que deberán exhibir los operarios, ya que implementarán sistemas de producción más complejos. Mayor proporción de capital, más productividad por hora de trabajo, mayores salarios y mayor necesidad de formación profesional. Esto es exactamente lo que se ha visto en los últimos 150 años, transcurridos desde que las ideas de Marx vieron la luz. Claramente, si siguiéramos el método empírico de Marx, nos veríamos obligados a reconocer esta realidad. Es decir que el proceso solo se explica en virtud de la teoría del capital de Böhm Bawerk, y de la Teoría de la imputación de von Wieser, o "Ley de Wieser".

Y no puede explicarse de ninguna manera por la teoría del valor trabajo de Marx, que es hija de la teoría del valor trabajo de David Ricardo.

Los determinantes que rigen la distribución: para Marx, el poder y la explotación; para Böhm Bawerk, la ley económica

Otro aspecto en el que se enfrentan las ideas de ambos autores es cuando definen que es lo que determina la distribución del resultado obtenido por los distintos sistemas de producción.

Marx, cuando analiza el funcionamiento de las colonias, afirma que "cuando el capitalista se siente respaldado por el poder de la metrópoli, procura quitar de en medio por la fuerza el régimen de producción y apropiación basado en el propio trabajo".[13]

Desde el inicio de su análisis revela que las relaciones de poder entre unos grupos y otros, o entre lo que él llama "clases", es decir facciones, son determinadas inevitablemente por la situación y actividad de cada uno de los agentes económicos. Y esto es ineludiblemente la manera en que las partes se repartirán el resultado de su esfuerzo de producción.

Luego hace una afirmación arbitraria, parcial, incompleta y que le impide, en adelante, entender el papel de la innovación, y la creatividad. Este enfoque le impide ver que el sistema económico, en modo alguno es un juego de suma cero. Marx afirma que el capital se deriva linealmente y tiene como origen la riqueza de los obreros que son despojados de sus medios de producción.

---

[13] Ver Marx, K. (1867) Cap. XXV.

Acusa al capitalista de actuar contra los obreros ya que "llevado del interés por la llamada riqueza nacional, se echa a buscar los medios más eficaces para producir la pobreza popular. Aquí, su coraza apologética va cayendo trozo a trozo, como yesca podrida". [14]...

Hay sin dudas un germen de constructivismo, estatismo, nacionalismo y entronización de la planificación central, que anidando en su pensamiento, luego veremos que reaparece en el nacionalsocialismo. Pero también queda muy claro que en su afirmación no hay verdaderos argumentos, sino meras opiniones y juicios de valor. Lo cual lo condena irremisiblemente y lo lleva fuera del mundo del conocimiento científico.

Más adelante, el mismo Marx, incurre en una afirmación que es, por lo menos arbitraria. Que no parece poder explicarse de ninguna manera, al afirmar que los obreros no pueden contar con capital, definiendo como capital a los bienes de producción de los capitalistas, lo que lo llevaría a un razonamiento circular:

> Sabemos ya que los medios de producción y de vida, cuando pertenecen en propiedad al productor inmediato, no constituyen capital. Sólo se convierten en capital cuando concurren las condiciones necesarias para que funcionen como medios de explotación y avasallamiento del trabajador. Pero en el cerebro del economista, esta alma capitalista que hoy albergan se halla tan íntimamente confundida con su sustancia, que los clasifica siempre como capital, aunque sean precisamente todo lo contrario. [15]

Está muy claro que, en el campo científico, la necesidad de sistematizar el conocimiento nos lleva a simplificar y clasificar la realidad. Y si dos cosas se utilizan del mismo modo, rinden igual beneficio y permiten obtener producciones análogas, deben ser consideradas en la misma clasificación. Pretender diferenciarlas

---

[14] Ver Marx, K. (1867) Cap. XXV.
[15] Ver Marx, K. (1867) Cap. XXV.

en clases diferentes por el mero hecho de pertenecer a individuos diferentes, que están en situaciones distintas es tan arbitrario como infundado.

Creemos que esta posición es bien difícil de defender actualmente. Muchísimo más a la luz del estudio de sistemas de producción y de empresas que han surgido directamente de la innovación. Y han prosperado y crecido dependiendo simplemente de la explotación de conceptos o ideas. La propiedad intelectual, los activos intangibles, los descubrimientos o creaciones intelectuales, resultarían absolutamente inexplicables en esto que Böhm Bawerk define como el *"sistema marxiano"*[16].

No podríamos imaginarnos hoy a Karl Marx tratando de explicar la existencia y prosperidad de empresas como Microsoft, Oracle, Twitter o muchas más, partiendo de la teoría de la expropiación que los capitalistas hayan podido realizar de la propiedad obrera.

Böhm Bawerk no lo explica en estos términos contemporáneos, sino en otros más propios de la economía de su tiempo. Que era mucho menos desarrollada. Pero lo comprende cabalmente. No hay aquí ningún aporte original de nuestra parte. El maestro ya lo había dicho todo.

Para Böhm, lo que definimos como leyes económicas no son opiniones. Ni formulaciones tomadas de evidencia empírica. Sino regularidades que ocurren en respuesta a ciertas causas y que no dependen de la voluntad de quienes diseñan los planes de política positiva. Si bien critica claramente que se le asignen el carácter de leyes naturales, comparables a las leyes físicas, deja en claro que, en su concepción, las leyes económicas:

> Se aplican según un orden inmutable e independientemente de la voluntad y de los acuerdos de los hombres… contra las cuales la voluntad humana, aunque sea la del estado con todo su poder, resulta impotente; Y que ni siquiera las intervenciones artificiales de las fuerzas sociales pueden desviar la corriente de los fenómenos económicos

---

[16] Ver Böhm Bawerk, (1896)

de un comportamiento impuesto imperativamente por el poder de las leyes económicas[17].

Y ejemplifica con la determinación de los precios, mediante la interacción de la oferta y demanda, dejando en claro la futilidad de los controles de precios. Destacando luego que la distribución de los resultados entre los distintos factores de producción, y por ende entre las diferentes clases sociales, como le llama Marx, no es más que un caso particular de las leyes que rigen la determinación de los precios. Y contra lo que nada hay por hacer, si se pretende configurar una sociedad en donde haya ausencia de violencia.

> Y puesto que, en último análisis, la remuneración de los grandes factores de producción –trabajo, tierra y capital– y, con ella, la distribución entre las distintas clases sociales de la masa total de bienes creada por la producción nacional no son más que un caso particular, si bien el más importante, de aplicación concreta de las leyes del precio, toda la importantísima cuestión de la "distribución de los bienes" aparecía dominada por el dilema de si está regida y regulada por la omnipotencia de las leyes económicas naturales, o bien por la arbitraria influencia de las fuerzas sociales. [18]

Böhm estaba convencido de la importancia del marco institucional y de su influencia en alterar la distribución que previamente estipulara la voluntad soberana de los agentes económicos, mediante sus arreglos libres y voluntarios. Pero era totalmente consciente de ese tipo de interferencias solo podían ser ejercidas apelando al uso de la coerción, la amenaza o la fuerza.

Esta concepción de la economía como un juego de suma cero que depende de la imposición de relaciones de poder, es central en la concepción de Marx. Y es muy importante tomar conciencia y puntualizar que, en virtud de la misma, no queda

---

[17] Ver Böhm Bawerk, (1914)
[18] Ver Böhm Bawerk, (1914)

lugar para comprender ni explicar el rol empresarial. Ni mucho menos el problema de asignación, es decir, la búsqueda de beneficios que facilita y hace posible resolver el problema de asignación, que es la esencia del objeto de estudio de la economía. Pero no es un error exclusivo de su pensamiento. Böhm Bawerk describe esta confusión, que en lo relacionado a la determinación de los salarios, ya había sido incurrida por otros autores clásicos:

> El ejemplo más famoso o aireado fue la teoría del fondo de salario, sostenida por la teoría clásica y postclásica. Según dicha teoría, el nivel de los salarios estaría determinado por una relación necesaria, que tendría incluso validez de una ley matemática: la relación entre el total del capital disponible en la economía de un país para pagar los salarios –el llamado "fondo de salarios"- y el número de trabajadores existente. La masa obrera en su conjunto no podría conseguir nada más y nada menos que el fondo salarial existente, y por lo tanto el nivel medio de los salarios resultaría, con necesidad absoluta, de dividir ese fondo por el número de trabajadores. Cualquier intento de forzar artificialmente esta relación –aunque fuera mediante la huelga- sería incapaz de modificar esta situación. En efecto, si debido a una huelga triunfante, el salario de un grupo de obreros aumentara artificialmente, la parte restante del fondo de salarios destinada a pagar el salario de los demás trabajadores sufriría una reducción equivalente al aumento del salario del primer grupo. Por consiguiente, un aumento generalizado o medio por encima de lo que permite el "fondo de salarios" sería totalmente imposible.[19]

Como puede verse claramente, de la lectura del párrafo anterior, el desconocimiento, o al menos la falta de aplicación de la teoría de la utilidad marginal decreciente[20], aplicada a los salarios, lleva

---

[19] Ver Böhm Bawerk, (1914). Pag 234.
[20] Hacemos esta salvedad porque no se puede afirmar categóricamente que no hubiera autores clásicos que sospecharan o comprendieran el

a los autores anteriores al marginalismo a una comprensión fraccionaria e imperfecta del fenómeno de determinación de los salarios. Especialmente en lo atinente al papel del capital disponible a disposición de los trabajadores, a tal efecto. La respuesta es muy clara en la actualidad: Si observáramos las condiciones de vida y las posibilidades de devengar salarios que tiene un trabajador de Méjico, en los inicios del siglo XXI y los comparamos con las posibilidades que tendría ese mismo trabajador, si se trasladara a los EE.UU., observaremos que la misma persoa, con el mismo nivel de capacitación y de conocimientos, devenga un salario mucho más alto en EE.UU., respecto de lo que estaba ganando en México. La explicación está bastante clara: No es el stock del "fondo de salarios" lo que cambia, sino la posibilidad de asignarle a ese trabajador una maquinaria pesada, o una máquina a control numérico, o ponerlo a operar un robot o un puente grúa, todos elementos que no existían o eran insuficientes en su país de origen, lo que le permite producir más unidades de trabajo, objetivamente determinadas, por cada hora de su esfuerzo laboral. Moverá más metros cúbicos por día, si trabaja con una retroexcavadora pesada, que si lo hace con un pico y una pala. Terminará más bielas o pistones si trabaja con una máquina a control numérico que si lo hace con un torno o una fresa convencional. Montará más automóviles por mes, si opera un robot, que si realiza las múltiples operaciones necesarias en forma manual. Cargará más containers por día en buques con un puente grúa computarizado que con una grúa convencional. Y con más seguridad. Por ende, esa mayor utilidad marginal de su hora de trabajo, le permitirá negociar un nivel de salarios más altos, en una economía abierta y competitiva, que el que podría obtener con el stock de capital disponible en su país de origen. No es un "fondo de salarios" fijo e independiente de la productividad derivada del trabajo, lo que determina los salarios. Por el contrario, es un stock de capital, asignado deliberadamente por los empresarios a determinadas operaciones de

---

fenómeno de la utilidad marginal decreciente, ya que hay trabajos de los escolásticos en donde se describe bastante bien cuales son los que Menger llamaría "determinantes últimos del valor". Y hay un consenso bastante alto en lo que respecta a los avances de Gossen a este respecto.

producción, lo que eleva la productividad marginal del trabajo. Y por esta misma razón, se devengan salarios mayores. Y es por esto que una mayor tasa de capitalización, una mayor acumulación de capital, elevará los salarios, el nivel de vida, la tasa de ahorros y esto retroalimentará el proceso, generando desarrollo y prosperidad. Y es por esto mismo que se requiere de un marco institucional propicio a la formación, acumulación, asignación y seguridad jurídica de estos capitales, para hacer posible estos objetivos de salarios más altos, mayor prosperidad, elevación del nivel de vida, ahorro y formación intelectual.

Algunos autores socialistas anteriores, quizás genuinamente preocupados por la obtención de estos objetivos, pero desconociendo estos fundamentos, aportados luego por Menger, Böhm Bawerk y von Wieser, y explicados más clara y tardíamente por Mises, llegaron a enunciar conclusiones diametralmente opuestas. Para ellos, las relaciones económicas se establecían de acuerdo a "categorías histórico jurídicas", que determinaban las razones por las cuales se establecía la distribución del producto de los diferentes factores de producción. Esto era muy bien conocido por Böhm Bawerk, a quién, a su vez, también le agobiaban las mismas inquietudes, respecto a cómo elevar el nivel de vida de sus conciudadanos.

> Con posterioridad se adoptó una concepción distinta de este problema y del problema de la "ley" en general y en consonancia con esta nueva concepción se acuñaron también nuevas y diferentes fórmulas. Siguiendo a Rodbertus y a Adolf Wagner, se estableció la distinción entre "categorías económicas puras" y "categorías histórico- jurídicas". Las primeras comprenderían el núcleo permanente y universalmente válido de los fenómenos económicos, presente en todo posible orden jurídico; las otras constituirían el elemento históricamente variable que los ordenamientos jurídicos, las leyes y demás situaciones sociales cambiantes van introduciendo en el sistema económico. Y a estas "categorías sociales" –según la expresión empleada desde entonces especialmente por Stolzmann- se

les ha atribuido una influencia decisiva, o por lo menos muy amplia, sobre las leyes de la distribución".

¿Con razón o sin ella?

Ciertamente, no sin algún fundamento. Ahora bien, ¿Cuál sería el alcance de esta influencia? Además, ¿Cómo esta fijaría sus límites frente a las influencias procedentes de la otra categoría? Estas preguntas esperan aún hoy una respuesta adecuada.[21]

Es en base a esta concepción de la sociedad y de las relaciones entre sus miembros, que Marx acuña sus ideas de "lucha de clases". Y precisamente, la forma de fijar los límites a las aspiraciones de los demás grupos se realizaría a través de la lucha armada, la revolución y la dictadura del proletariado. No existe otra posibilidad. No es posible un marxismo funcional si la lucha armada y la extinción o sumisión de los grupos disidentes.

Ahora bien, ¿es relevante responder si es la ley económica, universal y atemporal, la que condiciona la distribución y las relaciones entre los agentes económicos, o si, en cambio, lo son las relaciones de poder?

Como ya escribí en otra ocasión hace algunos años,

en la actualidad solo un idiota podría negar la influencia de las instituciones y de las medidas de carácter social sobre la distribución de los bienes; es evidente que en un régimen jurídico de tipo comunista el proceso distributivo sería formal y materialmente distinto del de un ordenamiento jurídico de tipo individualista, basado en el principio de la propiedad privada; y, por otra parte, ninguna persona razonable pondrá en duda el hecho de que la existencia de organizaciones obreras dotadas del arma de la huelga ejerce una influencia real sobre la configuración de los salarios; así como, por el contrario, ninguna persona razonable puede pensar que la "regulación social" sea omnipotente y la única decisiva. Con harta frecuencia hemos podido constatar que los precios bajos impuestos por el

---

[21] Ver Böhm Bawerk, (1914). Pag 235.

gobierno en tiempos de escasez han sido incapaces de abaratar los cereales, y a diario podemos observar el fracaso de las huelgas que pretenden obtener salarios no justificados, como se dice en estos casos, por la "situación económica".

Hoy el problema no consiste en averiguar si la influencia sobre las leyes de la distribución viene del lado de las "categorías naturales" o "puramente económicas", o más bien del lado de las "categorías sociales". En efecto, para toda persona razonable, es claro que esa influencia procede tanto de unas como de otras; Por lo que el problema se ciñe a precisar el grado de influencia que esas categorías ejercen, o, para emplear las palabras que utilicé hace unos años a propósito de la primera obra de Stolzmann que se ocupa de la "categoría social": "El gran problema todavía no resuelto de forma satisfactoria es el de aclarar la naturaleza y la medida de la influencia procedente de cada uno de estos lados; es decir cuánto es capaz de hacer cada uno de ellos junto al otro y eventualmente en contra de él. Este capítulo de la economía social aún no se ha escrito de forma convincente.

Podría incluso añadir que hasta hace muy poco ni siquiera se ha intentado escribir este capítulo. No lo ha hecho ninguna de las dos grandes orientaciones rivales que pretenden construir el edificio de nuestra ciencia. No lo ha hecho la orientación teórica, representada hoy principalmente por la Escuela ampliamente ramificada de los "teóricos del valor marginal" pero tampoco la escuela histórica y político-social que en polémica tanto con las tesis de los viejos clásicos, como con las de los modernos teóricos del valor marginal, gusta de poner en el centro de la teoría de la distribución la influencia del poder.[22]

Lo que parece más importante dilucidar, por encima de descubrir si uno u otro de los enfoques son los determinantes de la distribución del producto social, es que tipo de sociedad va a dar

---

[22] Ver Böhm Bawerk, (1914). Pag 236.

a luz un ordenamiento institucional que respete las leyes económicas, inmutables y de alcance general, tal como las describe Böhm Bawerk. Y qué tipo de sociedad va a alumbrar un marco normativo que se base en las relaciones de poder.

Y en esto, la experiencia vivida luego de escrita esta obra, es sumamente ilustrativa. Desde el experimento soviético padecido no solo por Rusia, sino por sus vecinos colonizados por el imperialismo soviético, hasta las hambrunas y el genocidio de Corea del Norte, Camboya y Biafra, así como de muchos otros países africanos, sin olvidar la decadencia de Cuba, el país más desarrollado de Latinoamérica hasta 1955, como las tiranías desarrolladas por el chavismo en Venezuela, que termina cayendo inerte a los pies de la inteligencia cubana y de sus ambiciones colonialistas.

Vemos una gran cantidad de ejemplos muy claros de lo que significa creer en la utopía de pretender centrar el proceso de crecimiento y desarrollo y las relaciones de distribución del ingreso, rompiendo, pisoteando e ignorando las instituciones que lo hacen posible, como la libertad de comercio, la libertad de pensamiento, de cátedra y de enseñanza, la libertad de prensa, la propiedad privada, la moneda sana, el equilibrio presupuestario, la necesidad de una apertura de mercados, para explotar ventajas comparativas, la libertad cambiaría como único método revelador de las mejores alternativas para una correcta asignación de recursos y para la obtención de economías de escala. Todas instituciones que no solo son mucho más conducentes al progreso y al bienestar, sino que, asimismo, se basan en principios morales muchísimo más legítimos y fundamentados

El llamado "Socialismo del Siglo XXI" es un claro ejemplo de un proyecto que buscó confiscar los sistemas de producción, con la confesada intención de ponerlos al servicio de la construcción de un poder, que luego permita torcer el esquema distributivo que surge naturalmente de un proceso de mercado en donde impera la paz social y los individuos cuentan con la total libertad de comprar o no comprar, trabajar o no trabajar, formarse intelectualmente para mejorar su productividad o retirarse de la actividad. En resumen, asignar sus esfuerzos productivos y su creatividad del modo en que mejor sirva a la satisfacción de las necesidades de sus conciudadanos. Y es en esto en lo que radica la enorme superioridad moral de la posición de Böhm Bawerk sobre la de Marx. En que, una sociedad libre, abierta y competitiva obliga a quien quiera prosperar a convertirse en empresario, a tomar riesgos, a evaluar proyectos, a predecir situaciones futuras, a servir a sus clientes con la mejor relación precio-calidad de sus productos o servicios. O desaparece irremediablemente de la actividad que haya querido emprender.

Pero es también muy interesante ver la falta de coherencia del enfoque marxista. Y como su propuesta, confusa y falta de coherencia, ha sido tergiversada profundamente por aquellos que han querido imponer la dictadura de su pensamiento por sobre la libertad de actuar de acuerdo a la propia consciencia. Y esta inconsistencia crucial se revela en el enfoque de Marx sobre lo que debería ser una sociedad ideal. Y la relación que este ordenamiento social tiene con el derecho de propiedad.

Marx, la propiedad y la utopía de la autosuficiencia

Una cuestión sobre la que rara vez se ha puesto énfasis, es en la insistente defensa que hace Marx del derecho de propiedad. Una defensa que pareciera que los Marxistas ignoran u ocultan. Este planteo hace de la construcción posterior de Marx y de los caminos seguidos por sus seguidores, algo muy difícil de justificar. Debe destacarse que esta idea fue sepultada por todos los regímenes políticos posteriores que alegaron fundarse en sus enseñanzas.

Efectivamente, en la concepción de Marx, una sociedad superadora del sistema capitalista implicaba la instauración de una clase de propietarios al estilo de la sociedad colonial norteamericana. La que dio origen a su constitución. La de los "Padres Fundadores". Porque para Marx, la explotación parte de una supuesta expropiación al pueblo, que deriva en una sociedad latifundista:

Como veíamos, al expropiar de la tierra a la masa del pueblo se sientan las bases para el régimen capitalista de producción. La característica esencial de una colonia libre consiste, por el contrario, en que en ella la inmensa mayoría de la tierra es todavía propiedad del pueblo, razón por la cual cada colono puede convertir en propiedad privada y medio individual de producción una parte de ella, sin cerrar el paso a los que vengan detrás[23].

Este sistema social basado en la generalización de la categoría de propietario es lo que, a juicio de Marx, haría imposible la proliferación de un régimen capitalista. Su visión proviene de su seguimiento de la crítica de Wakefield[24] a la aristocracia británica. Pero es llamativa su miopía social. Esta imposibilidad de ver como el sistema que allí se describe, es precisamente el que luego generaría un proceso de acumulación de bienes de producción que a la vez haría posible la generación de excedentes de bienes de consumo, y de economías de escala que generarían más excedentes, que necesariamente terminarían siendo cambiados, mediante un proceso de mercado, con sociedades menos prósperas. Y que ha dado origen al crecimiento sostenido e inusitado de la sociedad moderna. Tampoco se observa aquí que comprenda el rol de la creatividad, la innovación y la capacidad empresarial de individuos que, una vez que tuvieran satisfechas sus necesidades más apremiantes, pasarían a ocuparse en actividades mucho más variadas, especializadas y complejas, dando paso, desde una sociedad prácticamente de agricultura de subsistencia, a una economía de mercado como la actual.

He aquí el secreto del esplendor de las colonias y, al mismo tiempo, del cáncer que las devora: la resistencia que ponen a la aclimatación del capital. "Allí donde la tierra es muy barata y todos los hombres son libres, donde todo el mundo puede, si lo desea, obtener un pedazo de tierra para sí, el trabajo no sólo es muy caro, por lo que a

---

[23] Ver Marx, K. (1867) Cap. XXV
[24] Citando a E. G. Wakefield, England and America, t. II. p. 33. Citado por Marx en las citas anteriores y en las que siguen a esta.

la participación del obrero en su producto se refiere, sino que la dificultad está en obtener trabajo combinado a ningún precio.[25]

Está muy claro que esta abundancia de tierras de labor, a la mano de quien quisiera tomarlas, en la época de una sociedad predominantemente agrícola, es lo mismo que lo que se puede vivir hoy en cualquier democracia liberal, en una sociedad que depende del conocimiento. Ya que este conocimiento científico y tecnológico está disponible. Es accesible. Solo hay que cultivarlo. Y es una vía para salir de la pobreza tan idónea como lo era un fundo de tierra en los siglos que precedieron a los estudios de Marx. Es una vía de escape tal como la definiera el premio Nobel Angus Deaton[26].

No puede dejar de notarse la admiración que expresa Marx por este tipo de sociedad, que es, a su juicio, superadora de la sociedad británica que sí conoció personalmente. Esta adhesión de Marx a una sociedad naciente demuestra palmariamente que no estuvo en condiciones de entender el proceso de desarrollo capitalista y su potencial. Porque esta estructura social que asume como ideal, siguiendo la descripción de Wakefield es precisamente la sociedad que se erige luego como el paradigma a ser combatido por los sucesivos regímenes marxistas que se sucedieron posteriormente en distintos lugares del mundo. Si se hace una lectura detallada del libro de Marx, se coincidirá en que su planteo no es una crítica a la economía como ciencia, ni siquiera es el postulado de una estructura de pensamiento alternativo. Sino apenas una descripción bastante poco ordenada de unas sociedades que conoce muy superficialmente, como la británica y la norteamericana y una crítica social a la forma de vida y de estructuración de la sociedad británica en particular y de las aristocracias europeas en general. Asimismo, puede notarse la ingenuidad de su planteo, cuando asume como ideal una forma de vida, la americana, que asimismo considera como inmutable y como si fuera a perpetuarse idealmente en el tiempo. Vemos

---

[25] Ver Marx, K. (1867) Cap. XXV

[26] Ver Deaton, A: (2013).

claro que Marx no supo ni tuvo capacidad de ver el futuro que
ese sistema de libertad auguraba a los hombres libres. Sigue citando a Wakefield en su descripción de la sociedad americana,
para luego hacer una profecía que nada tiene que ver con lo que
luego ocurrió en la realidad como consecuencia de la evolución
de esa forma de vida.

> Ninguna parte de la población de América es exclusiva-
> mente agrícola, exceptuados los esclavos y sus propieta-
> rios, que combinan el capital y el trabajo en grandes obras.
> Los americanos libres, que cultivan la tierra por sí mismos,
> emprenden al mismo tiempo muchas otras ocupaciones.
> Una parte de los muebles y herramientas que emplean
> son, generalmente, de fabricación propia. Muchas veces,
> construyen ellos mismos sus casas y llevan al mercado,
> por alejado que esté, los productos de su propia industria.
> Son hilanderos y tejedores, fabrican jabón y bujías, se con-
> feccionan el calzado y la ropa para su uso. En América, la
> agricultura es, con frecuencia, la ocupación accesoria del
> herrero, del molinero o del tendero." Con gentes tan ex-
> travagantes, ¿cómo va a manifestarse el espíritu de "re-
> nunciación" a favor del capitalista?[27]

Lo que Marx no vio con claridad es que cada uno de estos colonos era un capitalista. Y contra todas sus profecías, América fue
el terreno más fértil para cultivar este sistema económico. El capitalismo creció, floreció y se erigió en una forma de vida que
dio origen a una transformación social nunca vista, precisamente
en el ámbito que Marx consideraba ideal porque, siguiendo a
Wakefield, era un ámbito en donde no podía darse la explotación
del obrero.

La principal inconsistencia del razonamiento de Marx es
su pretensión de definir ciertos conceptos en sus propios términos. Esto lo lleva finalmente a una contradicción intrínseca ya
que pretende diferenciar conceptos que, en su esencia, son lo
mismo. Esto es flagrante cuando, en vez de aceptar y utilizar el

---

[27] Ver Marx, K. (1867) Cap. XXV

término "capital", del mismo modo que lo hace el resto de los cultores de la ciencia, realiza una disquisición que, por subjetiva, convierte a su sistema en un absurdo. Debemos aceptar que el capital es una herramienta de opresión y de expoliación del obrero, porque cuando no lo es, el autor alega que la misma especie es una cosa diferente. Esta maniobra del lenguaje, anticientífica y arbitraria se revela cuando afirma:

> Un negro es un negro. Sólo en determinadas condiciones se convierte en esclavo. Una máquina de hilar algodón es una máquina para hilar algodón. Sólo en determinadas condiciones se convierte en capital. Sustraída a estas condiciones, no tiene nada de capital, del mismo modo que el oro no es por sí solo dinero, ni el azúcar el precio del azúcar... El capital es una relación social de producción. Es una relación histórica de producción. (Carlos Marx, "Trabajo asalariado y capital", en Neue Rheniscbe Zeitung, núm. 266, de abril 7 de 1849). [28]

La apología que Marx hace de la forma de vida en los EE.UU., un país que ni visitó ni conoció, sino que describe a partir de la cita de un tercero. Este es, como dijimos, Wakefield, al que toma como un crítico sincero, que pretende defender el status quo aristocrático europeo, frente a un sistema al cual Marx no le encuentra defectos. Refiriéndose a las prosperas colonias americanas, ya devenidas en un país independiente, pondera una supuesta resistencia a abrazar el capitalismo, sin percatarse que el autor de quien toma la cita le está advirtiendo de esta transformación de la sociedad americana:

> El obrero asalariado de hoy se convierte mañana en campesino o artesano independiente, que trabaja por cuenta propia. Desaparece del mercado de trabajo..., pero no precisamente para entrar al asilo. Esta transformación constante de obreros asalariados en productores independientes, que en vez de trabajar para el capital trabajan para sí

---

[28] Ver Marx, K. (1867) Cap. XXV, Nota 4

mismos y procuran enriquecerse ellos en vez de enriquecer al señor capitalista, repercute, a su vez, de una manera completamente perjudicial en la situación del mercado de trabajo. No es sólo que el grado de explotación del obrero asalariado sea indecorosamente bajo; es que, además, éste pierde, al desaparecer el lazo de subordinación, el sentido de sumisión al generoso capitalista. De ahí provienen todos los males que nuestro buen E. G. Wakefield pinta con tanta honradez y con tintas tan elocuentes y conmovedoras. La oferta de trabajo asalariado, gime este autor, no es constante, ni regular, ni eficiente. "Es continuamente, no sólo pequeña, sino insegura."13 "Aunque el producto que ha de repartirse entre el trabajador y el capitalista es grande, el trabajador se queda con una parte tan considerable, que se convierte enseguida en capitalista[29].

Es imposible abordar en profundidad, en este breve ensayo, la gran cantidad de implicancias que tiene el estudio crítico del esquema conceptual marxista. Pero creemos que vale la pena seguir ampliando y profundizando esta investigación, ya que la misma concepción de Marx se sigue ramificando y colonizando el pensamiento social, no ya del siglo XIX o del siglo XX. Sino que amenaza seguir destruyendo la paz social de naciones enteras en el siglo XXI.

Bibliografía

Bohm Bawerk, E.v. (1889) – (1959). *"Kapital und Kapitalzins"* Trad. *"Capital and Interest"*. South Holland, Illinois, USA.: Libertarian Press.
Bohm Bawerk, E.v. (1884)–(1959). *"Geschichte und Kritik der Kapitalzinstheorien"*, Trad. *"History and Critique of Interest Theories"*. South Holland, Illinois, USA: Libertarian Press.
Bohm Bawerk, E.v. (1896)-(2000). *"Zum Abschluss des Marxschen Systems"* Trad. *"La conclusion del sistema marxiano"*. Madrid: Unión Editorial SA.

---

[29] Ver Marx, K. (1867) Cap. XXV

Bohm Bawerk, E.v. (1914)-(1999). *"Macht oder ökonomisches Ge-setz"* publicado en el tomo 23 del *"Zeitschrift für Volkswirtschaft, Socialpolitik und Verwaltung"*. Trad. *"Poder o ley económica"*. Madrid: Unión Editorial SA.

Deaton, A. (2013). *"The Great Escape: Health, Wealth, and the Ori-gins of Inequality"*. Princeton, NJ: Princeton University Press.

Ekelund, Jr. R.B. y Hébert, R.F. (1992). *"A History of Economic Theory and Method"* Trad *"Historia de la teoría económica y de su mé-todo"*. Madrid: Mc Graw Hill / Interamericana de España.

Hennings, K.H. (2001). *"The Austrian Theory of Value and Capital: Studies in the Life and Work of Eugen von Böhm Bawerk"* Trad Cast. *"La teoría austriaca del valor, el capital y el interés. Vida y obra de Eugen von Böhm Bawerk"*. Madrid: Ediciones Aosta.

Marx, K. (1867). *"Das Kapital - Kritik der politischen Ökonomie"* Trad Cast. *"El capital. Crítica de la economía política. Tomo 1"*. 13/6/16 , de Aristóbulo Istúriz Sitio web: http://aristo-bulo.psuv.org.ve/wp-content/uploads/2008/10/marx-karl-el-capital-tomo-i1.pdf

Marx, K. (1894). *"Das Kapital - Kritik der politischen Ökonomie"* Trad Cast. *"El capital. Crítica de la economía política. Tomo 3"*. 13/6/16, de Alejandria Digital Sitio web: http://www.alejan-driadigital.com/wp-content/uploads/2015/12/MARX-El-Ca-pital-Tomo-III.pdf

LA RELEVANCIA DE LA TASA DE INTERÉS EN LA TEORÍA ECONÓMICA. CONSIDERACIONES DE JUAN CARLOS CACHANOSKY

Juan Sebastián Landoni

Introducción

Estas páginas buscan ampliar las conclusiones de Juan Carlos Cachanosky respecto de la importancia de la tasa de interés en la teoría del proceso económico. El eje de lo que sigue se basa en su artículo "Consideraciones sobre la tasa de interés", publicado en 1993. Otros textos de su obra también se aproximan al tema. Entre otros, y de particular interés para este ensayo, "Value Based Management", "Las decisiones empresariales y las predicciones en economía", "Crisis económicas: causas y consecuencias".[1]

Debe aclararse que no se intenta solo referir y sintetizar los trabajos señalados, con especial énfasis en el primero. Además, se pretende una extensión de su aproximación. Para ese objetivo, se presenta parte del material que Juan Carlos utilizara en clase con los alumnos en cursos de economía y finanzas. Con el auxilio de una planilla Excel donde se muestran varios proyectos de inversión con flujos de distinto horizonte temporal, se observa el impacto de la tasa de interés en la estructura productiva. En concreto, se observa que las preferencias temporales terminan definiendo dos aspectos del proceso económico: en primer lugar, el volumen de inversión total y, en segunda instancia, la intensidad de capital de la economía. Al primer efecto se lo puede denominar cuantitativo o absoluto y al segundo cualitativo o relativo.

Mediante esta elaboración, se presenta una ampliación de sus consideraciones sobre la tasa de interés. En particular, este trabajo implica una extensión de la consideración que Juan Carlos hiciera de la tasa de interés como "indicador madre". ¿Por qué la tasa de interés como indicador madre? ¿Por qué no considerar al salario de ese modo? ¿O al precio de los bienes de capital, de la tierra, del dinero o de las divisas? ¿Por qué no identificar a otras variables diferentes a los precios (tecnología, capital humano, entre muchos otros) como indicadores de ese tipo? Cachanosky permite responder diversos interrogantes remitiéndose a principios de economía con didáctica magistral.

---

[1] Cachanosky (1999, 2000, 2002, respectivamente).

El trabajo que sigue comienza con una introducción a las preferencias temporales como fuente de la tasa de interés originaria. Se distingue a la tasa de interés del poder adquisitivo: la primera como precio del ahorro, del crédito o del tiempo, y el segundo como precio del dinero. Además de distinguir ambos conceptos, se los vincula a través de la tasa de interés real. Explicados los principios, se aproxima la tasa de interés de mercado como costo del capital, considerando la teoría de las preferencias temporales como fundamento. Luego, se muestra el impacto sobre la inversión de cambios en las preferencias temporales. Y, finalmente, se introduce la planilla Excel con la que Cachanosky ilustrara el efecto en la estructura productiva ocasionado por cambios en preferencias temporales. Para concluir, cierran un conjunto de reflexiones finales.

Tasa de interés y poder adquisitivo

Con el objeto de aclarar conceptos, "Consideraciones sobre la tasa de interés" comienza por desmantelar una confusión habitual: la tasa de interés entendida como precio del dinero. En los medios de comunicación masivos y en diversas teorías se insiste en ese entendimiento. Suele manifestarse que ante un aumento en la tasa de interés, se eleva el precio del dinero.

En esa aproximación, la tasa de interés emerge de la oferta y demanda de dinero. Y continuando esa forma de razonar, la tasa de interés disminuiría ante aumentos en la oferta de dinero, *ceteris paribus*. Luego, la inversión podría aumentar con expansiones en la cantidad de dinero. Mediante una política monetaria activa que incremente la cantidad de dinero, la economía verificaría los efectos de una caída en la tasa de interés: aumento de inversión y mayor demanda de recursos (trabajo entre ellos). Una alternativa que sugiere una especie de "solución mágica", una receta sencilla para que la autoridad monetaria lleve a la práctica y reactive la actividad económica.[2]

---

[2] Musgrave y Musgrave (1973) incluyen entre las funciones del estado, la tarea de estabilizar y/o impulsar la actividad económica mediante prácticas como las señaladas. Ese trabajo también suele incluirse dentro de las funciones de los bancos centrales.

Lo que describe el párrafo previo, lejos de una elucubración de gabinete sin consecuencias, constituye una de las causas de diversas crisis económicas. En efecto, las tasas de interés pueden disminuirse mediante la política monetaria. Sucede cuando la oferta monetaria se introduce por la vía financiera, a través de los pasivos de los bancos, como lo analiza Juan Carlos Cachanosky, siguiento a Ludwig von Mises y Friedrich Hayek, en su investigación sobre crisis económicas.[3] No sucede lo mismo cuando la oferta monetaria es introducida por la vía del sector público o la vía del sector externo.

Para esclarecer la confusión, Cachanosky precisa la definición de poder adquisitivo: el precio del dinero. Los cuadros con los que analiza el tema representan un aporte pedagógico relevante. Aquí se resaltan los elementos teóricos de la formación del poder adquisitivo, dejando las tablas aparte.

Si el dinero es un bien económico, analiza el autor, tiene oferta y demanda. La oferta de dinero puede identificarse con la cantidad de medios de pago existentes en la economía en un período de tiempo dado. Esos medios de cambio indirecto constituyen dinero si, y solo si, son institucionalizados por la aceptación generalizada de los que participan del intercambio.[4] Esos medios de cambio pueden ser más o menos líquidos, arrojando los habituales agregados de oferta monetaria: M_1, M_2,..., M_n.

Para definir a la demanda de dinero se recurre a una variante de la ley de Jean-Baptiste Say.[5] ¿Qué agentes económicos demandan dinero y cómo lo hacen? Para responder se puede considerar a quien ofrece un bien o servicio a cambio de dinero. Si ese individuo produce y ofrece y, a cambio, solicita dinero, constituye un demandante de dinero. Se demanda dinero para luego utilizarlo (venderlo) en el intercambio por otros bienes y servicios. El uso del dinero en el intercambio puede ser más o

---

[3] Cachanosky (2002).
[4] White (1999).
[5] Say (1803) comienza el capítulo XV, "De los mercados", de su tratado de economía, discutiendo reclamos de empresarios que solicitan expansión en la cantidad de dinero para resolver la caída de sus ventas. Afirma Say: "[...] dicen [los empresarios] que *el dinero está escaso*". Itálicas en el original.

menos remoto. En virtud de ello, se distinguen dos componentes de la demanda de dinero según se utilice para transacciones y para atesoramiento. Este último componente se relaciona a las expectativas de los tenedores de saldos monetarios. Los agentes económicos, individuos o empresas, mantienen posiciones de liquidez para enfrentar distintas contingencias. Esas posiciones constituyen dinero atesorado para atender imprevistos.

La demanda de dinero aumenta (o disminuye) con la oferta de bienes y servicios pero también con el atesoramiento. Ambos cambios afectan el precio del dinero. Como sucede con cualquier bien, si se eleva su demanda, *ceteris paribus*, se incrementa su precio. Con el dinero sucede lo mismo: manteniendo constante la cantidad de dinero, ante aumentos (caídas) en la producción (oferta de bienes y servicios), que representan aumentos (bajas) en la demanda de dinero, aumenta (cae) el poder adquisitivo.

Con el análisis del mercado de dinero, se accede a la definición de inflación como fenómeno monetario. Una definición que apunta a las causas del fenómeno y no, solamente, a las consecuencias en términos de aumentos de precios o caídas de poder adquisitivo.[6] Siguiendo el razonamiento previo sobre el mercado monetario, un aumento de oferta monetaria que no es precedido o acompañado por un aumento en la demanda de dinero (producción de bienes y servicios), provoca una caída en el poder adquisitivo (alza de precios de bienes y servicios). En un sistema de banca central o monopolio legal de emisión, los aumentos de la masa monetaria que provienen de decisiones exógenas al mercado, generan inflación cuando la producción se mantiene constante.

¿Qué sucede en un sistema monetario y bancario competitivo, que opera libremente, sin la regulación de una entidad jerárquica con ventajas legales. *i.e.* un sistema de banca central? Como explica Cachanosky, la competencia promueve efectos similares en los diferentes mercados. En el caso del dinero, los empresarios del sector promueven que la oferta y la demanda

---

[6] Debe notarse que el principal efecto de la inflación se encuentra en la distorsión de precios relativos y en los problemas de asignación derivados.

tiendan a moverse en sintonía.[7] De ese modo, se evitan los problemas asociados a la inflación en términos de distorsión de precios, de asignación de recursos y de deterioro del mercado de capitales. La inflación promueve conductas pródigas que se manifiestan en sustituciones de consumo futuro y de saldos monetarios líquidos a favor de mayor consumo presente. Los individuos, al verificar pérdidas de poder adquisitivo tienden a modificar sus expectativas y consumir en el presente, dejando de ahorrar, pero también disminuyendo el atesoramiento.

El tratamiento del atesoramiento merece una atención particular. Como muestra Cachanosky y se repite más adelante, atesoramiento es diferente de ahorro. En caso de atesorar, los demandantes de dinero no esperan percibir rendimiento alguno, mientras el ahorro remunera intereses. Un aumento (caída) del atesoramiento, constante lo demás, genera un alza (baja) del poder adquisitivo. En períodos de alta inflación, el público percibe incentivos para disminuir o abandonar el atesoramiento. Y esta caída puede generar alzas de precios aún sin expansiones en la cantidad de dinero.[8]

Pero los cambios en el nivel de atesoramiento, alteran el mercado de dinero y no afectan directamente el volumen de ahorros e inversiones. Como analiza la sección siguiente, los cambios en el volumen de ahorro repercuten en la tasa de interés: precio del ahorro.

Una vez separados ambos mercados, de dinero y de ahorro, puede considerarse su vínculo. Para esa tarea, Cachanosky avanza detenidamente: primero muestra los elementos propios de cada mercado, luego cruza de uno a otro considerando sus relaciones.

Una de las intersecciones más importantes se encuentra en la tasa de interés real. Se puede mostrar la repercusión de una política monetaria inflacionista en el ahorro mediante un ejemplo. Si un depositante a plazo pacta una tasa de interés de 10%, el incremento de poder de compra de su ahorro depende de la

[7] Selgin (1988) señala que los bancos del sistema libre escocés llegaron a operar con encajes menores a 5%. Lo que permitiría colegir que expandían la oferta monetaria en función de los aumentos en la demanda de dinero.
[8] Cachanosky (1980).

tasa de inflación. Si la inflación no existiera, el aumento de poder de compra ascendería a 10%. En caso de una tasa de inflación positiva, la tasa de interés real sería menor a la tasa nominal. Y podría alcanzar valores negativos. Como consecuencia, se alteran los incentivos a consumir a lo largo del tiempo, *i.e.* las preferencias temporales del público.[9]

Las preferencias temporales y la tasa de interés

Para distinguir entre precios de ahorro y precios del dinero, Juan Carlos analiza una situación sin dinero. Si el interés nace con el dinero, puede establecerse una relación entre ambos. Pero si el interés puede existir sin dinero, no existen motivos para ese vínculo. Para desarrollar el tópico, se observa la sociedad conformada por Viernes y Robinson. En una jornada cualquiera, Robinson desea descansar. Necesita la comida diaria: un kilogramo de pescado y dos cocos. Recurriendo a la cooperación, Robinson y Viernes pueden acordar la provisión del alimento durante la jornada de descanso con la condición de devolver dos kilogramos de pesca y tres cocos. En ese intercambio, se verifica la presencia de interés (100% en términos de pescado, 50% en cocos). Sin embargo, no existe dinero entre los dos hombres aislados.

Lo que muestra el párrafo previo es la existencia de la tasa de interés en circunstancias donde el dinero está ausente. Además, cabe recordar que un medio de cambio indirecto cobra sentido cuando coexisten, como mínimo, tres bienes y tres personas. En el ejemplo propuesto, Robinson paga intereses por bienes que Viernes produce y no consume. A esa producción excedente que no se consume se la denomina ahorro.

Pero Cachanosky plantea un extremo mayor aún. Supone un hombre aislado, como Robinson, que puede elegir entre tres opciones. En una misma jornada puede producir un kilogramo pescando con las manos, dos kilogramos produciendo una caña

---

[9] Las preferencias temporales dependen de diversos factores. Las instituciones monetarias que determinan la calidad de la moneda son un ejemplo de esos factores.

de pescar, o cinco kilogramos invirtiendo en una red. Para producir las herramientas de pesca, la caña o la red, Robinson debe sacrificar tiempo de ocio o de otras tareas. Un tiempo que podía utilizar para hacer ejercicio o entretenerse practicando tiro al blanco o recolectando mariscos o frutas. En cualquier caso, debe ahorrar, *i.e.* sacrificar consumo presente. Y el interés sigue presente: los kilogramos adicionales por introducir bienes de capital más productivos.[10]

¿Cuál de los métodos elige Robinson? Depende de sus preferencias. Si Robinson tuviera que elegir entre un kilogramo de pescado hoy y el mismo kilogramo de pescado mañana, Robinson elige consumir hoy. Cualquier persona haría lo mismo: elegir hoy entre un bien en el presente y el mismo bien en algún momento futuro. Esa elección expresa la ley de la preferencia temporal: los individuos valoran más el consumo presente que el consumo futuro de un mismo bien.[11]

---

[10] En Böhm-Bawerk se puede leer un ejemplo similar: "Un campesino desea beber agua. La fuente está a cierta distancia de su casa. Existen varios modos de abastecer su necesidad diaria. Primero, puede ir hasta la fuente cada vez que esté sediento y beber con ayuda de sus manos. Es el camino más directo donde la satisfacción sigue inmediatamente al esfuerzo. Pero es un modo inconveniente para nuestro campesino quien tiene que recorrer el camino cada vez que esté sediento. Y es una alternativa insuficiente dado que nunca podrá recolectar y acopiar una gran cantidad para otros propósitos. Segundo, puede tomar un tronco de madera, ahuecarlo como una especie de balde y acarrear su abastecimiento diario desde la fuente hasta su casa. La ventaja es obvia pero necesita un rodeo de gran duración. El hombre deberá gastar, quizás, un día para tallar el balde; antes de hacerlo deberá cortar un árbol del bosque; para hacer esto, de nuevo, deberá hacer un hacha, entre otras tareas. Pero hay un tercer camino: cortar varios árboles en lugar de uno; dividirlos y ahuecarlos; disponerlos unidos por el final; y así construir un estrecho canal o curso de agua que trae un continuo abastecimiento de agua a su casa. Aquí, obviamente, entre el esfuerzo laboral y la obtención del agua hay un modo con muchos rodeos, pero, entonces, el resultado es siempre mucho mayor [...]".Böhm-Bawerk (1888, libro I, capítulo II, acápite 3).

[11] Mises (1949) dedica el capítulo 5 de su *Human Action* al estudio del tiempo en la economía.

Pero las opciones de la caña o la red sugieren un análisis diferente. La elección se complica si para producir la caña, Robinson necesita descansar cuatro horas menos durante tres jornadas y para producir la red necesita descansar cuatro horas menos durante diez jornadas. Ahora la respuesta del náufrago depende de sus preferencias temporales. Si un kilogramo de pescado hoy fuera miles de veces más valioso que un kilogramo de pescado mañana, Robinson renunciaría a la elaboración de las herramientas. Si fuese uno por ciento más valioso el pescado presente, Robinson podría dedicar esfuerzo y sacrificio para la producción de bienes de producción relativamente más intensivos en capital (cuya productividad es mayor a uno por ciento en sus expectativas).

Una persona elige postergar consumo actual si, y solo sí, espera compensar la diferencia de valor entre presente y futuro. Esa diferencia de valor representa el interés originario. Y esa diferencia expresada como ratio porcentual representa la tasa de interés originaria.

Para quien valora un diez por ciento más el consumo presente, ahorrar a cambio de 1% de interés no tiene sentido. Ahorrar por 11% de interés cobra sentido. Luego, las preferencias temporales explican la disposición a cobrar de los ahorristas, *i.e.* oferentes en el mercado de ahorros.

¿Cómo surge la disposición a pagar de los demandantes de ahorros? Quienes demandan en el mercado de ahorros, requieren fondos para formar capital. Esos demandantes empresarios valoran aquellos fondos en función de lo que esperan obtener de la utilización (inversión) de los mismos. Cuando el rendimiento del proyecto de inversión se espera en 20%, el empresario estará dispuesto a pagar como máximo ese 20%. En términos de preferencias temporales, el empresario valora un 20% más los fondos prestables en virtud de la expectativa sobre la rentabilidad del capital invertido. Y no puede asumir un costo de ese capital que sea mayor a la rentabilidad que espera obtener del mismo.

Como mostrara Juan Carlos Cachanosky en su artículo "Value Based Management", siguiendo la lógica del EVA®, el proyecto crea valor cuando se confirman las expectativas y el rendimiento es mayor al costo del capital invertido.[12] Cuanto mayor sea la diferencia entre el rendimiento del capital y su costo, mayor será la ganancia extraordinaria de la empresa.

Los párrafos precedentes enuncian que los ahorristas cobran una tasa de interés por los ahorros que ofrecen y los empresarios pagan una tasa de interés por los fondos que demandan.[13] En otros términos, muestran que la tasa de interés representa el precio del ahorro o de los fondos prestables.

¿Cómo surge la tasa de interés (r*) en ese mercado? Dependerá de las preferencias temporales de ahorristas oferentes y de demandantes de capitales. Suponiendo un mercado con un empresario que espera un rendimiento de 20% y un ahorrista que valora el consumo presente 10% más que el consumo futuro, podría surgir una tasa de interés entre esos márgenes (20 $\geq$ r* $\geq$ 10). Pero si el ahorrista valorara el consumo presente más que 20% y el demandante estuviera dispuesto a pagar menos de 20% no existiría transacción posible.

El "indicador madre"

El caso anterior puede extenderse a varios demandantes y oferentes. En el nuevo caso, que muestra la tabla siguiente, aparecen cuatro oferentes y ocho demandantes. Los oferentes están dispuestos a cobrar como mínimo lo que se observa en la columna derecha. Los demandantes están dispuestos a pagar como máximo lo que esperan como rendimiento de esos fondos prestables y aparecen listados en la columna izquierda. Puede pensarse en cuatro ahorristas que ofrecen un millón de unidades monetarias cada uno y ocho demandantes que demandan un millón de unidades monetarias cada uno.

---

[12] Rendimiento del capital y costo del capital se nombran con las siglas en inglés ROIC y WACC (ROIC: *return on investment capital*, y WACC: *weighted average cost of capital*). Cachanosky (1999). En ese artículo, se explora la conexión entre el Valuation de la consultora McKinsey y el pensamiento de la tradición austríaca. Ver Copeland, Koller y Murrin (1995).

[13] Lo que se analiza aquí se denomina mercado de capitales. Se hace abstracción de los créditos para consumo que forman parte de los mercados financieros y tienen su impacto en la tasa de interés.

Demanda de ahorros	Oferta de ahorros
45	5
38	7
20	9
16	10
12	
11	
7	
4	

Por ensayo y error se puede arribar a la tasa de interés de equilibrio (r^*_0). Si se supone una tasa de interés inicial r_0 de 30%, habría solo dos demandantes para cuatro oferentes, *i.e.* un exceso de oferta y una presión a la baja. Suponiendo ahora una tasa menor r_1 igual a 10%, seis demandantes pujarían por cuatro unidades de ahorros, *i.e.* exceso de demanda y presión al alza. Si estas condiciones se mantuvieran y se renovaran, la tasa de interés que iguala la cantidad demanda con la ofrecida no podría ser igual o menor a 12% ni mayor a 16%. Tendería a ubicarse en el siguiente rango:

$$16 \geq r^*_0 > 12$$

En estos mercados los intermediarios realizan una tarea preponderante. Oficiales de negocios en bancos, *brokers* de bolsas de valores, capitalistas de riesgo y otros intermediarios realizan sofisticados análisis para evaluar diversos proyectos. Como siempre que se trate de estimaciones, la incertidumbre y la probabilidad de errar se encuentran presentes. Aunque estos analistas no están exentos de fallos, el proceso de *due diligence* permite perfeccionar los planes de negocios y canalizar luego los fondos disponibles hacia los proyectos más viables relativamente. Como es esperable, los errores que se cometen retroalimentan el proceso. Ante errores de sobre o subvaluación, los intermediarios aprenden a corregir y desarrollan métodos alternativos. Con nuevas experiencias y herramientas pueden enfrentar los cambios en la oferta y la demanda de ahorros.

Los cambios en las preferencias temporales afectan las valoraciones de demandantes y oferentes de fondos. Los motivos que causan los cambios pueden ser institucionales, macroeconómicos, sectoriales o propios del negocio. Pero las nuevas valoraciones impactan en la tasa de interés de mercado.

Por ejemplo, pueden caer las preferencias temporales por consumo presente y aumentar la cantidad de individuos dispuestos a ahorrar. La nueva tabla muestra los cambios.

Demanda de ahorros	Oferta de ahorros
45	4
38	5
20	7
16	7
12	9
11	10
7	
4	

A la tasa de interés vigente, $16 \geq r_0 > 12$ (sin asterisco), las nuevas condiciones indican un desequilibrio. Para ese rango de precios, la cantidad ofrecida ahora es de seis unidades. Pero la cantidad demandada sigue siendo cuatro. Luego, a la tasa vigente existe un exceso de oferta que provoca presiones a la baja. Si la tasa bajara a 5%, por ejemplo, la cantidad demandada sería siete unidades y la ofrecida cinco. Esto no podría perdurar. La tendencia de la nueva tasa de interés se ubicaría entre 10% y 11%.

$$11 \geq r_1^* \geq 10$$

Para cualquier tasa dentro del rango de equilibrio, la cantidad demandada iguala a la ofrecida en seis unidades.

Como se observa en la tabla, ante una disminución de las preferencias temporales, *ceteris paribus*, aumenta la oferta de ahorros y cae la tasa de interés.[14] Pero ahora, la cantidad de proyectos que obtienen financiamiento es mayor. Como sucede con la

---

[14] Debe notarse que si los nuevos ahorristas estuvieran dispuestos a cobrar 50 y 100% respectivamente, el efecto sobre la inversión sería nulo. En este

tasa inicial, la nueva tasa de interés consigue igualar la cantidad de ahorro ofrecido con el volumen de inversión. Y en este sentido, Cachanosky denomina a la tasa de interés "indicador madre". Porque más que igualar ahorro con inversión, consigue calzar inter- temporalmente las preferencias de ahorristas con las de inversores. Los que ahora prefieren ahorrar están indicando que desean consumir más en el futuro. Para eso habría que producir más, invirtiendo en el presente. Y la tasa de interés requerida para mayores inversiones debería ser menor.

Precisamente, la tasa de interés promueve ese calce al expresar las preferencias temporales. Con las nuevas y disminuidas preferencias temporales, el mayor ahorro presente, impulsa una baja en la tasa de interés y una mayor inversión presente. En el futuro, la mayor productividad encontrará un mayor consumo. ¿Por qué no considerar indicador madre al salario o al precio de la tecnología o de los alfajores? Cachanosky resalta el impacto de la tasa de interés en *toda* la economía y no parcialmente en un mercado particular y sus conexos. Los salarios de un sector particular, una tecnología particular o el precio de los alfajores tienen relevancia clave para los sectores involucrados y sus efectos remotos pueden tener intensidad variada. Pero la tasa de interés afecta cada una de las decisiones económicas. Las preferencias temporales afectan tanto las decisiones de consumo presente como de inversión y, al hacerlo, afectan un precio relativo esencial: el de los bienes de consumo en relación a los bienes de capital. Con esto, se promueven cambios en la inversión de los distintos sectores de actividad y en la estructura de capital de toda la economía.

El "indicador madre". Parte II

Juan Carlos Cachanosky finaliza "Consideraciones sobre la tasa de interés" con la aproximación a la tasa de interés como indicador madre. Parte de sus conclusiones son resumidas en la sección anterior. En sus clases, sin embargo, ilustraba el punto con

---

caso, podría hablarse de ahorro inviable. El ahorro del ejemplo, resulta viable en términos de tasas de interés (costo del capital) e inversión.

un enfoque complementario. En lo que sigue se agrega ese esquema con el objeto de ampliar el sentido propuesto, sin intención de modificar ni, mucho menos, contradecir las conclusiones del autor.

Colocando la abstracción al servicio de la pedagogía, Juan Carlos elabora una planilla Excel, Tabla 1, que representa la totalidad de los sectores productivos de la economía.[15] Las cinco columnas de la izquierda representan los cinco sectores de la actividad económica. Y están ordenados en orden creciente por su horizonte temporal, desde el proyecto más corto a 5 años hasta el más extenso de 25 años.

Tabla 1.

	Proyecto 1	Proyecto 2	Proyecto 3	Proyecto 4	Proyecto 5	12%	VP P1	VP P2	VP P3	VP P4	VP P5
1	-100	-150	-270	-500	-800	0.8929	(89.29)	(133.93)	(241.07)	(446.43)	(714.29)
2	130	-40	-220	-240	-310	0.7972	103.64	(31.89)	(175.38)	(191.33)	(247.13)
3	140	20	-180	-110	-300	0.7118	99.65	14.24	(128.12)	(78.30)	(213.53)
4	180	70	-30	-90	-230	0.6355	114.39	44.49	(19.07)	(57.20)	(146.17)
5	240	120	180	-20	-120	0.5674	1,271.61	68.09	102.14	(11.35)	(68.09)
6		170	210	120	-80	0.5066		86.13	106.39	60.80	(40.53)
7		220	250	200	-10	0.4523		99.52	113.09	90.47	(4.52)
8		290	290	290	90	0.4039		117.13	117.13	117.13	36.35
9		300	310	380	180	0.3606		108.18	111.79	137.03	64.91
10		375	390	450	250	0.3220		1,128.05	125.57	144.89	80.49
11			420	530	370	0.2875			120.74	152.36	106.37
12			480	550	450	0.2567			123.20	141.17	115.50
13			510	600	550	0.2292			116.88	137.50	126.05
14			520	630	660	0.2046			106.40	128.91	135.05
15			540	650	750	0.1827			920.31	118.75	137.02
16				660	830	0.1631				107.66	135.39
17				680	850	0.1456				99.04	123.80
18				690	1000	0.1300				89.73	130.04
19				701	1100	0.1161				759.16	127.72
20					1201	0.1037					124.50
21					1350	0.0926					124.96
22					1399	0.0826					115.62
23					1611	0.0738					118.87
24					1760	0.0659					115.95
25					1850	0.0588					1,015.68
	Capital invertido						1,500.00	1,500.00	1,500.00	1,500.00	1,500.00
	100	190	700	960	1850						

Nota: tabla elaborada por Juan Carlos Cachanosky para ser utilizada en clase.

Los proyectos muestran mayores requerimientos de capital a medida que se extiende el plazo de los mismos. Mientras el primer proyecto exige desembolsos, *i.e.* flujo negativo, durante un periodo, el proyecto 5 requiere siete años de inversión neta. Para otorgar mayor realismo, puede pensarse en proyectos como un puesto callejero de comida rápida (el más corto), un local de ropa

---

[15] Se suponen instituciones de Estado de Derecho y economía de mercado, derechos de propiedad correctamente definidos y competencia como ausencia de privilegios. Ver Cachanosky (1994).

en un centro comercial, una pequeña empresa de servicios médicos, una terminal automotriz y, finalmente, una autopista de cientos de kilómetros (el más largo).

La columna encabezada por "12%" representa la tasa de descuento (12% en la fila superior) y el factor de descuento resultante (cada uno de los coeficientes de la columna). Por ejemplo, los dos primeros surgen de las siguientes operaciones:

$$0{,}8929 = \frac{1}{(1 + 0.12)^1}$$

$$0{,}7972 = \frac{1}{(1 + 0.12)^2}$$

A medida que el descuento se realiza para una mayor cantidad de períodos, la columna muestra como disminuye el factor de actualización.

Las columnas de la derecha muestran el cálculo del valor presente neto (VPN) para los cinco proyectos. Multiplicando el factor de actualización por el flujo neto correspondiente a cada período, se obtiene el flujo descontado. Por ejemplo, los dos primeros correspondientes al proyecto 1 surgen de:

$$-89{,}29 = \frac{1}{(1 + 0.12)^1}\,(-100)$$

$$103{,}64 = \frac{1}{(1 + 0.12)^2}\,(130)$$

¿Cuál es el detalle particular de la tabla? Los datos se encuentran manipulados. Con la intención de mostrar un estado de equilibrio, se manipulan los flujos de la izquierda para que, una vez descontados, arrojen la misma cifra de valor presente neto. Luego de probar y corregir, todos los proyectos generan un valor presente de 1500. Se puede considerar una situación de equilibrio porque no existirían incentivos para cambiar de actividad (haciendo abstracciones fuertes sobre el riesgo).[16]

¿Qué sucede ante un cambio en las preferencias temporales? Supóngase un aumento de la preferencia temporal, con su

---

[16] La última cifra de las columnas "VP Pi" surge de incorporar de una fórmula de perpetuidad para reflejar una posible continuidad de los negocios particulares.

caída de oferta de ahorros y/o aumento en la demanda de fondos, efectos que elevan la tasa de interés. Si la nueva tasa ascendiera a 20%, los proyectos verificarían cambios. La nueva Tabla 2 muestra esos cambios:

Tabla 2.

	Proyecto 1	Proyecto 2	Proyecto 3	Proyecto 4	Proyecto 5	20%	VP P1	VP P2	VP P3	VP P4	VP P5
1	-100	-150	-270	-500	-800	0.8333	(83.33)	(125.00)	(225.00)	(416.67)	(666.67)
2	130	-40	-220	-240	-310	0.6944	90.28	(27.78)	(152.78)	(166.67)	(215.28)
3	140	20	-180	-110	-300	0.5787	81.02	11.57	(104.17)	(63.66)	(173.61)
4	180	70	-30	90	-230	0.4823	86.81	33.76	(14.47)	(43.40)	(110.92)
5	240	120	180	-20	-120	0.4019	578.96	48.23	72.34	(8.04)	(48.23)
6		170	210	120	-80	0.3349		56.93	70.33	40.19	(26.79)
7		220	250	200	-10	0.2791		61.40	69.77	55.82	(2.79)
8		290	290	290	90	0.2326		67.44	67.44	67.44	20.93
9		300	310	380	180	0.1938		58.14	60.08	73.65	34.89
10		375	390	450	250	0.1615		363.76	62.99	72.68	40.38
11			420	530	370	0.1346			56.53	71.33	49.80
12			480	550	450	0.1122			53.84	61.69	50.47
13			510	600	550	0.0935			47.67	56.08	51.41
14			520	630	660	0.0779			40.50	49.07	51.41
15			540	650	750	0.0649			210.18	42.19	48.68
16				660	830	0.0541				35.70	44.89
17				680	850	0.0451				30.65	38.31
18				690	1000	0.0376				25.92	37.56
19				701	1100	0.0313				131.57	34.43
20					1201	0.0261					31.33
21					1350	0.0217					29.34
22					1399	0.0181					25.34
23					1611	0.0151					24.32
24					1760	0.0126					22.14
25					1850	0.0105					116.36
Capital invertido	100	190	700	960	1850		753.73	548.45	315.25	115.53	(492.31)

La nueva y elevada tasa de descuento aplicada a los proyectos provoca dos cambios: por un lado, disminuye el VPN de todos los proyectos y, por otro, el VPN de los proyectos de largo plazo, disminuye relativamente más. Ahora, todos los proyectos son menos atractivos. Pero relativamente menos viables los proyectos de mayor plazo. Con las preferencias sesgadas al consumo presente, aumenta la tasa de interés y los precios relativos de los bienes de consumo presente en relación a los bienes de capital (bienes de consumo futuro). Se incentiva la producción de bienes de consumo presente (comida rápida y ropa en el ejemplo). Pero se desincentivan los proyectos de largo plazo, proyectos cuya virtud se encuentra en el aumento de productividad, *i.e.* aumento en la producción de bienes de consumo para el futuro.

La economía, bajo las nuevas condiciones, alcanza una menor intensidad de capital con perspectivas de merma en la productividad. De mantenerse estas preferencias por el consumo presente, la economía se torna *kiosk capitalist*, donde abundan emprendedores unipersonales y microempresas.[17] Proliferan negocios con menores perspectivas de elevar la productividad y aprovechar las ventajas de la especialización a escala mayor (tanto nacional como internacional). Como consecuencia, el bienestar alcanzado por los miembros de la sociedad tiende a caer relativamente.

¿Qué sucede ante una disminución en las preferencias temporales? La Tabla 3 propone una caída en la tasa de interés, fruto de mayor oferta de ahorros o de menor demanda de fondos.

Tabla 3.

#	Proyecto 1	Proyecto 2	Proyecto 3	Proyecto 4	Proyecto 6	6%	VP P1	VP P2	VP P3	VP P4	VP P5
1	-100	-150	-270	-500	-800	0.9434	(94.34)	(141.51)	(254.72)	(471.70)	(754.72)
2	130	-40	-220	-240	-310	0.8900	115.70	(35.60)	(195.80)	(213.60)	(275.90)
3	140	20	-180	-110	-300	0.8396	117.55	16.79	(151.13)	(92.36)	(251.89)
4	180	70	-30	-90	-230	0.7921	142.58	55.45	(23.76)	(71.29)	(182.18)
5	240	120	180	-20	-120	0.7473	3,169.80	89.67	134.51	(14.95)	(89.67)
6		170	210	120	-80	0.7050		119.84	148.04	84.60	(56.40)
7		220	250	200	-10	0.6651		146.31	166.26	133.01	(6.65)
8		290	290	290	90	0.6274		181.95	181.95	181.95	56.47
9		300	310	380	180	0.5919		177.57	183.49	224.92	106.54
10		375	390	450	250	0.5584		3,703.11	217.77	251.28	139.60
11			420	530	370	0.5268			221.25	279.20	194.91
12			480	550	450	0.4970			238.55	273.33	223.64
13			510	600	550	0.4688			239.11	281.30	257.86
14			520	630	660	0.4423			230.00	278.65	291.92
15			540	650	750	0.4173			3,978.64	271.22	312.95
16				660	830	0.3936				259.81	326.73
17				680	850	0.3714				252.53	315.66
18				690	1000	0.3503				241.74	350.34
19				701	1100	0.3305				4,090.56	363.56
20					1201	0.3118					374.48
21					1350	0.2942					397.11
22					1399	0.2775					388.23
23					1611	0.2618					421.76
24					1760	0.2470					434.68
25					1850	0.2330					7,615.17
Capital invertido	100	190	700	960	1850		3,451.28	4,313.59	5,314.16	6,240.20	10,954.20

Con la nueva tasa de descuento de 6%, se elevan los factores de actualización para cada período. Como consecuencia se observan dos conclusiones: en primer lugar, aumenta el VPN de todos los proyectos y, en segunda instancia, aumenta relativamente el VPN de los proyectos más largos. Ahora resulta más atractiva la

---

[17] Krueger (1995) sintetiza: "The disadvantage of kiosk capitalism was that operations remained small in scale, lacking focus and strategic vision". Harper (2003), considera al *kiosk capitalism* en relación a la carencia de intituciones apropiadas: "In the absence of precise and uniform legal rights to property, the investment required to exploit long-term profit opportunities is restricted, and entrepreneurship cannot develop much beyond 'kiosk capitalism'". Comillas en el original.

inversión en general, pero relativamente más en proyectos de largo plazo (obras de infraestructura, investigación y desarrollo, bienes de capital, proyectos de frontera tércnica). El aumento de la inversión provoca aumentos de productividad que se verifican con el tiempo en una mayor oferta de bienes de consumo.[18] Al introducir métodos de producción más indirectos y capital intensivos, se posterga la oferta de bienes y servicios.[19] Pero cuando la misma tiene lugar, la cantidad ofrecida se multiplica en virtud de la nueva productividad. Como efecto doble, tienden a caer los precios de bienes de consumo y a elevarse los ingresos nominales (salarios incluidos), *i.e.* tienden a subir los ingresos reales (salarios incluidos). Los efectos sobre el bienestar se hacen notorios y positivos.

Una economía que mantiene este sesgo de consumo genera mayor productividad porque se alarga la cadena de producción. Aparecen más eslabones intermedios, con empresarios que producen para otros empresarios. Pero esta intermediación consolida una estructura de mayor intensidad de capital y provoca efectos sobre la productividad y el bienestar. Pero además, cuando estas preferencias se convierten en seculares, el volumen de ahorros tiende a aumentar. En otros términos, una tasa de ahorro de 20% que se sostiene, eleva la oferta de ahorros cuando la economía crece.[20] Si el producto es de 1000, la oferta de ahorros es 200 cuando la tasa de ahorro es 20%. Pero si el producto crece a 1100, *ceteris paribus* para la tasa de ahorro en 20%, la oferta de ahorros crece a 220.

El nuevo volumen de ahorros tiende a presionar a la baja sobre la tasa de interés. Y también permite que nuevos proyectos se agreguen a la actividad económica, aumentando la demanda

---

[18] En un Coloquio Homenaje a Juan Carlos Cachanosky, organizado por la Escuela de Negocios de la Universidad Francisco Marroquín en julio de 2016, Helmuth Chávez sugería que las nuevas inversiones se realizarían en empresas que ya estaban operando en ese sector de mayor horizonte relativo. Es de suponer que si la tasa de ahorro se sostiene, las nuevas inversiones tiendan a dirigirse a otros sectores (entre ellos, sectores novedosos que esperaban menores costos de capital).

[19] Böhm-Bawerk (1884).

[20] Garrison (2001).

de fondos. En términos de las tablas de Cachanosky, pueden sumarse columnas con nuevos proyectos pero también pueden aparecer proyectos de diverso horizonte (incluidos proyectos de mayor duración). Con ambos efectos la economía gana en variedad de oferta (nuevas columnas) pero también en horizonte temporal (nuevas filas), *i.e.* alcanza mayor intensidad de capital, productividad y bienestar.

Lo que explican los párrafos previos intenta explicar la conexión entre preferencias temporales, implícitas en las escalas de valores individuales, y la estructura productiva de una economía en términos de intensidad de capital. Según se muestra en las planillas, la tasa de interés sirve a dos propósitos. En primer lugar, muestra que las preferencias por consumo inter-temporal impactan en el volumen de inversión y la distribución de la producción a lo largo del tiempo. En segundo término, permite observar que las preferencias temporales impactan en el tipo de inversiones: de distinto horizonte temporal y de diferente intensidad de capital.

Comentarios finales

El artículo "Consideraciones sobre la tasa de interés" tiene elementos que cruzan de la microeconomía a la macroeconomía. Puede utilizarse en un curso de micro para introducir y apoyar el estudio de preferencias temporales, precios relativos de bienes de consumo y bienes de capital, ahorro, inversión y productividad. Puede servir en macro para distinguir precio del ahorro y del dinero, tasa de interés nominal y real, sistema bancario y *spread* de tasas de interés, entre otros tópicos.[21]

Muchos temas sobre el artículo no son tratados en estas páginas. Por ejemplo, aquí se analiza el cambio en las preferencias temporales y su efecto en la tasa de interés, en la inversión y en la estructura de capital. A ese cambio se lo considera endógeno. Sin embargo, podría estudiarse el impacto de una política

---

[21] Los miembros de la cátedra de economía de la Facultad de Ciencias Económicas del Rosario, Universidad Católica Argentina, organizada y dirigida por Juan Carlos Cachanosky durante más de diez años, utilizan el texto tanto en Microeconomía como en Macroeconomía.

monetaria expansionista que intente bajar la tasa de interés artificialmente. A ese cambio se lo entiende exógeno. De este modo, con el auxilio de las tablas de Cachanosky, puede complementarse el análisis de Roger Garrison, citado previamente. En ambas aproximaciones, se insiste en distinguir una expansión artificial, exógena y temporal, de una expansión genuina, endógena y secular. Mientras la primera expansión genera descoordinaciones, la segunda tiende a coordinar preferencias con producción inter-temporal.

Pero su análisis no se detiene en lo relativo a las distorsiones que el gobierno puede introducir en el sistema monetario y financiero, afectando la tasa de interés y la inversión con consecuencias finales recesivas. Se involucra en las distorsiones que los gobiernos ocasionan mediante diversos controles al sector privado. Y además, estudia las distorsiones que el gobierno introduce mediante la política fiscal y tributaria, y mediante la intromisión en el sector externo con política cambiaria discrecional, restricciones comerciales y controles de capitales.[22]

El análisis de Cachanosky sobre la tasa de interés se encuentra relacionado con su estudio sobre la inflación, sobre decisiones empresariales, sobre *Value Based Management* y sobre el ciclo económico. En ese estudio de una vida intelectual y académica, se utilizan la historia y la teoría económica, la microeconomía y la macroeconomía, las finanzas y la estrategia de negocios, entre otras disciplinas. Estas páginas intentan reflejar una parte infinitesimal de esas relaciones. En su investigación aparecen argumentos robustos para entender los efectos de la intervención del gobierno. Pero también se observa una teoría consistente para entender el proceso económico donde interactúan, voluntaria y pacíficamente, individuos que se hacen responsables de sus acciones.

Como investigador y docente Juan Carlos consiguió explicar con claridad generosa diversos temas de teoría, historia y política económica. Aunque se tratara de fenómenos complejos, con su pasión y su capacidad para estudiar cuestionando siste-

---

[22] Cachanosky (2000).

máticamente, facilitó la comprensión a muchos alumnos y colegas. En ese sentido, una de sus principales virtudes fue ser un excelente estudiante, un ejemplo para otros estudiantes que deseen progresar académicamente. Entendió como pocos intelectuales que aprender a aprender, aunque redundante, permite simplificar y avanzar en las tareas del investigador. Por los motivos expuestos, la lectura de los textos de Juan Carlos Cachanosky resulta altamente recomendable, tanto de lo publicado como de los artículos y libros que aún esperan su turno en los editores e imprentas.

Bibliografía

Böhm-Bawerk, Eugen (1888). *The Positive Theory of Capital*. Londres: Macmillan and Co. (1891).

Cachanosky, Juan Carlos (1980). *Reflexiones sobre la inflación*. Buenos Aires: Edición de Fundación Bolsa de Comercio de Buenos Aires.

Cachanosky, Juan Carlos (1994). "Certidumbre, incertidumbre y eficiencia económica". Revista Laissez–Faire, 1, 30-41.

Cachanosky, Juan Carlos (1999). "Value Based Management". Revista *Libertas* 30.

Cachanosky, Juan Carlos (2000). "Las decisiones empresariales y las predicciones en economía". Revista *Libertas* 32.

Cachanosky, Juan Carlos (2000). "Los efectos de la redistribución del ingreso". *Anuario de la Facultad de Ciencias Económicas del Rosario*, 4, 29-40.

Cachanosky, Juan Carlos (2002). "Crisis económicas: causas y consecuencias". Revista *Libertas* 36.

Garrison, Roger (2001). *Time and Money. The Macroeconomics of Capital Structure*. Londres: Routledge.

Harper, David A. (2003). *Foundations of Entrepreneurship and Economic Development*. Londres: Routledge.

Krueger, Gary (1995). "Reflections on the Economics of Transition". *Macalester International*, 2, 244-256.

McKinsey & Company Inc.; Copeland, Tom; Koller, Tim et al. (1990). *Valuation: Measuring and Managing the Value of Companies*. New York: Wiley.

Mises, Ludwig (1949). *Human Action: A Treatise on Economics.* Cuarta edición. Irvington-on-Hudson: Foundation for Economic Education (1996).

Musgrave, Richard y Musgrave, Peggy (1973). *Hacienda pública. Teórica y aplicada.* Quinta edición. Madrid: McGrawHill (1992).

Say, Jean-Baptiste (1803). *A Treatise on Political Economy.* Philadelphia: Lippincott, Grambo & Co. (1855).

Selgin, George (1988). *La libertad de la emisión del dinero bancario. Crítica del monopolio del Banco Emisor central.* Buenos Aires: Unión Editorial Argentina (2012).

White, Lawrence (1999). *The Theory of Monetary Institutions.* Oxford: Blackwell Publishers.

UNA REVISIÓN CRÍTICA DE LA TEORÍA DEL CRECIMIENTO A LA LUZ DEL ROL EMPRESARIAL

Juan José Ramírez Ochoa

Juan Carlos Cachanosky (1953-2015) fue mi profesor durante los años que cursé la Maestría en Economía Empresarial en la Universidad Francisco Marroquín, de eso hace ya hace una década; y también tuve la oportunidad de escucharle durante mis años de licenciatura. Viendo a la distancia su paso por UFM, sólo se puede decir que su partida temprana representó una gran pérdida para la difusión de los principios de la Economía Austríaca, en particular, y del liberalismo clásico, en general. Ciertamente, una vida académica que se cortó demasiado pronto, en la víspera del Año Nuevo 2016. Nos comenta su hermano, Roberto, que falleció en su oficina trabajando, como el entusiasta de la economía y de la vida académica que siempre fue (Cachanosky, 2016). Contaba con 62 años al momento de su partida.

La Universidad Francisco Marroquín no fue ajena a sus innovadoras metodologías, ya que se desempeñó como profesor de economía, director del Centro Henry Hazlitt[1] y de la Escuela de Negocios[2]. Un economista adscrito a la tradición de la Escuela Austríaca y un proponente moderno de muchos de los puntos centrales de la economía misiana en el campo de la política económica y, de manera muy interesante, en la gestión de los negocios. Un mentor, ciertamente, y más ahora que le comenzamos a ver a la distancia que otorga el tiempo, podemos apreciar como en la sencillez y estilo casual de hablar que siempre le caracterizó, nos dejaba enseñanzas muy sabias.

Innovador y pionero de las tecnologías educativas, abrió el campo de los modelos de la educación digital (*e-learning*) para que se multiplicara el alcance de los programas de postgrado. Hoy, que estamos tan acostumbrados al aula virtual, es importante recordar que fue con Cachanosky que tomó fuerza esta modalidad en los estudios en la UFM, principalmente de postgrado. Y viendo el nivel de pregrado, también es de recordar que antes de que se hablara de diálogo socrático en la Marroquín,

---

[1] Centro Henry Hazlitt, Universidad Francisco Marroquín de Guatemala: www.chh.ufm.edu

[2] Escuela de Negocios, Universidad Francisco Marroquín: www.en.ufm.edu

se disfrutaron de las reuniones de las "pizzas party", que en realidad que fomentaba mucho el sentimiento de apertura y convivencia entre profesores y estudiantes. En realidad, muchas de sus ideas abrieron brecha para ensayar nuevas maneras de comunicar y enseñar la economía.

A un nivel más elaborado, fue bajo su dirección que tomaron forman varias maestrías en la UFM, como lo fue la de Economía Empresarial (M.E.E.) y la de Economía Política (M.E.P.). También, los cursos de Proceso Económico se enriquecieron con el refuerzo de los puntos principales de la tradición austríaca y liberal. Y si tratásemos de distinguir el norte principal hacia el cual sus esfuerzos pedagógicos apuntaron siempre, este sería el de una economía en la que la generación de valor es el objetivo supremo de toda acción humana.

A continuación se desarrollarán unas ideas sobre la creatividad y su conexión ineludible con la función empresarial. Más que una mera revisión de conceptos, se buscará realizar un análisis crítico de un tema central de la economía, los modelos del crecimiento, y como los puntos de la Escuela Austríaca pueden ayudar a reformular una visión meramente mecánica que invade prácticamente el discurso sobre el tema. Para ello, se revisarán, en detalles conceptos austríacos, liberales y neoclásicos; y así plantear un alerta en el tratamiento usual de este tema tan central para la política económica.

El mercado: el orden de la creatividad individual

Quizá, esta sección ha iniciado con un término muy abstracto, el de la "creatividad individual"; puede ser que una manera más cercana al lenguaje diario fuera el orden de mercado resultante dela acción empresarial. Ya que esto nos recuerda que el mercado es el producto necesario de esta categoría fundamental de la acción humana. No hay mercado sin creatividad, no existe valor agregado, sin empresarialidad. Uno de los principios, no sólo de la economía libre, sino constituyente del cuerpo de axiomas fundamentales de la acción humana.

Y es que, resulta importante resaltar que el capitalismo es un orden que se debe al descubrimiento de los principios que gobiernan la acción individual, que no constituye meramente un fenómeno sociológico o pasajero que se vivió durante los años de la Revolución Industrial de hace 300 años. En realidad, fue la captación de los principios de la lógica de la acción individual lo que permitió desatar las fuerzas creativas de un orden más complejo basado en la división del capital. En cierta manera, fue un cambio en el intelecto humano lo que precedió al cambio de la estructura material de la sociedad, y no al contrario, como algunas filosofías idealistas e históricas afirman vehemente.

Y es que resulta importante recalcar lo que conlleva "comprender" estos principios de la acción social ya que podríamos sugerir aquí que es un entendimiento argumentativo, consciente y declarativo lo que precede al funcionamiento del orden social extenso. Sin embargo, es la *elección* de este orden social libre el que precede a su posterior reflexión y mayor entendimiento (y hasta mejora, dentro de los límites de nuestra inteligencia). Hayek, en el prólogo que escribió para la obra *Socialismo,* comenta sobre este punto:

> Me parece que el punto principal de las enseñanzas de Mises es demostrar que no hemos adoptado la libertad porque comprendiéramos las ventajas que nos iba a reportar, que no hemos proyectado –ni éramos lo suficientemente inteligentes para proyectar- el orden que ahora hemos aprendido parcialmente a comprender, mucho después de haber tenido multitud de ocasiones para observar cómo funcionaba. El hombre ha **elegido** la libertad sólo en el sentido de que ha aprendido a preferir algo que ya funcionaba y, a través de una mayor comprensión, ha sido capaz de mejorar las condiciones para su funcionamiento.[3]

A nivel individual, la libertad y la creatividad son preferencias de la acción, que en conjunto a miríadas de otras acciones individuales influyendo simultáneamente, y a lo largo del tiempo, componen un orden al cual llamamos "mercado". Resaltar el aspecto creativo, como fundamento del *capitalismo* - si queremos utilizar

---

[3] Ibíd.: página 21.

este término-, nos ayuda a demoler estos míticos conceptos materialistas que sugieren que los individuos son una suerte de voluntades aisladas y solipsísticas que se someten a un proceso de canibalismo económico, sobreviviendo unos a costas de los otros. Ciertamente, el mercado, en su esencia, es descubrimiento, creatividad y conexión entre individuos que sacrifican su presente inmediato para satisfacer las necesidades de otros.

La creatividad empresarial y el crecimiento económico

Desde que Ludwig Von Mises comenzó a discutir acerca del empresario como el elemento clave en la economía de mercado, estudiosos de la Escuela Austríaca han continuado analizando sistemáticamente el impacto que la actividad emprendedora puede llegar a desplegar, y que de hecho despliega, en su cotidiano actuar, en el mejoramiento de los niveles de prosperidad y de vida en general en cualquier sociedad dada; asumiendo que se está hablando de una sociedad abierta donde la libre entrada y múltiple competencia están presentes.

Pero, ¿cuál es, en su esencia, la naturaleza de la actividad empresarial?, y ¿bajo cuáles circunstancias es posible que el rol empresarial surja?

Ambas preguntas han provocado que mucha tinta haya corrido dentro de los círculos de los economistas austríacos y, dependiendo de la perspectiva teórica desde la cual se posiciona cada autor, el acento se ha colocado en los efectos de la acción empresarial "pura", el *milieu* institucional dentro del cual se nutre y estimula a acción emprendedora, y hasta factores ligados al sustrato biológico de la personalidad empresarial. Aquí, nos proponemos solamente revisar las bases conceptuales, sobre las cuales la teoría empresarial descansa, con un interés particular en los problemas que atañen al crecimiento y consolidación de la prosperidad económica.

Es importante mencionar que algunas de las perspectivas más conocidas y discutidas, en la literatura reciente, sobre el problema del crecimiento económico, provienen de autores que no necesariamente responde a la tradición austríaca. Y es necesario examinarlas, como parte de la literatura pertinente sobre crecimiento económico para luego examinarlas a la luz de la perspectiva austríaca y liberal.

Uno de los aportes más conocidos proviene de los economistas del crecimiento, perspectiva desde la cual se busca desentrañar los resortes y palancas detrás de la dinámica de la creación de riqueza y la acumulación de capital, la cual se expresa y toma forma en una estructura más sofisticada de producción en una economía dada.

Es por ello que los investigadores de la economía del crecimiento (en sus dos corrientes, la original promovida por los modelos de Solow, y las más recientes que ramifican el análisis a muchas otras causas del crecimiento), han trabajado extensamente en evidenciar los sustratos desencadenan y liberan a los motores del crecimiento. Desde sus inicios en 1952, estos economistas del crecimiento, han colocado el peso en determinadas variables para explicar el cambio en los patrones empíricos de la productividad en la economía; algunos de ellos han apostado por la acumulación en sí del capital, otros en el derrame de conocimiento (yo diría en procesos de imitación y modificación cognitiva, pero esto es un matiz hayekiano que escasamente se encontraría en estos autores) que viene como consecuencia de la ampliación de los procesos industriales en una sociedad globalizada, y dentro de los exponentes más recientes, en el capital humano y en los procesos de aprendizaje sociales. Es precisamente, en los escritos de los exponentes más recientes donde nos detendremos para analizar la variable de la acción empresarial o emprendedora como un elemento clave del crecimiento económico ya que, de manera más que sorprendente, esta variable no ha sido completamente explorada como uno de los elementos explicativos (estadística y conceptualmente hablando) en los modelos centrales de este paradigma. El empresario ha sido ese gran ausente en el discurso sobre del desarrollo económico.

Es sumamente interesante que la variable del capital humano dentro de la teoría del crecimiento cubra una amplia variedad de términos tales como el nivel nacional de escolaridad, la cobertura de los servicios de salud, el grado de aprendizaje de nuevas tecnologías, entre muchos otros más. Sin embargo, resulta de crucial importancia que la habilidad empresarial es un término, si no enteramente ausente, vagamente analizado en esta colección de términos. Y es precisamente en este punto, que la tradición de la Escuela Austríaca cobra plena pertinencia debido a que su teoría sobre la acumulación de capital y el crecimiento económico tiene una consideración sistemática del papel del empresario como el creador del valor dentro del proceso del mercado. La teoría austríaca ofrece una explicación sobre cómo es que el empresario desempeña esa función clave de "agente de crecimiento" y "forjador de eslabones" en el proceso extensivo de producción basado en el uso intensivo de capital y gobernado por esta visión de largo plazo que le caracteriza sobre los demás participantes de la economía.

Resulta una hipótesis plausible, entonces, la consideración del empresario como el motor endógeno del crecimiento, por excelencia.

Ahora bien, en la tradición de la Escuela Austríaca, resulta oportuna la elaboración en mayor detalle sobre cómo las habilidades empresariales pueden ser conceptualizadas como un caso especial de capital humano.

El empresario como agente creativo de valor económico no puede ser subestimado y, todavía más, la misma tradición de la Escuela Austríaca pudiese ser descubierta como la fuente originaria de una teoría del crecimiento económico basada en la función empresarial. Es por ello que nos proponemos revisar el desarrollo del fundamentalísimo concepto empresarial dentro de las líneas austríacas y realizar un bosquejo de un modelo viable que pueda ser utilizado en los estudios económicos con la finalidad explícita de colocar la teoría austríaca del crecimiento económico en el escenario académico actual.

El empresario misesiano: algunos elementos preliminares

Es importante ofrecer aquí una revisión breve sobre la concepción del empresario en la tradición Austríaca. En los escritos de sus autores, particularmente del siglo XX, podemos encontrar las definiciones originales de tan importante agente del mercado. Tal como Ludwig von Mises escribió:

> La economía, cuando se refiere a los empresarios, no tiene en mente a las personas, sino a una función definida. Esta función no es una característica particular de un grupo o clase específicos de personas, es inherente a cada acción y forma parte de cada persona actuante. (...) El término empresario, tal y como es usado en la teoría cataláctica, significa: el hombre actuante visto exclusivamente desde el aspecto de la incertidumbre inherente en cada acción. Al usar este término no se debe olvidar que cada acción se encuentra inserta en el flujo del tiempo, y por tanto, involucra la especulación.[4]

También, Israel Kirzner, el discípulo de Mises y quien desarrolló en mayor detalle la teoría misesiana del empresario, recalcó:

> Este discernimiento empresarial resulta crucial para el proceso de mercado. El desequilibrio representa una situación de una ignorancia ampliamente diseminada en el mercado. Esta ignorancia es la responsable del surgimiento de oportunidades lucrativas. El discernimiento empresarial es el que explota estas oportunidades cuando, para los demás, las mismas pasan desapercibidas.[5]

Los autores de la Escuela Austríaca visualizan el rol del empresario dentro del contexto de una concepción específica del mercado como un *proceso*, debido a que desean tomar distancia de otras teorías para las cuales el mercado constituye un marco analítico donde la competencia *perfecta*, el conocimiento *perfecto* y los estados en equilibrio (total o parcial) constituyen los supuestos fundamentales.

Por ello, el problema de la empresarialidad se encuentra ligado a una concepción del mercado donde la incertidumbre, la

---

[4] (Von Mises, 1996). Páginas: 252 – 253.
[5] (Kirzner, 1979). Página: 8.

especulación y la ética del lucro (o *búsqueda* del lucro para quienes ostenten gustos más filosóficos), constituyen el ambiente natural donde la empresarialidad se puede desarrollar. Algunos de ellos, como Von Mises y Kirzner, comienzan su aparato analítico construyendo un modelo de economía *pura* de mercado, modelo donde una *entera y completa* actividad económica tiene lugar permitiendo así que la función del empresario puro pueda ser apreciada. Es a partir de estos análisis, que podemos derivar los resultados necesarios de toda actividad empresarial: el valor añadido a los bienes económicos, el uso más efectivo de los bienes de capital y el cambio del mercado completo a una nueva ruta hacia estados de equilibrio insospechados (debemos recordar que, en la tradición austríaca, el empresario "descubre" los nuevos equilibrios que los consumidores señalan, equilibrios que se suscitan una y otra vez, *ad infinitum*, ya que siempre habrán necesidades insatisfechas en tanto exista acción humana).

Una vez se aprecia la dinámica de una economía pura de mercado y le conceptualizamos como una dinámica siempre *progresiva y en crecimiento*, podemos elaborar algunas consecuencias interesantes para las teorías económicas que abordan este fenómeno. Una economía pura de mercado es definida como un proceso gracias al cual un crecimiento continuo se encuentra siempre presente y, al finalizar este proceso, un hipotético estado de equilibrio es consumado y, por tanto, el grado máximo de riqueza es producido. No obstante, este punto de equilibrio no puede ser de otro tipo que el de uno hipotético debido a que el tan buscado estado final nunca es, ni será, alcanzado. ¿Cuál es la razón detrás de este argumento?, pues bien siempre estarán presentes otros empresarios en situación de completa y libre competencia por lo que existirán otras oportunidades que serán descubiertas y, consecuentemente, nuevas rutas hacia nuevos puntos de equilibrio estarán suscitándose. Al final, el tan buscado estado final de equilibrio sería descrito en términos más apropiados como una "tendencia", más nunca como una meta concreta que puede ser alcanzada por medio del ejercicio de la dinámica pura de mercado.

El empresario, Von Mises argumenta en sus escritos, es aquél agente que crea una nueva tendencia hacia el equilibrio.

En este sentido, podemos visualizar al empresario como la fuente de un orden nuevo dentro del proceso del mercado. Es importante hacer notar aquí que el empresario no es un elemento disruptivo en la economía como algunos autores han propuesto[6], sino, por excelencia, es el agente transformador de los muchos recursos dispersos en el mercado. Es la fuente de un nuevo orden económico, es quien cambia el flujo del mercado hacia una nueva ruta de crecimiento una y otra vez, en un ciclo que se retroalimenta constantemente.

Estas nociones básicas acerca del papel del empresario en la economía de mercado son sumamente útiles y, quizás, no han sido valoradas en su justa dimensión en las investigaciones aplicadas hoy en día, particularmente, en las investigaciones sobre las determinantes del crecimiento económico. Poca atención se ha dado al rol empresarial en la mayor parte de los artículos sobre el tema y han sido otras variables las que han llenado las discusiones empíricas sobre las diferencias dramáticas que se observan en las tasas de crecimiento en los análisis transversales por país y por región. Las discusiones gravitan sobre el impacto del aprendizaje, la tecnología, la acumulación de capital, entre otras más; dejando en una órbita lejana el importantísimo impacto de los empresarios y de las instituciones que facilitan su actuación.

Al momento de contrastar esta visión del empresario como la fuente de un nuevo orden en el mercado contra las explicaciones sobre el crecimiento económico aportadas por otras escuelas, dichas diferencias se vuelven más evidentes e importantes. Como hemos visto ya, un ejemplo bastante ilustrativo es la mera definición del punto de equilibrio: para la Escuela Austríaca es un punto que siempre está "en movimiento" debido a la constante participación de los empresarios, sin embargo, para otras tradiciones el punto de equilibrio constituye el final del proceso de crecimiento en el mercado (lo que, en el contexto de estas teorías, se conoce como el "estado estacionario" -*the steady state*-).

---

[6] Como puede ser el empresario definido por Joseph Schumpeter. Para una visión más amplia sobre las perspectivas de este autor y los orígenes del término: (Schumpeter, 1950).

Por ello, es por demás interesante, desde la perspectiva de la economía misiana, cómo el empresario desempeña este rol clave como creador de nuevas oportunidades dentro del mercado y coloca, por así decirlo, las fuerzas del mercado dentro de una nueva ruta que convoca a los demás actores (dueños de recursos, de capital, de trabajo) hacia escenarios más lucrativos que, aunque existentes, no habían sido "advertidos" antes. Este es un argumento poderoso que postula al empresario como el auténtico creador de prosperidad y motor de las principales líneas de organización y re-organización del orden del mercado.

La economía del crecimiento: algunas anotaciones desde la literatura reciente

El interés para estudiar el crecimiento económico se ha reforzado por el hecho de las grandes distancias o disparidades en los niveles de ingreso entre diferentes grupos de países.

Este tipo de diferencias, que persisten hasta el día de hoy, ha llevado a que muchos investigadores se pregunten ¿por qué existen diferencias tan pronunciadas en los niveles de ingreso entre los países?, ha sido esta pregunta la que ha estimulado la tan fértil y vasta investigación entre diferentes regiones del globo con la quimera de atinar con el modelo adecuado que nos ayude a dar razón sobre este mosaico tan dramáticamente diverso en la productividad e ingresos por países. Como una anotación al margen, la investigación empírica que ha encontrado tan fascinante esta indagación sobre los mecanismos que conducen a explicar las diferencias en prosperidad es un reflejo reciente de la clásica pregunta que se hizo Adam Smith sobre el origen de la riqueza de las naciones en el siglo XVIII.

En el contexto del presente ensayo es importante mantener en mente que entre las diferentes respuestas sobre el crecimiento la mayor parte de la atención se ha puesto sobre variables como la tasa de inversión del capital, la calidad del capital humano, la tecnología y algunos procesos sociales (como el aprendizaje práctico -*learning-by-doing*- y los derrames de conocimiento - *knowledge spill-overs*-). No obstante, es sumamente notable que la variable empresarial ha sido relegada a una posición secundaria en la literatura tradicional sobre el crecimiento económico.

Se hace relevante citar aquí a Robert Solow sobre los esfuerzos seminales de las teorías del crecimiento: "Mis propias contribuciones sobre el tema se han enfocado en dos aspectos: a.) La naturaleza de las rutas del crecimiento del equilibrio y su relación con los estados estacionarios, y b) La medición de las fuentes, empíricamente relevantes, del crecimiento. El resultado fue lo que se ha dado en llamar el modelo neoclásico del crecimiento".[7]

Algunos otros autores han tomado otras avenidas para explicar este fenómeno. Por ejemplo, Aghion y Howitt (1992) y Chua (1993) han llamado la atención sobre el punto de que, para solucionar el problema del crecimiento, se debe estudiar con más cuidado conceptos como "la destrucción creativa" o la "diseminación de la creatividad". No obstante, es importante recalcar que la introducción de estos conceptos más especializados ha sido posterior a una revisión del modelo de Solow cuyo modelo permanece como un tótem entre los autores del campo.

El motivo de la introducción de estas nuevas variables, que ampliaron la mezcla inicial de capital y trabajo del modelo de Solow, surgieron por el hallazgo de contradicciones empíricas en una de las predicciones centrales del modelo. La predicción de "convergencia", como así se le conoce, establecía que era razonable esperar que, pasado un lapso de tiempo (de varias décadas, por supuesto), las grandes diferencias en los niveles de crecimiento económico se normalizarían alrededor de una tasa común que agruparía, tanto a los países de "rápido" crecimiento como a los países de "lento" crecimiento. Esto derivado de la idea básica de que países con un bajo nivel de ingreso necesariamente crecerían más, pues la acumulación en capital para ellos es mucho más significativa que la acumulación de capital en países con un alto nivel de ingreso. Para los detalles sobre la hipótesis de la convergencia una buena referencia es Solow (1956) and Swan (1956)[8].

---

[7] (Steinherr and Wiserbs (Editors), 1987). Página 13.
[8] En la literatura económica, se le conoce a este modelo sencillamente como el de "Swan-Solow".

En términos más concretos, países como Nicaragua, en la América Central, que muestran un nivel bajo de ingresos deberían mostrar una tasa de crecimiento económico (tasa de crecimiento= -0.013, en promedio, para el período 1965-1985 acorde a Barro y Sala-i-Martin (1995)) más alto que un país como Noruega, que muestra un nivel alto de ingreso (tasa de crecimiento= 0.035, en promedio, para el período 1965-1985 acorde a Barro y Sala-i-Martin (1995)). Todavía más, dado que los países en Latinoamérica, en promedio, muestran un nivel bajo de ingreso (aquí es importante hacer notar el caso excepcional de Chile, aunque para términos del análisis, no alteran la tendencia promedio para la región), acorde a la teoría del crecimiento y la hipótesis de convergencia, las tasas de crecimiento en cada uno de los países de la región deberían ser más altos que las tasas de crecimiento en las economías desarrolladas. Desafortunadamente, ésta no ha sido la tendencia registrada.

Este hallazgo, que pone en disputa la tesis de la convergencia, ha sido reportado con otros indicadores empíricos a su vez. Por ejemplo, en Barro y Sala-i-Martin (1995), se reporta una ausencia casi completa de correlación ($\rho = 0.17$) entre el ingreso inicial per cápita (tomando de línea base el GDP per cápita real del año 1965) y la tasa de crecimiento per cápita (definido como el promedio de las tasas de crecimiento en el período comprendido entre los 1965 y 1985) en el estudio realizado en una muestra de 122 países. A la luz de los hechos, ¿pudieran estos hallazgos sustentar una contradicción fatal para la hipótesis de convergencia y, por tanto, para las teorías tradicionales del crecimiento? Para los mismos Barro y Sala-i-Martin (1995) la respuesta es: no necesariamente, ya que la ausencia de una convergencia en los registros empíricos de las tasas de crecimiento pueden ser el resultado de la exclusión en el análisis de otras variables relevantes que serían las que, verdaderamente estén dirigiendo el curso de esta convergencia. ¡Qué alivio!

Por ello, una explicación alternativa fue elaborada por estos mismos autores, ya que lo que se necesitaba era un concepto especial para tratar con mayor cuidado la predicción de convergencia a nivel empírico: el concepto de la convergencia *condicio-*

nal. Condicional, en el contexto del análisis empírico del crecimiento, no es más que mantener ciertas variables fijas para que sirvan de control para las otras variables que son las que se estudiaran más en detalle como las verdaderas determinantes de este fenómeno. En realidad, es un tipo de análisis estadístico que se utilizan con bastante frecuencia en las ciencias sociales, sólo que en esta ocasión está aplicándose al fenómeno de la convergencia condicional.

No obstante, siguiendo nuestra línea de argumentación, podemos ver que en regiones como en Latinoamérica, algo más que la mera convergencia condicional es lo que se necesita para acelerar el crecimiento económico. En promedio, el crecimiento de la región es, por mucho, más bajo de lo que la teoría predice y capturar en un estudio exhaustivo las razones subyacentes a este fenómeno, es un punto que se encuentra a la espera de más economistas que deseen encontrar respuestas. Un análisis cuidadoso de variables novedosas, como la actividad empresarial y su impacto en el crecimiento es una ruta desde la cual pueden surgir soluciones novedosas para la región.

Ya en este punto podemos notar la ventana de oportunidad para la exploración de dichas variables nuevas por parte de la tradición de la Escuela Austríaca, y llevar a su pleno potencial, a un nivel empírico, las concepciones sobre la actividad empresarial y así disputar las nociones tradicionales del crecimiento económico que, como hemos visto, se han encontrado en apuros para explicar porque no se han cerrado las grandes brechas de prosperidad entre los países. Lamentablemente, la realidad resulta aplastantemente contradictoria a las predicciones de los modelos tradicionales.

Las determinantes del crecimiento económico: una mirada en el tiempo

a. La inversión en capital

Los primeros intentos para explicar el crecimiento se basaron en la inversión de capital y la distribución del trabajo como las variables clave. Fue esta simplicidad la que aportó Solow en su modelo:

$$Y = K^{\propto}(AL)^{1-\propto} \quad (1)$$

En la forma de esta función Cobb-Douglas de producción se encuentra expresado los supuestos básicos del modelo de Solow. Siendo la variable Y la que expresa el nivel de productividad, la variable K se refiere al capital en tanto factor de producción, la variable L se refiere al trabajo en tanto factor de producción, la variable A se refiere a la tecnología como un elemento que amplifica la productividad del trabajo, y el exponente $\propto$ es una constante que se mueve en el rango entre 0 y 1 y su participación consiste en expresar la magnitud de la distribución de los tres recursos de producción involucrados. Es importante tener en mente que la simplicidad del modelo fue, precisamente, la meta original que se buscó; tratando de obtener la mayor parte de predicciones posibles sobre la base de un mínimo de variables involucradas, logrando así la elegancia metodológica de quienes observan preferencias más cuantitativas entre los economistas. Durante muchos años, fue este modelo el que sirvió mayormente en los fines de la investigación aplicada (Jones, 2002).

No obstante, es importante ir no sólo a la mera expresión matemática de los términos involucrados, sino indagar qué significado puede tener para los asuntos económicos que nos interesa dilucidar. Para los fines del presente trabajo, resulta importante mencionar que este modelo expresa simplemente que a mayor capital por trabajador, y dada una mayor dotación de tecnología (que, en esencia es una forma de capital), se tendrá mayor productividad en las empresas. Es debido a estos supuestos implícitos en el modelo que, a nivel empírico, se presta mucha atención a la captura de la productividad por trabajador.

Otra ecuación resulta relevante en el modelo Solow que procede mencionar:

$$\dot{K} = sY - dK \quad (2)$$

La variable $\dot{K}$ representa el cambio en la dotación de capital en la economía, dotación que es explicada por la diferencia entre la inversión bruta (sY) y la depreciación del capital (dK). La implicación que resulta interesante aquí es que $\dot{K}$ es el cambio de la dotación de capital con referencia, únicamente al tiempo (implícito en que esta variable es la derivada de K, el capital a solas, Jones (2002)). Sin embargo, para apreciar cómo se relaciona el crecimiento del capital por trabajador con el elemento adicional de la tecnología, la variable A, se requiere un paso adicional:

$$\frac{\dot{k}}{k} = \frac{\dot{K}}{K} - \frac{\dot{A}}{A} - \frac{\dot{L}}{L} \quad (3)$$

En esta expresión el crecimiento del capital por trabajador se define por el crecimiento de la dotación de capital en la economía, considerados ciertos rangos de crecimiento de la tecnología y de la fuerza de trabajo. Cuando se combina esta expresión con la expresión anterior de la acumulación de capital, la ecuación 2, se obtiene la expresión del modelo de crecimiento de Solow con la que los economistas se encuentran mayormente familiarizados, con todas sus implicaciones empíricas. Como lo podemos apreciar en la siguiente expresión:

$$\dot{k} = sy - (n + g + d)k \quad (4)$$

Donde $\dot{k}$ se refiere a la tasa eficiente de crecimiento de capital por trabajador, en esta variable debemos considerar que $k = \frac{K}{AL}$, que no es otra cosa sino la dotación de capital que se invierte en tecnología, A, y en la fuerza de trabajo, L; por ello $\dot{k}$ representa la tasa eficiente de crecimiento de capital, con relación a la tecnología también, además de la fuerza de trabajo. La variable s se refiere a la tasa de ahorro multiplicada por la producción por trabajador, ésta última representada en y, por tanto, el término sy se refiere a la proporción del producto de los trabajadores que es reservado para inversión y aporta directamente al crecimiento del capital por trabajador. A esta inversión le debemos descontar los gastos involucrados en el crecimiento de la población expresado en n, el crecimiento o inversión en nuevas tecnologías lo cual es expresado en g y la depreciación de los recursos de capital denotado en d. Al final, se obtendrá la tasa de crecimiento del capital invertido por trabajador, esto es en esencia lo que se expresa en la ecuación.

Se puede observar que el supuesto básico del modelo original de Solow es que la dinámica de crecimiento económico se

Libertad y convicciones. Ensayos en honor a Juan Carlos Cachanosky

explicar si un país muestra un buen nivel de inversión en tecnología y el nivel de ahorro permite invertir sostenidamente en más y mejores factores de producción.

b. La tecnología

Como hemos comentado anteriormente, las predicciones del modelo original del Solow mostraron ciertas inconsistencias, por lo que otros autores, entre ellos Barro y Sala-i-Martin (1995) elaboraron un modelo de crecimiento más adecuado para capturar con mayor propiedad las variaciones de las tasas de crecimiento a lo largo de varios países. Uno de los grandes méritos de estos esfuerzos fue poner a prueba, una vez más, modelos que de alguna manera se habían extraviado en su relación con la realidad a nivel empírico.

Estos autores siguieron y expandieron las nociones originales en cuanto al rol de la tecnología. Esta variable entra en el modelo como un amplificador de la fuerza de trabajo (Jones, 2002; Barro y Sala-i-Martin, 1995) y, por tanto, como un contribuyente directo al crecimiento sostenible en el ingreso per cápita. Cuando Solow introdujo la variable de la tecnología la misma se consideró como un elemento exógeno, algo así como "maná caído del cielo". Además, se asume que la tecnología crece de manera constante. Por tanto, la tecnología es una realidad dada y casi un golpe de suerte, en la manera que se encuentra distribuida entre diferentes países. Era una limitante muy fuerte para el análisis empírico; el fenómeno del crecimiento no acepta, por así decirlo, que las variables sean de naturaleza tan fija y poco plástica.

Barro y Sala-i-Martin (1995) discutieron un enfoque alternativo a la tecnología vista como una variable meramente exógena; por ello los supuestos de una tasa fija de crecimiento tecnológico y su naturaleza exógena se modificaron con el propósito de rescatar el ajuste de las predicciones del modelo con las observaciones empíricas. El relajamiento de este carácter exógeno abrió paso al pensamiento en torno a la tecnología y a la trasferencia internacional de la misma como un nuevo aspecto que podría explicar el crecimiento. Gracias a la consideración endógena (y ya no "desde afuera") de esta variable se abrió espacio para explorar nuevos elementos dentro de los factores humanos, incluido, claro está, el aprendizaje.

c. Aprender-haciendo

Otros economistas que han elaborado sobre los modelos de crecimiento, tales como Paul Romer (1986) y Kenneth Arrow (1962) propusieron que la creación de conocimiento puede considerarse como un derivado de la inversión y la tecnología.

El razonamiento detrás de ello es que cuando las empresas tienen mayor cantidad de capital disponible para la producción de bienes y servicios, un nuevo aprendizaje se registra dentro de la misma. Y este aprendizaje lleva a la empresa a producir de manera más eficiente. Es por ello que existe un factor interno, endógeno, que no es otra cosa sino el aprendizaje práctico (o "aprender-haciendo" del inglés *learning-by-doing*) el cual tiene un impacto directo en la productividad de la empresa. El aprendizaje viene a ser este engranaje básico que hace mover la rueda hacia el uso de más tecnología y más productividad.

También, resulta interesante que el desarrollo tecnológico, y su consecuente desarrollo en conocimiento, es un bien que queda disponible para su uso por parte de otros participantes en el mercado. Es precisamente este crecimiento en el reservorio de conocimiento lo que puede dar cuenta sobre la dinámica del crecimiento económico. En otras palabras, el crecimiento tecnológico en el ambiente de negocios es un factor que eleva el proceso entero de aprendizaje a nivel del país.

Algunos estudios han probado, a un nivel empírico, las predicciones en ese modelo. Como los realizados por Wright (1936), Searle (1946), Asher (1956) y Rapping (1965); los cuales son una buena referencia sobre los efectos de la tecnología y el conocimiento en los niveles de productividad, principalmente en la industria americana.

d. El capital humano

Gregory Mankiw, David Romer y David Well en su ensayo de 1992: "A new contribution to the empirics of economic growth" resaltaron que incluyendo la variable del capital humano en el modelo de crecimiento se afinaba de manera significativa las predicciones empíricas del mismo.

Para ello, el modelo debía considerar una variable que fuera representativa y que pudiese dar cuenta de diferentes grados de mano de obra calificada (*skilled labor*).

El modelo se extendió de la siguiente manera:

$$Y = K^{\alpha}(AH)^{1-\alpha} \text{ (5)}$$

Donde Y continua haciendo referencia a la productividad, la variable K es la dotación de capital, la variable A continúa capturando a la tecnología como el factor acrecentador del aporte de la fuerza de trabajo, la constante α que oscila entre 0 y 1 y, ahora, la nueva variable H que hace referencia a los diferentes grados de calificación o preparación que despliegan los trabajadores (sustituyendo a la fuerza bruta de trabajo, la antigua variable L).

La consideración de la variable H modifica por completo el modelo de crecimiento ya que la gente no solamente invierte su tiempo trabajando, sino que también lo dedica en el aprendizaje de nuevas habilidades (Jones, 2002). Por ello la definición de una fuerza bruta de trabajo se encuentra condicionada por nuevos supuestos ya que se debe hacer espacio para el tiempo que un trabajador invierte en el aprendizaje.

En términos más formales:

$$H = e^{\Psi u}L \text{ (6)}$$

En esta expresión es establece que la mano de obra calificada, nuestra variable H, es una función del tiempo, el exponente *u* (y el cual se ve amplificado por la constante Ψ), durante el cual los trabajadores adquieren nuevas habilidades. Debemos mantener en mente que se espera que esta consideración del tiempo dedicado a la mejora de la mano de obra permita predecir con mayor precisión los niveles de productividad en la economía.

Como cierre a esta sección sobre el capital humano, es importante tener en consideración que modernas extensiones de esta variable consideran no solo el aprendizaje del trabajador en cuanto tal, sino que elaboran sobre los procesos sociales como base para la transmisión de conocimientos útiles, ha sido las hipótesis modernas sobre las "comunidades del aprendizaje". Por ejemplo, para Robert E. Lucas, Jr. la clave de la dinámica del desarrollo está en la interacción social en sí.[9] El aspecto crucial de estos desarrollos últimos de la variable H es que hace la explicación completamente endógena, por lo tanto, se "libera" por así decirlo las fuerzas del desarrollo de cualquier determinante externa.

e. El empresario

Hemos revisado las corrientes principales de la teoría del crecimiento económico para tomar una idea general de las variables que son usualmente propuestas como las determinantes o las causas del mismo. Desde los tiempos iniciales cuando Solow escribió sus ensayos sobre el tema ha sido la acumulación de capital, la inversión en la fuerza de trabajo, la educación, la tecnología, el aprendizaje, las interacciones sociales y la diseminación del conocimiento los puntos principales sobre los que se han apoyado los esfuerzos para explicar, en definitiva, cómo es el proceso mediante el cual se libera y se pone en marca la dinámica del crecimiento en cualquier economía. Y es aquí donde resalta aún más la subestimación del rol empresarial como una hipótesis alternativa del crecimiento; siendo este rol, probablemente, el motor principal del mercado.

Sin embargo, no todo está perdido en esta línea de indagación empresarial y su conexión con el desarrollo. Un buen ejemplo de ello es el trabajo realizado por William Baumol, Robert Litan y Carl Schramm[10]. Estos autores son contundentes al expresar lo que ha hecho falta en los modelos de crecimiento:

> Después de todo, parece que las economías crecientes progresan con los bienes nuevos –carros, productos, servicios nuevos. Sin embargo, al repasar cualquier libro introductorio de economía encontrará muy poca discusión de valor, y ya no digamos análisis, sobre los empresarios quienes piensan y comercializan muchas de estos bienes nuevos. En libros y artículos más avanzados, se encontrará amplias discusiones las cuales esterarán, usualmente,

---

[9] (Lucas, 2002).
[10] (Baumol, Litan and Schramm, 2007).

refinadas matemáticamente sobre qué determina el crecimiento económico. Pero aquí, también, la empresarialidad y el necesario y simultáneo rol de las grandes empresas, se encuentra raramente mencionado.[11]

Otro problema que es mencionado por estos autores es el relacionado con la recolección de observaciones y la interpretación estadística de las variables clave que impactan en el desarrollo económico. Como Baumol menciona:

> Una segunda limitación son las técnicas estadísticas que los economistas usualmente emplean (como el análisis multivariado de regresión) las cuales tienen sus propias imperfecciones. Por un lado, los resultados que las mismas generan son útiles tan solo para los datos en las que fueron aplicados. (…) Por el otro, las técnicas estadísticas, frecuentemente, no generan respuestas que sean consistentes o aún claras, lo cual consideramos que es una limitación de la que el trabajo estadístico sobre el crecimiento está plagado particularmente. También, siempre está el problema de las variables omitidas o de las influencias que verdaderamente importan pero que no han sido consideradas en las pruebas estadísticas, siendo esto algunas veces hecho de manera no intencionada, pero que, en la mayor parte de las veces, se debe a que los datos para medir dichas influencias no existen o son demasiado imperfectos.[12]

Estas consideraciones sobre las limitaciones de la interpretación estadística de la mayoría de los modelos de crecimiento facilitan apreciar la importancia que puedan tener otras variables que no han logrado ser apropiadamente medidas o interpretadas y que pudiesen ofrecer nuevas luces sobre el problema de las determinantes últimas del crecimiento. Es por ello que en este ensayo se ha buscado sugerir fuertemente que una de las grandes ausentes

---

[11] Ibíd. Página: 4.
[12] Ibíd. Página: 43.

en la agenda de investigación es la variable de la empresarialidad y su impacto, más que probable, en la dinámica del crecimiento. Al hacer un análisis más profundo de esta variable empresarial, bien que se podría preguntar ¿Cómo es impactado en el crecimiento de la economía por la misma? Y es aquí donde la procede analizar la teoría empresarial en la tradición misiana y de la Escuela Austríaca. A un nivel teórico la influencia y las características principales del empresario se han descrito en detalle en los escritos los autores adscritos a esta tradición. De manera general presentamos los puntos principales en las siguientes líneas. El empresario es el promotor del proceso del mercado cuyas acciones están orientadas a producir un valor agregado en su constante esfuerzo de satisfacer las necesidades de sus consumidores, por tanto, los recursos de producción también suman nuevo valor en el proceso productivo. Todo aquel empresario que se lanza a promover y mejorar el mercado está motivado por el lucro o la ganancia, y para alcanzarlo la única herramienta que posee es la especulación de las oportunidades futuras aún no explotadas. La mayoría de estas características empresariales pueden ser derivadas analíticamente desde el esquema austríaco, y de forma más dilecta, del método misiano de la praxeología. Es importante hacer notar que esta dinámica suscitada por el empresario como promotor del proceso de mercado es un punto de contacto entre la investigación teórica y empírica.

Y es que cuando nos preguntamos acerca del empresario se hace necesario indagar sobre cuáles debiesen ser las propiedades del mercado para hacer confortable dicha actividad empresarial. Es aquí donde importantísimas preguntas a nivel empírico se pueden proponer para la investigación, tanto analítica como empírica.

¿Cómo es el empresario para el día de hoy?

a. Indagando sobre un suelo fértil para la acción empresarial

Desde un punto de vista teórico se pueden postular diferentes elementos que hacen que un país o región sea un buen terreno para el emprendimiento. Por tanto la primera pregunta en ser propuesta es ¿Cuáles son las condiciones que un país ofrece para la actividad emprendedora?, las respuestas pudiesen estar relacionadas a las condiciones institucionales que facilitan las aventuras de negocios. Este punto es particularmente importante en las regiones que están luchando con aspectos como la estabilidad básica a nivel financiero y civil, como lo son África y Latinoamérica. También este uno de los puntos que necesitamos resolver para determinar, o predecir, qué tan probable es que surjan emprendimientos en determinadas regiones. Muy buenos esfuerzos se han hecho ya en esta línea al implementar escalas empíricas como el Índice de Libertad Económica; otros esfuerzos importantes han sido aportados por economistas institucionales inspirados en el trabajo de Douglass North[13].

Como el mismo North mencionó en sus trabajadores pioneros:

> No solamente sabemos las condiciones subyacentes al crecimiento económico exitoso –la nueva economía del crecimiento las comenta- sino que hasta sabemos el tipo de instituciones necesarias para sostener un crecimiento económico exitoso. Es más, la dotación de conocimiento "útil" –el determinante subyacente del potencial para el crecimiento económico- continúa desarrollándose a un paso sin disminuir. [14]

Y, como North nos amplía, el conocimiento sobre las instituciones es el conocimiento sobre los aspectos que hacen viable dicho tejido social:

> El modelo económico ideal constituye un conjunto de instituciones económicas que proveen incentivos para los individuos y las organizaciones para que se involucren en actividades productivas. Sin embargo, esta formulación general no nos lleva muy lejos. La creación de un conjunto de derechos de propiedad que llevarán a un sistema de

---

[13] (North, 2005).
[14] (North, 2005). Página: 155.

precios efectivo es un paso necesario, pero, una vez más, lo substancial está en los detalles.[15]

Entonces, la investigación sobre la base institucional requerida para una pujante actividad empresarial es una tarea que requiere un enfoque más cuidadoso y que además de las definiciones tradicionales sobre los elementos que impulsan un capitalismo creciente como las leyes de propiedad privada, la rapidez para la apertura de nuevos negocios, un sistema monetario estable, necesitamos, como North sugiere en sus escritos, comprender mejor las peculiaridades de las instituciones de cada región y aún extender nuestro análisis hacia otras variables no tan frecuentes en los análisis regionales, como los sistemas culturales y de creencias.

b. Identificando la empresarialidad de altos vuelos
Otro punto que es necesario resaltar aquí es qué tipo de empresarialidad es la que estamos buscando. Por ejemplo, las mediciones tradicionales de qué porcentaje de la población se encuentra en situación de auto-empleo y el respectivo contraste con el porcentaje de la que no lo es, son ejercicios empíricos que muestran limitaciones para capturar el impacto real del empresario en la sociedad y en la economía. Baumol es una vez más el economista que reta estas perspectivas de análisis empírico:

> (…), sería un error establecer la medición de la vitalidad o del nivel del capitalismo empresarial simplemente en la cuenta del número de empresarios, de pequeños negocios, o de aquéllos quienes se identifican a sí mismos como auto-empleados. Para los propósitos, dicha medición es muy amplia ya que probablemente incluiría, por mucho, un número mayor de empresarios replicativos que innovadores, siendo éstos el número de interés primario.[16]

---

[15] (North, 2005). Página: 158.
[16] (Baumol, Litan and Schramm, 2007). Página: 279.

Cuando analizamos lo que Baumol y sus colegas entienden como un empresario innovador, podemos encontrar que existen importantes similitudes cuando se compara con el concepto del empresario desde la perspectiva Austriaca.

> A quienes nos referimos al decir "empresarios". EL término es comúnmente usado para referirnos a cualquiera que inicia un negocio. Esta definición cuenta el número de personas auto-empleadas y de nuevos negocios, sin importar qué es lo que un negocio hace. (...), nosotros usaremos el término en un sentido más estrecho y, consideramos, significativo: como una entidad, nueva o ya existente, que provee un *nuevo* producto o servicio o que desarrolla y usa *nuevos* métodos para producir o hacer llegar los productos y servicios ya existentes a un costo más bajo.[17]

Resulta pertinente recordar la definición que usamos al inicio de este trabajo para hacer notar las similitudes del concepto empresarial dado por un Von Mises o un Kirzner. Para los autores de la Escuela Austríaca, el empresario es el *promotor* de la mejoría del mercado, no es solamente aquél que abre una nueva tienda. El empresario se convierte, entonces, en el verdadero motor y elemento movilizante del mercado. Con Von Mises recalcó:

> En el mercado existen quienes marcan el paso y otros que solamente imitan a sus más ágiles conciudadanos. El fenómeno del liderazgo no es menos real en el mercado que en otras ramas de la actividad humana. La fuerza conductora del mercado, el elemento tendiente hacia una innovación y mejora incesantes, es proveída por el dinamismo del promotor yy su ansia por lograr ganancias tan grandes como sea posible.[18]

Por tanto, necesitamos mirar a la empresarialidad de grandes alcances, este tipo de acción en el mercado que innova y cambia

---

[17] Ibíd. Página: 3.
[18] (Von Mises, 1996). Página: 255.

definitivamente cómo las cosas se están haciendo. El reto no es tan sólo acerca del número de personas auto-empleadas en la economía de un país sino es el comprender mejor la naturaleza del liderazgo del empresario de grandes vuelos que reconfigura radicalmente el escenario económico.

c. Re-pensando las teorías del crecimiento

Hemos revisado una buena cantidad de propuestas aportadas por una diversidad de autores sobre el complejo tema del crecimiento económico. No habría sido posible hacerlo de manera diferente ya que la explicación sobre el por qué unas economías crecen, y más rápido, en comparación con otras no es una materia que se pueda abordar desde un monismo teórico.

Reconocemos que se han dado pasos importantes desde los días de los modelos primarios de Solow, Paul Romer, Xavier Sala-i-Martin, Robert Lucas, Jr., Joseph Barro y otros. En los esfuerzos provenientes de estos autores, hemos revisado las variables específicas que han sido propuestas como motores del crecimiento, dentro de las cuales se cuenta la inversión y acumulación de capital, la mano de obra (bruta y capacitada), la tecnología, la trasmisión de conocimiento, el aprendizaje social y la influencia del marco institucional. Y en la medida que vamos revisando esta larga lista de variables nos podemos ver tentados a dar simplemente por descartado este gran problema del crecimiento económico y estigmatizarlo como un fenómeno determinado a tal grado por tan múltiples causas que son pocos los conocimientos definitivos que podrán satisfacer nuestra curiosidad intelectual.

No ha sido nuestro propósito descartar dichas variables, ya que muestran cierta importancia para explicar la dinámica del crecimiento. Sin embargo, queremos agregar una perspectiva que quizá ha sido infravalorada en la investigación aplicada: la perspectiva que incluye al empresario como el promotor del proceso del mercado, es decir la variable *endógena* por excelencia de todo proceso de desarrollo. De manera más detallada, no proponemos añadir la empresarialidad como una nueva variable solamente, sino más bien considerar a la empresarialidad como el marco central de referencia desde el cual el fenómeno del crecimiento se pueda interpretar de manera más profunda y realista.

Para contar con una perspectiva más clara de la empresarialidad hemos visitado nuevamente los escritos clásicos de Ludwig Von Mises y el trabajo realizado por uno de sus discípulos, Israel Kirzner. También, tomamos algunas ideas auxiliares de las investigaciones de Douglass C. North y Wiliam Baumol. Y sucede que existe oportunidad para aplicar en la investigación el concepto de empresario, especialmente el de ese empresario visualizado como un innovador del proceso de mercado. Otro punto importante para hacer notar es que esta visión del "innovador" está muy cerca de las definiciones de empresario en Von Mises y en Kirzner.

Para tomar una orientación más concreta, el empresario innovador de Baumol y el empresario promotor de Von Mises puede ser visitos como un tipo muy especial de liderazgo económico gracias al cual el desempeño económico de un país puede ser mejorado. Por supuesto, este liderazgo requiere de un marco institucional específico dentro del cual esta acción pueda tener lugar e impactar las condiciones económicas. A un nivel empírico, podemos agregar a los modelos tradicionales del crecimiento dos retos nuevos: la medición del mencionado marco institucional y del liderazgo empresarial a lo largo de diferentes regiones y períodos de tiempo.

Esperamos que el lector haya logrado apreciar la importancia de las variables tradicionales crecimiento económico pero, aún más, la invaluable tarea llevada a cabo por los empresarios que logran coordinar todas estas variables hacia un auténtico desarrollo económico. Para tener una economía creciente necesitamos volver a ver hacia el liderazgo de aquellos empresarios que reconfiguran la manera en que las cosas se hacen en el mercado, y en nuestras propias vidas.

Bibliografía

Aghion, Phillippe and Howitt, Peter. "A Model to Growth through Creative Destruction". (1993). Econometrica, 60, 2 (March). 323-351.

Arrow, Kenneth J. "The Economic Implications of Learning by Doing." (1962). Review of Economic Studies 29 (June): 153-73.

Asher, H. "Cost-Quantity Relationship in the Airframe Industry" (1956). R-291. The Rand Corporation. California, United States of America.

Barro, Joseph J. and Sala-i-Martin. "Economic Growth". (1995). McGraw-Hill, Inc. United States of America. Pp. 539.

Baumol, William, Litan, Robert and Carl Schramm. "Good capitalism, bad capitalism and the economics of growth and prosperity". (2007). Yale University Press. Connecticut, NH, United States of America. Pp.: 321.

Cachanosky, R. (4 de enero de 2016). Juan Carlos Cachanosky: el economista dedicó su vida a la docencia y la vida académica. La Nación.

Chua, Hak B. "Regional Spillovers and Economic Growth" (1993). PhD Dissertation. Harvard University.

Jones, Charles. "Introduction to Economic Growth" (2002). W.W. Norton & Company. New York, United States of America. Pp. 237.

Kirzner, Israel. "Perception, opportunity and profits: studies in the theory of entrepreneurship." (1979). The University of Chicago Press. Chicago, IL. United States of America. Pp. 274.

Lucas, Robert E., Jr. "Lectures on Economic Growth" (2002). Harvard University Press. Cambridge, MA, USA. Pp. 203.

Mankiw, N. Gregory, David Romer and David Weil. "A Contribution to the Empirics of Economic Growth" (1992). Quarterly Journal of Economics 107 (May): 407-38.

North, Douglass C. "Understanding the Process of Economic Change" (2005). Princeton University Press. Princeton, New Jersey. United Stated of America. Pp. 187.

Rapping, Leonard. "Learning and World War II Production Functions" (1965). The Review of Economics and Statistics 47 (February): 81-86.

Romer, Paul. "Increasing Returns and Long-Run Growth" (1986). Journal of Political Economy 94 (October): 1002-37.

Searle, Allan D. "Productivity Changes in Selected Wartime Shipbuilding Programs" (1946). Monthly Labor Review.

Solow, Robert M. "A Contribution to the Theory of Economic Growth" (1956). Quarterly Journal of Economics 70 (February): 65-94.

Schumpeter, Joseph A. "Capitalism, socialism and democracy". 3rd. Edition. (1950). Harper & Row. New York. United States of America. Pp. 431.

Steinherr, Alfred and Daniel Weiserbs (Editors). "Employment and Growth: issues for the 1980s" (1987). International Studies in Economics and Econometrics, Volume 16. Kluwer Academic Publishers. Boston, MA, United States of America. Pp. 310.

Swan, Trevor W. "Economic Growth and Capital Accumulation" (1956). Economic Record , 32 (November): 334-361

Von Mises, Ludwig. "Human Action: a treatise in economics." 4th. Revised edition. (1996).The Foundation for Economics Education. New York. United Stated of America. Pp. 906.

Von Mises, L. "Socialismo, análisis económico y sociológico." 4ta. Edición. (2003). Madrid, España: Unión Editorial. Pp. 586.

Wright, Theodore P. "Factors Affecting the Cost of Airplanes" (1936). Journal of the Aeronautical Sciences, 3, 122-128.

¿ES LA MÉTRICA EVA® CONSISTENTE CON LA ECONOMÍA AUSTRÍACA?

Florencia Roca

> *"Train yourself to let go of the things you fear to lose"*
> *-George Lucas (1944 -), Star Wars Episode III:*
> *Revenge of the Sith*

Aplicaciones en la vida empresaria

Las mejores inversiones pueden ser aquellas que no se hacen. Transcurrían los años '80 cuando Brian Pitman, en aquel entonces CEO de Lloyds Bank, notó que el sistema de management que había implementado, más que una herramienta de administración y finanzas, se había convertido en un agente de cambio de la cultura corporativa. Quienes lo adoptaban experimentaban, en muchos casos, un cambio interior; modificando su percepción sobre la empresa y también sobre sí mismos.

"El objetivo es duplicar el valor de la empresa cada 3 años", propuso Pitman, desafiando la posibilidad de que gran parte de los ejecutivos pudieran cobrar su bono a fin de año (Pitman, Abril de 2003, pág. 5). La idea, originalmente resistida, estaba inspirada en la experiencia de Coca-Cola, que había implementado un concepto similar bajo el liderazgo de Roberto Goizueta. El foco tan fuerte en el valor provocó debates filosóficos, del estilo de "quiénes somos" y "qué queremos hacer"; y requirió valentía para tomar decisiones impopulares, como reconocer los fracasos, y descubrir que podía ser caro seguir sosteniéndolos. Un punto de inflexión, afirma Pitman, fue cuando vendieron la sede que tenían en California. Para muchos, deshacerse de ella representaba un acto de cobardía; y en cambio aparecían –como siempre lo hacen- motivos para considerarla "estratégica". Un banco japonés la compró, y las acciones de Lloyds subieron del día a la noche. El mercado ya había identificado que Lloyds no tenía ninguna ventaja comparativa en USA, y que el capital estaba puesto en un uso ineficiente, obteniendo un retorno mucho más pobre que la competencia.

¿Qué es lo que nos lleva a dejar de postergar decisiones difíciles? Soltar, suele decirse, nunca es fácil, porque uno lucha primero por aferrarse, y luego por dejar ir. ¿Cómo puede una empresa inspirar valentía y determinación, no sólo para encarar nuevos y excitantes proyectos, sino para cerrar aquellos que han resultado mediocres? En Lloyds Bank, que finalmente logró duplicarse en valor varias veces, y llegó a incrementar su capitalización bursátil de 1 billón de libras esterlinas a 40 en menos de 2 décadas, la instrucción del CEO era clara: al comenzar el año, no quería que le presentaran una lista de los negocios en los cuales el banco iba a entrar, sino una lista de aquellos negocios de los cuales iba a salir.

El cambio de mentalidad es, en realidad, un cambio puramente empresarial. Poner los recursos en su mejor uso. Identificar los sectores que tienen más potencial para generar valor sobre el capital, y reubicar recursos que estén teniendo usos menos productivos. Un inversor como Warren Buffett lo entiende perfectamente: en más de una oportunidad ha dicho *"I am in the capital allocation business"* (mi negocio es alocar capital). Buffett entiende que su trabajo como inversor es descubrir en qué negocios invertir, con quién y a qué precio (Rice, Sherman, O'Reilly, & Dumain, 1990).

Value Based Management en distintas líneas de pensamiento económico

El sistema implementado por Lloyds y Coca-Cola, conocido como *"Value-Based Management"*, fue desarrollado y difundido por la consultora Stern Stewart & Co. (ahora dividida en *Stern Value Management*, de Joel Stern y *EVA Dimensions*, de Bennett Stewart). No presenta, en principio, ninguna relación con los postulados de la Escuela Austríaca de Economía; sino que nació en el seno de la Universidad de Chicago, en la cual Joel Stern era discípulo del premio Nobel de Economía Merton Miller. El propio Stern reconoce que la métrica central del sistema, la fórmula del *Economic Value Added* (EVA ®), se desprende directamente de la nota 15 del reconocido artículo de Modigliani y Miller sobre valuación (Miller & Modigliani, Dividend Policy, Growth, and the valuation of shares, 1961).

La principal contribución de Juan Carlos Cachanosky en este tema fue señalar el nexo entre el *Value Based Management* y algunos de los principios centrales de la Escuela Austríaca de

Economía. Cachanosky identifica puntos de conexión primero con los economistas clásicos, en cuanto al problema de la asignación de recursos escasos en un mundo con conocimiento disperso; y luego con referentes de la Escuela Austríaca (Carl Menger, Ludwig von Mises, Friedrich A. Hayek e Israel Kirzner) en cuanto a la función empresarial (Cachanosky, Value Based Management, 1999).

La fórmula para detectar la creación de valor económico, recuerda Cachanosky, no es nueva; sino que responde al concepto de "ganancia económica" empleado por Alfred Marshall. A diferencia de lo establecido en la contabilidad actual, en la cual se llama "ganancia" al resultado de comparar lo producido por ventas con todos los costos y gastos; para Marshall únicamente existían ganancias si los accionistas habían ganado como mínimo un retorno que les compensara por el uso del capital. En otras palabras, Marshall estaba teniendo en cuenta el concepto de costo de oportunidad del capital; idea completamente ausente de la contabilidad de nuestros días (Marshall, 1890, pág. 142): "Lo que queda de sus ganancias después de deducir los intereses sobre su capital al tipo actual puede ser llamado su ganancia de empresa o gestión".

Existen por lo tanto dos definiciones de ganancias, la ganancia "contable", que únicamente deduce costos y gastos (variables de flujo, presentadas contablemente en el Estado de Resultados); y la ganancia "económica", que además de deducir los costos y gastos de la operación, tiene en cuenta la cantidad de capital invertido (variable de stock, presentada contablemente en el Balance), y el costo de oportunidad de no haberle dado a ese capital un uso alternativo (variable no registrada contablemente). La comparación entre la ganancia de las operaciones después de impuestos (NOPAT, por sus iniciales en inglés) y el capital afectado a la operación, resultan en el retorno del capital (*Return on Invested Capital*, ROIC). Para que haya ganancia económica, el ROIC tiene que superar su costo de oportunidad (*Weighted Average Cost of Capital*, WACC).

El economista James L. Grant, en su investigación sobre las raíces del EVA, agrega también que si bien la métrica tiene raíces en la teoría económica clásica, hubo tres economistas del siglo XX que expandieron su significado aplicándolo en el contexto de valuación de empresas. El primero de ellos, Irving Fisher, en la década del '30, estableció un vínculo fundamental entre el valor de la empresa y los flujos de caja descontados. Posteriormente, a fines de los '50, los dos ya mencionados Franco Modigliani y Merton Miller mostraron que son las decisiones de inversión (y no las de financiamiento o dividendos) las que determinan el valor de una compañía. De esta forma, para que los managers puedan aumentar el valor de una empresa, deben tomar decisiones que produzcan una rentabilidad del capital superior a su costo de oportunidad; lo cual equivale a emprender proyectos de inversión con Valor Presente Neto positivo (Grant, 1997, págs. 3-4):

> Básicamente, la teoría del valor económico agregado descansa en dos afirmaciones: (1) una empresa no es realmente rentable a menos que gana un retorno sobre el capital invertido que exceda el costo de oportunidad del capital, y (2) que la riqueza se genera cuando los gerentes de una empresa toman decisiones de inversión con Valor Presente Neto positivo para los accionistas.

El trabajo de Cachanosky llega a una conclusión consistente con este punto, por cuanto descarta la ganancia contable como indicador válido para detectar el valor de una empresa, recomendando flujos descontados (Cachanosky, Value Based Management, 1999, pág. 6): "Lo único que cuenta es el flujo de caja, la contabilidad tradicional adolece de grandes deficiencias como para informar acerca del rendimiento de una inversión".

Sin embargo, a diferencia de autores de la Escuela de Chicago, como Miller, Stern o Grant; Cachanosky se enfoca en el "proceso" para obtener la ganancia económica (Cachanosky, Value Based Management, 1999, págs. 7-8):

> En cambio, un error de sub-valuación implica "ignorar" que existe en alguna parte del mercado una inversión en que ROIC > WACC. Este error, a diferencia del de sobrevaluación, puede permanecer en el mercado por tiempo

indefinido hasta que algún empresario lo perciba. En otras palabras, los errores de sub-valuación son los que originan las ganancias empresariales. El empresario que se anticipa y percibe antes que otros un desequilibrio de este tipo obtiene una ganancia empresarial. Esta ganancia empresarial permanecerá hasta que el resto de los empresarios perciban también la diferencia de ROIC > WACC y ambos tiendan a igualarse debido a las fuerzas de la competencia.

Una crítica frecuente a la conexión establecida por Cachanosky es que el EVA, si bien fundamentado en principios de economía clásica, nada tiene que ver con los austríacos. Fue desarrollado e impulsado dentro de una de las cunas de la economía matemática, la Universidad de Chicago, y responde a las ideas de equilibrio y mercado perfecto de las proposiciones de Modigliani & Miller.

Dos artículos de los referidos autores fueron cruciales para el EVA como lo conocemos hoy. En primer lugar, el artículo con la Proposición I, en el cual establecen básicamente que, en mercado perfecto y bajo determinados supuestos, la estructura de capital es irrelevante para determinar el valor de una empresa. En otras palabras, en ausencia de impuestos, costos de transacción y costos de quiebra, las decisiones de financiamiento y dividendos no tienen efecto; sólo cuentan las decisiones de inversión (Modigliani & Miller, Junio de 1958). En segundo lugar, el artículo sobre política de dividendos, que se desprende del anterior, y el cual incluye la nota 15, en base a la cual Stern construye la fórmula conocida hoy como EVA® (Miller & Modigliani, Dividend Policy, Growth, and the valuation of shares, 1961).

El método de prueba que emplearon Modigliani y Miller, en aquel entonces novedoso, reviste hoy prácticamente la misma importancia que las proposiciones mismas; y es empleado en distinto tipo de deducciones financieras, especialmente en lo que respecta a la fijación del precio de activos. Por ejemplo, en el artículo de Fisher Black y Merton Scholes sobre la valuación de opciones (Black & Scholes, Mayo-Junio de 1973), y en el modelo de Stephen Ross (Ross, 1976). La ausencia de oportunidades de arbitraje es lo que, en el artículo de Modigliani y Miller, permite afirmar que una empresa no puede cambiar su valor de mercado con operaciones puramente de financiamiento (Miller lo asimila a un mismo pastel cortado en diferentes porciones). En pocas palabras, un inversor en el mercado no debería estar dispuesto a pagar más por una empresa endeudada que una empresa sin deuda (o viceversa), en tanto las decisiones de inversión sean las mismas (y se cumplan los supuestos de inexistencia de impuestos, costos de transacción, etc.). Las proposiciones de Modigliani y Miller, y en forma accesoria, el Economic Value Added, surgen de ideas centrales de la economía *mainstream* (lo que Cachanosky llama "economía matemática), empleando como pilares la noción de equilibrio y mercados perfectos (Miller, The Modigliani-Miller Propositions after thirty years, 1993, 2002, pág. 185):

> Nuestra Proposición I, que sostiene que el valor de una empresa es independiente de su estructura de capital (su relación deuda / patrimonio), es aceptado como una implicancia del equilibrio en mercados de capital perfectos.

El problema que encuentra Cachanosky en este punto no es, entonces, la métrica en sí misma (la cual considera consistente con los postulados austríacos), sino la interpretación enfocada al equilibrio. El EVA, de acuerdo con Cachanosky, es anterior a las proposiciones de Modigliani y Miller y a Stern Stewart & Co.; y la idea de equilibrio sólo lleva a que la teoría pierda poder explicativo. Si lo que se quiere es identificar los mecanismos que llevan a una eficiente asignación de recursos, entonces lo importante es la "fuerza equilibradora" del mercado, que es el empresario.

En esta visión, la fórmula del EVA es coherente con la idea austríaca de función empresarial (en términos de Israel Kirzner); entendida en forma diferente a lo que proponen los economistas de Chicago, poniendo el foco en el "desequilibrio", en el "proceso" de toma de decisiones empresariales en función de la incertidumbre (Cachanosky, Value Based Management, 1999, pág. 7):

La microeconomía convencional, en cambio, prácticamente olvidó la importancia de la función empresarial como coordinara de la asignación de recursos. Y cuando lo hizo, como el caso de Joseph Schumpeter, lo hizo al revés. Mientras que para los economistas de la Escuela Austríaca el empresario es el que hace que los mercados tiendan al equilibrio, es decir cuando ROIC = WACC, para la microeconomía convencional afirma lo contrario. El empresario rompe un equilibrio existente mediante la innovación. Para los economistas de la Escuela Austriaca el empresario es una fuerza equilibradora del mercado; para la microeconomía convencional el empresario es una fuerza desequilibradora.

Justamente, las críticas a la posibilidad de compatibilizar la métrica EVA con principios de la Escuela Austríaca se refieren a la primera como una derivación directa de modelos de equilibrio; los cuales para Cachanosky no sólo son prescindibles, sino que limitan la capacidad del modelo de explicar la realidad. Para entender cómo se logra una eficiente asignación de recursos en un mundo con conocimiento disperso, el tema a estudiar es la función empresarial. En un mercado en equilibrio ¿de qué forma podría obtenerse un ROIC diferente al WACC?

La explicación austríaca

La principal diferencia en favor de los austríacos que encuentra Cachanosky es la consideración de la dispersión del conocimiento (Cachanosky, Value Based Management, 1999, pág. 7):

> La diferencia entre las dos posiciones radica en el conocimiento. Mientras la Escuela Austríaca supone que la información está dispersa en el mercado, la microeconomía convencional supone conocimiento perfecto. La diferencia del supuesto es fundamental. Si la teoría económica supone conocimiento perfecto entonces no hay posibilidad de error en la toma de decisiones empresariales. Los mercados estarían siempre en equilibrio. En todos los mercados el rendimiento sobre el capital invertido

(ROIC) debería ser igual al costo del capital invertido (WACC). Si el conocimiento es perfecto no puede haber diferencia entre ROIC y WACC.

Es precisamente la dispersión del conocimiento lo que convierte al EVA en una herramienta tan poderosa. Cualquier empresa sabe que la información tiene valor. Los individuos que la integran tienen esta información almacenada de distintas formas, o la van descubriendo. Una parte de está dentro de los archivos o circuitos formales, y otra parte va siendo obtenida, procesada y almacenada de forma singular por cada persona de la organización.

Para sus operaciones, una empresa necesita saber desde la ubicación de los inventarios y monto facturado, hasta el modo de ingresar el papel en la vieja impresora para que no se atasque, o la hora en la que conviene llamar a determinado cliente. Por ejemplo, ¿puede una ferretería funcionar normalmente el día que falta el vendedor que sabe en qué estante está guardado cada tornillo? ¿Puede el dueño de una empresa reemplazar sin problemas a su secretaria el día que se ausenta? Gran parte de la información se pierde, o no es descubierta porque no hay incentivos para hacerlo, porque no hay nadie poniendo atención. ¿Cómo pueden las empresas hacerse de toda esta información, especialmente la que es "de lugar y circunstancia", y transformarla en valor económico?

La respuesta, para Cachanosky, está en el conocimiento. Al vincular la dispersión del conocimiento –en términos de Hayek- con el EVA, Cachanosky permite explicar por qué este último funciona como una poderosa herramienta para liberar, o incluso descubrir, nueva información en la empresa. Abre la puerta para esclarecer por qué el conocimiento empieza a aparecer y circular en todas las áreas de la organización. Al reconocer la dispersión del conocimiento como tema central en la asignación de recursos, se logra ver con claridad las condiciones en las cuales la métrica EVA es efectiva: en aquellas en las cuales se permita a quienes usen o descubran información, apropiarse de parte de las ventajas económicas que tal información produzca para los accionistas.

Es así como, por ejemplo, diferentes operarios realizando la misma tarea, cobrarán distintos bonos según el valor que generen para la empresa. Si todos tienen la misma posibilidad de enriquecerse, establecida en el contrato marco de compensación por EVA, pero algunos son más eficientes y otros son menos eficientes (por ejemplo uno de ellos ha encontrado una forma de completar la producción con mayor rapidez, menor desperdicio, menores insumos, etc.); entonces quienes hayan cobrado el menor bono tendrán la inquietud de averiguar cómo pueden mejorarlo, y muy posiblemente se acerquen a conversar con quienes han encontrado un mecanismo mejor. De esta forma, la comunicación empieza a fluir espontáneamente, de forma descentralizada.

Contribuciones a la investigación de Cachanosky

El vínculo establecido por Cachanosky entre el Value Based Management –con su métrica central, el EVA®- y los principios de la Escuela Austríaca de Economía inicia un camino interesante, en el cual es posible encontrar, dentro de principios austríacos, mucho más riqueza para explicar el fenómeno EVA. No solamente su efectividad como sistema de administración, sino también como cambio hacia una mentalidad empresarial, como transformador de la cultura de una empresa.

Hemos identificado, como mínimo, los siguientes puntos en común con los principios austríacos, que puede ser provechoso investigar:

1. El marco institucional
Las instituciones son las reglas de juego. Representan el marco en el cual detectamos oportunidades de ganancias. Los economistas austríacos han reconocido siempre la importancia de las instituciones en coordinar la acción de las personas, y hay estudios recientes que exploran la importante conexión entre las instituciones y la empresarialidad. De acuerdo con Peter Boettke y Christopher Coyne, las reglas de juego crean *payoffs* que hacen ciertas oportunidades empresariales más atractivas que otras. Las diferencias en los resultados económicos entre las sociedades no

se deben exclusivamente a las diferencias en el espíritu emprendedor, sino a diferencias en las instituciones, que constituyen el entorno en el que los empresarios actúan, moldeando y limitando las oportunidades disponibles (Boettke & Coyne, 2009).

¿De qué modo es posible entonces establecer un marco que incentive a tomar decisiones empresariales, incluso aquellas que implican retirar capital, como fue para Lloyds Bank cerrar las operaciones en California? Puesto que en el Value Based Management el valor es compartido con quienes contribuyen a generarlo, cualquier información diferencial que un individuo pueda tener, le producirá a él mismo una ventaja económica, si es empleada para crear valor para los accionistas. Es por ello que el argumento en favor del Value Based Management debería ser un argumento institucional. Las reglas escritas (plan de incentivos, contrato de trabajo, manuales, etc.) como también no escritas (cultura, tradiciones, convenciones) representan el marco en el cual se obtiene la ganancia económica. La diferencia entre las empresas en las cuales existe como marco el Value Based Management es que los individuos pueden apropiarse del fruto de su trabajo, no solamente en cuanto a los aspectos que han sido diseñados originalmente por la empresa, sino también en cuanto a su labor empresarial. Al mismo tiempo, deben enfrentar los riesgos de sus decisiones (o de la falta de decisión).

2. La propiedad privada

A diferencia de otras corrientes económicas, los economistas austríacos han otorgado siempre a la propiedad privada un rol irreemplazable en la eficiente asignación de recursos. No es posible intercambiar aquello que no se posee. La verdadera transformación hacia una mentalidad empresarial requiere la propiedad de los recursos que serán asignados, ya sea para apropiarse de sus frutos o afrontar los riesgos correspondientes, en la búsqueda de sus mejores usos. En los sistemas basados en EVA, los recursos de la empresa no son asignados en forma centralizada sino en forma descentralizada. Cada individuo de la organización (idealmente desde el primero hasta el último), recibe ciertos recursos para administrar; desde el espacio físico que ocupa, la computadora que usa o el tiempo de otros integrantes del equipo que cita a una reunión. Los bonos o compensaciones basadas en el valor no son entregados en efectivo, sino depositados en una cuenta (el "bonus bank") que puede perderse en caso de tomar malas decisiones en un futuro próximo. ¿Cómo podríamos incentivar a los integrantes de una organización a que piensen como dueños, si les pagamos una compensación como empleados? La propiedad privada es, simplemente, una regla, que define derechos de uso, derechos sobre el flujo de caja, etc. Lo que en definitiva produce un cambio hacia la mentalidad empresarial es precisamente el establecimiento de una regla por la cual cada empleado "se adueña" del capital del cual será responsable, disfrutando los frutos si logra incrementarlo, y soportando las pérdidas si lo emplea de modo ineficiente. Joel Stern lo sintetiza con magnífica claridad al decir: "No quiero empleados, quiero socios en la creación de valor" (Stern & Kinnear, How to Fix Corporate Governance and Executive Compensation, s.f., pág. 3).

Si bien no hay en la economía austríaca una visión uniforme acerca de los actos de empresarialidad (algunos austríacos afirmarán que ellos únicamente tienen lugar dentro del mercado, con el rol de los precios para el cálculo económico), aquí es posible hacer la identificación con la línea de Ludwig von Mises, para quien cada acto es empresarial. La empresarialidad supone actuar bajo incertidumbre; imaginar una situación que es mejor que la actual, y actuar para alcanzarla. Ésta es la línea que sigue Cachanosky, quien cita a Mises cuando afirma que, como todo hombre que actúa, el empresario es un especulador (Mises, 1949, 1963).

3. Los ciclos económicos

Los economistas de la Escuela de Chicago, apoyados en la hipótesis de eficiencia de Eugene Fama (Fama, 1970), niegan la existencia de burbujas. No hay almuerzo gratis, el mercado siempre lo sabe todo. Los economistas austríacos, en cambio, reconocen la existencia de ciclos económicos, y se enfocan en estudiarlos; observación que ha sido aprovechada ampliamente por inversores como Warren Buffett, Benjamin Graham y Francisco García Paramés.

El EVA, al ser una métrica basada en los indicadores fundamentales de la empresa, presenta defensas contra el humor de los mercados (el "maníaco depresivo", según lo llama Graham). También en este punto los economistas austríacos están en condiciones de brindar una explicación con más contacto con la realidad.

Conclusión

A partir del trabajo de Juan Carlos Cachanosky sobre los vínculos entre el Value Based Management y los principios de la Escuela Austríaca de Economía, se busca enriquecer la explicación para el fenómeno EVA.

Si bien el Value Based Management (y su métrica central, el Economic Value Added) son atribuidos normalmente a economistas de la Escuela de Chicago, como derivados de las proposiciones de Franco Modigliani y Merton Miller, y luego registrados y popularizados en el ambiente empresarial por Stern Stewart & Co.; Cachanosky detecta sus inicios desde la economía clásica. Sugiere poner el foco en la dispersión del conocimiento y en el proceso empresarial, para una teoría con una mejor explicación de la realidad.

Adicionalmente, es posible identificar otros puntos de contacto con la Escuela Austríaca. En este artículo se sugiere, como mínimo, explorar tres: 1) el marco institucional, 2) la propiedad privada y 3) los ciclos económicos.

Bibliografía

Cachanosky, J. C. (1981). El trabajo de la hormiga. *Esquiú*.
Hayek, F. A. ([1949] 1960). The Intellectuals and the Socialism. En G. B. Huszar, *The Intellectuals: A Controversial Portrait* (págs. 371-384). Glencoe, Illinois: Free Press.
Pitman, B. (Abril de 2003). Leading for value. *Harvard Business Review*, 1-8.
Rice, F., Sherman, S. P., O'Reilly, B., & Dumain, B. (29 de Enero de 1990). *Leaders of the most admired*. Recuperado el 1 de Noviembre de 2016, de Fortune.com:

http://archive.fortune.com/magazines/fortune/fortune_archi
ve/1990/01/29/73029/index.htm

Miller, M. H., & Modigliani, F. (1961). Dividend Policy, Growth, and the valuation of shares. *The Journal of Business*, 411-433.

Cachanosky, J. C. (Mayo de 1999). Value Based Management. *Libertas, 30*.

Marshall, A. (1890). *Principles of Economics*. New York: MacMillan & Co.

Grant, J. L. (1997). *Foundations of Economic Value Added*. New Jersey: John Wiley & Sons, Inc.

Modigliani, F., & Miller, M. H. (Junio de 1958). The Cost of Capital, Corporation Finance and the Theory of Investment. *American Economic Association*, 261-297.

Black, F., & Scholes, M. (Mayo-Junio de 1973). The Pricing of Options and Corporate Liabilities. *Journal of Political Economy, 81*, 637-54.

Ross, S. (1976). Return, Risk and Arbitrage. *Risk and Return in Finance, 1*, 189-219.

Miller, M. H. (1993, 2002). The Modigliani-Miller Propositions after thirty years. En D. H. Chew, *The New Corporate Finance: Where Theory Meets Practice* (págs. 184-196). Boston, MA.: The McGraw-Hill Companies.

Boettke, P. J., & Coyne, C. J. (2009). Context Matters: Institutions and Entrepreneurship. *Foundations and trends in entrepreneurship, 5*, 135-209.

Stern, J. M., & Kinnear, J. (s.f.). How to Fix Corporate Governance and Executive Compensation. *Stern Stewart & Co.*

Mises, L. v. (1949, 1963). *Human Action. A treatise on Economics (4th revised ed.)*. San Francisco: Fox & Wilkes.

Fama, E. (1970). Efficient capital markets: a review of theory and empirical work. *Journal of Finance, 25*, 383–417.

Stern, J. M., & Shiely, J. S. (2001). *The EVA Challenge. Implementing value-added change in an organization*. New York: John Wiley & Sons, Inc.

Stewart, B. G. (1991). *The quest for value. A Guide for Senior Managers*. USA: Harper Collins Publishers, Inc.

Cachanosky, J. C. (1981). El trabajo de la hormiga. *Esquiú*.

POBREZA Y DESIGUALDAD

Pedro Schwartz Girón

El estancamiento de los ingresos de la clase media y de los trabajadores asalariados en las economías avanzadas, en parte tiene su origen en los cambios tecnológicos acelerados del mundo actual pero en otra parte se explica por el progreso de las economías del Tercer Mundo. Desde el punto de vista del bienestar de la humanidad en su conjunto, este progreso es una buena noticia pero hay dos los grupos de personas en los países adelantados que se resisten a aceptarlos. Por un lado, están aquellos productores que se ven forzados a enfrentarse con la competencia de los bienes y servicios provenientes de los países en desarrollo y no quieren o pueden mejorar lo que producen, o cambiar de especialización. Por otro lado, se encuentran los que, por anticapitalismo instintivo, rehúsan ver lo mucho que la globalización y la liberación del comercio están haciendo por los pobres y atribuyen la mejora del nivel de vida de los desamparados, que en todo caso consideran muy relativa, a la escasa ayuda del Primer Mundo.

Todas esas personas han propalado la especie de que la pobreza y la desigualdad Están aumentando en el mundo. Muy al contrario, el número de pobres, especialmente aquellos cuyo menester es mayor, está reduciéndose fuertemente, lo cual, por ser una mejora que afecta a tal número y proporción de habitantes del mundo, significa que la desigualdad del conjunto de la humanidad está disminuyendo. Todo esto sucede en el marco de un crecimiento económico secular, temporalmente suspendido por la última crisis económica, pero sin duda atribuible al sistema capitalista.

Las Naciones Unidas proclamaron unas Metas de Desarrollo del Milenio (MDM) en 1990: la primera era "reducir a la mitad la proporción de gente con un nivel de ingreso menor que \$1 al día en el lapso entre 1990 y el 2015". La meta fue alcanzada antes de lo previsto (Naciones Unidas, 2013) y ahora el consenso de los profesionales de la economía es que, de hecho, la pobreza mundial ha estado en retirada durante más de cuarenta años. Uno de los primeros defensores de este punto de vista fue Xavier Sala-i-Martin, de la Universidad de Columbia y de la Escuela de Economía Pompeu Fabra en Barcelona. Durante más de una década, ha venido luchando por lograr que las Naciones Unidas y el Banco Mundial admitan que la pobreza caía mucho más rápidamente de lo que se esperaba; y los hechos están de su lado. El último artículo que Sala escribió con Maxim Pinkovskyi (2009) ha sido innovador para mí desde su puro inicio. Yo solía estudiar a la pobreza, la desigualdad y el crecimiento (o la carencia de él) como fenómenos separados, a menudo enfrentados en una diabólica contradicción. Ahora veo que sus efectos mutuamente reforzados salen a la luz cuando se estudian en conjunto, como tres dimensiones del concepto de la distribución del ingreso: muy lejos de contravenirse, son factores complementarios en la evolución del bienestar humano. [1]

La evolución de la pobreza en el mundo 1970-2006

Con las Metas de Desarrollo del Milenio (MDM), los estudios acerca de la pobreza en el mundo se han multiplicado. Tales estudios pueden clasificarse en dos tipos: aquellos que utilizan encuestas familiares y aquellos que, como Pinkovskyi y Sala-i-Martin (P&S), usan las cifras del ingreso nacional per cápita. [2] Cualquiera sea la fuente de los datos, la profesión normalmente aplica una definición convencional de pobreza absoluta, como un ingreso per cápita o un consumo per cápita inferior a $1 o $1.50 o $2 diarios. [3]

---

[1] Estas cantidades conceptuales de $1, $1.50 o $2 al día por supuesto que están corregidas por la inflación y por el poder adquisitivo en diferentes sociedades.

[2] "Si bien la pobreza, la desigualdad y el crecimiento son tres formas distintas de mirar al mismo objeto (la distribución del ingreso), los investigadores tradicionalmente han analizado a los tres de forma separada. El crecimiento (del PIB per cápita) usualmente se relaciona con el cambio porcentual de la media de la distribución. La pobreza se refiere a la parte integral de la distribución a la izquierda de una línea particular de pobreza. La desigualdad trata de la dispersión de la distribución." (Pág. 2) Por tanto, las tres preguntas deberían de verse como componentes de una pregunta central acerca de la mejoría del bienestar humano. Déjenme decirles que el leer este pasaje fue para mí un momento ¡eureka!

[3] Aunque Sala-i-Martin se inclina por el ingreso per cápita como una medida de pobreza, él confronta sus resultados con varios otros métodos,

Desde cualquier punto de vista civilizado, estos niveles de ingreso o consumo son sumamente básicos e insatisfactorios, de manera tal que las personas que se encuentran en el entorno de esas líneas así definidas aun así deberían ser consideradas como pobres. Sin embargo, el propósito del ejercicio es otro: es el de medir cuán rápidamente y por qué medios los pobres están emergiendo de tan extrema miseria.

Las líneas divisorias arriba mencionadas de ingreso o de consumo diario tratan de medir la *pobreza absoluta* para saber si está reduciéndose. Otros miembros de la comunidad científica, sobre todo los economistas políticos prácticos, prefiere enfocar la pobreza *relativa*. [4] Desde mi punto de vista, la pobreza relativa es una noción menos defendible que la absoluta, pues los 'relativistas' buscan contar el número de personas cuyo consumo está por debajo de la mediana del colectivo elegido, sea nacional o mundial, es decir, por debajo del 60% del ingreso de la persona que se encuentra exactamente en la mitad de la población. Ahora bien, ésa no es en realidad una definición de pobreza, sino más bien un indicador de desigualdad: por definición, siempre habrá gente por debajo de la mediana y, por tanto, la pobreza relativa sólo disminuirá en tanto la población se agrupe alrededor del centro. También, por definición, la pobreza relativa nunca desaparece, de tal manera que siempre habrá una parte de la población que proclame su derecho a que la *sociedad* suplemente su ingreso, independientemente de su capacidad para mejorar su propia condición. En todo caso, ¿quién es la 'sociedad'? Mejor dejaré para otro día la discusión del alegato de que los pobres sólo dejan de serlo cuando alcanzan a ser 'participes plenos de lo que la sociedad ofrece' o cuando gozan de una 'ciudadanía plena'. Aquí lo que simplemente anotaré es lo que eso ha significado en la práctica de las sociedades avanzadas: la creación de

---

entre los cuales aquellos que descansan en encuestas. La foto final no es tan diferente.

[4] Si estimamos que de 1970 al 2006, unos 617 mil del grupo de $1 al día deben de haber subido al grupo de $2 al día, y que en el 2006 ese grupo fue más pequeño en unos 783 mil, la reducción bruta del grupo de $2 al día debe de haber sido cercana a 1.4 billones, a pesar del crecimiento de la población mundial de cerca de 6.5 billones.

una cultura de dependencia en una sub-clase que se auto-perpetúa, una lacra que no es atribuible al mercado libre, sino a las
políticas promovidas por el socio-liberalismo de las élites intelectuales. [5] Mi opinión es que, al menos en un primer paso, el
objetivo de la lucha contra la pobreza debería ser más reducido
y modesto. Contentémonos con medir el número de aquellos
quienes, por medio del progreso económico, han emergido de la
pobreza absoluta y con ello han logrado un mundo más igualitario – lo que en sí ya no es poco.

La cantidad de personas que vive en pobreza extrema se ha reducido a más de la mitad desde 1990

Cantidad de personas en el mundo que vive con menos de 1,25 dólares al día, 1990-2015 (millones)

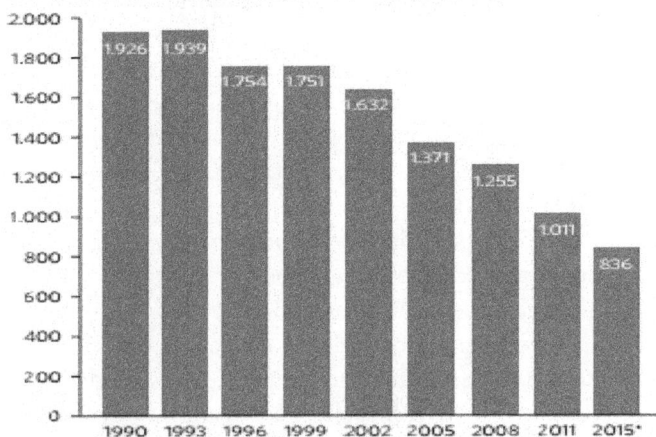

Año	Millones
1990	1.926
1993	1.939
1996	1.754
1999	1.751
2002	1.632
2005	1.371
2008	1.255
2011	1.011
2015*	836

* Los datos de 2015 son proyecciones

Fuente: http://www.un.org/es/millenniumgoals/pdf/2015/mdg-report-
2015_spanish.pdf

Veamos las cifras de las Naciones Unidas sobre la pobreza. La
Asamblea puso al mundo la tarea de alcanzar ocho metas del
Milenio, en la medida de lo posible antes de 2015.[6] En todas ellas

---

[5] Ver Dalrymple (1990).
[6] Objetivo 1: Erradicar la pobreza extrema y el hambre
Objetivo 2: Lograr la enseñanza primaria universal

ha habido progreso pero fijémonos en lo datos sobre pobreza y hambre, que son los que interesan aquí.

Dice el Informe del Secretario General que, cifrado en dólares constantes, el objetivo era el de "reducir a la mitad, entre 1990 y 2015, el porcentaje de personas cuyos ingresos sean inferiores a 1 dólar por día". Pues bien, incluso tras elevar la cifra del mínimo a 1,25 dólares al día, la meta fijada se alcanzó con dos años de antelación, en 2013.[7]

El número absoluto de personas que vive en pobreza extrema cayó de 1.900 millones en 1990, a 1.000 millones en 2011. Las estimaciones sugieren que otros 175 millones de personas se habrán liberado de la pobreza extrema para 2015. Por lo tanto, la cantidad de personas en el mundo que vive con menos de 1,25 dólares al día también se ha reducido a la mitad desde su nivel de 1990.

Cierto es que el Informe señala que, a pesar de estas grandes mejoras, aún hay en el mundo 800 millones de personas que viven en extrema pobreza. Alegrémonos de todas formas por una caída de la tasa de extrema pobreza del 47% al 14% de la población mundial; y de la reducción del número de pobres en 2,44 millones de personas. Hay que tomar en cuenta que en los tiempos actuales los grandes crecimientos de la población con esperanza de vida ocurren precisamente entre los más pobres y que todo esto ha ocurrido mientras la población mundial crecía de 6.000 a más de 7.000 millones del año 2000 al 2014.

Dichas estadísticas exigen alguna precisión, sin por ello detraer de la satisfacción que causan. Son aproximaciones, dada la dificultad de obtener datos del mundo entero y de referirse a

---

Objetivo 3: Promover la igualdad de género y el empoderamiento de la mujer
Objetivo 4: Reducir la mortalidad de los niños menores de 5 años
Objetivo 5: Mejorar la salud materna
Objetivo 6: Combatir el VIH/SIDA, el paludismo y otras enfermedades
Objetivo 7: Garantizar la sostenibilidad del medio ambiente
Objetivo 8: Fomentar una alianza mundial para el desarrollo
Naciones Unidas (2015): *Objetivos de desarrollo del milenio. Informe 2015.*
[7] El estado desastroso de las escuelas públicas en muchos estados de África, India y China es un ejemplo triste de la ineficiencia de los servicios nacionalizados, tal como lo atestigua Tooley (2009).

personas de tan diversa situación. Como he dicho, la pobreza puede medirse estimando el ingreso total o el gasto total de las personas por dos métodos principales: por *encuestas* de hogares; o por *contabilidades nacionales* en las que figuran datos de ingresos y gastos *per cápita*. Como subraya Deaton (2013), págs. 249-255,[8] todas estas cifras son más fiables por lo que se refiere a la tendencia que a los valores absolutos. También señala la dificultad de agregar cifras expresadas en monedas diferentes: hay que calcular la paridad del poder de compra de cada una de ellas (el método conocido por sus siglas en inglés PPP). Por fin hay que notar que, en países con una alta proporción de pobres, serán muchos los millones de personas que se encuentren cerca de la línea divisoria, por lo que una pequeña modificación del criterio puede cambiar grandemente el resultado. En este caso, el criterio de las NU se ha elevado de $1 a $1,25, lo que refuerza las conclusiones favorables recogidas en el Informe.

En fin, es un resultado bastante bien conocido en la economía política del desarrollo el de que los países en desarrollo tienden a converger hacia la tasa de crecimiento de los más avanzados. El laureado con el Premio Nobel, Robert Lucas (2009), trazó cuarenta años de crecimiento con base en el ingreso per cápita de 1960 para 112 países.[12] [9] Lucas luego procedió a relacionar dicha convergencia con 'el grado de apertura' de los países atrasados. La definición de apertura que utilizó es poco exigente, pero aun así se refleja en las tasas de crecimiento de los más atrasados de los 112 países: los cerrados tendían a quedarse estacionados en sus niveles de ingreso de 1960, en tanto que, los que se abrieron, crecieron rápidamente.[13] [10]

---

[8] Deaton, Angus (2013): *The Great Escape. Health, Wealth and the Origins of Inequality*. Princeton University.

[9] Ver el gráfico 1 en Lucas (2009, página 2): un "patrón triangular [...] familiar para los estudiantes del crecimiento" que refleja la convergencia de los extremos de alto y bajo crecimiento en los países en desarrollo hacia los de Estados Unidos y la Unión Europea.

[10] Lucas utiliza la definición de apertura de Sachs y Warner (1995): el país debe mostrar tasas efectivas de protección menores al 40%; menos de un 40% de las importaciones deben estar limitadas por cuotas; que no hay controles o mercados negros en divisas; que no haya oficinas de mercadeo de las exportaciones del tipo que aún existe en África legado por los

Es un resultado que puede extrapolarse a toda la época de desenvolvimiento capitalista. Como ha señalado McCloskey (2010, pág.16[11] [12], "entre 1830 y 2000 la población del mundo se multiplicó por un factor de seis", al tiempo que "la cantidad de bienes y servicios producidos y consumidos por la media de las personas se multiplicó por un factor de aproximadamente ocho y medio." Esto significa que la producción total tendrá que haber aumentado 14,5 veces en ese período - no un 14.5 % sino un 1,550%. ¡Malthus refutado por la productividad capitalista!

Para aquellos que no se contentan con medir la pobreza con el ingreso o el consumo per cápita, los resultados arriba referidos podrán parecer ser muy incompletos. [13] En 1990, las Naciones Unidas lanzaron un nuevo índice bajo la inspiración de Mahbub ul-Haq y Amartya Sen, el Índice de Desarrollo Humano (IDH).

Este indicador, publicado ahora anualmente bajo el auspicio del Programa de las Naciones Unidas para el Desarrollo, trata de dar una visión más exacta de lo que significa ser pobre y de las cosas a las cuales uno debería prestar atención si es que se desea que los pobres progresen hacia una vida mejor. El IDH es una combinación de tres índices: (1) La esperanza de vida al nacimiento, como un indicador de una vida larga y sana; (2) el promedio de años de escolaridad en un momento dado más un pro-

---

poderes coloniales; y que no sean socialistas del tipo de Europa Oriental. Lucas (2009), página 3.

[11] McCloskey, Deirdre (2010): *Bourgeois Dignity. Why Economics Can't Explain the Modern World*. University of Chicago Press.

[12] Ver Alvaredo, Atkinson, Piketty y Saez (2013). También de interés funerario está la crítica de Branco Milanovic (2013) del libro de Piketty, *Capitalism in the 21st Century*.

[13] Dice Deaton (2013), página 184: la pobreza en un país avanzado "consiste en no tener lo suficiente para participar plenamente en la sociedad, acerca de familias y sus hijos no siendo capaces de vivir vidas decentes al lado de vecinos y amigos." La conclusión del profesor Deaton es que "es muy difícil justificar cualquier otra cosa excepto una línea de pobreza *relativa*" en países ricos como los Estados Unidos. Yo me permito diferir.

medio esperado de años de escolaridad, como una representación de la adquisición de conocimiento; y (3) el Ingreso Nacional Bruto per cápita, como un indicador del estándar de vida.[14]

Un cierto número de críticos ha querido agregar una cuarta dimensión al IDH y llamarlo IDDH añadiendo la "D" de desigualdad', con el argumento de que la desigualdad reduce el bienestar de los pobres. En la medida en que se entienda como desigualdad la falta de igualdad ante la ley, el enfoque es apropiado, aunque sería mejor incluido en un índice de libertad económica del tipo compilado por el Instituto Fraser en Canadá o por la Fundación Heritage en los Estados Unidos. Sin embargo, si el nuevo índice es usado para exigir la intervención estatal para deshacer diferenciales de ingresos que surgen a partir de la operación del mercado libre, entonces habría que aducir que la mayor igualdad de ingresos se logra mejor por medio de un mayor crecimiento.

El caso de la India ha revelado claramente la diferencia entre los dos enfoques, uno de ellos enfatizando el desarrollo humano; el otro, el crecimiento económico. La polémica se ha centrado alrededor de dos libros recientes: uno de Amartya Sen y su colaborador de muchos años, Jean Drèze (2013), acerca de la India y sus contradicciones; y el otro de Jagdish Bhagwati y Arvind Panagariya (2013), acerca de cómo el crecimiento es importante para los pobres y cómo de importante para el crecimiento es la desregulación. Por una parte, Sen, en un comentario sobre su libro con Drèze, ha subrayado la necesidad de tener más servicios públicos en la India:

> La carencia de servicios de salud, la falta de acceso a escuelas tolerablemente buenas y de otras facilidades básicas

---

[14] Antes de su reforma en el 2010, el IDH era una medida burda de las 'funcionalidades' de los pobres (para usar un concepto de Amartya Sen) o del tipo de vida que llevaban en el presente. El nuevo IDH incluye índices acerca de la posibilidad de una vida mejor en el futuro para los pobres, por lo tanto, trata de aproximarse a lo que Sen llama los 'potenciales' que tienen los pobres. Acerca de 'funcionalidades' y 'potenciales', vea el enfoque algo diferente de Sen en su conferencia del Premio Nobel (1998, 2002), páginas 86-90 y *passim*.

para el bienestar humano, y las libertades fundamentales, mantienen a una mayoría de indios encadenados a sus vidas deprimidas, de una forma raramente vista en otras naciones que se auto-respetan y que están tratando de ir hacia adelante en el mundo.

Sen ensalzó los buenos efectos de un programa de intervención pública en Kérala [estado del suroeste de la India] y aún en Bangladesh, un país cuyo ingreso per cápita es notablemente menor que el de India, pero cuyo índice de desarrollo humano es mayor. Por el contrario, Bhagwati ha lamentado que el espíritu de 1991, el programa de desregulación del gobierno de India que puso a ese país en una muy necesitada ruta de crecimiento, parece haber perdido fuerza. Tan sólo algunos estados, como el de Gujarat, están esforzándose por liberar los negocios y poner orden en la burocracia estatal, con muy buenos resultados. En su libro con Panagariya, Bhagwati propuso que se desmontara del todo el omnicomprensivo imperio administrativo heredado de los británicos.

Bhagwati se ha quejado amargamente de que Sen entre en una discusión con él, sin duda una lástima, dado que el asunto en juego es de tanta importancia. A la luz de los resultados arriba reseñados, creo con Bhagwati que el crecimiento es la variable estratégica.

La ayuda internacional, tanto pública como privada, puede suponer un alivio cuando es dirigida hacia las bases comunitarias y no hacia los gobiernos, que a menudo la convierten en ayuda para Suiza. La intervención administrativa por parte de los funcionarios locales, aun cuando no sean corruptos, suele constituir un freno tanto para los negocios como para el suministro de servicios públicos.[10]

Angus Deaton, galardonado con el Premio Nobel de Economía en 2015 y un gran amigo de Amartya Sen, presenta, sin embargo, un análisis demoledor de la ayuda al desarrollo en la III Parte de su libro *La gran evasión* (2013, 2015).

Sen y Drèze subrayan lo que las autoridades públicas pueden hacer pero que a menudo no hacen. Para ellos, además, el crecimiento tiene aspectos positivos pero no resuelve una gran parte de las necesidades de los pobres. Pero, ¿qué y si el desarrollo humano muestra estar altamente correlacionado con el PIB per cápita? Hay evidencia de que tal puede ser el caso. A mí me parece que Sen debería de reconocer que liberar la economía y abrirla al comercio e inversión extranjeros resulta más eficiente en la lucha contra la pobreza que todos los remedios administrativos que él propone. La prueba fundamental de la importancia crucial del comercio y la globalización es el desarrollo económico de China tras la muerte del malhadado Mao Tse Dong – a una media del 9,2% de 1989 a 2016: la pobreza se ha reducido espectacularmente en aquel inmenso país pese a no haber recibido ayuda pública o privada del extranjero. Incluso en el caso de India la ayuda exterior es demasiado exigua para explicar el crecimiento, desde que empezó su liberación burocrática – un 7% anual de media en los últimos diez años.

La evolución de la desigualdad en el mundo 1970-2006

La otra estadística que debemos de hacer explícita en nuestra discusión es la medida de desigualdad (aunque la espectacular caída del número de pobres conlleve necesariamente una reducción de la desigualdad en el mundo). Pinkowskyi y Sala-i-Martin (2009) analizan muchas medidas distintas pero me centraré en el coeficiente de Gini, la medición clásica de la desigualdad. Cuando el índice de Gini es 0, se dice que es una situación de perfecta igualdad; y, cuando es 1, es de total desigualdad.[15] [11]De 1975 a 2006 (última fecha para la cual los autores tienen datos) se observa una reducción del Gini en el mundo de un 0,68 a un 0,65 – una notable corrección de las situaciones desigualitarias

---

[15] El coeficiente de Gini es una distribución de probabilidades que muestra la diferencia entre una línea de igualdad perfecta y el porcentaje observado de ingreso total cumulativamente asignado a cada porcentaje de la población, empezando desde el más bajo: tal como cuando uno dice que el 5% del ingreso total es recibido por el 20% más bajo de la población y así hacia arriba. El demógrafo de Princeton Angus Deaton (2013, página 187) utiliza el equivalente matemático: la mitad de la diferencia de medias entre dos puntos seleccionados al azar, con respecto al ingreso promedio.

de partida cuando existen grandes núcleos de pobreza. Los autores consideran que esta mejora es principalmente el resultado del movimiento de la población china desde una baja productividad agrícola hacia las ciudades de alta productividad, de la migración rural-urbana dentro de la India y de un claro crecimiento en América Latina y en África Sub-Sahariana.

Sin embargo, el incorporar información sobre la distribución en el interior de los países es algo problemático, porque los datos tan sólo están fácilmente disponibles para el mundo avanzado. Las circunstancias políticas pueden también afectar la tendencia dentro de las naciones. Así, hubo un gran incremento en la pobreza y en la desigualdad cuando se disolvió la Unión Soviética y se convirtió en la Federación Rusa. Un ejemplo de otro tipo es el de Nigeria, en donde, por muchos años, los ricos se enriquecieron más y más, en tanto que la población en general retrocedió, pero una reciente reforma política ahora parece haber invertido la tendencia.

La obsesión con la desigualdad en el mundo avanzado

La cuestión de la desigualdad es fuente de mucha confusión entre críticos bien intencionados del sistema capitalista. Lo que hasta el momento he descrito acerca de las consecuencias del mercado libre es más bien positivo, diría yo. Pero el capitalismo es un sistema que los intelectuales gustan denigrar, especialmente los economistas en escabeche en universidades de alto prestigio de los Estados Unidos, en las Escuela de Filología, Sociología y Economía de las universidades inglesas, sin dejar de mencionar a la mayoría de los economistas de la Europa continental.

Un ejemplo de la confusión que afecta a algunos de los más distinguidos científicos sociales es el libro que acabo de citar de Angus Deaton (2013, 2015). Este profesor de Princeton es un demógrafo mundialmente famoso, que ha hecho de la medición de la pobreza una de sus especialidades. Su nuevo libro, tan cuidadosamente escrito, y con tan acertado en el uso de los gráficos para dilucidar conceptos complejos y descubrir realidades ocultas, es de lectura obligada para cuantos se interesen por la historia económica del capitalismo y se preocupen por el alivio de la pobreza. Es un fascinante relato de cómo grandes jirones de la humanidad han conseguido evadirse de la extrema pobreza, las hambrunas, la enfermedad, la muerte prematura y una discriminación injusta – y de cómo el progreso médico y el económico lentamente están elevando a la totalidad de la humanidad, de manera que puedan escapar de una vida "solitaria, miserable, repugnante, brutal y corta", que dijo Hobbes.[16] El mundo es decididamente un mejor lugar para vivir de lo que era en el pasado y el análisis de Deaton de por qué ello es así y de cómo llegamos a aquí, hace que este libro decididamente valga la pena leerse.

Sin embargo, su subtítulo es desconcertante: "Salud, Riqueza y los Orígenes de la Desigualdad". El título parece implicar que la desigualdad es efecto de la explotación pero él mismo acepta en el texto que la desigualdad no siempre ha de deplorarse. Mucha de la desigualdad existente en el mundo nace del uso de las armas políticas por los poderosos para obtener ventajas indebidas; pero otras desigualdades nacen del propio progreso económico. Como él mismo dice: "La desigualdad del mundo de hoy, tomada en sentido amplio, fue creada por el éxito del crecimiento económico moderno" (página 4); y por el progreso de la medicina, podría haber agregado, pues "no es tan sólo ingreso, sino también salud" lo que está creando desigualdades (página 6). Mas ahora viene una frase que indica una cierta confusión de pensamiento: "las desigualdades de la salud son una de las grandes injusticias en el mundo de hoy" (página 7). Si eso es una injusticia, entonces, ¿qué sería lo justo? Si es una injusticia, ¿a quién se debe acusar de ella? Los avances médicos no pueden ser extendidos inmediatamente a todo el mundo. Aún me acuerdo de cuando en la España de mi juventud había que comprar antibióticos vitalmente necesitados en el mercado negro. Deaton mismo admite que sería absurdo detener el uso de nuevo conocimiento médico, hasta que estuviera a la disposición de todo el mundo. Puede ser que los ricos se beneficien los pri-

---

[16] "And the life of man, solitary, poore, nasty, brutish, and short. Hobbes, Thomas (1651): *Leviathan*. C.B. Macpherson, ed. Pelican Classics.

meros, pero no siempre es así. La idea de que los servicios médicos deberían de ser todos gratuitos para el conjunto de la población, tal como lo son en Inglaterra o en España, no es algo bueno sin mezcla de mal alguno, sobre todo por lo que se refiere al acceso universal a medicinas o procesos inicialmente caros por ser nuevos.

Debido a la influencia de Amartya Sen, Deaton define a la libertad de forma demasiado amplia, de manera que cualquier obstáculo para la realización plena de las capacidades individuales es un caso de opresión. Para él, la libertad individual es "la libertad de vivir una buena vida y de hacer las cosas que hacen que la vida valga la pena vivirla". Y él agrega, estirando innecesariamente el significado de libertad, que: "la pobreza, la indigencia y la mala salud son ausencia de libertad". (Página 2). ¿Es aceptable considerar que el bienestar es un elemento de la libertad individual? Me permito dudarlo. Fue Isaiah Berlin quien memorablemente dijo en 1958, que la libertad es no sufrir coerción; y agregó, "Libertad es libertad, no es igualdad o equidad o justicia o cultura, o felicidad humana o una conciencia tranquila". (Página 125). Libertad es la posibilidad de detener las extralimitaciones de quienes ejercen el poder político.

Lejos de mí el desaconsejar la lectura del último libro de Deaton, lleno de pensamientos interesantes y de datos acerca de la gran evasión de la humanidad de las garras de la pobreza, pero Deaton, aparte de lamentarse por la persistencia de algunas desigualdades, no es lo suficientemente claro acerca de cuándo las desigualdades son bienvenidas como peldaño para el progreso y cuándo no.

El uno por ciento más rico

El objeto de este ensayo es mostrar lo que la humanidad ha logrado gracias al sistema de libre mercado, en la medida en que se le permite ser libre. Sin embargo, la moda entre la gente de izquierdas en los Estados Unidos y en Europa, sobre todo cuando con mala conciencia se reúnen Davos, es preocuparse, no tanto del desvalimiento de los pobres del mundo sino de lo que los mercados le otorgan al rico y niegan a las clases medias.

El tópico del día es que cada vez hay más desigualdad en las naciones del mundo.

Prueba de ello es la edición del verano del 2013 del *Journal of Economic Perspectives*: contiene un simposio acerca de la desigualdad *dentro* de las naciones del mundo avanzado. Los autores que escriben en ese número de la revista se dividen en dos grupos. El más numeroso es el de los que demandan una redistribución política del ingreso, principalmente por la vía de los impuestos, para corregir una desigualdad creciente, que en especial ha favorecido al uno por ciento más elevado o al 0.1 por ciento más pudiente de la población. El grupo minoritario defiende que la distribución nacida del libre mercado es aceptablemente eficiente y justa, aunque parezca 'desigual'.

El argumento principal de los intervencionistas es que es injusto ver cómo le va de bien a un grupo tan pequeño de gente 'privilegiada'. Son realmente buscadores de rentas ayudados por sus amigos políticos. La desigualdad así observada crea un peligro de inestabilidad en democracias avanzadas e incluso lleva en sí la semilla de la muerte del sistema capitalista. En este último punto, destaca la representación en el simposio de la llamada 'Escuela de París'. Con estilo marxista mezclado de keynesianismo, mantiene que la dinámica del capitalismo es la de ir irremediablemente hacia la auto-destrucción. Quien preside esa escuela es el profesor Thomas Piketty, quien, con ayuda de una notable erudición, trata de mostrar que, bajo un capitalismo sin regulación, el rendimiento del capital tiende a exceder la tasa de crecimiento de la economía y, por tanto, conduce a una economía rentista. Tal economía, dicen, está condenada al estancamiento y a la decadencia. La única solución es gravar la riqueza y los ingresos más altos con pesadísimos impuestos.

Del lado de quienes escriben en defensa de los elevados ingresos de los más ricos Bivens y Mishel (2013), ante la evidencia de la participación creciente del ingreso nacional obtenida por el uno por ciento superior durante el período 1973-2010, aceptan que una parte pueda deberse al éxito en la búsqueda de rentas políticas, tal como dicen que sucedió en el sector financiero. Mas para Gregory Mankiw (2013), "el tema clave es en qué medida los altos ingresos del 1 por ciento más adinerado de la población son reflejo de su alta productividad y no de alguna imperfección del mercado" (página 35). Destaca el efecto de las tecnologías digitales al apalancar el talento de las estrellas del entretenimiento y así multiplicar sus ganancias. También señala la dificultad que tienen las clases medias para adaptarse a la nueva economía digital; enfrentadas como están a la competencia de los pobres del Tercer Mundo, algo que de hecho debería ser generosamente aceptado.

Conclusión

La cuestión del día es la desigualdad social. Incluso la reducción de la pobreza la interpretan los intelectuales a la moda forma de desigualdad y no de necesidad perentoria de millones de personas. La idea central de este mi ensayo es que hay gente que muere de pobreza pero nadie muere de desigualdad.

Esta forma de mirar la situación social del mundo ciega a mucha gente a la evidencia de que el número y la proporción de pobres en el mundo vienen reduciéndose desde hace cincuenta años pero sobre todo desde los dos últimos decenios del s. XX – y ello a pesar de un aumento notable (aunque decreciente) de la población. Vista la relativa poca cuantía y relativa poquedad de la ayuda al desarrollo, esta bienvenida mejora de la situación de la humanidad claramente se debe a la economía de mercado, tanto por lo que se refiere a la liberación interna de los países como a la denostada globalización.

De todo ello se deduce a necesidad de preservar y ahondar el modo de producción capitalista pero sobre todo se llega a un corolario ético: que en toda sociedad libre es crucial separar al vicio de la envidia de la virtud de la emulación. Creo que nuestro admirado amigo Charly Cachanosky habría estado de acuerdo con estas verdades: después de todo luchó denodadamente para difundirlas.

Bibliografía

Alvaredo, Facundo; Atkinson, Anthony B.; Piketty, Thomas; y Saez, Emmanuel (2013): "The Top 1 Percent in International and Historical Perspective". *Journal of Economic Perspectives*, Vol. 27, No. 3, verano, p. p. 3-20.

Berlin, Isaiah (1959, 1969): "Two Concepts of Liberty", en *Four Essays on Liberty*. Oxford.

Bhagwati, Jadish y Panagariya, Arvind (2013): *Why Growth Matters: How Economic Growth in India Reduced Poverty and the Lessons for Other Developing Countries*. Columbia,

Bivens, Josh y Mishel, Lawrence: "The Pay of Corporate Executives and Financial Professionals as Evidence of Rents in Top 1 Percent Incomes". *Journal of Economic Perspectives*, Vol. 27, No. 3, verano, p. p. 57-78.

Dalrymple, Theodore (2001): *Life at the Bottom: The Worldview that Makes the Underclass*. R. Dee.

Deaton, Angus (2013): *The Great Escape. Health, Wealth, and the Origins of Inequality*. Princeton.

Drèze, Jean y Sen, Amartya (2013): *An Uncertain Glory. India and its Contradictions*. Princeton.

Feldstein, Martin S. (1998): "Income Inequality and Poverty". NBER, Working Paper 6770.

Kaplan, Steven N. y Rauh, Joshua: "It's the Market: The Broad-Based Rise in the Return to Top Talent". *Journal of Economic Perspectives*, Vol. 27, No. 3, verano, 2013, p.p. 35-56.

Lockwood, B. (1988): "Pareto Efficiency", *The New Palgrave Dictionary of Economics*, Vol. 3, p. p. 811-813.

Lucas, Robert E. Jr. (2009): "Trade and the diffusion of the Industrial Revolution", *AER: Macroeconomics*, Vol. 1, No.1, p. p. 1-25.

Mankiw, Gregory N. (2013): "Defending the One Percent". *Journal of Economic Perspectives*, Vol. 27, No. 3, verano, 2013, p. p. 21-34.

Milanovic, Branko (2013): "The return of patrimonial capitalism. A review of Thomas Piketty's *Capital in the 21st century*". MPRA. A ser publicado en *The Journal of Economic Literature* en junio del 2014.

Pinkovskiy, Maxim y Sala-i-Martin, Xavier (2009): "Parametric Estimations of the World Distribution of Income". NBER.

Sachs, Jeffrey D. y Warner, Andrew M. (1995): "Economic Reform and the Process of Global Integration", *Brookings Papers on Economic Activity* (1), 1-95.

Sen, Amartya K. (2002): "The Possibility of Social Choice", en *Rationality and Freedom*. Harvard.

Solow, Robert y Mankiw, Gregory (2013): "The One Percent", Correspondence. *Journal of Economic Perspectives*, Vol. 28, No. 1, invierno, 2014, p. p. 243-248.

Tooley, James (2009): *A Personal Journey into How the World's Poorest People Are Educating Themselves*. Cato.

LIBERTAD INVISIBLE

Alejandro Gómez

Introducción

Una de las afirmaciones que se suelen escuchar recurrentemente en ámbitos académicos y periodísticos es que cada vez hay más pobres; y a renglón siguiente se argumenta que esto es producto del capitalismo[1] y del *neo-liberalismo,* que son los creadores de todas las inequidades que sufrimos. De hecho, hace unas semanas en una entrevista realizada a la escritora colombiana Laura Restrepo, sostuvo que admira al Papa porque ha dicho *"El capitalismo es el mal".* La autora agrega "no se puede vivir consumiendo, produciendo y viviendo sobre la base del egoísmo y de eliminar la solidaridad".[2] Quienes así opinan, demuestran un gran desconocimiento de la evolución económica de la humanidad a lo largo de la historia, así como del proceso que dio origen al espectacular crecimiento económico que se produjo desde 1800 en adelante, en los países que adoptaron los principios del *estado de derecho,* que a los fines de este ensayo lo definimos como la existencia de un gobierno limitado, con respeto a los derechos de propiedad y preeminencia de la ley (entendida ésta como la define Bastiat: "la ley es la justicia").

El título del presente ensayo hace referencia a dos fenómenos asociados con la invisibilidad de la libertad. El primero, está relacionado con una cuestión coyuntural como ser la casi total inexistencia de una auténtica libertad individual –entendida esta como ausencia de coacción de terceros- en la mayoría de los países, aún en aquellos que muestran cierto grado de respeto a los derechos individuales; el segundo, refiere al carácter exclusivamente individual de la libertad, con lo cual, se presenta como un contrasentido promover manifestaciones colectivas para reclamar su protección, quedando de este modo *invisibilizada* para la gran mayoría. Así las cosas, la idea de la libertad individual

---

[1] Cuando nos hablemos de capitalismo en este trabajo, nos referimos al sistema que tiene lugar en una economía de mercado, en la que los emprendedores compiten por el favor de los consumidores. Otra cosa diferente, es el "capitalismo de amigos" (crony capitalism) que implica la existencia de privilegios empresariales e intervencionismo estatal en la economía.

[2] Ver: www.infobae.com 4 de mayo de 2016

queda desprotegida frente al avance descontrolado de las *libertades colectivas,* que se convirtieron en las únicas visibles y respetadas desde comienzos del siglo XX a la fecha.

A continuación analizaremos cuáles son las características salientes de la libertad individual y por qué la misma debería ser reconocida y respetada universalmente. Más allá del caso evidente, de las mejoras económicas que la misma promueve, especialmente destacaremos el carácter moral de la misma, ya que está en la esencia del ser humano disponer de libertad para buscar cada uno sus propios fines.

Conocimiento disperso, gustos diversos

La idea de que podemos llegar a tener un conocimiento general y abarcador de los deseos de las personas y los medios materiales para satisfacerlos, es la que ha impulsado a muchos a pensar que un Estado centralizado, con un grupo de burócratas a su servicio, puede llegar conocer mejor que nadie de qué manera se debe regir la vida de los individuos y disponer de los bienes materiales para satisfacer las supuestamente conocidas necesidades de éstos. De alguna manera, como veremos más adelante, el gran avance científico y tecnológico que se dio con la *Revolución Industrial* alimentó la idea de que es posible acceder a semejante caudal de conocimientos, a través de un sistema de planificación centralizada, en el cual los funcionarios públicos, por medio de un complejo artilugio de ecuaciones matemáticas, pueden mensurar y predecir los gustos y las necesidades de las personas, al tiempo que también logran dar con la fórmula que permita generar los recursos para satisfacer todas las demandas por la sociedad.

El conocimiento está disperso

La idea de que se puede llegar a tener un conocimiento centralizado de todas las preferencias individuales –en la actualidad unos 7.000 millones de personas- y de todas las posibilidades que brinda el mundo que habitamos, parece ser más una utopía o el producto de una mala novela de ciencia ficción, que una aproximación realista al tema que tratamos. Efectivamente, la posibilidad de conocer todo, aunque ese *todo* solo refiriera al presente es definitivamente imposible. Ni hablar, si dentro de ese *todo* incluimos el futuro. De hecho, el avance del conocimiento desde la antigüedad al presente fue fruto de la cooperación espontánea, la inspiración, el trabajo, la mejora en el método científico y, en gran medida, del azar.

Ahora bien, todas estas condiciones no fueron producto del designio de una "mente esclarecida", ni de un grupo de sabios, sino de la interacción libre de distintas personas, que actuando en su hábitat y en "su" mundo fueron haciendo descubrimientos y aplicando procesos para llegar a un conocimiento que, en la gran mayoría de los casos, es provisional ya que siempre está pendiente de nuevos descubrimientos y adelantos que los corroboren o los vuelvan obsoletos. Pero, además, debemos tener presente que la mente humana tiene una capacidad limitada; así, por más alto que sea el coeficiente intelectual y/o las habilidades de un individuo, es imposible que éste acceda a la cantidad de conocimientos que se han ido desarrollando a lo largo de la historia.

Quizás, podríamos aceptar la pretensión del conocimiento total, en una sociedad muy rudimentaria, de hace miles de años, en una comunidad muy pequeña en la cual un grupo de familias vivían juntas en un estado semisalvaje, dependiendo de muy pocos bienes y con un desarrollo social y tecnológico muy limitado. En ese caso podríamos entender que, como sucedía en esas comunidades, el Consejo de Ancianos fuera la referencia obligada a la hora de tomar decisiones, ya que la acumulación de saber solo estaba dada por la experiencia y la tradición oral. Pero, desde hace varios milenios a esta parte, esto dejó de ser así salvo en algunos casos excepcionales de grupos que viven aislados en algún lugar del planeta, lo cual por esta misma razón loa limita a vivir en condiciones precarias y de subsistencia, expuestos a enfermedades, hambrunas y muertes prematuras.

Precisamente, a medida que la sociedad fue evolucionando y se fue haciendo más compleja, también lo hizo el caudal de conocimiento, el cual creció en términos exponenciales, haciendo imposible para cualquier mente humana llegar a tener bajo su control, siquiera una mínima parte del mismo. Fue esta

complejidad, la que permitió un progreso económico y social in-
comparable en la historia de la humanidad, sobre todo en los
últimos dos siglos. Paradójicamente, los cultores del control centralizado han utilizado esta *complejización* de la sociedad para argumentar en favor de un sistema que pretende hacer más "simple" la vida de las personas a través de la aplicación de una mayor
racionalidad y cientificidad en la toma de decisiones en todos los
actos referentes a la acción humana. (Gallo: 112) Como destaca
Fridrich von Hayek en su obra *Camino de Servidumbre,* fue el propio Benito Mussolini quien afirmó 'que conforme la civilización
asume formas más complejas, más tiene que restringirse la libertad del individuo'. (Hayek, 1985: 72)

Pero, lo que consiguen los cultores de este cientificismo y
centralismo es el efecto exactamente contrario. Al poner límites
a la acción humana, lo que se logra es precisamente detener el
progreso. No es casualidad que aquellos lugares donde hay menos libertad también exista menos conocimiento. Esto se aprecia
claramente, en los casos de países que en un momento determinado de la historia estaban más adelantados que otros y en los
que sus gobernantes decidieron tomar el control del proceso de
generación de conocimiento, poniendo un freno automático al
progreso que habían alcanzado. La explicación a este fenómeno
está dada en que el conocimiento está disperso en miles de millones de seres humanos, cada uno de los cuales actúa buscando
satisfacer sus propias necesidades de acuerdo a sus gustos. Esto,
es lo que provoca que los individuos se inclinen a experimentar
e indagar en aquellas cosas que más le interesan o llaman la atención. Es pues, la suma de estas voluntades dispersas las que crean
el marco del conocimiento que permite el progreso. El *orden espontáneo* es el que prima en todo proceso de generación de conocimiento.

Gustos diversos

Para corroborar lo que acabamos de exponer, no hace falta hacer
un exhaustivo estudio de mercado ni convocar una junta de científicos sociales. Basta con mirar alrededor y ver la infinidad de
alternativas que se nos presentan a diario. Un ejemplo de ello,

son los supermercados que nos ofrecen un sinnúmero de opciones por cada uno de los productos que buscamos. Claro que esto sólo sucede en aquellos países donde hay más libertad. Una prueba de ello es comparar una tienda en Estados Unidos con una de Venezuela. Pero el mismo tipo de fenómeno también lo podemos comprobar a la hora de ver televisión o escuchar música, ya que las personas tenemos gustos diferentes. Así, en cada uno de los ámbitos en los que actúa el ser humano encontramos este tipo de diversidad. Por caso, el mundo de las ideas y la religión, es otro espacio en el que existen diferencias entre las personas. Como se observa, desde lo más trivial a lo más profundo de nuestras vidas, las elecciones suelen ser diferentes según la precepción de cada individuo.

De alguna manera, podríamos decir que este es el motor del progreso. Afortunadamente, que existen tantas diferencias en los gustos y las preferencias de los seres humanos. Imaginemos por un momento, cómo sería nuestra vida si todas las personas tuvieran los mismos gustos: la misma música, la misma ropa, la misma comida, y así en todos los ámbitos del quehacer humano. De solo imaginarlo, se nos viene a la mente una de esas películas de ciencia ficción, en las que todos los habitantes son como autómatas repitiendo las mismas acciones día tras día, viviendo la misma vida desde el inicio hasta el final de sus vidas (algo muy parecido a lo que sucede en las sociedades donde no hay libertad ni movilidad social, donde las personas más o menos saben desde su nacimiento cómo será su vida hasta el momento de su muerte). Por todos estos motivos, es que resulta imposible que una persona o un grupo de ellas, por más calificadas que estén, puedan llegar a saber cuáles son las preferencias de la sociedad, sobre la cual pretenden imponer sus gustos e ideas económicas, políticas, sociales y religiosas.

Es más, el concepto de *gustos* diversos, también se aplica cuando hablamos de un mismo individuo, ya que son muchas las veces en las que una persona no termina de saber qué es lo que quiere o prefiere hacer, tener o creer a lo largo de su vida.

De hecho, la gran mayoría de nosotros va cambiando de gustos y pareceres a medida que crecemos y maduramos, aun cuando no tenemos una explicación racional para estos cambios, los cuales suelen suceder en circunstancias particulares que escapan a nuestra comprensión. A veces, ni es necesario que transcurra mucho tiempo para que nuestra preferencia por algo se modifique, en un momento queremos algo y al rato, lo rechazamos o preferimos otra cosa, sin poder dar una explicación a tal modificación de preferencia, salvo la de "porque sí" o "porque no". ¿Qué no daría un emprendedor por saber cómo predecir este tipo de cambios de preferencias en los consumidores? Aquel que tuviera la respuesta, sería el poseedor del "santo grial" del mundo de los negocios.

Parece mentira que los burócratas de turno, pretendan alcanzar un conocimiento, que durante muchas décadas no han logrado conseguir las grandes empresas que han dedicado cientos de millones de dólares de su presupuesto a analizar el sector del mercado en el que son especialistas. Paradójicamente, los políticos y los "ingenieros sociales", no solo pretenden saber sobre un mercado particular, sino sobre todos los mercados.

Lo que no logran entender los políticos y sus asesores, es que la acción humana está impulsada por la subjetivad de las personas, la cual suele ser inescrutable hasta para ellas mismas. Un criterio similar se aplica al análisis del mercado, que es la suma de las subjetividades de los individuos y no una entelequia que abarca a la totalidad de la población, como si se tratara de un bloque monolítico capaz de tomar decisiones. Es esta errónea interpretación, la que lleva a algunos a pretender decidir qué es bueno y que es malo para la sociedad.

En realidad, lo único que podemos saber es que los individuos tienen preferencias diferentes unos de otros, y todo intento de querer imponer la visión particular de una persona o un grupo de ellas por sobre la de otros, es una violación de la libertad individual. Precisamente, como somos seres con preferencias y gustos diversos, es que debemos respetar las decisiones de cada uno, sin aplicar ningún tipo de coacción sobre aquellos que deseen ejercer su derecho a elegir en libertad de acuerdo a su entendimiento.

¿Por qué debemos ser libres?

La combinación de conocimiento disperso y gustos diversos hace que la libertad sea clave para el progreso de la sociedad, no solo porque ella permite acceder a más bienes, los cuales mejoran nuestra calidad de vida de las personas, sino porque al ser libre, el ser humano puede elegir qué camino tomar para satisfacer todas sus necesidades. Cuando hay libertad, se da rienda suelta a la capacidad creadora de las personas, a su curiosidad, su laboriosidad e ingenio, todo lo cual permite poner en marcha el proceso de creación de riqueza. Éste, es consecuencia del intercambio espontáneo de ideas entre personas que ni siquiera se conocen.

Por lo general, los emprendedores e investigadores, comparten ámbitos de debate, de los que surgen propuestas de ideas e inventos superadores. Este proceso, ha estado presente a lo largo de la historia, donde encontramos el desarrollo de *clusters* tecnológicos, artísticos o intelectuales que se han potenciado gracias a la amplia libertad que tuvieron para investigar y experimentar nuevas ideas.

Por el contrario, cuando este accionar espontáneo comienza a restringirse o pretende ser controlado por la autoridad, entonces el potencial de progreso y desarrollo de nuevas ideas y tecnologías, disminuye considerablemente y obstaculiza todo lo que se venía implementando hasta ese momento, haciendo que los emprendedores e investigadores migren en búsqueda de un ámbito de más libertad.

Un ejemplo de ello es lo que sucedió en el Norte de Italia, cuna del *renacimiento,* cuando hacia finales del siglo XVI, comenzó a haber más controles a la difusión del conocimiento y, en consecuencia, la colectividad de emprendedores migró hacia los Países Bajos y luego a Inglaterra, siendo este el origen de la Revolución Industrial a mediados del siglo XVIII. Un fenómeno similar se volvería a producir a partir de la segunda mitad del XIX, cuando Inglaterra decidió imponer más controles, haciendo que los emprendedores migraran a Estados Unidos en búsqueda de más libertad individual y la ausencia de privilegios.

La ausencia de libertad, acarrea algo que es aún peor que el mero atraso material que sufre la sociedad, como ser la imposición de valores y gustos por parte del grupo que detenta el poder. Éstos, se creen con el derecho de decidir por nosotros, imponiéndonos su voluntad por sobre lo que hubiéramos decidido de habernos dejado optar de acuerdo a nuestro libre albedrío. Este aspecto, que muchas veces queda fuera del análisis, es el más importante argumento en favor de la libertad. En realidad, la creación de riqueza es una consecuencia de la libertad, pero no la justificación de por qué debemos gozar de ella. Precisamente, cuando se confunde esta relación causal, se abre la puerta a la *justificación de los tiranos*. Si el fin, es la creación de la riqueza, entonces éstos dicen "nosotros lo podemos hacer y distribuir mejor que en el mercado; pero para ello, necesitamos tomar el control de la sociedad". Aquí es donde comienza el verdadero *camino de servidumbre*. La justificación de la libertad está basada en *ley natural* que dicta que los hombres nacen libres y que nadie tiene derecho a coartar esa libertad bajo ninguna circunstancia. En este sentido, todos somos iguales; lo que significa, que todos tenemos el mismo derecho a ejercer nuestra libertad en búsqueda de la felicidad, sea lo que ello represente para cada uno.

Lamentablemente, el hecho de que se confunda libertad con adelantos económicos y creación de riqueza, hizo que muchos decidieran que estos beneficios materiales podrían ser mayores si se utilizara un sistema de economía centralizado que, de acuerdo a su visión, es más eficiente que el sistema de libre mercado. Así las cosas, para los que piensan de este modo, la libertad individual debe ser reemplazada por la libertad colectiva que representaría el beneficio del interés general. De este modo, al hacer hincapié solamente en los adelantos materiales, se abre la puerta a la horda intervencionista con todos sus burócratas y científicos sociales, que pretenden definir qué es mejor para cada uno de nosotros, ya que, supuestamente, ellos pueden conocer nuestros gustos y la forma en que deberíamos satisfacer nuestras necesidades. Por esta razón, cuando la libertad está restringida cae sobre las personas una doble *maldición*, ya que, por un lado, nos vemos privados de tomar decisiones de acuerdo a nuestras

Alejandro Gómez. *Libertad invisible*

preferencias y, por el otro, se produce un empobrecimiento general de la población.

La idea de poner límites al poder, para dejar a los individuos en control de sus propias vidas, cobró un fuerte impulso a lo largo del siglo XVIII, esto no implica que con anterioridad no haya habido autores que se dedicaran a analizar la cuestión, pero es indudable que los que tuvieron el mayor impacto con sus ideas fueron los pensadores "liberales clásicos", cuyo principal interés era poner límites a la acción de las monarquías absolutas. En su planteo, se hacía hincapié en cómo se debía gobernar y no en quién lo hacía. Este no es un punto menor, ya que la confusión entre lo primero y lo segundo, fue lo que justificó el gran avance del Estado por sobre los individuos a lo largo del siglo XX. El argumento que se utilizó para refrendar este avance, fue que si el gobierno es elegido mayoritariamente, por medio del sufragio universal, entonces está legitimado para tomar cualquier tipo de medida, aunque ello implique la restricción de las libertades individuales. Esta es una de las falacias más comúnmente utilizadas por los propulsores de gobiernos intervencionistas, quienes se preocupan más por quién gobierna, que en cómo lo hace. Para éstos, la mayoría puede imponer su voluntad sin ninguna restricción, siempre y cuando, haya llegado al poder por medio de elecciones democráticas. Aquí es donde se confunde libertad con democracia, poniendo a la libertad colectiva por encima de la libertad individual.

Fue Benjamín Constant quien sostenía que la soberanía que los ciudadanos depositan en sus gobernantes, no significa que éstos puedan disponer soberanamente de la existencia de los individuos. Al contrario, hay una parte de la existencia humana que no puede ser cedida a nadie, incluido el gobierno. Son estos derechos inalienables, el eje del pensamiento de los pensadores liberales. Siguiendo sus argumentos, la función del gobierno es proteger los derechos y libertades de los individuos de toda agresión ilegítima; y solo a eso debería limitarse. Es por ello, que el gobierno exclusivamente debe ocuparse de la justicia y la seguridad. Todo lo demás, queda en el ámbito de la interacción espontánea entre las personas, incluyendo la religión y la economía, ya que, de acuerdo a su visión, la injerencia del gobierno en estos temas es muy peligrosa. En este sentido, para la escuela liberal clásica, está muy claro que el desarrollo del individuo no pasa por una cuestión económica sino por un aspecto moral y ético, razón por la cual la libertad individual es indelegable. Todo su ser se desprende de ella y el desarrollo económico solo tiene sentido en tanto y cuanto le permite al individuo alcanzar fines superiores (Gallo: 17-21).

Progreso vs Progresismo

Fue precisamente a partir de mediados del siglo XVIII cuando las ideas que promovían un mayor grado de libertad y emprendimiento individual comenzaron a tomar la escena social, política y económica en Inglaterra, iniciando una etapa de *progreso* en aquel país. Se produjeron una serie de innovaciones tecnológicas y económicas que terminaron por dar forma a lo que se conoció como la *revolución industrial;* un término que también se presta confusión, ya que nos da la idea de que de un momento para otro se produjo una revolución, que pudo haber sido producto de la decisión de un grupo de personas con amplios conocimientos tecnológicos y científicos, creando la sensación de que tal cosa se puede planear y llevar adelante deliberadamente. En realidad, como en tantos otros adelantos, que se dieron a lo largo de la historia, esta *"revolución"* fue producto de la evolución y de la interacción espontánea de las personas en un contexto en el que la libertad individual y la propiedad privada estaban garantizadas, propiciando el ámbito ideal para que este cambio tuviera lugar. Teniendo presente lo antedicho, es que el historiador Rondo Cameron acuñó la frase *"surgimiento de la industria moderna",* dando la idea de un proceso de evolución a lo largo del tiempo y no de una explosión de conocimiento en un momento determinado. (Cameron: 164)[3]

A partir de estos años comenzó a darse un gran proceso de crecimiento económico que implicó un progreso material que

---

[3] Hecha esta aclaración, en este trabajo utilizaremos el término "revolución industrial" como sinónimo de esta evolución espontánea que describimos, ya que es la clasificación generalmente aceptada. De este modo, evitamos confusiones.

redundó en beneficio de las clases menos beneficiadas hasta ese momento, ya que estas innovaciones tecnológicas estaban destinadas a producir bienes de forma masiva para una población que aumentaba exponencialmente desde la segunda mitad del siglo XVIII. Así, los principales beneficiarios de este cambio, fue la gente menos acomodada, los que podían acceder a bienes que antes estaban reservados casi exclusivamente a las clases altas. (Ashton: 186)

Una muestra de ello, la podemos ver si comparamos cómo cambió el estándar de vida de la gente pobre desde 1800 en adelante. A comienzos del siglo XIX, la expectativa de consumo era de unos 3 dólares diarios (expresados en dólares americanos corrientes) y, en la actualidad, en países industrializados como Francia y Japón esa misma gente puede estar en un consumo de 100 dólares diarios. Pero en países más ricos, como Noruega, la suma podría llegar a 137 dólares diarios; inclusive, en países menos desarrollados, pero que han tenido un gran crecimiento en los últimos 30 años, la cifra llega a los 13 dólares diarios. (McCloskey: 1-2)

Este extraordinario crecimiento, no sólo se debe analizar a la luz de los números, sino que además se deben considerar los cambios sociales y el acceso a nuevos bienes que tuvieron las clases menos favorecidas hasta ese momento. Un primer cambio fundamental, fue el aumento de la población gracias a una mayor producción de alimentos a precios más baratos; en segundo lugar, hay que tener en cuenta la disponibilidad de mayor cantidad de vestimenta, producto de la disponibilidad de nuevas materias primas y los adelantos tecnológicos aplicados a la industria textil; y, en tercer lugar, la posibilidad que tuvieron estas personas de acceder a hogares con más comodidades, como ser mejores construcciones, más calefaccionadas y ventanas amplias –gracias al desarrollo de la industria del vidrio- lo que hizo que las casas fueran más luminosas y saludables por el ingreso del sol durante más horas; además, esto permitía a la gente trabajar dentro de las mismas, sin necesidad de estar haciéndolo a la intemperie en los duros inviernos británicos. Si echamos una mirada a lo largo del siglo XIX, veremos que en aquellos países donde el sistema de libre mercado se impuso, las condiciones de estas personas fueron mejorando -según cálculos muy conservadores- de manera constante a tasas de entre el 1 y el 2% anual. Todo lo cual, permitió aumentar notablemente la calidad de vida de las personas en cuatro o cinco generaciones, ya que no solo accedieron a más y mejores bienes, sino que también ellos aumentaron notablemente su productividad por la utilización de herramientas en el proceso productivo. (McCloskey: 48-54)

Lógicamente, todos estos cambios en el sistema de producción, demandó ajustes y un duro proceso adaptación de las personas que masivamente debía abandonar sus tareas en el campo para buscar nuevas oportunidades en las ciudades, las cuales crecían al mismo ritmo que lo hacía la población. Por lo general, el recién llegado se instalaba en los embrionarios barrios obreros, donde las comodidades y las condiciones de higiene ambiental eran muy precarias, así como también lo eran sus lugares de trabajo. La pregunta que debemos hacernos aquí es: ¿qué alternativa tenían a estas personas si no optaban por migrar a las ciudades? La respuesta es: la muerte. Si se hubiesen quedado en el campo, ese hubiera sido su destino. Lo que debemos mirar es cómo evolucionaron esas clases pauperizadas que llegaron a la ciudad empujadas por el hambre y la falta de trabajo en las zonas rurales. Si vemos su evolución hacia finales del siglo XIX y comienzos del siglo XX, observamos que esas personas aumentaron considerablemente su nivel de vida con respecto a aquel que tenían al momento de llegar a las ciudades. Esto no quiere decir que su progreso fuera inmediato, ni que a todos les llegara de la misma manera. Pero lo que sí se aprecia, es que a medida que pasan las décadas estos sectores menos favorecidos, comenzaron a acceder a bienes que no sólo mejoraron sus condiciones de vida, sino que además pudieron acceder a una educación que hasta ese momento estaba disponible solo para las clases más altas. Esto es así, porque al vivir en la ciudad, se producen economías de escala en muchos bienes y servicios, como ser la educación. De este modo, la gente más humilde puede escolarizarse en establecimientos que agrupan a muchas personas por cada maestro, en lugar del tradicional sistema aristocrático de tutores individuales. Este nuevo régimen escolar, que se difundió luego con la iluminación artificial, también permitió la educación nocturna de aquellos que trabajaban durante el día, dándoles la posibilidad de ser más independientes y libres de lo que habían sido sus antepasados. (Hayek, 1974: 15-24)

Cuando este progreso se proyecta en el siglo XX, se traduce en una difusión de bienes y servicios disponibles para miles de millones de personas. Estos adelantos, van desde las cosas más triviales hasta las más importantes. Entre las últimas podemos mencionar la producción de alimentos y el avance en la medicina; pasando por la difusión de adelantos tecnológicos que están a disposición de la mayor parte de la población de los países desarrollados o en vías de desarrollo, todo lo cual se refleja en una mejora en la calidad del transporte, las comunicaciones, la educación, higiene, salud, vivienda y entretenimiento, entre tantas.

Muchos adelantos que hace cinco décadas eran impensados, hoy están al alcance de millones de personas alrededor del mundo. Inclusive, países en donde la población moría literalmente de hambre en la década de 1970, ahora tienen acceso a bienes que en aquella época solo estaban reservados a la elite o directamente no existían, como ser la telefonía celular. Basta dar una vuelta por el mundo, para ver contingentes de turistas chinos por doquier (primer cambio trascendental, chinos continentales haciendo turismo en el exterior), "disparando" con sus *smartphones* a cuanto monumento, paisaje o cuadro de museo se les cruce delante de sus ojos, para un par de minutos después subirlas a sus redes sociales favoritas, lo que hace que de manera instantánea sean vistas desde el otro lado del mundo. ¿Dónde quedaron los días en los que uno viajaba y enviaba postales, las cuales muchas veces llegaban una vez que nosotros ya habíamos regresado al hogar? Este es un buen ejemplo, para aquellos que sostienen que "el capitalismo es el mal". Seguramente creen que todos los bienes de que gozamos ahora siempre estuvieron disponibles para todos.

La clave de este espectacular crecimiento, está en el cumplimiento de determinadas condiciones institucionales, que podríamos sintetizar en estos tres puntos:

1. El respeto a la propiedad privada y la libertad individual, que mejora la utilización de los escasos recursos.
2. La existencia de un sistema de división del trabajo y especialización, para lo cual es clave la libertad de comercio.
3. La libre disposición del conocimiento disperso que permite el desarrollo tecnológico.

Cuanto más tiempo existan estas condiciones, mayores son las posibilidades de creación de riqueza y las oportunidades de progreso para los sectores menos favorecidos de la comunidad. Esto es lo que se experimentó a partir del siglo XIX en Inglaterra y en Estados Unidos, donde sus respectivos gobiernos vieron su poder mucho más limitado que en otras partes del mundo contemporáneo.

Paradójicamente, los *progresistas* (también identificados en la actualidad con el término *populistas*) pretenden obtener los beneficios que genera el *progreso* del sistema liberal-capitalista, pero sin poner en práctica, ninguno de los tres puntos que mencionamos anteriormente. Básicamente, lo que proponen es tomar la riqueza que se crea por medio de este sistema y distribuirla de acuerdo a su criterio particular, el cual es siempre diferente al de la distribución que se opera bajo el sistema de mercado, que además es libre y voluntario. Este último punto no es un tema menor, ya que por lo general a la hora de criticar el intervencionismo *progresista* solo se considera el tema de la eficiencia económica, y se deja de lado, lo relacionado con la violación al derecho, que tienen las personas, a decidir cómo quieren que se distribuya el fruto de su esfuerzo. Cuando el gobierno se queda con parte de nuestro trabajo, no sólo se está quedando con la propiedad material del mismo, sino que se ha quedado con una parte de nuestra vida, ya que para producir algo las personas involucran el tiempo de su vida que tuvieron que destinar a crear el bien en cuestión.

Para quedarse con el fruto de nuestro trabajo, los *progresistas* promovieron un fuerte proceso de intervención del Estado en cuestiones que antes eran exclusividad de la esfera privada de las personas. De este modo, con la excusa de que la sociedad se ha complejizado, y de que la distribución de la riqueza no es equitativa ni justa (de acuerdo a su escala de valores), han intervenido en el sistema capitalista de tal forma que éste perdió su esencia; en consecuencia, se dejó de crear riqueza al ritmo, con lo cual cada vez hubo menos bienes para repartir. Este cambio de incentivos, también produjo un aumento de los que se pasaron de la fila de los que producen a la de los piden. Esto se aprecia claramente en la magnitud del aumento de la participación del Estado en el ámbito económico y del gasto público. Un ejemplo de este proceso, es el de Gran Bretaña, que fue el gran impulsor de la revolución industrial en el siglo XIX, que se alejó de sus raíces, incrementando el gasto del gobierno sobre el PBI, el cual pasó del 12% en 1913 al 50% en 1975. (Gallo: 107)

Al alejarse del principio de libertad individual, propiedad privada y cooperación espontánea, los *progresistas* nos alejan al mismo tiempo del camino del progreso y de creación de riqueza. Su *pecado original* reside en la creencia de que pueden acceder a un conocimiento ilimitado y que, gracias al mismo, pueden tomar mejores decisiones de las que podrían optar millones de individuos, actuando libremente sin ningún tipo de control. "Se pensó que en posesión del 'método científico' hombres 'justos y sabios' estarían en condiciones de corregir y superar las imperfecciones todavía subsistentes en el sistema capitalista." (Gallo: 110) Irónicamente, esta creencia, tuvo su impulso en los adelantos científicos que el sistema liberal proporcionó desde la segunda mitad del siglo XIX, haciendo creer a los *progresistas* que los adelantos científicos podrían ser replicados en el manejo de la sociedad. Esto dio lugar al surgimiento de una corriente de "ingenieros sociales" que tuvieron gran influencia en los movimientos totalitarios del siglo XX, causando las mayores tragedias de la historia de la humanidad, al poner en manos de líderes mesiánicos, armas de destrucción masiva y sistemas administrativos profesionales, que fueron aplicados al exterminio de los sectores de la sociedad que consideraban enemigos del sistema que ellos pretendían imponer.

Como corolario de este apartado, podríamos decir que para el liberal el *progreso* es producto del trabajo libre y espontáneo de las personas, las que intercambian sus conocimientos dispersos en la búsqueda de sus propios fines particulares. Esta interacción libre, crea nuevas ideas, adelantos tecnológicos y bienes que son aplicados a mejorar la vida cotidiana de las personas. Por su parte, los *progresistas* sostienen que todos estos avances han hecho a la sociedad mucho más compleja y desigual, de manera tal que hay que organizarla centralmente, ya que, el incesante flujo de nueva información, que produce la sociedad moderna, hace que la gente no termine de discernir qué es lo mejor para cada uno de ellos.

Esta última postura, fue lo que llevó a una creciente intervención del Estado en la vida de las personas, volviéndose casi imposible que tomemos una sola decisión personal sin que éste intervenga directa o indirectamente. Esto no solo afecta nuestra economía sino nuestra vida particular en todos los ámbitos, desde la educación, las creencias, lo que podemos leer o qué trámites debemos hacer si, por ejemplo, queremos convivir con una persona, o deseamos libremente transferirle parte de nuestro patrimonio en vida o luego de fallecidos. Este último caso, es de un intervencionismo tal, que hasta después de muertos el Estado sigue controlando nuestro patrimonio y decisiones. Claro que, siempre, lo hacen bajo el argumento de que ellos saben mejor que nosotros lo que debemos hacer. Lo más grave de esto, es que aquellos que quieren eludir esta *híper-presencia* estatal, son llevados a la clandestinidad, ya que para ello hay que eludir un sinnúmero de leyes, convirtiéndonos en delincuentes *por default*.

La virtud de la libertad

Una de las principales críticas que le hacen los progresistas al liberalismo es que genera falta de oportunidades y empobrece a las clases bajas. De acuerdo a este razonamiento, la justificación para que el Estado intervenga en la economía es la utilización más eficiente de los escasos recursos y, sobre todo, generar una redistribución acorde con el principio de *justicia social* que ellos pregonan. Resulta llamativo, que los propulsores de este intervencionismo estatal, son los mismos que critican al sistema capitalista porque hace hincapié en la maximización de los recursos, como si esto fuera una de las principales causas del empobrecimiento de las clases menos favorecidas. En realidad, esta acusación, es un contrasentido en sí mismo, ya que si vivimos en un mundo de recursos escasos y necesidades ilimitadas, parecería muy razonable pensar que aquellos que buscan la eficiencia en la explotación de los recursos, contribuyen más al bienestar general que aquellos que alegremente deciden redistribuir lo que no produjeron, sin tener ningún tipo de criterio de eficiencia, tomando como única medida de valoro para realizar esta redistribución, lo que ellos consideran que es justo.

Si se trata de beneficiar a los menos favorecidos, indudablemente el sistema capitalista liberal es el que más ha contribuido a mejorar las condiciones de vida de los más pobres. En este sentido, la utilización más eficiente de los escasos recursos, resulta mucho más aceptable, éticamente hablando, que el accionar de aquellos que despilfarran recursos que podrían ser mejor utilizados. Basados, en la supuesta legitimidad que otorga el número de las mayorías circunstanciales, los *progresistas* deciden redistribuir la riqueza, que ellos no han producido, entre aquellos que éstos escogen arbitrariamente; todo lo cual abre camino al *clientelismo político*. Se cumple así, una doble injusticia, por un lado, se opta por un sistema menos eficiente que aquel que generó esta riqueza; y por el otro, se da beneficios a personas que no han contribuido en nada para su creación, quitándosela a los que sí la crearon con su esfuerzo e ingenio. Esto, a su vez, tiene otra consecuencia negativa de largo plazo, ya que genera una cultura del no esfuerzo, por la cual uno sabe que, sin importar si ha trabajado o no lo ha hecho, igualmente será "rescatado" por el *estado benefactor* y su *mano redistributiva*. Los que promueven esta política *benefactora,* pierden de vista que en el mediano y largo plazo, la riqueza que se creó bajo el sistema capitalista se agotará y la fila de los que pasen a pedir subsidios y ayuda se incrementará, produciéndose un mayor grado de pobreza general.

Claro que los intervencionistas no lo ven de esa manera, sino que vuelven su mirada contra el sistema que ellos mismos contribuyen a destruir. De este modo, el capitalismo es su blanco preferido, porque según éstos no es solidario ni produce lo suficiente para repartir entre los más necesitados. Estos ataques, son totalmente infundados, ya que en primer lugar, los *progresistas* no terminan de entender que el capitalismo produce principalmente para las masas, ese es el mercado al que apunta; y, en segundo lugar, no ven que lo que ellos proponen va directamente contra el corazón del sistema capitalista como ser la libertad individual, el derecho de propiedad y el gobierno limitado, así al desaparecer estas condiciones, automáticamente cae la producción y disminuye la cantidad de bienes disponibles. De este modo, en pocos años lo único que queda para distribuir es pobreza, en lugar de riqueza. Esto es lo que, precisamente, sucedió en Venezuela con el *socialismo del siglo XXI*.

Los hechos, desmienten estas posturas anticapitalistas. La innovación que se produjo con la revolución industrial ayudó más a los pobres que a los ricos. De todos modos, es un hecho que los que primero, y más se beneficiaron, fueron los empresarios burgueses que llevaron adelante estas transformaciones; aunque esto no significa que cuando el rico se vuelve más rico el pobre se vuelva más pobre; al contrario, el empresario produce para las masas de modo que cuanto mejor le vaya a estas, mejor le irá a él.

Lo que sí sucede, es que el rico se enriquece a una velocidad mayor y en más cantidad, de la que lo hacen los pobres. Aquí opera nuevamente el tema de la concentración y la dispersión, a la hora de analizar el fenómeno. Siempre es mucho más sencillo identificar a un millonario que a millones de pobres que mejoran su condición diariamente. El primer caso, es fácil de identificar (es visible); el segundo, es más difícil de identificar, ya que la dispersión en millones de personas, hace que las ventajas de la libertad sean "*invisibles*".

Un indicador claro de estos avances, para ver si la pobreza avanzó o retrocedió, es observar la calidad de vida de nuestros antepasados y compararlos con nuestras condiciones actuales. Al realizar este ejercicio, se aprecia que los precios de los bienes de consumo diario de las clases más pobres, han caído constantemente. Por ejemplo, en el caso de Estados Unidos, si bien los ricos, han aumentado notablemente su riqueza en los últimos 40 años, eso no significa que los pobres se volvieron más pobres, sino lo contrario. Solo que su ritmo de mejora, fue más lento que el de los primeros. De hecho, el gran aporte de la economía capitalista, fue el notable incremento de la torta a repartir. Si uno mira solamente los parámetros de distribución entre los que más, y los que menos tienen, se aprecia que no hubo un cambio sustancial en el último siglo. Esto, no implica un incremento de la pobreza, sino todo lo contrario, porque al incrementarse la torta y mantenerse la participación, los que menos tenían, pasaron a tener acceso a muchos más bienes de los que disponían a comienzos del siglo XX. Así, la predicción de Marx, que sostenía que la gente se iría empobreciendo cada vez más, no se cumplió. Inclusive, esto se aprecia en los países que lentamente van adoptando los principios de la economía de mercado, donde la pobreza va disminuyen a pasos acelerados, como se ve en China, India y muchos países del sudeste asiático. (McCloskey: 70-71)

De todos modos, este análisis no es absoluto ni se puede concluir que el mismo se aplica a todos los países al mismo tiempo. Muchas veces, aquellos que abogan por un mayor intervencionismo estatal, manejan las estadísticas y realizan cortes comparativos que avalan su postura. Por eso, cuando se hacen este tipo de estudios comparativos, es importante ver cuándo se hace el corte. Por ejemplo, si se toma la franja 1970-2010, la tendencia según, el país en cuestión, podría dar que los pobres son más pobres según las regiones. Pero estas disparidades, no son exclusividad del sistema capitalista, sino que también están presentes en los países comunistas. Por ejemplo, de acuerdo al análisis de Stanley Lebergott, en 1985 la elite soviética consumía al menos 3.8 veces más que el promedio de las familias de la clase trabajadora, casi la misma proporción que la diferencia en la familia promedio norteamericana y las familias de la elite de ese país. Pero, aún en este caso, a la hora de comparar, hay que tener en cuenta una gran diferencia entre estos dos países, como señala Robert Fogel, desde 1890 en adelante, en Estados Unidos el ingreso promedio real de las familias más pobres se incrementó cerca de 20 veces. (McCloskey: 72)

Por último, otro indicador determinante de todo los que venimos sosteniendo, es que las hambrunas son cosas muy poco frecuentes en la actualidad a pesar de todas las predicciones catastróficas de la izquierda. Esto, está claramente documentado, en otro trabajo de Fogel, llamado *The Escape from Hunger and Premature Death*. Si echamos una mirada al presente, observamos que salvo en países muy atrasados (que suelen pasar por problemas de guerras civiles), el fenómeno de la hambruna, que era muy común en período de anterior a la Edad Moderna, casi ha desaparecido. De hecho, lo que predijo Thomas Malthus en 1798, era algo muy común durante la Edad Media y un poco más esporádico en los siglos XVI y XVII. Así cuando llegaba una época de malas cosechas, de guerras o de aumento de población se producían hambrunas que la diezmaban a la población. (McCloskey: 87-88) El problema con la predicción de *malthusiana*, es que él se basaba en lo que había sucedido antes del siglo XIX, sin poder prever los extraordinarios avances que se producirían en el sector de la elaboración de alimentos desde ese momento en adelante.

Claro que en la actualidad quienes hablan de estos temas ni siquiera tienen un mínimo registro de cómo fueron las condiciones antes de la irrupción del capitalismo, cuando la existencia alimentos suficientes para la población, no estaba garantizada. El "milagro" del sistema capitalista, hizo que todo el mundo dé por sentado que debe haber alimentos para todos, así como el acceso a la infinidad de bienes de los que disponemos en la actualidad. En los últimos cuarenta años, la revolución tecnológica, junto con los adelantos en el tipo de organización empresarial, promovieron un incremento tan extraordinario en la oferta de bienes y servicios, que cualquier persona da por hecho que éstos están presentes en la sociedad y que todos deben poseerlos en mayor o menor cantidad y calidad, ya sea que se trate de la vivienda, alimentos, higiene, salud, educación, transporte, comunicación y entretenimiento. La cuestión es, que la mayoría de las personas, no toma conciencia de que todos estos bienes, no siempre existieron en tanta abundancia, diversidad y calidad. Podríamos decir, que hacia finales del siglo XIX la vida de la mayor parte de la población, se circunscribía a la distancia que podían recorrer a pie en una jornada, ya que el caballo —medio de transporte por excelencia para largas distancias- era algo reservado para la gente adinerada. Lo mismo podemos esgrimir con todos y cada uno de los bienes que poseemos en el presente. Hace

poco más de 40 años, poseer un teléfono fijo en América Latina
era un privilegio al que no todos accedían. Hoy en día quien más
quien menos, tiene un teléfono celular que le permite comunicarse con todo el mundo a toda hora. El acceso masivo de todos
estos bienes, fue producto del sistema capitalista, no del socia-
lista. En vano, durante décadas, los países comunistas trataron
de replicar la producción de bienes que realizó el sistema capitalista, sin siquiera poder acercarse mínimamente a sus resultados.

Libertad *invisible*

Todos los adelantos mencionados en el apartado anterior, fueron posibles gracias a la acción espontánea de emprendedores
que desarrollaron su actividad en un contexto político donde
predominó el principio del *estado de derecho,* como lo hemos definido en este trabajo. Los beneficios de la labor emprendedora,
llegaron como oleadas a casi todos los rincones del mundo a lo
largo del siglo XX. Así las cosas, los *progresistas-intervencionistas* no
tuvieron más que apropiárselos y distribuirlos a su antojo. Pero,
como ignoraron el proceso de creación de esos bienes, dieron
por hecho que su intervención no afectaría su existencia, des-
contando que los mismos continuarían siendo producidos indefinidamente, para que ellos pudieran seguir jugando al *gran benefactor.* Esta equivocada interpretación de los hechos, los llevó a
pensar que, el problema era de distribución y no de creación de
riqueza; todo lo cual, los impulsó a cometer tres costosos errores.

Primero, pensaron que estos bienes siempre estuvieron
disponibles para la sociedad, cuando ya vimos que no fue así;
segundo, al creer que esto, consideraron que el problema era de
apropiación, culpando por ello a las *elites* gobernantes, que a lo
largo de la historia se habían enriquecido a expensas de la injusticia causada al resto de la población que se veía privada de los
mismos; y, en tercer lugar, creyeron que podrían eliminar esta
injusticia distributiva, por medio de la acción deliberada del Estado
en la economía, acabando con la pobreza. Así las cosas, la *mano
invisible del mercado,* fue reemplazada, por la *mano visible del político*,
quien respaldado por la legitimidad que le otorga el triunfo en

las urnas, juega a ser una especie de *dios benefactor* de la humanidad.

En las primeras décadas del siglo XX, la libertad individual, que había hecho posible el espectacular crecimiento que se produjo desde 1800 en adelante, fue *"invisibilizada"* por la presencia de líderes *populistas,* que se presentaron como los grandes generadores de *justicia social.* Aunque en realidad, se trata de unos auténticos ignorantes del proceso económico, ya que desconocen que el motor que impulsó la mayor creación de bienes para los pobres, fueron el sistema capitalista y los emprendedores. Esto no impidió que, tanto los nacionalistas como los socialistas del siglo XX, impulsaran un credo que apuntó directamente al corazón del ideario liberal, ya que para ellos, los únicos derechos legítimos son los derechos colectivos, ya sean los de *la clase obrera* para los socialistas o los de *la nación* para los nacionalistas. Según éstos, cualquier intento de argumentar en favor de los derechos individuales, es una acción egoísta y carente de sentimientos solidarios. Estas ideas cobraron un fuerte impulso al finalizar la Primera Guerra Mundial y, sobre todo, después de la crisis económica del año '30. Estos colectivistas, se apropiaron del ámbito intelectual, controlando los claustros universitarios, al tiempo que utilizaron los medios masivos de comunicación para llevar adelante fuertes campañas de propaganda política. Así las cosas, al finalizar la Segunda Guerra Mundial, la idea de una sociedad que valore la libertad individual como fin supremo, fue cediendo espacio en favor de las *utopías colectivistas.*

Lentamente, generación tras generación hemos sido adoctrinados en la idea de una libertad colectiva como ideal a lograr, en contra del principio de la libertad individual. A este fin, con el aval de un "ejército" de intelectuales y comunicadores sociales, se destinaron miles de millones de los presupuestos gubernamentales para difundir la idea de que el capitalismo empobrece a las masas y genera desigualdad, al tiempo que reforzaban la idea de que la libertad económica y política son instrumento de dominio de las clases poderosas que solo buscan satisfacer sus intereses egoístas, ausentes de todo atisbo de solidaridad hacia los más necesitados. El pretendido cientificismo que esgrimieron, dio justificación a todo tipo de violaciones de los derechos individuales, comenzando por el más importante que es el derecho a la vida, ya que, en nombre de estas ideas *superadoras* del estado colectivista, no se dudó en encarcelar y matar a todo aquel que resistiera su avance, acusándolos de *enemigos del pueblo*. La mera sospecha, de poseer un pensamiento independiente, convertía al individuo en blanco predilecto de estos *redentores de la humanidad,* tal como lo anticipó Orwell en su obra "1984".

Por todas estas razones, no debería extrañarnos que el concepto de libertad individual lentamente fuera desapareciendo a lo largo del siglo XX, hasta convertirlo en prácticamente invisible. Quizás, la mayor debilidad que tienen los defensores de la libertad individual, es precisamente que su carácter individual, hace que sea dificultoso llegar a grandes acuerdos. Por lo general, cuando se produce una reunión o encuentro de liberales, suele ser difícil llegar a "grandes acuerdos", salvo el de coincidir en que cada uno debe ser libre para procurar la satisfacción de sus propios deseos y necesidades. Esta particularidad, que viene dada por lo que mencionamos como *gustos diversos,* coloca a los liberales en una posición de debilidad, ante aquellos que están organizados desde el Estado para promover sus fines colectivos, atribuyéndose potestades que no le corresponden. Como sostuvo Adam Smith, en la *Teoría de los Sentimientos Morales,*

> La administración del gran sistema del universo, el cuidado de la felicidad universal de todos los seres racionales y sensibles es el asunto de dios y no de los hombres. A éstos se les ha dado una tarea mucho más humilde, aunque más adecuada a la debilidad de sus poderes y cortedad de su comprensión: el cuidado de su propia felicidad, de la de su familia, de sus amigos, y de su localidad.' (Smith, 1853: 348)

Es por este motivo, que sostenemos que la libertad se ha vuelto *invisible,* ya que no tiene buena prensa ni es proclamada abiertamente porque quienes pretenden vivir bajo sus principios. Los verdaderos liberales, por su propia característica, no se organizan en grupos de lobistas, que pretenden obtener algún tipo de privilegio o prebenda del Estado para que les permita difundir sus ideas. El liberal, se dedica a buscar su propia felicidad y su propio sustento, interactuando libremente en el mercado, ofreciendo algún tipo de bien o servicio con el que pueda sostenerse él y su familia, sin interferir por la fuerza en la vida de los demás. En esta búsqueda, el individuo concentra sus energías, ya que nada tiene seguro, salvo la posibilidad de intentar conseguir su sustento, para lo cual debe cooperar con los otros miembros de su comunidad. Por su parte, aquellos que están acostumbrados a vivir del esfuerzo de los demás, por ejemplo, el Estado, se organizan y se agrupan para reclamar "lo que les corresponde", y reaccionan rápidamente en contra de cualquier reforma que se impulse con el fin de recortar sus *derechos adquiridos,* o mejor dicho: sus privilegios.

Este proceso de adoctrinamiento, al que estamos sometidos desde que comenzamos a escolarizarnos, nos "educa" para reaccionar negativamente ante cualquier manifestación de individualismo, como si ésta fuera algo que atenta contra la comunidad en su conjunto. Así las cosas, cualquier persona que promueva un mayor grado de libertad individual, es percibida como alguien que pretende beneficiarse a costa de los demás. Quienes piensan de este modo, desconocen que una sociedad libre descansa en profundas creencias morales compartidas por individuos, que acuerdan cumplir y observar voluntariamente, ciertos valores que posibiliten la vida en comunidad, ya que de lo contrario sería imposible. Esto no quita, que una minoría viole estos principios y, en tal caso, se convierten en delincuentes. Precisamente, en estas circunstancias es cuando debe intervenir Estado, para impartir justicia y defendernos de la agresión de terceros.

Es por esto, que un aspecto fundamental del sistema liberal es el respeto por una serie de valores, como ser el derecho a la libertad de cada persona, que se puede resumir en: *mi derecho termina donde comienza el del otro.* Estos valores son los que nos permiten aceptar la diversidad y aun así vivir pacíficamente. Este es el fundamento del sistema liberal, como tenemos *conocimiento acotado* y *gustos diversos*, debemos aceptar las diferencias y dejar a la gente actuar libremente de acuerdo a sus preferencias particulares.

Lamentablemente, este no fue el caso en el siglo XX, más bien todo lo contrario. Desde nuestra niñez, la educación institucional y los medios masivos de comunicación, nos adoctrinan permanente, explicita o tácitamente, con ideas colectivistas. Así, se hace casi imposible, que un individuo que sólo estuvo expuesto a este adoctrinamiento, pueda pensar de otra forma o al menos saber que existe otra manera de encarar el mundo en el que vivimos. Por lo general, aquel que "saca los pies del plato" no solo recibe la condena de la autoridad de turno, sino que es víctima de una mucho más pesada, como ser *la condena social* del ámbito en el que uno se desempeña y comparte a diario; arriesgándose, muchas veces, al "exilio" de sus grupos de pertenencia, ya que sus ideas "incomodan" al resto.

De alguna manera, este adoctrinamiento colectivista –sobre el que Bastiat nos llamó la atención a mediados del siglo XIX- ha adormecido la capacidad de reacción de los individuos, que ven en el liberalismo clásico y el capitalismo las causas de todos sus males. Este comportamiento, no se debe que la gente sea pusilánime, sino que ha sido educada (o deberíamos decir *adoctrinada*) para pensar de esta manera. Por este motivo, resulta totalmente previsible y lógico que la mirada esté puesta siempre en cómo apropiarse de los bienes que generan otros, en lugar de pensar en cómo se generan esos bienes y, sobre todo, en cómo se podrían generar, aun, en mayor cantidad.

Así, la lógica de los *rent seekers* se impuso ampliamente sobre la de los *profit seekers,* aumentando la pobreza a distribuir en lugar de la riqueza disponible. Este proceso de incentivos negativos, fue claramente explicado por Randall Holcombe, al señalar que la lógica del mercado es diferente a la del ámbito político. Esto se debe a que, en el mundo de los negocios y la economía, los emprendedores arriesgan su capital en búsqueda de ganancias inciertas, en cambio el político gasta el dinero de los contribuyentes con el objetivo de mantenerse en el poder.

Si el emprendedor hace malos cálculos o toma malas decisiones sus costos son asumidos por él y sus socios; en cambio, el político no enfrenta este problema, ya que promete redistribución de la riqueza que crean los emprendedores. Éstos asumen los riesgos y si les va bien generan la riqueza, que luego es expoliada legalmente por el gobierno para luego redistribuirla entre sus votantes. En este sentido, la "competencia" entre los políticos es para ver quién reparte más de lo que no han contribuido a generar, fomentándose lo que el autor califica como un *comportamiento predatorio* por parte de los políticos, en contraposición al *comportamiento productivo* de los emprendedores. Si por caso, algún político decidiera no entrar en esta "competencia", perdería el apoyo de sus electores, los que prefieren estar en la fila de los que reciben las dádivas de los políticos, ya que el beneficio les llega directo, mientras que los costos se diluyen entre millones de personas. (Holcombe: 143-151)

La lógica del comportamiento explicado por Holcombe es posible en un mundo donde la libertad individual y el estado de derecho están ausentes. Sólo si se permite la expoliación legal, de la que también nos habla Bastiat, este *comportamiento predatorio* es posible. Paradójicamente, los mismos políticos que nos piden el voto y proclaman que el sufragio universal es la garantía de legitimidad de su mandato, son los que, una vez que ya votamos, cercenan todas nuestras libertades individuales. Así, la democracia, se asemeja a un sistema de esclavitud del cual nos liberan cada cuatro años para elegir a nuestro amo, para luego volver a esclavizarnos nuevamente hasta la próxima elección. El político intervencionista, "en cuanto democrático, tiene una fe ilimitada en la humanidad.

En cuanto *social*, lo arrastra por los suelos". (Bastiat: 223) Siguiendo este razonamiento, el político es el que toma todas las decisiones, ya que los individuos no tienen los conocimientos suficientes para saber qué es lo mejor, salvo a la hora de votar. Utilizan la ley para llevar adelante una expoliación que permite quitarles a unos para darles a otros. Todo este proceso, fue el que llevó a una *invisibilidad de la libertad*. Este fenómeno se explica porque, lo que los políticos gastan se ve, pero lo que hubieran hecho los que produjeron esos bienes con su esfuerzo individual NO SE VE. (Bastiat: 47-67)

Conclusión

La diferencia entre la mano visible del gobierno y la mano invisible de la libertad es clara desde el punto de vista de los pensadores liberales clásicos, pero no lo es desde el punto de vista de la sociedad en la que vivimos actualmente. El punto está en que los beneficios que se generan en un sistema intervencionista se concretan de forma inmediata y palpable para sus receptores, ya que, sin trabajar en la producción de estos bienes, reciben una parte sustancial de los mismos. El cálculo costo-beneficio de los receptores, en el corto plazo, siempre les da positivo. Pero si realizaran el mismo análisis para el largo plazo, vemos que los países donde este sistema se generaliza, y perdura en el tiempo, el resultado es exactamente el opuesto, ya que al anularse los incentivos que permiten la creación de riqueza, ésta desaparece en el mediano y largo plazo. Así, al achicarse la torta, lo que queda para repartir es pobreza y miseria.

Lamentablemente, cambiar esta cultura política es una tarea muy difícil, ya que se trata de pedirle a muchos receptores de beneficios inmediatos que renuncien a sus *derechos adquiridos,* a cambio de un beneficio incierto al que, además, deberán contribuir con su esfuerzo. Adicionalmente, existe un gran obstáculo por parte de aquellos que deberían promover estos cambios, ya que los mismos implican limitar el poder de los políticos, que son los que más se benefician y se han enriquecido con este sistema. Ellos son los que avasallaron todos nuestros derechos, con el argumento de eliminar las crecientes desigualdades creadas por el capitalismo. Desgraciadamente, esta falacia se ha convertido en verdad de tanto repetirse, sin tener en cuenta el hecho de que en realidad el sistema capitalista fue el que acercó el bienestar de las personas a través de la competencia entre productores, lo cual permitió el desarrollo de una economía de producción y consumo masivo. Precisamente, fue este proceso de mercado, el que posibilitó la extraordinaria innovación tecnológica que se dio desde mediados del siglo XIX, en los países donde por más tiempo estuvieron presentes los fundamentos de un *estado de derecho,* como ser: un gobierno limitado, que respeta los derechos de propiedad y garantiza la libertad individual. No es casual, que si miramos a los países con mayores grados de desarrollo económico, en los que sus habitantes tienen mejores condiciones de vida, encontremos que estos principios estuvieron presentes por más tiempo. Un indicador indiscutido de ello, es que cuando los habitantes de países atrasados deciden emigrar, asumen todo tipo de riesgos y costos, para poder ingresar a países que adoptan como gobierno sistemas capitalistas.

La *libertad es invisible* porque el orden espontáneo fluye en la interacción de las personas que libremente deciden cooperar unas con otras buscando cada una su propia felicidad. Para ello solo necesitan que los dejen actuar de acuerdo a su *libre albedrío*. La historia muestra que cuando esta cooperación tuvo menos interferencias, los resultados fueron mejores porque al tener un conocimiento limitado, el ser humano debe realizar intercambios con sus pares para progresar. Este proceso es el que Adam Smith describió como la división del trabajo que opera bajo la *mano invisible*. Precisamente, los países donde este proceso tuvo mejores resultados fueron aquellos donde el gobierno solo se limitó a proteger los derechos de propiedad e impartir justicia. Toda otra injerencia gubernamental, es violatoria de la libertad individual. Como hemos visto en este ensayo, los intervencionistas creen que saben mejor que nadie, qué es lo que le conviene a las personas y, en consecuencia, aplican todo tipo de herramientas de *ingeniería social* para dirigir a la sociedad hacia donde ellos quieren y no hacia donde cada individuo desearía ir si lo dejaran actuar libremente.

Es irónico, ver que lo que pregonan los *progresistas* como objetivo final de su sistema político y económico, es lo que ya se ha logrado en los países que implementaron el sistema capitalista. La singularidad del fenómeno, está dada en que, la riqueza creada, al ser producto de una acción espontánea entre individuos, no tiene "vidriera", ya que cada uno de los actores que interviene no anda haciendo publicidad de su acción ni están gritando a los cuatro vientos que su objetivo es "salvar al mundo de la pobreza", aun cuando eso es precisamente lo que hacen. Solo en una sociedad libre, aquel que quiera obtener beneficios particulares, solo lo podrá hacer en la medida en que beneficie a sus semejantes. Como reza la célebre frase de Smith: *"No es de la benevolencia del carnicero, del cervecero o del panadero la que nos procura el alimento, sino la consideración de su propio interés".* (Smith, 1987: 16) Cada uno de los individuos que opera en el mercado libremente, no anda haciendo manifestaciones públicas de lo que hacen cada día con su esfuerzo y su talento. Ni andan repartiendo lo que no les pertenece. Por esto sostenemos, que *la libertad es invisible*, aun cuando sea sí la gran generadora de oportunidades para todos. En ninguna otra época de la historia de la humanidad, las clases más bajas han gozado de tantos bienes como cuando el capitalismo liberal dio paso al proceso de industrialización. Como señaló R.L. Bruckberger en 1950: *lo que Marx había soñado, Ford lo hizo realidad al poner a disposición de todo el mundo un automóvil económico que le dio independencia y bienestar.* (McCraw: 15) Esta misma afirmación se puede aplicar a todos y cada uno de los adelantos de los que gozamos en el presente, algunos producidos por emprendedores reconocidos, la mayoría por trabajadores anónimos, de los que no tenemos conocimiento, aunque su trabajo e ingenio nos hayan hecho la vida más fácil y llevadera.

Bibliografía

Ashton, T.S. (1981). *La Revolución Industrial 1760-1830.* Buenos Aires: Fondo de Cultura Económica.

Bastiat, F. (2004). *Obras Escogidas.* Madrid: Unión Editorial.

Cameron, R. (1997). *A Concise Economic History of the World from Paleolithic to the present.* New York: Oxford University Press.

Fogel, R. (2007). *The Escape from Hunger and Premature Death, 1700-2100. Europa, America and the Third World.* New York: Cambridge University Press.

Gallo, E. (2008). *Vida, libertad, propiedad. Reflexiones sobre el liberalismo clásico y la historia.* Caseros: EDUNTREF.

Hayek, F. (1985). *Camino de servidumbre.* Madrid: Alianza Editorial.

Hayek, F. et all. (1974). *El Capitalismo y los Historiadores.* Madrid: Unión Editorial.

Holcombe, R. "Political Entrepreneurship and the Democratic Allocation of Economic Resources", *The Review of Austrian Economics* 15, N° 2/3 (2002): 143-159

McCloskey, D. (2010). *Bourgeois Dignity. Why Economics Can't Explain The Modern World.* Chicago-London: The University of Chicago Press.

McCraw, T. (2000). *American Business, 1920-2000: How It Worked.* Wheeling, IL: Harlan Davidson.

Smith, A. (1987). *Investigación sobre la naturaleza y causas de la riqueza de las naciones.* México: Fondo de Cultura Económica.

Smith, A. (1853). *The Theory of Moral Sentiments.* London: Bohn's Standard Library.

EL CONCEPTO DE PERSONA E INDIVIDUO EN EL PENSAMIENTO LIBERAL: ALGUNAS IMPLICANCIAS PARA LA POLÍTICA ECONÓMICA

Alejandro Chafuen

Persona versus individuo

Si algo distingue a los seres humanos de otras criaturas es nuestra capacidad y deseo de saber quiénes somos. Algunos comienzan a cuestionarse después de que sufren un revés o encuentran un escollo durante su camino hacia lo que quieren ser. Otros cuando tienen que enfrentarse a una decisión importante. Tratar de saber lo que somos es una de las grandes aventuras y necesidades de la vida humana.

En mi caso, comencé a descubrir la importancia y el sentido de mi identidad en la fase final de mi adolescencia. Nunca me voy a olvidar de algunas de mis posturas más radicales e individualistas de ese entonces. Algunas quizás todavía permanecen conmigo. Recuerdo que solía decirle a mi padre, que hizo todos los sacrificios posibles para mandar a sus cuatro hijos a las mejores escuelas e universidades, que su único motivo era el interés personal. Mi padre tuvo que vender todo lo que tenía, incluso las casas que había recibido como herencia. También tuvo que trabajar tiempo extra vendiendo autos usados. Compraba autos casi nuevos que habían tenido un accidente, los llevaba a reparar, y los vendía con buena ganancia. Sólo así podía pagar mis estudios y los de mis tres hermanas. Yo lo solía acusar de egoísmo. En ese tiempo, yo estaba fascinado, casi con fervor religioso, por los escritos de Ayn Rand (1905-1982), figura emblemática del individualismo.

Después de mi adolescencia me convertí o volví al cristianismo. Yo había sido bautizado, pero nunca había asumido lo que esto significaba ni el valor de las prácticas cristianas. Ese lento proceso en el que fui aprendiendo de que ser humano es más que ser un individuo, comenzó con mi regreso a la fe. Cuando era agnóstico, empecé a leer los textos de Leonard E. Read (1898-1983), un autor que acostumbraba a citar a Ralph Waldo Emerson (1803-1882) y a Henry Thoreau (1817-1862). Fueron estos autores quienes primero me hicieron tomar conciencia de la presencia de una dimensión trascendental en el individuo.

Mi interés por las implicaciones políticas y económicas de ir más allá del individualismo comenzó más tarde, luego de que me mudé a los Estados Unidos. No hay muchos lugares como este donde las instituciones han sido diseñadas para proteger a los individuos del poder del Estado.

Las primeras tres décadas de mi vida las pasé en Argentina donde, por lo menos durante mi estadía allí, la gran mayoría de los personalistas enfatizaban la dimensión colectiva (especialmente según la interpretación de la Iglesia católica) más que la dimensión del individuo. La idea colectivista tanto de izquierda como de derecha era tan fuerte en esos tiempos que no dejaba para estudios sutiles de los diferentes tipos individualismo. Las diferencias remarcadas por F. A. Hayek (1899-1992) entre un individualismo verdadero y uno falso, generalmente de tinte Rousseauniano, eran una de las pocas contribuciones sobre este tópico.

Las categorizaciones y las generalizaciones son siempre imperfectas. Pero en este ensayo por lo general asocio al individualismo con el pensamiento libertario, y al personalismo con el conservadurismo. Como crecí en el respeto por ambas tradiciones, mi esperanza es que este análisis contribuya para que ambas se respeten cada vez más y tengan, por lo tanto, una mayor eficacia influencia en la política económica.

Pese a que la mayoría de este ensayo es un ejercicio en historia crítica del pensamiento, remontándome a veces a varios siglos atrás, el tema cobró en mayor importancia hace más de 10 años atrás luego de un discurso de un político que hasta hace poco, todavía tenía presencia en los Estados Unidos. Richard Santorum (1958-), que en ese momento era un senador republicano representando a Pennsylvania, fue un ponente en un congreso internacional conservador sobre la justicia social (27 de septiembre de 20015).

El congreso fue organizado en la fundación Heritage, el mayor think tank conservador del mundo. En esa conferencia sostuvo que el más grande adversario de la idea conservadora era el libertarianismo. Describía esta ideología como vibrante y consistente, y como una variante peligrosa del conservadorismo. El senador fue bastante explícito:

la herencia conservadora de América nunca ambiciono
una libertad sin límites para poder hacer algo lo que que-
ramos, mientras que no dañemos a los demás. Este tipo
de libertad para hacer lo que uno quiere, independientemente de lo que una o elija, es una libertad egoísta que no
puede ser mantenida o comparada. Alguien siempre sale
perjudicado cuando las masas de individuos seguían solamente por sus intereses. Es esa la gran mentira que la libertad liberal encierra en sí misma, o como acostumbro a
decir libertad sin responsabilidad, es todo elección y ninguna responsabilidad.
Nosotros creemos en algo diferente. Queremos en la libertad así como la definían los padres fundadores de los
Estados Unidos de América. La libertad es libertad de
elección pero acompañada de la responsabilidad, en la
búsqueda de algo mayor que uno mismo. Es una libertad
altruista. Es una libertad con sacrificio. Es perseguir nuestros sueños con los ojos puestos en el bien común. La libertad es una doble actividad que consiste en levantar los
ojos al cielo mientras que extendemos la mano a nuestro
prójimo.[1]

La visión global del anterior pontífice, el papa Benedicto XVI
reforzó también mi motivación para escribir este ensayo. Joseph
Ratzinger (1927-)[2] describió la historia de la civilización y del
cristianismo como siendo influenciadas durante una larga primera etapa por una concepción filosófica. Con sus fundamentos
en la filosofía griega, los Evangelios, las contribuciones de los
romanos, y la moral de los escolásticos y de los escolásticos tar-
díos, esta visión enraizada en la filosofía encontró una coexis-
tencia con el cristianismo occidental. Por un corto período del
siglo XIX, esta visión fue sustituida por una concepción y una

---

[1] Santorum, Rick, "The Conservative Future: Compassion," Senado de la
República de Estados Unidos,
https://www.scribd.com/document/83060609/Rick-Santorum-
Conservative-Compassion
[2] Ratzinger, Joseph, 1969, [1968], Introduction to Christianity, New York:
Seabury Press.

metodología historicista. El cristianismo, nuevamente, no tuvo dificultad en encontrar puntos de contacto con esta línea de pensamiento. El cristianismo no es solamente una religión, es una realidad histórica. Aquellos que han tenido la suerte de visitar Tierra Santa, o aquellos que como yo, visitaron repetidamente los lugares donde San Pedro y San Pablo fueron martirizados, no tienen problemas con la historia. Pero hacia finales del siglo XIX, como explica Ratzinger, un nuevo paradigma comienza a tomar forma: es la perspectiva tecnológica y de los hechos, *technos*, usando sus propias palabras. Esta concepción comienza a desplazar a todas las otras. Fue en ese preciso momento histórico que concepto de individuo comienza a diferenciarse más fuerte del concepto de persona, hacia una concepción del individuo atomizado. El ser humano deja de ser visto como una criatura de Dios, para pasar a ser visto como un simple hecho.

Esta perspectiva es muy similar a la de Richard M. Weaver (1910-1963), que hacia finales de los años 50 escribió:

> no existen dudas que la tecnología y el industrialismo están creando dificultades a la personalidad. Cualquiera que hayan sido los objetivos de la revolución de Bacon, estas producirán un mundo donde cada vez va a ser más difícil hacerse humano en el sentido normativo. El ser humano es un organismo, no un mecanismo; y la mecanización de su vida perjudica sus respuestas humanas, las cuales, naturalmente surgen a un ritmo libre. Como un pequeño ejemplo, pero ilustrativo, una vez presencie que una conversación interesante fue interrumpida abruptamente porque un miembro del grupo se apercibió que el tiempo de su parquímetro estaba por terminar.[3]

Quizás el aspecto más extraordinario de este último ejemplo es que hoy día ni el más empedernido personalista se incomodaría si alguien interrumpe una conversación para ir a poner más dinero en el parquímetro para evitar así una multa.

---

[3] Weaver, Richard M, "Individuality and Modernity" in Morley, Felix, 1977, [1958], Essays on Individuality, Indianapolis: Liberty Press.

Individuo versus persona

A pesar que muchos usan el término humano, persona, un individuo, como sinónimos, los mismos están adquiriendo significados bien diferentes. De allí que una iniciativa de a mediados del siglo pasado, de la fundación de estudios americanos, de realizar en Princeton un simposio sobre individualidad y personalidad. Las presentaciones fueron compiladas en un libro y constituyen un raro y positivo ejemplo de un estudio multidisciplinar sobre el tema que estamos tocando. Para los individualistas el objetivo era realizar un esfuerzo serio para comprender la riqueza del ser humano, prestándole especial atención a los desafíos que en ese entonces presentaba el colectivismo.

Más adelante, hace poco más que una década, el monseñor Cormac Burke escribiendo en el *Osservatore Romano*,[4] escribió lo que era para él la diferencia entre personalismo e individualismo desde la perspectiva católica. El ser humano dentro de la perspectiva personalista es una visión centrada en la idea que la dignidad de este ser deriva del hecho que es hijo/a de Dios, enfatizando la importancia de la libertad de uno y de los otros. El argumenta, en efecto que el personalismo se caracteriza por el reconocimiento de valores personales en toda y cualquier persona. Además de eso, el personalismo se orienta hacia la comunidad en un nivel profundo porque implica una comunión de cada uno con Cristo, y nos alerta sin cesar del hecho de que una comunidad que no sea construida en base del respeto por cada uno de los seres humanos acabará como una "masa sin alma, un campo de concentración, un estado policial."

Burke escribe también sobre aquello que los principales autores cristianos entienden por individualismo. Desde esta perspectiva, el ser humano es visto como poseedor de las siguientes características: el individuo es un ser supremo; las bonhomía individual es llevada a un extremo tal que lleva al endiosamiento del individuo; los intereses de los demás son considerados como secundarios en relación a los intereses del individuo;

---

[4] Burke, Cormarc, "Personalism, Individualism, 'Communio'" (Osservatore Romano (English Ed.), April 28, 1993)

se habla mucho de derechos, pero casi nada de deberes; se defiende la libertad de acción, pero sin asumir responsabilidad por las acciones propias; el individuo, y no la verdad, es visto como el principal criterio moral para distinguir entre el bien y el mal; a mucha preocupación con uno mismo, pero no para los otros, a menos que el interés de los demás con el propio; los derechos de los demás son defendidos solamente en la medida en que esto pueda ser realizado sin perjuicio para nuestro propio interés; la tendencia a cerrarnos a los valores de los demás; y que el respeto a los demás, especialmente a su libertad, no es considerado una prioridad.

Para muchos expertos cristianos, los individualistas guían sus acciones basados en lo que es "bueno para mí" sin importar si esto es ofensivo a los demás. Se comportan de una forma que puede poner en peligro la solidaridad social. Individuo y sociedad, parecen en esta perspectiva como opuestos. En la perspectiva cristiana, por el otro lado esta oposición no existe, porque todo lo que es y realiza en favor de la persona también favorece a la sociedad, y todo aquello que se realiza en favor de la sociedad revierte necesariamente en favor de la persona.

Como alguien que se ha beneficiado del contacto con otras culturas, y también consciente de la incomprensión que causa la forma distinta en que las culturas se comunican, tengo una tendencia a tratar de estudiar y entender el origen y no sólo el significado de las palabras. Por su raíz, "individuo" parece más propicio que "persona" para fungir como punto de partida de este ensayo. Persona proviene del latín, y la palabra significaba la máscara o la fachada del actor: algo que reflejaba no la sustancia verdadera de ese ser humano, sino un perfil falso, actuado. "Individuo" por su raíz, significa algo que no puede ser dividido sin perder su esencia. Si cortamos un tronco de madera en dos, seguirá siendo un tronco. Y tendremos dos troncos más pequeños. Una vaca no continuará siendo una vaca si la cortamos en dos. La vaca es un individuo. Si cortamos una vaca en dos, no tenemos dos vaquitas. Tenemos una vaca muerta una vaca partida en dos. Si una vaca se enferma, para salvar al resto tenemos todo el derecho, o la justificación, para sacrificarla.

La persona es un ser individual pero también es un ser con alma, o espíritu, con potencial de inteligencia y libertad. Sólo por razón de la dignidad especial de nuestra alma es que no podemos justificar sacrificar a una persona para beneficiar a otras. Si el ser humano es visto como un mero individuo, como un simple "número", la política se puede convertir en un juego de números. Y en un juego de números los muchos ganan.

La raíz del término persona no refleja el significado habitual del término. Sin embargo incluso su significado original puede tener un elemento de verdad. Los seres humanos, muchas veces para disimular, se colocan máscaras de "buenas personas". Algunos señalan o pueden ver, que los "libros de etiqueta, un buen comportamiento" son reglas para qué el individuo, casi como en un teatro, actúe teniendo como guía el bien común, o las expectativas de la gente educada. Pero incluso cuando uno se esfuerza en actuar en forma supuestamente artificial, y esto se repite y se torna en un hábito, este actuar se puede convertir en parte esencial de nuestra personalidad.

La definición clásica de persona se remonta, al menos, a Boecio (480-c.525), según el cual la persona es una "persona es una substancia individual de naturaleza racional" (*Persona est naturae rationabilis individua substantia*).

La persona es una substancia individual de naturaleza racional, a esta dimensión se le añade el carácter social. Aristóteles hacía hincapié en este punto. No es en el aspecto racional de los seres humanos o en su carácter de sustancia individual que encontramos diferencias entre los individualistas y personalistas de hoy en día. Las diferencias se encuentran generalmente en todo lo relacionado con el hombre en sociedad y también con la naturaleza espiritual del ser humano.

El pretender o el "actuar," no es siempre negativo. Algunos señalan que Jesús también pretendió o actuó, como por ejemplo cuando alguien tocó su túnica en el siendo Dios sabía muy bien que no había tocado sin embargo pregunta ¿quién me ha tocado? (Marcos 5:31). Existen dos tipos de "pretensión" una es superficial y no involucra a todo el ser: sonreímos no porque tenemos ganas sino porque instintivamente nos damos cuenta que "cuando sonreímos el mundo sonríe con nosotros; cuando lloras, llorarás sólo". Pero existe otro tipo de actos actuación, y es cuando montamos nuestra personalidad de manera de hacerla más abierta y reforzarla con impactos internos y externos. En realidad actuamos o pretendemos, porque somos seres sociales, y tratamos de reforzar nuestra personalidad en forma consciente.

Pese a que muchos historiadores de la filosofía no le han prestado atención suficiente a los estudios medievales, y de la escolástica tardía, y postulan que el personalismo es un fenómeno reciente, a partir del siglo XIX, yo pienso que el personalismo tiene raíces más antiguas. No solamente en los escritos de Aristóteles, pero también en las sagradas escrituras, los padres de la Iglesia y los juristas romanos. Todas estas corrientes influyeron en el desarrollo de esta tradición.

Pese que hoy en día se ve al personalismo como conectado con el teísmo, la verdad que el personalismo merece ser considerado como un sistema desde el punto de vista filosófico, incluso sino está basado en presupuestos teológicos. Por personalismo, se puede entender también, una perspectiva filosófica o sistema según el cual la persona representa la dimensión ontológica más radical dentro del cual la personalidad representa el principio explicativo más fundamental. Existen diversas escuelas de personalismo, pero en este ensayo y en mis estudios, mi visión es similar al "personalismo realista" tal como es defendido por Jacques Maritain (1882-1973) y Etienne Gilson (1884-1978), y otros autores, quienes al menos en el área de políticas públicas, trabajan con una concepción similar de lo que es la persona humana. Debería mencionar también alguno de los trabajos de los liberales clásicos de final del siglo XVIII y del siglo XIX quienes tuvieron una gran influencia durante uno de los períodos de más crecimiento de prosperidad humana.

John Locke (1632-1704) por ejemplo, distinguía entre ser humano y persona. Por ser humano entendía "una especie de organismo vivo cuya identidad depende de su constitución biológica"; por otro lado, describía a la persona como "un ser inteligente y pensante, que poseía razón y capacidad reflexiva y se consideraba a sí mismo como tal." Locke argumentaba también que sólo las personas pueden ser "poseedoras de responsabilidad."[5] Esta visión, por lo tanto puede tornarse limitada e incompleta. Locke reconocía la existencia de una sustancia espiritual pero nunca desarrolló mucho la idea. Esto a pesar de que el Creador, por el dios del cristianismo, estaba siempre presente en sus discusiones de lo que era el ser humano.

La falta de voluntad o incapacidad de Locke de profundizar en el tema de la dimensión espiritual, fue aprovechada por David Hume (1711-1776) quien desestimaba la existencia de una sustancia espiritual en la naturaleza humana y promovía la noción de que los seres humanos no son más que "un conjunto o suma de diferentes percepciones". Hume, no obstante, no opera dentro de un paradigma de individualismo egoísta:

> Cuando un hombre niega la sinceridad de todo espíritu público o afecto a un país y su comunidad, me cuesta encontrar palabras para describir lo que pienso de él. Tal vez nunca se sintió esta pasión en una forma clara y distinta para eliminar todas sus dudas con respecto a su fuerza y la realidad. Pero cuando procede después a rechazar toda amistad privada, si no hay interés o amor propio entremezclado; estoy seguro de que entonces él está abusando de los términos y confunde las ideas de las cosas; ya que es imposible que cualquiera sea tan egoísta, o mejor dicho, tan estúpido, como para no diferenciar entre un hombre y otro, y no dar preferencia a las cualidades, que involucran su aprobación y estima.[6]

Para David Hume, no es necesario asumir que todo nuestro amor propio es egoísta "a aquella especie de amor propio, que se expresa en la bondad para con los demás, se le debe permitir que tenga una gran influencia en las acciones humana, y más aún que el amor propio en su sentido original" y luego continúa:

---

5 Chafuen, Alejandro A., 2004 "Locke and Christianity" http://www.chafuen.com/home/locke-and-christianity-2
6 Hume, David, 1817, <u>Philosophical Essays on Morals, Literature, and Politics</u>, Philadelphia; Edward Earle, p. 107

En mi opinión, hay dos cosas que han llevado por mal camino los filósofos, que han insistido mucho en el egoísmo del hombre. En primer lugar, encontraron que cada acto de virtud o amistad venía acompañado con un placer secreto; de donde llegaron a la conclusión que la amistad y la virtud no podían ser desinteresados. Pero la falacia de esto es obvio. El sentimiento virtuoso o la pasión produce el placer, y no surge del mismo. Siento placer en hacer el bien a mi amigo, porque lo amo; pero no lo amo por el bien de ese placer.[7]

Uno de los autores más claros en temas de política económica, y más apreciado por los amantes de la libertad, es Federico Bastiat (1801-1850). Sin lugar a dudas, su libro más leído y reproducido es "La Ley". En este libro deja bien a las claras su convicción de que el ser humano y todo lo creado proviene de Dios.

En el segundo párrafo de este libro escribe que "hemos recibido de Dios el don que los encierra a todos, la vida: la vida física, intelectual y moral. Pero la vida no se sostiene por sí misma. Quien nos la dio, nos dio el cuidado de mantenerla, desarrollar la y perfeccionarla".[8]

Bastiat utiliza frecuentemente la palabra personalidad. La misma se desarrolla con otros "regalos de Dios":

Existencia, facultades, asimilación--en otros términos, *personalidad*, libertad, propiedad--, tal es el hombre. De estas tres cosas puede decirse, al margen de toda sutileza demagógica, que son anteriores y superiores a toda legislación humana. La personalidad, la libertad y la propiedad no existen porque los hombres hayan proclamado las leyes, sino que, por el contrario, los hombres promulgan leyes porque la *personalidad*, la libertad y la propiedad existen.[9]

Y menciona nuevamente a Dios:

---

[7] Ibid, p. 108
[8] Bastiat, Frederic, 1850, <u>Le Loi, La Ley</u> http://www.hacer.org/pdf/LaLey.pdf
[9] Ibid

cada uno de nosotros recibe ciertamente de la naturaleza, de Dios, el derecho a defender su *personalidad*, su libertad y su propiedad, puesto que éstos son los tres elementos que constituyen y conservan la vida, elementos que se complementen entre sí y que no pueden comprenderse aisladamente. Pues ¿Que son nuestras facultades sino una prolongación de nuestra *personalidad*, y que es la propiedad sino una prolongación de nuestras facultades?[10]

La persona, la libertad y la propiedad individual, son en ese orden, para Bastiat, los elementos más importantes de una sociedad libre. Hacia el final de este pequeño pero importantísimo libro, Bastiat nuevamente menciona a Dios Que "ha hecho bien lo que ha hecho; no pretendáis saber más que Él, y puesto que ha dado unos órganos a esta frágil criatura, dejad que sus órganos se desarrollen, se fortifiquen por el ejercicio, el ensayo, la experiencia y la libertad".[11]

Y continúa:

del mismo modo, Dios ha dotado a la humanidad de todo lo que necesita para cumplir su destino. Existe una fisiología social providencial, lo mismo que existe una fisiología humana providencial. Los órganos sociales están también constituidos de tal forma que pueden desarrollarse armoniosamente al aire libre de la libertad.

Y termina el libro con un pedido y con lo que es para mí una de las mejores definiciones de la libertad "que por fin se ponga a prueba la libertad, que es un acto de fe en Dios y en su obra."[12]

Los individualistas

Mi educación formal es dentro del campo de la economía. A veces esta profesión dificulta encontrar al ser humano en medio de

---

[10] Ibid
[11] Ibid
[12] Ibid

tantas ecuaciones agregados y correlaciones utilizado por los métodos matemáticos y de estadística. Pero tuve la suerte de encontrar las contribuciones de la escuela austríaca de economía. Cuando estos autores especialmente Carl Menger (1840-1921), Ludwig von Mises (1881-1973), y F.A. Hayek, tres de los más influyentes, definen a la acción humana lo hacen de una forma muy parecida al tomismo: "acción intencional". Para estos pensadores, el individuo **es** la persona humana. Su epistemología, es decir su método de estudio se define a veces como "individualismo metodológico", de modo que dentro de este cuerpo de pensadores y de otros que trabajan con una perspectiva de sociedad libre el objeto central de estudio es el individuo más que la persona.[13]

Los pensadores religiosos y los moralistas, tienden a analizar los temas desde la perspectiva de la persona más que la del individuo. En esta clase no voy a citar a muchos individualistas. Es difícil encontrar individualistas puros, sin que argumenten por lo menos en ciertos casos, como personalistas, trayendo o incorporando temas espirituales o dimensiones sociales a la discusión. En mis círculos intelectuales y políticos amigos y enemigos han oído hablar de Ayn Rand, especialmente dentro del campo de los escritores, dentro de los círculos políticos uno de los líderes con reputación de ser más individualista es Vaclav Klaus (1941-). Y dentro del campo de la economía podemos señalar a Milton Friedman (1912-2006). Pero estos últimos dos

---

[13] Dan Klein, un economista de la escuela austríaca, tiene una concepción más elaborada. En uno de sus ensayos aborda el tema de la libertad, la dignidad y la responsabilidad, como los tres pilares de una buena sociedad. Klein distingue entre responsabilidad personal e individual. La primera es el rasgo personal de ser admirablemente respetuoso, la segunda, es la de hacerle rendir cuentas a la acción individual. La responsabilidad personal fomenta la responsabilidad individual. La responsabilidad personal aumenta el atractivo de la responsabilidad individual y de la libertad. La moral y las políticas públicas influyen unas a otras. Los filósofos morales cristianos dirían que la responsabilidad personal tiene una dimensión interna la individual, y una dimensión social. La primera es la que Klein llama responsabilidad individual. "Liberty, Dignity, and Responsibility: The Moral Triad of a Good Society" en 3 Libertarian Essays, FEE, 1998, p. 26.

también realizan excepciones Klaus, por ejemplo, cuando habla en contra de los esfuerzos de promulgar una constitución única para la Unión Europea, repetidamente señala que una nación es más que la suma de estos individuos. Por ejemplo, declaró "tenemos que aprender a realizarnos no como individuos, sino como nación Checa que es más que la suma de los intereses individuales"[14] y sobre la familia dice que esta continua siendo el fundamento de nuestra sociedad y de la vida pública.[15]

Friedman declaro también que "la unidad operacional básica de nuestra sociedad es la familia no el individuo". Este economista dedicó toda su fortuna ganada por sus conferencias y premios para patrocinar una organización sin fines de lucro que promueve oportunidades educacionales para mejorarla la vida de los niños y de los jóvenes. Las diferencias entre personalistas e individualistas son a veces diferencias en el lenguaje y puntos menores más que en aspectos substanciales.

Pienso que es justo colocar a Ayn Rand en el campo puramente individualista. Creo que sus seguidores se sentirían honrados. Su influencia es tal que sus escritos continúan siendo vistos como formadores del ethos americano. Eso explica porque antes de su primer viaje a los estados unidos, Juan Pablo II leyó el libro de Ayn Rand "La Rebelión de Atlas." Karol Wojtyla (1920-2005) quien más tarde se convirtió en Juan Pablo II, es uno de mis favoritos personalistas. Escribió un libro profundo "La Persona Actuante." En ella afirmaba que la estructura de la persona

se centra en el autogobierno y la posesión de sí mismo, estos juntos forman la base de la autodeterminación del hombre. Si el hombre como persona es el que gobierna y se posee a sí mismo, entonces eso hace también que, por un lado, él es responsable por sí mismo y, por otro es, en

---

[14] Klaus, Václav, 2005, On the Road to Democracy: The Czech Republic from Communism to Free Society, Dallas: NCPA, p. 146
[15] Ibid., p. 167

algunos aspectos responsables de sí mismo. . . es a la vez el que gobierna y el que es gobernado por sí mismo.[16]

La persona humana crece como ser a través del autoconocimiento, y del dominio de sí mismo, y su auto-creación. Un razonamiento similar fue desarrollado por Clemente Webb (1865-1954) durante sus conferencias Gifford: En el caso de una persona, el individuo puede decirse para determinar sí mismo por su pensamiento sobre sí mismo.[17]

> La persona, el individuo racional, no sólo es reconocido por los demás, pero reconoce a sí mismo como único e individual, sólo porque él es consciente de algo más allá de sí mismo, aunque sea vagamente concebido, un contexto en el que se mismo es, por así decirlo, estableció junto con lo que no es él mismo; un mundo que lo abarca a él y a otras cosas distintas de él.[18]

David B. Gordon desarrolló su análisis económico "austríaco" a partir de "el hecho evidente y prominente de la auto posesión, que sirve como una sólida base para el surgimiento de la cooperación en el mundo real, sin tener en cuenta las demandas de los teóricos morales".[19]

Otra ligera diferencia es que los personalistas tienen menos confianza en la razón humana (o son más consciente de sus limitaciones) que algunos de los campeones del individualismo. Von Mises, por ejemplo, argumentó que el liberalismo " tiene plena confianza en la razón del hombre."[20] La razón es también esencial para los personalistas, pero es vista como la herramienta

[16] Wojtyla, Karol, The Acting Person, trans. Andrzej Potocki (Dordrecht: D. Reidel Publishing Company, 1979 [1969]) p. 173
[17] Webb, Clement C. J., 1920 [1919] God and Personality, London: George Allen and Unwin, p. 99
[18] Ibid., pp.96-97
[19] David D. Gordon, in "Morality and Rights", Humane Studies Review, Volume 5, Number 3, Spring 1988, p. 17.
[20] Mises, Ludwig von, 1998 [1949] Human Action: A Treatise on Economics, Auburn, Alabama: Ludwig von Mises Institute, p. 157

para entender la verdad y el ser. Hayek fue más cauto al hablar de la razón y ha hecho hincapié que no es la única fuente de conocimiento.

Los seres humanos como seres sociales

Aunque el enfatizar algunas características del individuo puede hacer perder la perspectiva de la persona, también se puede cometer el error opuesto. En la búsqueda de sentido del hombre, una respuesta generalizada siglo XIX fue que "el anhelo del hombre por el infinito puede ser satisfecho al identificarse con algo más amplio, sobre todo con la sociedad."[21] JM Bochensky, un renombrado filósofo católico del siglo XX dijo, "esta solución niega lo dado, a saber, el hecho de que el individuo desea el infinito para sí mismo, como individuo, y no para cualquier otra cosa."[22] Citando nuevamente a Weaver:

> Cuando hablamos de "el individuo," se trata de una aislación analítica, algo abstraído de su contexto y sostenido para facilitar el estudio o hacer referencia al mismo. Pese a la brillante frase de Whitman, no hay una "simple persona, separada del resto." La persona es siempre una persona dentro de su sociedad, y aunque probablemente nunca se pudo probar quién le debe más a quién, lo cierto es que el individuo está en deuda con la sociedad para muchas cosas que le permiten ser un individuo.[23]

En comparación con algunos individualistas de hoy incluso Ludwig von Mises parece moderado. El economista austríaco entiende la importancia de la sociedad. Escribió:

> Puede surgir entre los miembros de la sociedad sentimientos de simpatía y amistad y un sentido de pertenencia. Estos sentimientos son la fuente de las experiencias más

---

[21] Bochenski, J.M., 1972, (1958) Philosophy, New York: Harper & Row, pp. 80-81
[22] Ibid, p. 81
[23] Weaver, p. 110

agradables y más sublimes del hombre. Ellos son el adorno más preciado de la vida; ascienden al hombre en cuanto animal a las alturas de una existencia verdaderamente humana.[24]

Mises tenía un enfoque similar en otro de sus grandes libros:

> El hombre ya es miembro de un cuerpo social cuando aparece como un ser pensante, criatura con voluntad, el hombre pensante es inconcebible como un individuo aislado. 'Sólo entre los hombres el hombre se hace hombre' (Fichte). El desarrollo de la razón humana y el desarrollo de la sociedad humana son uno y el mismo proceso.[25]

Sin embargo, personalistas siempre deben tener cuidado con su llamado para que el hombre encuentre su significado en la sociedad. Esta actitud podría llevar a un anhelo de conformidad que destruye la individualidad y puede ir contra la dignidad humana y la creatividad. Si me obligan a elegir tengo que ponerme del lado de enfatizar los aspectos individuales más que los aspectos sociales de la persona, porque la prosperidad y la vida civilizada han surgido durante períodos de mayor respeto por la individualidad que por la conformidad. Las políticas públicas basadas en una conformidad impuesta por una autoridad han sido una característica típica de la mayoría de los períodos de la historia y han dado lugar a regímenes totalitarios y abusivos. Como John Dos Passos nos recordó:

> Es el hábito de la libertad individual, que es la excepción. Las libertades que disfrutamos hoy en día, la libertad de expresar nuestras ideas si tenemos alguna, la libertad de subirnos a un coche y conducir por la carretera hacia cualquier lugar que queremos, la libertad de elegir el oficio o profesión que queremos para sostener nuestro vivir, son

---

24 Mises, Ludwig von, 1998 [1949] Human Action: A Treatise on Economics, Auburn, Alabama: Ludwig von Mises Institute, p. 144
25 Mises, Ludwig, 1981 [1936] Socialism, Indianapolis: Liberty Fund, p. 258.

las sobrevivientes de las muchas libertades ganadas por las luchas y los sacrificios de generaciones angloparlantes que de alguna manera llevaban la resistencia a la autoridad en su sangre. Su pasión por la individualidad en lugar de la conformidad era única en el mundo. Lo que la generación de 1776 hizo fue organizar esas tradiciones en un nuevo sistema.[26]

Persona humana y bien común

La mayoría de los observadores consideran que el pueblo de los Estados Unidos de América tiene un fuerte espíritu individualista. Algunos, en la "izquierda" del espectro político, ven esto como una importante cualidad negativa. Por otro lado, algunos en la "derecha" tienden a glorificar a esta tradición individualista. Si tienen alguna queja es que no hay suficiente de ella. Veo el individualismo como una característica que, aunque no suficiente, tiene el potencial de proporcionar una base sólida para construir y fortalecer una filosofía personalista liberadora.

Cuando escuchan a políticos mencionar la expresión "bien común" los individualistas saben que tienen que proteger sus bolsillos. Los personalistas tienen menos recelos con esa expresión, pero hay pocos términos que han sido más abusados que "el bien común."

En su catecismo la Iglesia Católica lo define como "el conjunto de aquellas condiciones de la vida social que permiten a los grupos y a cada uno de sus miembros conseguir más plena y fácilmente su propia perfección" (Catecismo, punto 1906)

Pero como el hombre es un ser social, el bien de cada cual está necesariamente relacionado con el bien común. Pero "este sólo puede ser definido con referencia a la persona humana" (punto 1905) y aclara "en nombre del bien común, las autoridades están obligadas a respetar los derechos fundamentales e inalienables de la persona humana. La sociedad debe permitir a cada uno de sus miembros realizar su vocación. En particular, el

---

26 Dos Passos, John, 1958, "A Question of Elbow Room" in Morley, Felix, 1977, [1958], Essays on Individuality, Indianapolis: Liberty Press, p. 36.

bien común reside en las condiciones de ejercicio de las libertades naturales que son indispensables para el desarrollo de la vocación humana: "derecho a actuar de acuerdo con la recta norma
de su conciencia, a la protección de la vida privada y a la justa
libertad, también en materia religiosa" (punto 1907).

Estas definiciones no son muy diferentes de las usadas por
los individualistas para definir comunidad (*Commonwealth*). El
abuso de la expresión "bien común" así también como el del
término "social" lleva a que los individualistas traten de evitarlos.
En muchos casos tienen razón, y concuerdo con ellos. Pero hay
que reconocer, que cuando evitamos usar la expresión "bien común," que es tan estimada por tantos, creamos problemas
cuando queremos tratar de sumar más adherentes al campo individualista.

Personalidad y propiedad

El hombre tiene un dominio jurídico natural sobre las cosas externas, ya que puede, en virtud de su razón y voluntad, hacer uso de las cosas externas para su propia ventaja... "Mío", presupone un "yo", una persona. Las cosas
deben servir a los objetivos y fines de la persona... Lo
justo, el derecho, no tiene en cuenta la calidad moral interior... La persona existe para sí y para su propio bien . Él
es el centro de coordinación de las cosas y acciones.
(Rommen 1998, [1946] p. 182)[27]

La noción de propiedad privada surge a partir de esta noción de
ser racional con auto-conocimiento y auto posesión. Este concepto tan esencial para toda discusión de políticas públicas está
ligado a la noción de persona. El beato Padre Antonio Rosmini
es uno de los autores que más énfasis puso en este tema. La es-
tupenda Enciclopedia Católica editada en 1911 señala que

---

[27] Rommen, Heinrich, A., 1998, [1946] The Natural Law, Indianapolis:
Liberty Fund

algunos derivan la justicia de la propiedad privada de la personalidad (teoría de la personalidad). Miran a la propiedad privada como necesaria y complemento y ampliación de la personalidad. Así H. Ahrens ("Naturrecht ", 6ª ed ., 1871 , § 68) piensa que la "individualidad de cada mente humana en la elección y la consecución de sus fines, requiere la propiedad, es decir, la libre contratación y disposición de todo lo suyo poniendo en acción la totalidad de su personalidad. Bluntschli, Stahle, y otros concuerdan.[28]

Pero esta teoría debe complementarse: "Si se entiende por esto, por regla general, que la propiedad privada es necesaria para el libre desarrollo de la personalidad humana y para la realización de sus tareas, entonces es correcto." Pero los seres humanos no dejan de ser personas sólo porque no tienen la propiedad privada: "Los que son voluntaria o involuntariamente pobres y viven a expensas de los demás y no poseen propiedad, no dejan de ser personas. Aunque durante la vida de sus padres los hijos de una familia no son dueños, aún son personas reales2.[29]

Filósofos considerados como los fundadores de colectivismo también destacan la importancia de la propiedad para la persona. Hegel, por ejemplo, la considera importante porque "una persona debe traducir su libertad en un ámbito externo con el fin de que pueda alcanzar su existencia ideal» (Filosofía del Derecho), ya que "la propiedad es la primera personificación de la libertad y por eso es en sí misma un bien sustancial." Es en este tema Hegel se aparta de Platón, porque este último, al negar el derecho de propiedad de la clase dominante, les privó de un medio para desarrollar sus personalidades.

Por otra parte, el marxismo, al negar el derecho de propiedad de todos, tenía como objetivo crear un nuevo ser humano, donde el comunismo rompería los vínculos entre la realización de la persona y su esfera de propiedad. Sólo cuando "tuyo

---

[28] The Catholic Encyclopedia, Volume 12 By Charles George Herbermann, Edward Aloysius Pace, Condé Bénoist Pallen, Thomas Joseph Shahan, John Joseph Wynne, 1911, p. 463
[29] Ibid.

y el mío " desaparezcan, se podrá cortar el vínculo entre la persona y la propiedad. En las filas individualistas, es Ayn Rand la que más ha defendido el vínculo que une a la persona o las personas, con su propiedad. El concepto de propietario como una mayordomía (*stewardship*) trae consigo la dimensión social de la personalidad, y debería ser más atractivo para los personalistas. En la vida real no veo mucha diferencia en cómo estos dos campos (individualistas frente personalistas) terminan defendiendo la propiedad privada. La actitud de "en mi patio trasero no" (*not in my back yard*), en principio, parece más coherente con una concepción individualista de la propiedad privada. Sin embargo he visto algunos de los más grandes campeones de la propiedad privada en los Estados Unidos (tanto conservadores como libertarios) una vez que han construido su casa de verano o sus cabañas en las montañas haciendo campaña en favor de restricciones gubernamentales para impedir que otros vecinos construyan en las colinas cercanas. También los que valoran los aspectos sociales de la persona se ponen a veces en el papel de interpretar el significado de lo "social" y presionan por las restricciones a la propiedad, o su redistribución. ¿El enfoque distributivo chestertoniano quizás?

El sujeto de la ciencia económica

El sujeto que tiene más relevancia para el puro análisis económico, es el individuo, especialmente los individuos adultos, con derecho a contratar en el mercado. Para Ludwig von Mises ser *homo sapiens* no alcanza para ser sujeto del análisis de la economía, hay que ser también *homo agens*.

> Los seres de ascendencia humana que, de nacimiento o por defecto adquirido, carecen de capacidad para actuar (en el sentido amplio del vocablo, no solo en el legal), a efectos prácticos, no son seres humanos. Aunque las leyes y la biología los consideran hombres, de hecho carecen de la característica específicamente humana. El recién nacido no es ser actuante; no ha recorrido a un todo el trayecto

que va de la concepción al pleno desarrollo de sus cualidades humanas. Solo al finalizar al desarrollo devendrá sujeto de acción.[30]

Al menos para la economía, en cuanto ciencia, solo son relevantes los seres humanos actuantes. Mises reconoce que el ser humano es un ser más complejo. Pero considera que "la conducta inconsciente de las células y los órganos fisiológicos es para el "yo" operante un dato más, como otro cualquiera, del mundo exterior que aquel debe tomar en cuenta. El hombre, al actuar, ha de considerar lo que acontece en su propio organismo, al igual que se ve constreñido a ponderar otras realidades, tales como, por ejemplo, las condiciones climatológicas o la actitud de su semejante."

Sólo donde hay elección hay acción verdaderamente humana y posibilidad de análisis económico. El ser humano, "*al actuar*, opta, determina y procura alcanzar un fin. De dos cosas que no puede disfrutar al tiempo, elige una y rechaza la otra. La acción, por tanto, implica, siempre y a la vez, preferir y renunciar."[31] "El hombre, en cuanto ser que piensa y actúa, emerge ya como ser social de su existencia humana. El progreso de la razón, del lenguaje y de la cooperación es fruto del mismo proceso; se trata de fenómenos ligados entre sí, desde un principio, de modo inseparable y necesario".[32] Para individualistas como personalistas, "la sociedad no tiene más base que la propia actuación individual." Continua Mises:

A nada conduce lucubrar en torno a si la sociedad es solo la suma de sus elementos integrantes o si representa algo más que esa simple adición; si es un ser *sui generis* o si cabe por no hablar de la voluntad, de los planes, de las aspiraciones y actos de la colectividad, atribuyéndolos a la existencia de una específica "alma" social. Vano es tanto bizantinismo. Todo ente colectivo no supone más que un aspecto particular de ciertas actuaciones individuales y

---

[30] Mises, Acción Humana, p. 39
[31] Ibid., p. 37
[32] Ibid., p. 80

sólo como tal realidad cobra trascendencia en orden a la marcha de los acontecimientos.[33]

Frecuentemente aparecen estudiosos de otras ciencias, en el pasado la psicología y la biología, y hoy la neurociencia, que ponen en duda la libertad de la persona humana.

Muchos partidarios de tal escuela creen haber demostrado que la actividad no se halla regida por la razón, sino que viene originada por profundas fuerzas innatas, impulsos y disposiciones que el pensamiento racional no comprende.[34]

Pero Mises señala que siempre que hay algo de libertad, siempre hay acción racional y allí hay posibilidad de análisis económico. Y allí donde hay libertad, hay posibilidad de juicio moral.

El individuo frente a la persona en los debates de política económica

Podríamos deducir, casi a priori, que las diferencias entre un individualista y un enfoque personalista a la política pública será más amplia en los casos donde entran en juego los aspectos sociales o espirituales y sobrenaturales del hombre. Tales cuestiones de política están adquiriendo cada vez más importancia en los debates políticos de hoy. Por razones de espacio me limitaré a concentrarme en unos pocos y mencionar brevemente otros.

La familia

Estas dos perspectivas tienen un fuerte impacto sobre la política familiar. Uno de ellos, todavía muy discutido en el mundo, es el tema del matrimonio. Cuando por primera vez analicé este punto escribí que "a pesar del supuesto carácter individualista del pueblo estadounidense, la mayoría apoya la opinión de que

---

[33] Ibid., p. 80.
[34] Ibid., p. 42

el matrimonio no es lo que las personas deciden que es. En un caso reciente en las noticias, una señora decidió 'casarse' con un delfín, esperemos que los tribunales no lo validen." Hoy parece que no estamos tan lejanos de que se convalide un "matrimonio" entre personas y animales. Ya hay gente que le ha dejado herencias a sus mascotas o cachorros (Leona Helmsley, 1920-2007).

David Hume, quien también estudió el matrimonio y el divorcio, abordó el tema con una mente abierta. Desde ya que sólo consideraba una unión de hombre y mujer como matrimonio. Pero después de estudiar la poligamia y el divorcio, concluyó que, para su cultura europea, la poligamia y el divorcio causaría efectos negativos.

Muchos cristianos, incluyendo Cormac Burke, antes mencionado, tienen fuertes opiniones sobre el efecto del individualismo en la vida familiar y el matrimonio. Burke sostiene que los individualistas creen que el matrimonio sólo puede ser liberado cuando se desligue de las limitaciones institucionales tales como compromisos exclusivos, lazos permanentes, y la carga de la procreación. "El concepto de elección irrevocable es ajeno al individualismo, ya que considera a cualquier vínculo duradero como una amenaza a la autonomía personal." Personalistas no tienen aversión contra lazos permanentes o compromisos para toda la vida.

Los individualistas deben mostrar respeto por las personas que eligen algunos de estos lazos incluyendo el respeto a las mujeres que eligieron libremente la profesión de la maternidad. Las feministas personalistas subrayan la dignidad personal (y especial) de las mujeres, también sus derechos y deberes humanos, y nunca muestran falta de respeto por lo que Deborah Walker ha llamado "el trabajo más difícil en el mundo - la construcción de un hogar lleno de amor adecuado y a criar hijos decentes."[35] Según los personalistas, antes de tener hijos, una mujer individualista (o el hombre) se preguntarán "¿será bueno para mí?" Una personalista cristiana además se debería preguntar "¿es esta

---

[35] Walker, Deborah, 1992, "Feminism and Free Markets: Friends or Foes?" in The Heritage Lectures, No. 443.

la manera de cumplir con mi vocación al matrimonio y será bueno para mí servicio a Dios?" Estos temas, nada tienen que ver con la economía como ciencia. Pero sí pueden influir en la realidad económica. Los grandes autores liberales vieron que la familia, la unidad básica de la sociedad, tenía el poder de hacer que el hombre mirara más allá de sí mismo. David Hume, por ejemplo, escribió que: "hay algunos que no otorgan la mayor parte de sus fortunas a los placeres de sus mujeres y a la educación de sus hijos, reservando la más pequeña porción para su propio uso y el entretenimiento adecuado."[36] Y uno de nuestros autores contemporáneos, Milton Friedman también declaró:

> Como los liberales, tomamos la libertad de la persona, o tal vez la de la familia, como nuestro fin último para juzgar los acuerdos sociales. La libertad como un valor en este sentido tiene que ver con las interrelaciones entre las personas; no tiene sentido en absoluto para un Robinson Crusoe en una isla aislada (sin su hombre Viernes).[37]

Los personalistas pueden tener diferentes puntos de vista acerca de la familia. La posición individualista más consistente parece ser una total oposición a cualquier política pública que regula las relaciones consensuales entre adultos, ya sea dentro o fuera de la familia. Sin embargo, la cuestión de los niños y sus derechos parece exigir que incorporemos una dimensión social y política a los problemas de la familia. Son muchos los temas donde distintas visiones del matrimonio influyen en políticas económicas. El tema impositivo es uno de ellos, en algunos países se cobran más impuestos a las parejas casadas y en otros menos. Algunos países subsidian o cobran menos impuestos a los que tienen hijos.

En un mundo puramente individualista más que el tema de familia, lo que importaría es la definición de individuo: a qué

---

[36] Hume, 1817, p. 487
[37] Friedman, Milton, 1962, <u>Capitalism and Freedom</u>, Chicago: University of Chicago Press, p. 12

edad cada uno de ellos adquiere derechos y tiene responsabilidades que sean relevantes para la política económica. La realidad muestra que, al menos por ahora, cuanto más tiempo los hijos pasan con padres y madres naturales, mejores son sus perspectivas de vida, salud e ingresos.

Temas ecológicos

A pesar de sus diferencias filosóficas, personalistas e individualistas a menudo tienen dudas similares acerca de las afirmaciones de ecologismo radical. Personalistas que basan sus ideas en creencias judeocristianas, creen en un orden y una jerarquía en la Creación que sitúa al ser humano por encima de todas las demás criaturas. Los individualistas, que basan la singularidad de los seres humanos en su capacidad racional, tienden a ser conscientes de la diferencia radical que existe entre nuestra especie y todas las demás. En los Estados Unidos, en temas puramente medioambientales, como el calentamiento global, es difícil encontrar diferencias de opinión entre las publicaciones de la Fundación Reason, que se guía por una filosofía individualista, con las del Instituto Acton que se sitúan más dentro del personalismo. Sin embargo, las posturas de estas organizaciones presentan diferencias en las áreas relacionadas con la vida y el alma humana, y en algunos aspectos de la biogenética. Juan Pablo II anticipó correctamente que se iban imponer nuevas disposiciones legislativas relativas a la intervención del hombre en su propia vida, su naturaleza corporal y el medio ambiente. Pronosticó el nacimiento de bio-derechos y la bio-política y llamó a dirigir este período de crecimiento rápido y maravilloso en la ciencia con una actitud de respeto hacia la dignidad del ser humano persona y para la legítima autonomía epistemológica de cada ciencia.

Benedicto XVI, fue muy claro en como los temas ecológicos y económicos están entrelazados con los morales:

> Para salvaguardar la naturaleza no basta intervenir con incentivos o desincentivos económicos, y ni siquiera basta con una instrucción adecuada. Éstos son instrumentos importantes, pero el problema decisivo es la capacidad

moral global de la sociedad. Si no se respeta el derecho a la vida y a la muerte natural, si se hace artificial la concepción, la gestación y el nacimiento del hombre, si se sacrifican embriones humanos a la investigación, la conciencia común acaba perdiendo el concepto de ecología humana y con ello de la ecología ambiental. Es una contradicción pedir a las nuevas generaciones el respeto al ambiente natural, cuando la educación y las leyes no las ayudan a respetarse a sí mismas.[38]

La reciente encíclica del Papa Francisco, *Laudato Si*, repite y añade a estas admoniciones. Los personalistas probablemente consideraran estas advertencias más que los individualistas y estarán más abiertos a considerar límites con el fin de proteger la dignidad humana.

Hace un par de décadas, recuerdo que le hice una pregunta a un líder ecologista libertario durante la reunión anual de la Sociedad Filadelfia[39]. Uno de los puntos en su conferencia fue que los subsidios agrícolas contribuían a la degradación del medio ambiente, tomando a Europa como ejemplo. Su llamado a la reducción de los subsidios en Europa era correcto. Pero como una reducción de los subsidios allí daría lugar a la expansión de la frontera agrícola y aumentar la tala de bosques y árboles en otras regiones, como Brasil, le pregunté si no pensaba que será difícil ganar debates con los ecologistas radicales, si estos valoran la vida de una manera similar a la de los monos que perderían su hábitat en Brasil. Le dije como ejemplo "si uno destruye un huevo de una "águila calva" en los Estados Unidos, uno puede ser condenado a prisión y recibir una importante multa, pero si

---

[38] *Caritas in Veritate*, 51
[39] Fundada en 1964, la Sociedad Filadelfia tiene como objetivo la promoción del intercambio de ideas a través de la discusión y los escritos, con el objetivo de profundizar las bases intelectuales de una sociedad libre y ordenada, y la de ampliar la comprensión de sus tradiciones y principios básicos. Entre sus miembros más famosos se encuentran Milton Friedman, William F. Buckley Jr. (1925-2008), F.A. Hayek (1899-1992) y Manuel F. Ayau (1925-2010) entre los latinoamericanos.

uno mata un bebé de 8 meses de edad, en el vientre materno, no hay castigo alguno."

Su respuesta fue la típica de un individualista economicista, me contestó: "ya que hay más bebés que águilas calvas, el valor marginal de las águilas es superior a la de los bebés no nacidos." Cuando personalistas conservadores de la audiencia pusieron "el grito en el cielo" el ponente calificó su respuesta diciendo que no estaba hablando en general, y sostuvo que "para él" esa era la ecuación de valor. Este es uno de los tantos ejemplos que muestran que puede haber grandes diferencias en las políticas públicas que se derivan de diferentes concepciones de la dignidad de la persona humana en comparación con el resto de la Creación.

Diversas concepciones sobre la persona humana pueden influir en las políticas económicas en el ámbito ecológico. Desde los experimentos genéticos, a la propiedad y trato de animales, hasta las limitaciones a la actividad económica por motivos ecológicos.

Responsabilidad social empresaria

Mientras individualistas tienden a considerar que las ganancias deberían ser el único fin de las empresas, los personalistas ponen mucho más énfasis en la necesidad de que esos beneficios se lleven a cabo en un contexto de imperio de la ley, y respetando lo que Elaine Sternberg[40] describe como las reglas de justicia distributiva y la decencia común. En los países con débil estado de derecho, el período de referencia para la maximización de ganancias es tan corto, que podría dejar espacio para sobornar, chantajear, o para pasarle los costos por la contaminación del medio ambiente a terceros. Desde un punto de vista de puro individualismo es difícil encontrar defectos en los que persiguen beneficios a toda costa.

Personalistas, por el contrario, pueden llevar a extremos su respeto a la persona y olvidar que un negocio que termina yendo a la quiebra por postergar la reducción en su personal, o

---

[40] Sternberg, Elaine, 1994, <u>Just Business</u>, London: Little and Brown.

por prestar más atención a las causas sociales y ambientales que a sus ganancias, también está siendo irresponsable. El tema de la Responsabilidad Social Empresaria se ha convertido en una de las cuestiones políticas más discutidas en el comienzo de este siglo y lo he analizado en una forma bastante completa en otra publicación.[41] Baste decir que las opiniones divergentes de la persona humana y en la importancia de "lo social" producen diferentes nociones de responsabilidad.

Drogas y adicciones

El análisis de las adicciones, y la oferta y demanda de productos para alimentar o atacar estas adicciones, también afecta a la política pública. Las guerras contra las drogas ilegales, las prohibiciones de fumar, y los controles gubernamentales de alcohol, están influenciadas por el debate entre individuo y persona. Aunque la gente en ambos bandos puede ponerse de acuerdo sobre el efecto destructivo de las adicciones, solamente los individualistas van al extremo de tratar de demostrar que la persona adicta, como conserva una medida de libertad, maximiza sus beneficios al optar por usar su droga de elección.

Si tuviésemos encuestas sobre este punto creo que es casi seguro que los individualistas tienden a estar más de acuerdo con los libertarios oponiéndose a las restricciones forzosas impuestas por la sociedad civil para el uso y consumo de sustancias adictivas. Los personalistas seguramente invertirán más tiempo en campañas educacionales de como escapar de la adicción.

Rara vez he visto artículos en revistas individualistas detallando el drama de la drogadicción. Pero no es fácil generalizar. Siempre voy a recordar que durante un simposio en el interior del Vaticano, con los presidentes de la Academia Pontificia de la Familia, y de la Academia Pontificia de la Salud, paramos para un descanso en la mañana, no sólo para nuestra dosis de cafeína, pero también tenían champán y puros! La dependencia y adicción al tabaco o al alcohol causa problemas personales y sociales

---

[41] Chafuen, Alejandro A., "Corporate Social Responsibility: A Traditional Catholic Perspective" in Business and Religion: A Clash of Civilization? Capaldi, Nicholas, ed. 2005, Scrivener.

y en la mayoría de los países se suelen adoptar políticas fiscales no solo para recaudar más fondos sino también para disminuir o desalentar su consumo.

Comunicar el mensaje

Diferentes puntos de vista sobre el ser humano también afectan a la forma en que las personas hablan y discuten sus posiciones políticas. Los individualistas tienden a utilizar análisis de costo-beneficio, argumentos económicos, que a veces suenan áridos para la mayoría de los votantes. A los personalistas les resulta más fácil conectar con la gente. Utilizan historias personales que pueden a menudo ser más convincentes que una colección de datos estadísticos. Aunque puede ser que tengan problemas para llegar a los individualistas y colectivistas extremos, su lenguaje puede llegar a ambos. Así como los individualistas, los personalistas pueden defender la importancia de la propiedad privada, la intimidad personal, y el libre mercado. Pero como constantemente nos recuerdan la naturaleza social del ser humano, también pueden llegar a comunicarse mejor con algunos comunitaristas.

He pasado los últimos veinte años de mi vida en medio de las organizaciones de política pública más importantes de América del Norte y he trabajado con estas organizaciones en todo el mundo. El contraste de los diferentes estilos de comunicación afecta incluso a las organizaciones de la que soy miembro del consejo de gobierno. Hace unos años, invité a dos expertos en política públicas a una importante conferencia. Los dos resaltaron enfoques diferentes. Uno, Michael Walker, entonces director ejecutivo del Instituto Fraser, en Vancouver, Canadá, ha creado una de las organizaciones de política pública más importantes en el campo de la investigación económica. Argumentó que la única manera que uno puede ganar los debates políticos es por números y medidas, que son la base de pruebas empíricas. El logo del instituto es "si importa, mídanlo" (*if it matters measure it*).

El otro lado de la moneda fue presentado por el reverendo Jerry Zandstra, un pastor protestante, que entonces era uno de los líderes del Instituto Acton para el Estudio de la Religión y la Libertad. Zandstra enfatizó la narrativa emocional. Una buena historia, con el ejemplo del impacto personal, le suele ganar a las estadísticas. Recuerdo el caso de una de las organizaciones sin fines de lucro más eficaces en temas de familia, el Instituto Maxim en Nueva Zelandia, que hace unos años perdió un debate político sobre la legalización de la prostitución. Esto a pesar de que tenían todo tipo de estadísticas sobre el impacto negativo de la prostitución en los participantes del negocio y la comunidad. En una reunión privada reciente me dijeron "los defensores de una legislación más permisiva sobre la prostitución trajeron una practicante para testificar en el Congreso, su historia convincente y sentimental ahogaron nuestras estadísticas en un mar de simpatía personal."

A pesar de sus diferentes fundaciones religiosas o filosóficas, que van desde deístas a los católicos romanos, los liberales clásicos tenían una antropología muy similar.[42] El ser humano que describían, tanto los liberales anglo sajones, como los padres fundadores de Estados Unidos, los liberales italianos y franceses, y también los latinoamericanos que los estudiaban, era un ser real, no uno ideal o moldeado al antojo de una ciencia para facilitar su estudio. Esto les permitió, a mi juicio, capturar las mentes de los hombres más sabios y llevar la civilización a niveles que eran inimaginables antes. Propiedad privada, el comercio, los flujos migratorios, el ingreso per cápita, la esperanza de vida, y muchos otros indicadores, mejoraron a tasas sin precedentes. Sin embargo, a finales del siglo XIX, un debilitamiento de la comprensión y el consenso sobre lo que significa ser un ser humano, llevó a las contradicciones del siglo XX, donde el aumento de los conocimientos científicos creció a la par de un cierto abandono de la visión realista de la persona humana. En el siglo pasado más de cien millones de personas murieron a manos de los regímenes totalitarios que querían estructurar un nuevo hombre. El ser humano se convirtió en un número, y en

---

[42] Termes, Rafael, 1994, <u>Antropología del Capitalismo</u>, Madrid: Plaza y Janés

un juego de números, los muchos, o los que dicen representarlos, ganan.

Conclusión

Hace más de medio siglo, un libro de texto de ciencias políticas ampliamente utilizado declaró:

> Una de las tendencias más alarmantes en el individualismo contemporáneo es el grado en que la mente del individuo está hoy siendo moldeada por la educación de masas, columnistas, comentaristas de radio y televisión, y las fuerzas ejercidas por las organizaciones de masas a la que la gente considera necesario o útil pertenecer—sindicatos laborales, asociaciones de empresarios, partidos políticos y grupos de presión, organizaciones fraternales y religiosas, y muchos otros. El "individuo", en el sentido en el que fue pensado por Adam Smith, Thomas Paine, Ralph Waldo Emerson, o John Stuart Mill, ya no existe; en lugar del intelectual autosuficiente y corajudo, moralmente autosuficiente, encontramos el aumento de la conformidad y la voluntad de aceptar la opinión de segunda mano de otros como la suya. Tal actitud es lo contrario del "individualismo" mental y espiritual, y milita contra el tipo de ciudadanía responsable en la que la democracia depende.[43] (Rodee, Anderson, Christol, 1957, p. 351)

Una de las formas en que el individualismo hace su presencia hoy es como la filosofía política del liberalismo. De esta manera entra en el debate político. El exsenador Richard Santorum, en el ensayo que cité antes escribió:

> Estamos, por ejemplo, siendo testigos del aumento sin precedentes del libertarianismo. El libertarianismo está

---

[43] Rodee, Anderson, Christol, 1957 <u>Introduction to Political Science</u>, New York: McGraw-Hill

fundado en los grandes ideales sagrados de la libertad. Usted no encontrará ningún argumento en contra de la virtud de la libertad o el valor de la libertad desde mi rincón. Pero hay algunos que parecen creer que el futuro del conservadurismo radica en la reducción de nuestras aspiraciones, dejando a la gente sola, adoptando un mensaje colectivo, una mentalidad "donde no hay daño, no hay falta," el individualismo de "no hacer daño al prójimo." Aquí es donde nos desconectamos con la mayoría de la gente, porque nos desconectamos con la forma en que las personas viven sus vidas. Las personas no viven como individualistas radicales. No funciona. Tampoco pueden vivir vidas como dependientes patéticos, que es muy a menudo el resultado de las políticas de la izquierda. Ambos bandos parecen estar hablando de utopías ideológicas sin conexión a tierra en la realidad.[44]

Aunque no veo un "aumento sin precedentes del libertarismo " estoy de acuerdo que los que viven como individualistas radicales tienen problemas para comunicarse con otras personas y por lo tanto tienen problemas para lograr consensos y promover su filosofía en las políticas públicas. Mis colegas libertarios tienen una tendencia a ver el mundo en términos de blanco y negro, y esa actitud crea un problema para ellos en la arena política. Las palabras de Ratzinger también son apropiadas:

> Si uno toma las palabras del Sermón de la Montaña en serio uno se da cuenta lo que le sucede a un hombre que se pasa de la política partidista a la vida real. El hermoso blanco y negro en el que uno está acostumbrado a dividir a los hombres se transforma en el tono grisáceo de un crepúsculo universal.[45]

---

[44] Santorum, Rick, "The Conservative Future: Compassion," Senado de la República de Estados Unidos, https://www.scribd.com/document/83060609/Rick-Santorum-Conservative-Compassion
[45] Ratzinger, p. 195.

Aunque no creo que la división es tan cruda como la presentada por Cormac Burke, o que los libertarios individualistas son tan fuertes como asume Santorum, creo que personalistas e individualistas son "la sal de la tierra." Si pudiéramos encontrar una manera de contar su número, sospecho que las sociedades con un mayor porcentaje de personas que caen en estas categorías tienden a ser más prósperos. La mayoría de la gente en los dos países que conozco más, Argentina y Estados Unidos, se ubicarían a sí mismos en el bando personalista. El individualismo más saludable que para mí existe en los Estados Unidos, también impregna a personalistas, animándoles a asumir su responsabilidad frente a la sociedad con un profundo compromiso individual.

En Argentina, como en otros países de América Latina, veo que es sobre todo dentro de la familia donde las personas cumplen mejor con sus responsabilidades sociales y lo ven como una manera de fortalecer su individualidad. Aunque quizás allí, como en el mundo desarrollado, los lazos familiares se están debilitando. En la arena de la política pública, la "sociedad" o "lo social", es visto como fuera de la esfera del individuo, como algo que, en lugar de ser el resultado de acciones individuales, es algo que invade la individualidad.

Un joven político argentino que conoce ambas tradiciones, Marcos Hilding Ohlsson, concuerda con mi análisis:

> Yo veo que aquí [Argentina] hay más fidelidad y sentido de comunidad con amigos y familia, pero poco respeto por lo público: sea limpieza, sea estacionar en cualquier lado, sea colarse en cualquier fila. Yo veo que el latino puede ser cálido en lo personal, pero se desliga de lo general. Como decís: critica la sociedad o a la gente.[46]

Esto sucede en muchos sectores sociales, y "muchos de los que buscan favores o privilegios y no ven que esa sea malo. Para algunos no es mal visto." No hay muchos estudios empíricos pero Hilding Ohlsson sugiere que estudiemos el índice "*World Values*

---

[46] Correspondencia personal, 21 de Octubre, 2016

Survey" en la categoría de confianza en otros. Si en Estados Unidos 35% de la gente tiene confianza en los demás, en Argentina este valor es de solamente el 17%. Pocas cosas son muy estables en indicadores sociales, y en ambos países, el índice de confianza en los demás está en caída.

Hay algunos autores que pueden servir de puente entre las corrientes personalistas e individualistas. Mencioné antes a Frederic Bastiat. Entre los autores religiosos, encuentro que los escritos del Beato Antonio Rosmini son muy adecuados para acercar a los individualistas a lo que yo considero que es la verdadera idea de la persona humana. Los puntos de vista de Rosmini tienen elementos en común con Boecio. Para el, el sujeto racional e intelectual y la persona son la misma cosa. Es esta racionalidad el principio "supremo y más excelente en la naturaleza humana."[47] Pero cuando Rosmini analiza el sujeto humano y la persona como un todo, no se centra exclusivamente en estas características esenciales (razón, inteligencia, voluntad y libertad), sino también en los sentimientos humanos. Algunos de estos sentimientos dependen de facultades pasivas y activas, que en algunos casos también son compartidas por animales no humanos. Instintos animales son, por ejemplo, las facultades activas, que se encuentran tanto en los animales como en los seres humanos, pero los seres humanos también tienen facultades únicas en este sentido. Los sentidos de animales, internos y externos, parciales o universales, son facultades pasivas, y también son compartidos por los seres humanos. El sentido intelectual, en el análisis de Rosmini, que incluye los afectos y pasiones humanas, es la facultad pasiva exclusiva de los humanos. Cuando a través de nuestros análisis, escritos y acciones, incluimos todas estas facultades y no sólo la razón, somos capaces de describir en forma más adecuada la realidad humana y con suerte tendremos mucho más éxito comunicar nuestras ideas. Si estuviese vivo hoy, Rosmini estaría prestándole mucha atención a todos los descubrimientos de la neurociencia y de otras disciplinas que estudian al ser humano. Me imagino que Santo Tomás también.

---

[47] Rosmini, Antonio, 1991, [1846] <u>Anthropology as an Aid to Moral Science</u>, Rosmini House, Durham, U.K., p. 453.

Los individualistas suelen traer solamente unos pocos aspectos de lo humano a su análisis. Esto les da una desventaja al analizar algunos aspectos de la política pública y los momentos políticos de la historia. Cuestiones como la venganza, el odio, el orgullo o la envidia, que puede estar detrás de gran parte del terrorismo y la guerra contra el terrorismo, escapan de su análisis. La atención que muchos en el mundo liberal le están prestando a los trabajos y escritos del psicólogo social Jonathan Haidt (1963-), por ejemplo, puede ayudar a enriquecer la visión de los individualistas sobre el ser humano.

Me parece más fácil para los individualistas que a los colectivistas recorrer el camino para ampliar su visión y llegar a compartir los principios de una sociedad basada en una filosofía personalista. Los individualistas principalmente tienen que tomar conciencia de que tienen un alma y de los beneficios de la interacción social. Pero mi presunción a favor de los individualistas podría estar sesgada porque, aunque entiendo la superioridad del personalismo, me siento profundamente infectado por el individualismo. No es imposible que algunos colectivistas, por la conversión religiosa, o por un desencanto radical con un dogma favorito, puedan tornarse afines al personalismo. Rocco Buttiglione (1948-), en Europa, y Michael E. Novak (1933-), en los Estados Unidos, dos de los personalistas más renombrados y manifiestos, tenían en el pasado ideales colectivistas.

En aras de una política que promueva la libertad y la virtud, y así contribuir a la prosperidad, espero que estos dos campos se acerquen. Sólo de esta manera surgirá un nuevo consenso, edificado sobre la base de una comprensión del ser humano verdadero, con la posibilidad de conducir a otro gran salto en la civilización.

www.ingramcontent.com/pod-product-compliance
Lightning Source LLC
Chambersburg PA
CBHW022058190326
41519CB00036B/291